INTER-LIT

Im Auftrag der
Stiftung Frauen-Literatur-Forschung e.V.

Herausgegeben von
Christiane Caemmerer,
Walter Delabar,
Elke Ramm und
Marion Schulz

Band 6

PETER LANG

Frankfurt am Main · Berlin · Bern · Bruxelles · New York · Oxford · Wien

Fräuleinwunder literarisch

Literatur von Frauen zu Beginn des 21. Jahrhunderts

Herausgegeben von
Christiane Caemmerer,
Walter Delabar,
Helga Meise

PETER LANG
Europäischer Verlag der Wissenschaften

Bibliografische Information Der Deutschen Bibliothek
Die Deutsche Bibliothek verzeichnet diese Publikation in der
Deutschen Nationalbibliografie; detaillierte bibliografische
Daten sind im Internet über <http://dnb.ddb.de> abrufbar.

Gedruckt auf alterungsbeständigem,
säurefreiem Papier.

ISSN 1618-663X
ISBN 3-631-51120-5

© Peter Lang GmbH
Europäischer Verlag der Wissenschaften
Frankfurt am Main 2005
Alle Rechte vorbehalten. ⎿oo477bo66

Printed in Germany 1 2 3 4   6 7

www.peterlang.de

Inhaltsverzeichnis

„Die perfekte Welle". Das literarische Fräuleinwunder wird besichtigt

Eine Einleitung

Christiane Caemmerer, Walter Delabar, Helga Meise

> Das ist die perfekte Welle,
> Das ist der perfekte Tag,
> Lass Dich einfach von ihr tragen,
> Denk am besten gar nicht nach.
>
> Juli: *Die perfekte Welle*

Was auf den ersten Blick lediglich als Label erscheint, das in der nächsten Saison bereits von einem neuen abgelöst werden muss, enthüllt erst bei näherem Hinsehen seine Geschichte. Dies gilt zum einen in Bezug auf die Zukunft: Die Rede vom literarischen Fräuleinwunder, 1999 gleichermaßen hip wie befremdlich, wirkt über den unmittelbaren Augenblick hinaus. Die Rubrizierung wandert weiter. Die Bezeichnung ‚Fräuleinwunder' wird etwa auf die Literatur der Nachbarländer übertragen: Sie begegnet bei der Präsentation der belgischen Autorin Amélie Nothomb auf dem deutschen Buchmarkt[1], überwindet also mühelos die deutsche Sprachgrenze. Sie wechselt ebenso leicht in andere Segmente der Kultur- und Medienlandschaft. Die Stimme der *Juli*-Sängerin, Eva Briegel, beherrschte nicht nur über Wochen hinweg die Charts, die Sängerin selbst wird gleichzeitig dem Fräuleinwunder zugeschlagen: „Jung und weiblich" seien „deutsche Stimmen neuerdings", textete die taz und stellte den Erfolg neuer deutschsprachiger Bands mit Frontfrau unter den Titel des „neue[n] Fräuleinwunder[s]."[2] Diese Bezeichnung dient auch als Aufmacher für das Porträt der Schauspielerin Felicitas Woll. Sie gibt Lolle, die Heldin der Serie *Berlin, Berlin* des öffentlich-rechtlichen Fernsehens.[3] Name und Figur verweisen dabei auf eine

---

1   „Das Fräuleinwunder der belgischen Literatur sieht auf Fotos wie ein zerbrechlicher Engel aus", so beginnt Max Halter seine Rezension „Dr. Jekyll and Monsieur Hyde. Blut ist auch nur Rouge: Amélie Nothomb schminkt den Teufel" in der *Frankfurter Allgemeinen Zeitung* vom 28. 5. 2004, S. 40.

2   Thomas Winkler: Das neue Fräuleinwunder. In: taz vom 6.12.2004, S. 15.

3   Anna von Münchhausen: Lolle vorwärts. Felicitas Woll. In: FAS vom 11.4.2004 [Ostern]. Auf Seite 1 wurde mit dem Aufmacher: „Felicitas Woll. Das neue Fräuleinwunder" auf den Artikel hingewiesen.

weitere Heldin, die im Kino kurz zuvor Kasse gemacht hatte, auf Tom Tykwers Lola.[4]

Die Bezeichnung ruft zum anderen die Vergangenheit auf, und zwar eine Reihe so genannter Wunder, die im Lauf des 20. Jahrhunderts Umbrüche und Wendepunkte der politischen Entwicklung in Deutschland markieren. Da sind zum einen die Wunder, die die Wandlung des Frauenbildes und der damit gesetzten Beziehungen zwischen den Geschlechtern seit dem Anfang der zwanziger Jahre im öffentlichen Bewusstsein verankert hatten. Irmgard Keun und Marieluise Fleißer haben diesem Frauentyp selbstbewusste literarische Denkmäler geschaffen.[5]

Nachdem schon in den zwanziger/dreißiger Jahren die unabhängige berufstätige Frau als Neue Frau und wahlweise Girl mit Bubikopf, kurzem Kleid und Charleston tanzend, in die Öffentlichkeit gedrängt hatte, wiederholte sich der Anspruch der Frauen an Partizipation nach dem Zweiten Weltkrieg. Standen die „Trümmerfrauen" noch für den unbedingten Überlebenswillen einer Gesellschaft, die sich nach den Jahren exorbitanten Männlichkeitswahns und der Katastrophe von Holocaust und Weltkrieg wieder einmal auf die Frauen stützen musste, und hatten gerade sie in den ersten Jahren das Gros der Belastungen beim Wiederaufbau zu tragen gehabt – Heinrich Bölls *Haus ohne Hüter* weiß davon zu erzählen[6] –, so tauchte unversehens und direkt nach dem Zusammenbruch des NS-Regimes eine Analogfigur zu den Girls der Zwanziger auf: das deutsche Fräulein. Junge lebenslustige Frauen, für die amerikanische Zigaretten, moderne Tanzmusik, Liebesbeziehungen mit den Westbesatzern nicht nur Teil der Überlebensstrategie war, sondern auch für die neuen Freiräume standen, die nach dem Wegfall des NS-Regimes und über die Abwesenheit der Männer hinweg ein neues, völlig anderes Lebensmodell eröffneten. So wurde auch die erste Miss Germany aus dem Jahre 1950, das Manne-

---

4   Tom Tykwer: Lola rennt. Deutschland 1998.

5   Vgl. zum Überblick über die lebensweltlichen Veränderungen: Geschichte der Frauen. Hrsg. von Georges Duby und Michelle Perrot. Bd. 5: 20. Jahrhundert. Hrsg. von Françoise Thébaud. Editorische Betreuung von Gisela Bock. Frankfurt am Main, New York; Paris 1995. Zu den deutschsprachigen Autorinnen jüngst: Autorinnen der Weimarer Republik. Hrsg. von Walter Fähnders und Helga Karrenbrock. Bielefeld 2003 (= Aisthesis Studienbuch 5); Zu Irmgard Keun: Irmgard Keun 1905 / 2005. Deutungen und Dokumente. Hrsg. von Stefanie Arend und Ariane Martin. Bielefeld 2005; zu Marieluise Fleißer: „Diese Frau ist ein Besitz". Marieluise Fleißer aus Ingolstadt. Zum 100. Geburtstag. Bearbeitet von Hiltrud Häntzschel. Marbach am Neckar: Deutsche Schillergesellschaft 2001 (= Marbacher Magazin 96/2001. Sonderheft).

6   Heinrich Böll: Haus ohne Hüter. Köln, Berlin 1954.

quin Susanne Erichsen, bei ihrem ersten USA-Besuch 1952 als „German Fräuleinwunder" bekannt.[7]

Das Fräuleinwunder stand damit nicht zuletzt für jenen Ausnahmezustand, der nach der Rückkehr der Männer aus der Gefangenschaft, der Gründung der beiden deutschen Staaten und mit dem Beginn des Wiederaufbaus, der im Westen im Wirtschaftswunder mündete, wieder sein Ende fand. Und damit, so scheint es zumindest, auch die Freiräume für ein selbst bestimmtes Leben von Frauen wieder einengte. Mit der Befreiung von alten Rollenmustern gingen jedoch auch die ersten Ansätze „feministischer Sprachkritik" (Polenz) einher. Bereits 1962 ließ Elisabeth Schwarzhaupt „als erste Bundesministerin ihren Titel in der weiblichen Form *Ministerin* verwenden ..."[8] – erkennbar als Sichtbarmachung im Zeichen einer ausgestellten Geschlechterrolle, die die Frau unabhängig von der Tatsache ins Spiel brachte, ob sie verheiratet war oder nicht. Ein Paradox immerhin, dienten die Bezeichnungen Fräulein/Frau doch nicht zuletzt dazu, den Status-Unterschied zwischen verheirateten und unverheirateten Frauen zu kennzeichnen. Und darauf war es lange genug angekommen.

Denn genau auf diese Frage hatte die Bezeichnung „Fräulein" mit dem Wechsel aus der Welt des Adels in die des Bürgertums am Ende des 18. Jahrhunderts Auskunft gegeben: Fräulein bis zur Verheiratung, Frau danach mit Namen- und Ortswechsel in die Familie des Mannes. Hatte der Nationalsozialismus seit 1937 die Anrede Frau für Mütter unehelicher Kinder nur auf Antrag gestattet, wurde in Österreich seit 1945 und in Deutschland seit 1955 die Anrede Fräulein nicht mehr zwingend vorgeschrieben, sondern den Unverheirateten als Option angeboten, „wenn sie dies wünschen". Dieser Zusatz wurde erst 1982 gestrichen.[9] Dabei ist die Entwicklung freilich nicht stehen geblieben. Das „Fräulein" zieht sich mehr und mehr aus dem Sprachgebrauch zurück und verliert seine auch positiven Konnotierungen.[10] „Fräulein ist heute auf den Sprachgebrauch Älterer und die umstrittene umgangssprachliche Anrede von Kellnerinnen und Serviererinnen beschränkt."[11]

In Wiederaufnahme und im Wiederaufleben des Begriffs im literarischen Fräuleinwunder fließen aber nicht nur weibliche Rollenbilder und deren sich in Schüben vollziehende Wandlung ein, die Bezeichnung erweist sich auch als affiziert von „Wundern", die sich im jeweiligen (vor allem westdeutschen)

---

7 Susanne Erichsen, Dorothee Hansen: Ein Nerz und eine Krone. Die Lebenserinnerungen des deutschen Fräuleinwunders. Berlin 2003.

8 Peter von Polenz: Deutsche Sprachgeschichte vom späten Mittelalter bis zur Gegenwart. 3 Bde. Berlin 1999, Bd. 3, S. 327.

9 Polenz (wie Anm. 8), S. 327f.

10 Katrin Hummel: Sag mir, wo die Frolleins sind. Zwischen Gleichberechtigung und Kompliment: Eine Anrede stirbt aus. In: Frankfurter Allgemeine Sonntagszeitung, 21.12.2004, S. 16.

11 Polenz (wie Anm. 8), S. 327.

Kontext ereigneten. Da ist zunächst das „Wunder von Bern" von 1954, das gleichsam das „Wirtschaftswunder" unter der Ägide von Ludwig Erhard präfiguriert, und kaum später dann das Überlebens-„Wunder von Lengede" von 1963. Die Unwahrscheinlichkeit der Ereignisse, die Unmöglichkeit, sie vorherzusehen, und der schließlich grandiose Erfolg lässt diese Trope ihren Siegeszug durch die Welt des Sports fortsetzen.[12] Und schreibt die „Wunder" in das kollektive Gedächtnis ein, mit der Hoffnung, dass es sie immer wieder geben werde.

Kam das Fräuleinwunder um 2000 also wieder einmal völlig unerwartet und der Erfolg der jungen Autorinnen (und des Labels) gleichermaßen? Den Reaktionen aller Beteiligten nach ist das wohl der Fall. Vieles spricht dafür, dass die Bezeichnung der beinahe schon hilflose Versuch gewesen ist, das Gestrüpp der literarischen Neuerscheinungen zu lichten und handhabbar, bezeichenbar zu machen. Dass das Ganze derart einschlagen würde, konnte niemand erwarten. Dass es von den Marketingmanagern der Verlage, vom Feuilleton und von den Medien mit großer Freude aufgenommen wurde, kann jedoch ebensowenig wundern. Zu sehr sind sie auf solche begrifflichen Werkzeuge, Ereignisse und Trends, sagen wir doch einfach Wellen, angewiesen, um ihr Geschäft mit der Literatur zu machen. Das beklage, wer es beklagen will.

Das Muster, das sich in den literarischen Produktionen, ihren verschiedenen Urheberinnen und den Diskussionen, die sich daran knüpfen, erkennen lässt, ist jedoch von hoher Komplexität. Die Inszenierung des Phänomens ist unbezweifelbar, inklusive sämtlicher Vermarktungsmechanismen, die diverse Rollenmuster und Alltagsmythen nutzen und weiterspinnen. Dass die jeweiligen Texte und ihre Autorinnen in diesen Prozess eingebunden sind – als Objekte wie Akteure – hat zugleich jedoch die Diskussion um diese Muster entfachen müssen. Die beinahe unisono vorgetragene Ablehnung des Fräuleinwunder-Labels von Seiten der Kritik wie der mittlerweile zaghaft einsetzenden Forschung[13] ist offensichtlich Teil des Prozesses selbst, mit dem das Fräuleinwunder schließlich auch literaturhistorisch benenn- und damit auch haftbar gemacht wird. Weder die Behauptung des Fräuleinwunders noch die Dementi

---

12 Vgl. hierzu auch die Formulierung im Titel der sozialwissenschaftlichen Dissertation von Antje Fenner: Das erste deutsche Fräuleinwunder. Entwicklung der Frauenleichtathletik in Deutschland von ihren Anfängen bis 1945. Königstein/ Taunus 2001. Der Begriff ‚Fräuleinwunder' wird allerdings in der Arbeit keinerlei Diskussion mehr unterzogen.

13 Heidelinde Müller: Das „literarische Fräuleinwunder". Inspektion eines Phänomens der deutschen Gegenwartsliteratur in Einzelfallstudien. Frankfurt am Main 2004 (= InterLit 5); Peter J. Graves: Karen Duve, Kathrin Schmidt, Judith Hermann: ‚Ein literarisches Fräuleinwunder'? In: German Life and Letters 55 (2002), S. 196-207. Eingegangen ist das Fräuleinwunder auch in: Wolfgang Beutin et al.: Deutsche Literaturgeschichte. Von den Anfängen bis zur Gegenwart. 6., verbesserte und erweiterte Aufl. Stuttgart, Weimar 2001, S. 697-700.

und Absagen daran können sich letztlich davon freisprechen, an seiner Verstetigung mitzuwirken. Ganz im Gegenteil. Die zahlreichen Einsprüche gerade der betroffenen Autorinnen dienen nicht zuletzt dem Zweck, sie selbst im Betrieb dauerhaft zu implementieren. Die Autorinnen bedienen auch damit ein Denkmuster, das in der Abgrenzung von Autorinnen wie Hera Lind und Gabi Hauptmann[14] schon in Volker Hages denkwürdigem *Spiegel*-Aufsatz formuliert worden ist.[15]

Die literarischen Texte bleiben davon nicht unberührt. Lieferten die Autorinnen, die bis zum Frühjahr 1999 mit ihren Debuts hervorgetreten waren, noch das beinahe chaotisch zu nennende Ursprungsmaterial, das zu Gruppen und Stilen zu sortieren war, waren ihre Nachfolgerinnen immer schon Teil der Welle: Sie und ihre Texte (wie auch immer beeinflusst) fielen gleichsam wie von selbst unter die neue Kategorie und ihre Kriterien – positiv oder negativ.

Auf der Basis dieser Gemengelage haben die Beiträgerinnen und Beiträger dieses Bandes unterschiedliche Ansätze gewählt. Sie nähern sich dem Phänomen mal erzähltheoretisch, mal hermeneutisch oder nehmen gleich den Literaturbetrieb und dessen Mechanismen in den Blick. Das Bild, das daraus entsteht, ist deutlich differenzierter, als wir erwartet haben. Es entspricht keineswegs nur dem Bild der erzählfreudigen, unbelasteten, geradezu heiteren Erzählweise, die den Fräuleinwunderfräuleins zugeschrieben worden ist. Das Gegenteil scheint der Fall zu sein. Aber dazu mehr im Band.[16]

Berlin, Hannover und Aix en Provence
Mai 2005

---

14 Zur Produktion dieser Autorinnen in Abgrenzung zum Thema des vorliegenden Bandes vgl. auch Hubert Spiegel: Jobbing in Mailand, ja, ja, ja. Wer sich zur Ware macht, muß das Leben fürchten. – Der neue deutsche Frauenroman und seine Lehren. In: Frankfurter Allgemeine Zeitung, 14.11.1997, S. Llf., sowie Helga Meise: Geschlecht als Werbestrategie. Verleger, Autor, Frauen auf dem literarischen Markt. In: Autorinnen in der Literaturgeschichte. Konsequenzen der Frauenforschung für die Literaturgeschichtsschreibung und Literaturdokumentation. Hrsg. von Christiane Caemmerer, Walter Delabar, Marion Schulz. Osnabrück 1999 (= InterLit 3), S. 45-62.

15 Volker Hage: Ganz schön abgedreht. In: Der Spiegel Nr. 12, 22.3.1999.

16 Die hier versammelten Beiträge entstanden in den Jahren 2002 bis 2005 und werden hier zum erstenmal gedruckt.

Hinterhaus, jetzt – Jugend, augenblicklich – Hurrikan, später

Zum Paratext der Bücher von Judith Hermann

Jörg Döring

„Ein schöner Titel ist der wahre Zuhälter eines Buches", lautet ein altes Bonmot von Furetière.[1] Der Titel kann zum Kaufen und Lesen verführen, manchmal verselbständigt er sich, wird nachgerade sprichwörtlich, gibt Anlass zu Imitation und Umbildung, geadelt wird er, wenn man ihn parodiert. Der Titel dieses Aufsatzes nun zitiert drei Textbefunde, die in deutlicher Anspielung den Titel von Judith Hermanns überaus erfolgreichem literarischem Debüt *Sommerhaus, später*[2] variieren. Einmal handelt es sich dabei selbst um den Titel einer Kurzerzählung („Hinterhaus, jetzt"),[3] die in Berlin spielt und in der einmal das Signalwort „Bestseller" auftaucht. Des weiteren um den Titel einer Literaturkritik zu „Sommerhaus, später" („Jugend, augenblicklich")[4], schließlich („Hurrikan, später")[5] um eine Interpretationsminiatur aus einem literaturwissenschaftlichen Sammelband, die neben dem Buchtitel *Sommerhaus, später* noch auf einen weiteren Erzählungstitel Hermanns verweist - nämlich „Hurrikan (Something farewell)": „Und in allen [Geschichten; Anm. J. D.] herrscht die trügerische Ruhe vor dem Sturm. *Hurrikan, später* könnte das Buch auch heißen."[6]

Ob der Titel von Judith Hermanns literarischem Debüt schön ist im Sinne von Furetière, sei dahingestellt – jedenfalls hat er sich bereits so sehr verselbständigt, dass er die Kommunikation über das Werk *Sommerhaus, später* ein gutes Stück mitbestimmt.

Nicht nur der Titel eines Buches, auch z.B. das Autorenfoto im Umschlagdeckel kann ein Eigenleben entwickeln. Zum literarischen Werk im hergebrachten Sinne kann man es schwer hinzu zählen – was aber, wenn es unsere Lesehaltung schon prädisponiert? Wo beginnt man ein Buch zu lesen?

1   Zitiert nach: Gérard Genette: Paratexte. Das Buch vom Beiwerk des Buches. Frankfurt am Main 2001, S. 92.
2   Judith Hermann: Sommerhaus, später. Erzählungen. Frankfurt am Main 1998.
3   Elke Heinemann: Hinterhaus, jetzt. In: Freitag, 30.5.2003.
4   Anke Westphal: Jugend, augenblicklich. Geheime Geschichten von der gelegentlichen Verknotung zweier Menschen in den Erzählungen von Judith Hermann. In: Berliner Zeitung, 6.10.1998.
5   Andrea Köhler: „Is that all there is?" Judith Hermann oder Die Geschichte eines Erfolges. In: aufgerissen. Zur Literatur der 90er. Hrsg. von Thomas Kraft. München 2000, S. 83-89, hier: S. 85.
6   Hermann: Sommerhaus (wie Anm. 2), S. 31-54.

Fragen dieses Typs widmet sich das Paratext-Konzept des französischen Literaturtheoretikers Gérard Genette. Es soll hier als analytisches Werkzeug gebraucht werden, um folgende These zu belegen: Die erstaunliche Wirkungsgeschichte der Bücher von Judith Hermann, die häufig genug – und zum Leidwesen der Autorin – als Klassenbeste des literarischen „Fräuleinwunders" apostrophiert wurde, ist nicht zuletzt auf paratextuelle Effekte zurückzuführen.

Text und Paratext: Genettes Elefantenparade

Für Genette sind Paratexte (der Sache nach gibt es sie kaum jemals im Singular) der verbale wie non-verbale „Begleitschutz"[7] eines Textes auf dem Weg zum Buch – also u.a. Autorname und -foto, Titel, Widmung, Motti, Klappentext, Umschlaggestaltung, Typografie. Aus der Perspektive der Leser gesprochen, bezeichnet die Summe dieser Paratextelemente jene „Schwelle",[8] die Zone des Übergangs, die zu durchschreiten genötigt ist, wer Zugang finden will zum Text. Nimmt man beides beim Wort – die Begriffsbildung selbst wie die Raum- und Gehäusemetaphorik, mit der Genette sie umschreibt –, scheint das Konzept letztlich an einer klaren Unterscheidung von Textäußerem und Textinnerem festzuhalten: Paratext bleibt begriffslogisch die nachgeordnete Wortbildung und auf den Text verwiesen – und die „Schwelle" ermöglicht den Eintritt in ein Textinneres, das nach wie vor das Texteigentliche vorstellt. Wenn dem so wäre, könnte man das vermeintliche literaturwissenschaftliche Kerngeschäft (um in der Gehäusemetaphorik zu bleiben) mäßig beeindruckt weiterbetreiben: Das Textinnere bliebe klar umrissen und bildete das Werk; für das Werk könnte ein Urheber namhaft gemacht werden; Textbedeutung und Autorschaft stünden im Fokus der Aufmerksamkeit – die Paratextforschung wäre demgegenüber Grenz- und Rahmenwissenschaft und in buchstäblichem Sinne marginal. So verhält es sich freilich keineswegs. Schon unsere (noch sehr vorläufige) Aufzählung der einzelnen Paratextelemente verdeutlicht, dass Genettes Konzept vom unvermeidlichen „Beiwerk"[9] des Textes die Vorstellung von Autorschaft als „Werkherrschaft"[10] – und damit davon, was zu dem signifikanten Textinneren zu zählen wäre – nachhaltig zu erschüttern vermag: Die Porträtfotografie im Umschlagdeckel zeigt das Gesicht des Autors, aber wer hat es ins rechte Licht gesetzt? Der Titel wird dem Autor zugeschrieben, aber von wem ist er ausgesucht worden? Wer schreibt den

7   Genette (wie Anm. 1), S. 9.
8   Genette (wie Anm. 1), S. 10.
9   Genette (wie Anm. 1), S. 10.
10 Vgl. Heinrich Bosse: Autorschaft ist Werkherrschaft. Über die Entstehung des Urheberrechts aus dem Geist der Goethezeit. Paderborn, München, Wien, Zürich 1981.

Klappentext und beeinflusst damit den Erst- (und vielleicht Letzt-)Kontakt von Buch und potentiellem Käufer/Leser? Inwieweit gehören Umschlaggestaltung und Typografie mit zum Werkherrschaftsbereich des Autors? Solche Fragen werden durch das Paratextkonzept zuallererst dringlich. Gerade deshalb muss verwundern, dass Genette am Ende des Buches sich alle Mühe gibt, den heuristischen Wert seines Konzeptes kleinzureden: „Der Paratext ist eine Übergangszone zwischen Text und Außer-Text, und man muss der Versuchung widerstehen, diese Zone zu vergrößern, indem man ihre Ränder untergräbt."[11] Und: „Nichts wäre meines Erachtens ärgerlicher, als wenn man den Götzen des geschlossenen Textes [...] durch einen neuen, noch eitleren Fetisch ersetzte, nämlich den des Paratextes. Der Paratext ist nur ein Behelf, ein Zubehör des Textes."[12]

Dass Genette damit auf eigentümliche Weise hinter seine eigene Theorie zurückfällt bzw. ihre Konsequenzen zu scheuen scheint, ist von der jüngeren Paratextforschung neuerdings deutlich und mit überzeugenden Gründen herausgestellt worden.[13] Ein zusätzlicher Aspekt in diesem Zusammenhang: Vielleicht verbirgt sich hinter Genettes Schlussverbeugung vor der „relativ unwandelbaren Identität des Textes"[14] auch eine rhetorische Geste, so etwas wie ein Bescheidenheitstopos. Nachdem er fast 400 Seiten lang unter Beweis gestellt hat, wie sein Paratextkonzept die Grenze zwischen Text-Äußerem und vermeintlich krisensicherem Text-Innerem gerade verflüssigt, kann er sich schließlich selber großzügig zum Traditionalisten erklären – eine Konzession an die gebeutelten Anhänger des alten Werkbegriffs, dass auch für sie noch etwas zu tun übrig bleibt: „Und wenn der Text ohne seinen Paratext mitunter wie ein Elefant ohne seinen Treiber ist, ein behinderter Riese, so ist der Paratext ohne seinen Text ein Elefantentreiber ohne Elefant, eine alberne Parade."[15] Was Genette damit vermeiden will, ist der Vorwurf der Hyperkorrektur: Nur weil zuvor den Paratexten wenig bis keine Beachtung geschenkt wurde, muss sich nach ihrer ,Entdeckung' nicht gleich alles in Paratext auflösen. Noch überzeugender wirkt sein Konzept, wenn er abschließend den *clear case* konzedieren kann, bei dem die Unterscheidung zwischen Text und seinem Zubehör trotz allem einmal unstrittig bleibt.

---

11 Genette (wie Anm. 1), S. 388.
12 Genette (wie Anm. 1), S. 390f.
13 Georg Stanitzek: Texte, Paratexte in Medien: Einleitung. In: Paratexte in Literatur, Film, Fernsehen. Hrsg. von Klaus Kreimeier und Georg Stanitzek. Berlin 2004, S. 3-19. Vgl. auch: Nicolas Pethes: Paratext. In: Metzler Lexikon Kultur der Gegenwart: Themen und Theorien, Formen und Institutionen seit 1945. Hrsg. von Ralf Schnell. Stuttgart, Weimar 2000, S. 403.
14 Genette (wie Anm. 1), S. 388.
15 Genette (wie Anm. 1), S. 391.

Kein solcher *clear case* sind die beiden bislang vorliegenden Bücher von Judith Hermann.[16]

> Am Anfang war das Foto. Unter den vielen Aufnahmen, mit denen Renate von Mangoldt Literaturgeschichte machte, nimmt das Bild von Judith Hermann eine Sonderstellung ein. Man kannte von dieser Autorin keine Zeile. Aber man kannte dieses Foto. Es schaffte um die 1970 geborene Autorin sofort eine Aura, auf die man gewartet zu haben schien: die verhangene Melancholie der knapp Dreißigjährigen; der verlorene Blick, der in etwas Offenes, Leeres gerichtet zu sein scheint. Man weiß schon alles, aber man weiß eigentlich nichts so recht. Die Erfahrungen sind schon da, bevor man sie richtig machen konnte. Der Gesichtsausdruck umspielt deswegen die vermeintlichen Gegensätze von Zartheit und Strenge. Das lange Haar ist hinten fest zusammengeknotet, könnte aber weit fallen, und ein Schatten fällt weich in die plötzlich den Mittelpunkt markierende Knochenkuhle am Hals. Diese Schönheit hat etwas Herbes, und man assoziiert unwillkürlich die neu aufgetauchten Weiten des Ostens, etwas Russisches, das nun auch im Westen Berlins zu spüren ist [...] Das Foto stand am Anfang des Erfolgs. Mittlerweile ist das schmale Bändchen mit neun Erzählungen in der achten Auflage, die Kritiker nahmen die Assoziationslinie des Fotos und der Buchgestalter auf, und auch die Blattmacher in den Zeitungen konnten sich der Suggestion nicht entziehen und stellten das Foto meist groß über die Besprechung.[17]

So resümiert der Literaturkritiker Helmut Böttiger am 27.2.1999 in einem Artikel für die *Frankfurter Rundschau* die überraschende Erfolgsgeschichte von Judith Hermanns literarischem Debüt *Sommerhaus, später*, das kaum eine Saison vorher – im Bücherherbst 1998 – erschienen war. Das Autorenfoto in der Umschlagklappe einer Neuerscheinung wird zum Gegenstand des literaturkritischen Diskurses – mit Genette gesprochen, redet hier Paratext über Paratext. Genauer gesagt: Epitext redet über Peritext, um eine weitere Unterscheidung einzuführen. Denn Genette, ein spätgeborener Strukturalist mit Spaß an der Formel, hält für uns noch folgenden Merksatz parat: „Paratext = Peritext + Epitext."[18] Peritexte sind all solche Paratexte, die mit dem Korpus des Buches selbst gegeben sind (so wie hier das Autorenfoto), Epitexte die in räumlichem Abstand zum Buchkorpus (so wie hier der Zeitungsartikel). Der Epitexttyp Literaturkritik handelt immer noch fast ausschließlich das Buchinnere ab – gerade aufgrund der ihm aus Zeilenmangel verordneten Sparsamkeitsökonomie. Umso erstaunlicher, dass hier auf die Deutung eines Autorenfotos (dessen Autorin, die Fotografin, im

---

16 Neben *Sommerhaus, später* nun auch: Judith Hermann: Nichts als Gespenster. Erzählungen. Frankfurt am Main 2003. Im Folgenden auch NaG.
17 Helmut Böttiger: Spätwinterabend. In: Frankfurter Rundschau, 27.2.1999.
18 Genette (wie Anm. 1), S. 13.

Übrigen mitbenannt ist) die gleiche Aufmerksamkeit verwandt wird, die sonst nur der Deutung des Werkes zukäme.

Die Erfolgsgeschichte von *Sommerhaus, später* hat sich seit 1999, dem Zeitpunkt von Böttigers Artikel, offenbar bruchlos fortgesetzt: „über 250.000 verkaufte Exemplare und Übersetzungen in 17 Sprachen" schlagen bis heute zu Buche. Diese Information stammt nun nicht aus einer internen Bilanz des Verlages (das wäre vergleichsweise öffentlichkeitsunwirksamer Epitext), sondern steht im Klappentext des Schutzumschlages von Judith Hermanns zweitem Buch *Nichts als Gespenster* – der peritextuelle Hinweis auf den Erfolg des ersten Buches soll als Verkaufsargument für das nachfolgende zirkulieren. Folgt man Genettes Fragebogen zur Statusbestimmung jeder paratextuellen Mitteilung,[19] wäre immer auch nach einem Adressaten zu fragen: Hier sind es wohl in erster Linie die potentiellen Buchkäufer. Dass die genannten Verkaufszahlen dann aber auch in vielen Literaturkritiken zu *Nichts als Gespenster* (dem öffentlichkeitswirksamen Epitext) wieder auftauchen, kann als Zusatzerfolg einer peritextuellen Strategie verbucht werden.

Im Folgenden sollen nun am Beispiel der Bücher von Judith Hermann die verschiedenen Peritextelemente Umschlag, Typografie, Autorenfoto, Titel und Widmung untersucht werden, und zwar gerade in der Gegenüberstellung von erstem und zweitem Buch. Wird dabei eine peritextuelle Entwicklungslogik erkennbar, an der sich auch ein Wandel der jeweiligen Autorschafts-Darstellung ablesen lässt? Hier könnte die Paratext-Analyse nach Genette das neuerdings gestiegene Interesse der Germanistik am Literaturmarketing konkret bedienen.[20]

Des Weiteren steht in Frage, inwieweit der veröffentlichte Epitext zu den beiden Büchern – v.a. die Literaturkritik, aber auch die Selbstaussagen der Autorin – von peritextuellen Elementen mitgesteuert wird. Auch hier ist die Gegenüberstellung der beiden Bücher instruktiv. Sie zeigt einen paratextuellen Verweisungszusammenhang: im Falle von *Sommerhaus, später* reagiert der Epitext der Kritik – wie schon angedeutet – auf den verlegerischen Peritext; im Falle von *Nichts als Gespenster* reagiert der auktoriale Peritext der Autorin auf den Epitext der Kritik zu ihrem Debüt.

---

19 Vgl: Genette (wie Anm. 1), S. 12: „Definiert wird ein Paratextelement durch die Bestimmung seiner Stellung (Frage: *wo?*), seiner verbalen oder nichtverbalen Existenzweise *(wie?)*, der Eigenschaften seiner Kommunikationsinstanz (*von wem? an wen?*), und der Funktionen, die hinter seiner Botschaft stecken: *wozu?*"

20 Vgl. dazu z.B.: literatur.com. Tendenzen im Literaturmarketing. Hrsg. von Erhard Schütz, Thomas Wegmann. Berlin 2002.

Buchformat und Umschlaggestaltung: Vom Reihen- zum Spitzentitel

Das Buchformat und die Umschlaggestaltung sind Teil des verlegerischen Peritextes. Nur in Ausnahmefällen dürfen Autoren die Gestaltung ihres Buches selbst bestimmen, oftmals wird ihnen vom Verlag nicht mal ein Mitspracherecht eingeräumt – ein deutliches Indiz dafür, dass die äußere Gestalt des Buches vielmehr der Selbstdarstellung des Verlages und der Festigung von dessen Marken-Identität dienen soll. Dort, wo Autorschaft zuallererst kund getan wird, auf dem Buchumschlag, ist der Autor – wenn überhaupt – nur sehr eingeschränkt zuständig.[21] Besonders wenn es sich, wie im Fall von *Sommerhaus, später* um eine noch völlig unbekannte Autorin handelt. Dieser Umstand spiegelt sich deutlich in der Buchgestaltung wieder.

Sommerhaus, später von 1998 ist eine Broschur im (minimal verbreiterten) Taschenbuchformat (vgl. Abb. 1: Vorderseite Buchumschlag *Sommerhaus, später*) – mit Genette gesprochen, wäre das allein schon eine „großartige paratextuelle Mitteilung".[22] Denn Broschur bedeutet: kein Hardcover, deshalb preiswerter in Herstellung und Verkauf. Und das Taschenbuchformat konnotiert in der Regel: die Zweitverwertung eines am Markt bereits bewährten *hardcover*. Bei unserer Broschur handelt es sich aber um die Erstausgabe von *Sommerhaus, später*. Dieser Ausstattungsentscheidung ist zu entnehmen, dass der Verlag dem literarischen Debüt von Judith Hermann das Potenzial zum Spitzentitel zunächst nicht unbedingt zutraute. Stattdessen subsumierte er es einer eingeführten Buchreihe: Auf der Vorder- wie der Rückseite des Umschlages findet sich am unteren Seitenrand der Reihentitel „Collection S. Fischer", und zwar im Prägedruck – damit vom potentiellen Buchkäufer auch taktil erfahrbar – und in einer Schriftgröße und -breite, die die des Autorennamens am oberen Seitenrand weit übertrifft. Damit wird typografisch kenntlich gemacht: Der Star ist die Reihe. Die Unbekanntheit der Autorin (und damit das verlegerische Risiko) soll durch die Bekanntheit der Marke „Collection S. Fischer" ein Stück weit kompensiert werden. Seit langem steht die Reihe – wie die *homepage* des S. Fischer Verlages vermeldet – für ein „ganz der zeitgenös-

---

21 Es wird interessant sein zu verfolgen, ob die gegenwärtige Ausbreitung des Agentenwesens auf dem deutschen Buchmarkt an diesem Umstand etwas ändern wird. Entweder stärken die Agenten wirklich die Verhandlungsposition der Autoren gegenüber den Verlagen (und im Falle der Umschlaggestaltung: gegenüber den traditionell mächtigen Buchhandelsvertretern) und erweitern somit die peritextuelle Zone, in der Autorschaft sich selbst darstellen kann. Oder es betritt in Gestalt der Agenten nur eine weitere Partei das Spielfeld, die eigenständige Interessen verfolgt und damit die Zuständigkeit für die Umschlaggestaltung weiter diversifiziert (und damit die Werkherrschaft des Autors noch weiter schwächt ...).

22 Genette (wie Anm. 1), S. 27.

sischen deutschsprachigen Literatur dienendes Forum", in dem „die Erstveröffentlichungen junger, noch unbekannter Autorinnen und Autoren für ein möglichst großes Publikum erschwinglich gemacht werden [...] Es debütierten hier zahlreiche Autorinnen und Autoren, die heute zum festen Bestandteil der Gegenwartsliteratur gehören: darunter Hanns-Josef Ortheil, Wolfgang Hilbig, Monika Maron, Katja Lange-Müller"[23] – und es fehlt auch nicht der Hinweis, dass schon 1897 der junge Thomas Mann in der (Vorläufer-)Reihe mit *Der kleine Herr Friedemann* debütierte. Die Selbstdarstellung des Verlages zeugt davon, dass hier mit dem Ausstattungsdefizit der Reihe offensiv umgegangen wird: erschwingliche Preise – den jungen Autoren soll ein Forum geboten werden – für den Verlag ist es ein Testlauf, ob sie fürs Hardcover taugen. Davon profitiert aber ebenso die Debütantin Judith Hermann, insofern sie allein durch verlegerischen Peritext sich schon in einen ehren- wie verheißungsvollen Traditionszusammenhang aufgenommen sieht: heute noch unbekannt, bald vielleicht so bedeutend wie Ortheil, Hilbig, Thomas Mann.

Neben dem Reihentitel weist die Umschlagvorderseite noch drei weitere typografische Bestandteile auf – auf relativ knappem Raum am oberen Seitenrand zusammengedrängt: den Namen der Autorin „Judith Hermann" zuoberst, dann den Buchtitel „Sommerhaus, später" und darunter eine Gattungsbezeichnung: „Erzählungen". Dabei springt das Größenverhältnis ins Auge: Die typografische Konstellation wird eindeutig beherrscht vom Buchtitel. Er ist fast dreimal so groß gesetzt wie der Name der Autorin – noch kleiner fällt demgegenüber die Gattungsbezeichnung aus, wobei die Diskrepanz durch Schriftart und Schriftführung noch hervorgehoben wird. Die dominierende Mittelzeile füllt den Zeilenraum vollständig aus, dazu unterstützen Serifen und eine leichte Kursivierung die Lesebewegung des Auges. Dagegen sind Autorenname und Gattungsbezeichnung recte und mit einer schmalen serifenlose Type gesetzt, wobei – besonders bei der Gattungsbezeichnung – das Auge durch den großen Leerraum zwischen den Zeichen, wie bei einem Sehtest beim Augenoptiker, eher isolierte Einzelbuchstaben wahrzunehmen geneigt ist als den Wortzusammenhang. Als ob die Gattungsbezeichnung „Erzählungen" im Sperrdruck ein bisschen versteckt werden sollte. Dies könnte seinen Grund darin haben, dass die Gattung Erzählungen auf dem deutschen Buchmarkt als schwer verkäuflich gilt. Überdies handelte es sich bei *Sommerhaus, später* noch um eine unbekannte Autorin. Beides zusammengenommen, könnte die Buchgestalter veranlasst haben, beim verlegerischen Peritext in diesem Fall auf eine typografische Konvention zurückzugreifen, die seit dem frühen 19. Jahrhundert – mit dem Siegeszug von Autonomieästhetik und Urheberrecht – stark aus der Mode gekommen war: der Buchtitel wird wichtiger genommen als der Name des Autors.

---

23 http://www.fischerverlage.de/ftv/historie/html/1978.html (Zugriff: 27.5.2005).

Dieser Eindruck bestätigt sich, wenn man auch die Farbgestaltung des Umschlages berücksichtigt: die obere Seitenhälfte wird dominiert von einem sehr dunklen Blau als Hintergrundfarbe, das Tiefblau eines Sommerhimmels etwa. Davon heben sich die Titelbuchstaben „Sommerhaus, später" deutlich ab, hervorgehoben nicht nur durch ihre Schriftgröße, sondern auch durch ein leuchtendes Hellblau, ähnlich dem von Wolken oder Kondensstreifen am Sommerhimmel. Demgegenüber geht das Blassgrau des Schriftzuges, in dem – noch dazu kleiner und gesperrt gesetzt – Autorenname und Gattungsbezeichnung gestaltet sind, in dem Tiefblau des Sommerhimmels regelrecht unter. Aus weiterer Entfernung gesehen – vielleicht in einer Buchauslage – lassen sich Autorenname und Gattungsbezeichnung kaum mehr erkennen. Weil die Autorin noch keine eingeführte Marke und damit aus der typografischen Besonderung ihres Namens kein Kapital zu schlagen ist, verlässt sich der verlegerische Peritext hier auf die ästhetische Suggestivität der Titelzeile allein.

Fast könnte man davon sprechen, dass bei diesem literarischen Debüt die Umschlaggestalt eine Lesedisposition herausfordert, die von dem berühmten Foucaultschen Gedankenexperiment gar nicht mehr so himmelweit entfernt ist: wie wäre es, Bücher einmal ganz ohne Kenntnis des Autornamens zu lesen?

Für die Umschlaggestaltung im ganzen gibt es prinzipiell zwei Alternativen: Entweder sie übernimmt eine Referenzfunktion für das Buchinnere oder eben nicht. Referenzfunktion heißt: Sie kann den Buchinhalt ausschnitthaft illustrieren, unter Umständen auch kommentieren. So findet sich z.B. auf dem Umschlag der amerikanischen Originalausgabe von Harold Blooms *The Western Canon* ein Ausschnitt aus Michelangelos „Jüngstem Gericht" aus der Sixtinischen Kapelle, der Christus als Weltenrichter zeigt, an der Seite der Engel kämpfend gegen Sünde und Teufel. Darin mag man einen ironischen Verweis auf den Buchinhalt erkennen: Harold Bloom als Literaturpapst, der am jüngsten Tag die Feinde des westlichen Kanons – die comicforschenden Sünder aus den cultural studies – abstraft.[24] Wichtig ist: dieser Zusammenhang lässt sich erst retrospektiv, nach der Lektüre erschließen. Gleichwohl gibt es immer auch den Erstkontakt mit dem verlegerischen Peritext eines Buches, bei dem sich über eine mögliche Referenzfunktion der Umschlaggestalt hinsichtlich des Buchinneren noch keine Aussage treffen lässt. Wohl aber – und das ist für unseren Zusammenhang viel entscheidender: über eine Referenzfunktion hinsichtlich des Buchtitels. Von dem tiefblauen Sommerhimmel als Bildhintergrund für die Titelzeile „Sommerhaus, später" war schon die Rede. Unterhalb des Sommerhimmels zeigt der Umschlag in extremer Untersicht die reich verzierte Veranda eines Holzhauses. Man kommt kaum umhin, darin die Illustration jenes Sommer-

---

24 Vgl. Lorenz Jäger: Religionsbuch. Blooms Kanon, wiedergelesen. In: Frankfurter Allgemeine Zeitung, 14.5.2003.

hauses zu vermuten, von dem im Titel die Rede ist. Die Holzarchitektur sieht prachtvoll und historisch aus, so wie man sich vielleicht ein ‚Sommerhaus, früher' vorstellt. Insofern ergibt sich aus der peritextuellen Konstellation von Titel und Umschlagillustration sogar eine minimale, Neugier weckende Spannung. Die Referenzfunktion des abgebildeten Holzhauses hinsichtlich des Buchtitels ist trotzdem unstrittig.

Vergleicht man nun diese peritextuelle Konstellation retrospektiv mit dem Buchinneren – dem Inhalt der titelgebenden Erzählung „Sommerhaus, später" – lässt sich feststellen, dass dieser Buchumschlag nur auf sich selbst verweist: Das Haus in der Erzählung ist eine Ziegelsteinruine im brandenburgischen Winter und wird den nächsten Sommer (den des Umschlagbildes) schon nicht mehr erleben. Hier haben wir ein Beispiel dafür, wie sich ein Peritext autonom macht und gewissermaßen *mood-managment* betreibt: Vielleicht verführt den Leser erst der Stimmungswert dieses Umschlagsommers, das Textinnere aufzusuchen. Wo beginnt man ein Buch zu lesen?

Das Format, die Umschlaggestaltung und Typografie von Judith Hermanns zweitem Buch *Nichts als Gespenster* unterstreichen schon peritextuell den Aufstieg zum Spitzentitel und die fortschreitende Kanonisierung der Autorin: ein Hardcover mit Schutzumschlag und Lesebändchen (vgl. Abb. 2: Vorderseite Schutzumschlag NaG).

Entsprechend teurer ist das Buch, das Erschwinglichkeitsargument, mit dem die Broschur bei *Sommerhaus, später* begründet wurde, scheint obsolet geworden, weil die Autorin am Markt längst sich behauptet hat. So sehr, dass jetzt – parallel zu *Nichts als Gespenster* und der weiter vertriebenen broschierten Ausgabe – *Sommerhaus, später* auch in einer Sonderausgabe als Hardcover erhältlich ist[25] – damit wird im Lichte seiner Erfolgsgeschichte auch das Debüt von Judith Hermann peritextuell nobilitiert.

Doch zurück zum Vergleich von *Sommerhaus*-Broschur und Hardcover-Spitzentitel: Sofort springt ins Auge, dass auf dem Umschlag von *Nichts als Gespenster* der Name der Autorin jetzt deutlich größer gesetzt ist, noch dazu in der Signalfarbe Rot, die sich von dem ansonsten dominierenden Farbwert Blau-Grau stark abhebt. Der Namenszug soll hier unübersehbar sein, nicht länger schamhaft versteckt über dem Buchtitel. Der Star ist jetzt die Autorin.

Was auf dem Umschlag von *Nichts als Gespenster* fehlt, ist die Gattungsbezeichnung, obwohl es sich – wie bei *Sommerhaus, später* – um einen Erzählungsband handelt. Anstelle der Gattungsbezeichnung ist der Verlagsname unmittelbar unterhalb des Titels angeordnet – übrigens in der gleichen Schriftart wie der Namenszug der Autorin. Dadurch wird typografisch die Verbun-

---

25 Judith Hermann: Sommerhaus, später. Geschichten. Frankfurt am Main 2003. (Man beachte auch die abgewandelte Gattungsbezeichnung: so als ob „Erzählungen" immer noch ein Makel anhaften würde.)

denheit von Autorin und Verlag betont: Judith Hermann repräsentiert jetzt auch die Marke S. Fischer. Warum aber fehlt der peritextuelle Hinweis auf die Textgattung? Vielleicht, weil man – trotz des Erfolges von *Sommerhaus, später* – der Verkäuflichkeit von Erzählungen immer noch misstraut. Erzählungen gehören ins Taschenbuch, das Hardcover ist die Domäne des Romans. Auf den ersten Blick sieht der Umschlag von *Nichts als Gespenster* tatsächlich jenem Roman täuschend ähnlich, den Teile der Literaturkritik von Judith Hermann so lange gefordert haben. Es ist, als spielte hier der verlegerische Peritext mit epitextuell geäußerten Erwartungen. Auch der Klappentext auf der Rückseite des Schutzumschlages verrät nichts: ein Textauszug aus dem Buchinneren – gewissermaßen Originalton der Autorin – darunter eine Pressestimme. Erst auf der Titelseite im Buchinneren wird dann die Gattungsbezeichnung „Erzählungen" nachgetragen. Man stelle sich einen möglichen Käufer vor, der das Buch eingeschweißt vorfände – er könnte *Nichts als Gespenster* tatsächlich mit einem Roman verwechseln.

Auch die Typografie im Buchinneren von *Nichts als Gespenster* zeigt sich gegenüber *Sommerhaus, später* deutlich gewandelt. Bei dem broschierten Debüt-Band wurde für den Fließtext eine Serifa light verwendet, die von Adrian Frutiger erst 1967 entwickelt wurde. (Damit ist die Schrift kaum älter als die Autorin Judith Hermann.) Ihr Strich ist mager, die Serifen sind kantig, sie konnotiert so etwas wie Kargheit und Vorläufigkeit – eher erinnert sie an Manuskriptdruck, keinesfalls ist sie eine klassische Buchschrift (vgl. Abb. 3: Schriftprobe Ssp).

Ganz anders in *Nichts als Gespenster*: für das Hardcover ist eine elegante, das Leserauge umschmeichelnde Barock-Antiqua ausgewählt worden, die Janson-Antiqua, die schon seit 1690 existiert und als klassische Belletristik-Schrift gelten kann (vgl. Abb. 4: Schriftprobe NaG). Deshalb ist Judith Hermann noch längst keine Klassikerin, aber für die Anmutung ihrer Autorschaft macht der Schrifttausch einen deutlichen Unterschied.

Das Gesicht der Autorin auf dem Buchumschlag:
„1, 45 Meter groß und im Grunde schon 1920 gestorben. "[26]

Wir können ein literarisches Werk mit Genuss lesen, ohne das Gesicht seines Autors zu kennen. Wenn wir in der Regel dennoch Autorenporträts mit Interesse zur Kenntnis nehmen, dann deshalb, weil sie das Werk imaginativ

---

26 Vgl. Kolja Mensing und Susanne Messmer: „Ich hoffe auf Erlösung". Ein Gespräch mit Judith Hermann, deren neuer Erzählband „Nichts als Gespenster" heute erscheint, über Autorenfotos, nomadische Großstadtmilieus, ihre Protagonisten und deren privilegiertes Leben. In: die tageszeitung, 31.1.2003.

aufladen.[27] Wir bringen unsere lebensweltlichen Intuitionen in Anschlag, unsere Erfahrungen aus der *face-to-face*-Interaktion, die uns in der Gewissheit wiegen, die Physiognomie sei lesbar ebenso wie ein literarisches Werk. Das Autorenfoto auf dem Buchumschlag wird zum privilegierten Kontext, der zusätzlichen Aufschluss über das Werk verspricht. Der Autor Klaus Theweleit ließ 1977 für die Erstausgabe seines Buches *Männerphantasien* anstelle seines Konterfeis einen Blick aus seinem Arbeitszimmer auf den Umschlag platzieren.[28] ‚Wollt Ihr etwas über das Buch erfahren, dann seht Euch an, was ich sah, während ich es schrieb‘, so könnte man diese peritextuelle Anweisung übersetzen. Die Szenerie vor dem Schreibtisch gewissermaßen als Produktivkraft des Autors sei allemal aufschlussreicher für das Werk als sein Gesicht (und erkennungsdienstlich schwerer verwertbar). Indem er die Lesererwartung an einen ordentlich ausgestatteten Peritext subvertierte, machte Theweleit auf die unterstellte Bedeutung von Autorenfotos als Werkkontext erst aufmerksam.

Im Gegensatz zu Theweleit haben die Autorinnen des literarischen „Fräuleinwunders" keine Scheu, sich fotografisch in Szene setzen zu lassen: Maike Wetzel in einer Werkshalle im Arbeiterlook, Karen Duve im Dirndlkostüm auf einer Enduro – eher als klassische Porträts sind diese Fotos kleine Genrestückchen, die selbst eine Geschichte erzählen. Sie stellen ihren Inszenierungscharakter selbstbewusst zur Schau (anders als das klassische Porträt, das seine Stilisierung nicht selten unkenntlich zu machen sucht) und dienen unverhohlen als Marketing-Instrument: „Ich seh' auch nicht immer aus, wie auf meinen Fotos", sagt Karen Duve, aber „es geht doch darum, dass das Bild dem Buch entspricht [...]. In der Art, wie sich ein Schriftsteller präsentiert, sehe ich ja auch, ob mich das interessiert."[29] Hier wird die PR-Fotostrecke offensiv als legitimer Kontext des eigenen Werkes hingestellt.[30]

Im Falle von *Sommerhaus, später* unterstützt eine zusätzliche peritextuelle Vorkehrung den gewünschten Effekt: Unterhalb des Fotos von Judith Hermann, das etwa die Hälfte der (hinteren inneren) Umschlagsklappe umfasst,

---

27 Vgl. Wilhelm Genazino: Die Botschaft der fotografierten Posen. Die Dichter und ihre Abbilder. In: Frankfurter Allgemeine Zeitung, 6.10.1984.
28 Vgl. Klaus Theweleit: Männerphantasien. Frankfurt am Main 1977.
29 Zit. nach: Susanne Staerk: Jede ihr eigenes Cover-Girl. Wie gut müssen Schriftstellerinnen aussehen, um auf dem Buchmarkt eine Chance zu haben. In: Die literarische Welt, 19.8.2000.
30 Interessant in diesem Zusammenhang, dass das Enduro-Foto keinesfalls zum Zwecke der Vermarktung von Karen Duves *Regenroman* entstanden ist, sondern schon etliche Jahre früher, als Karen Duve noch keine Schriftstellerin war. (Mündliche Auskunft von Karen Duve bei einer Podiumsdiskussion im Literarischen Colloquium Berlin am 14.1.2003.) Mithin ein Paratext in spe, der sich seinen Text erst noch erfinden mußte.

findet sich – neben knappen Angaben zur Person der Autorin – eine ausgewählte Kritikerstimme zitiert (vgl. Abb. 5):

> Ganz wunderbare Geschichten, erzählt wie mit halbgeschlossenen Lidern.
> (Andrea Köhler im *Literarischen Quartett*)

Wohlgemerkt: Aus dieser TV-Sendung wird noch Weiteres zitiert im Peritext zu *Sommerhaus, später*, z.B. die Stimmen von Marcel Reich-Ranicki
oder Hellmuth Karasek. Diese aber finden sich im Klappentext auf der
Buchrückseite. Als „Bildunterschrift" zu dem Foto der Autorin wurde allein
der oben zitierte Satz ausgewählt, und man darf unterstellen: um eine bestimmte peritextuelle Konstellation herbeizuführen. Die Geschichten, die
der Buchinteressent im Begriff ist zu lesen, sollen schon vorab mit Judith
Hermanns Gesichtsausdruck identifiziert werden können.

Das abgebildete, leicht elegische Gesicht, das zum Betrachter aufblickt, als
hätte es den müdigkeitsschweren Kopf soeben erst erhoben, um mit den „halb-
geschlossenen Lidern", von denen die Bildunterschrift spricht, dem Betrachter
wunderbare Geschichten zu erzählen – wem dieses Gesicht gefällt, den müssen
auch die Erzählungen im Buchinneren ansprechen: Auf diesen peritextuellen
Effekt wird hier spekuliert. Das Foto befindet sich auf der hinteren Umschlagklappe, die rechte Gesichtshälfte der Autorin ist verschattet. Das Seitenlicht,
das dem Gesicht Kontur gibt, das es bestrahlt, kommt von links – für das Auge
des Betrachters, der das Buch aufgeschlagen in Händen hält, kommt das Licht
aus der Richtung des Buchinneren. Lichtquelle des Autorenfotos sind gewissermaßen die Geschichten selbst: dieser subtile peritextuelle Effekt hätte nicht
erzielt werden können, wenn das Foto z.B. auf der vorderen Umschlagklappe
oder auf der viel prominenteren Umschlagrückseite platziert worden wäre.

Die autobiographische Lesart der Erzählungen, der durch eine solche peritextuelle Konstellation Vorschub geleistet wird, lässt nicht lange auf sich
warten: „man spürt die Verbundenheit der Autorin mit einzelnen ihrer Figuren, als hätte sie jedem Text insgeheim ein Selbstporträt eingesenkt."[31],
heißt es in einer der ersten Kritiken zu *Sommerhaus, später*. Bald schon –
als der erstaunliche Erfolg sich abzeichnet – weitet sich Literaturkritik auch
zur Lesungskritik aus, die von einer großen Identifikationsbereitschaft des
Publikums berichtet und davon, wie die Autorin auch performativ ihrem
Umschlaggesicht zu entsprechen versuche:

> Judith Hermann übersetzte die Atmosphäre ihres Bildes in die Stimme:
> trocken und spröde ihr Klang, ein gleitender Rhythmus mit melancholi-

---

31 Roman Bucheli: Die Melancholie des leeren Raums. Judith Hermanns Erzähl-
    debüt. In: Neue Zürcher Zeitung, 6.10.1998.

schem Grundton. Sie verschleift die Sätze so, daß ein Sog sichtbar wird: das erste Wort des nächsten Satzes wird von dem vorangehenden noch mitgenommen [...] es war etwas tonlos Schwebendes, etwas unentschieden Konstatierendes; genauso wie die Figuren in ihren Geschichten miteinander umgehen. Renate von Mangoldt hat das Foto gemacht. Und Judith Hermann spricht auch so. Manchmal ahnt man, was die Literatur sein könnte, aber vielleicht sollten wir zunächst einfach weiterlesen.[32]

So berauscht ist der Lesungskritiker von der performativen Dynamik, die das Foto in Gang gebracht hat und jetzt Autorinnen- und Figurenstimme miteinander verschmilzt, dass er sich im Schlusssatz dazu ermahnen muss, zur eigenen Lektüre zurückzukehren. Judith Hermann selbst hat offenbar zunächst nichts gegen die peritextuell gesteuerte, autobiographische Lesart ihrer Erzählungen einzuwenden, im Gegenteil: sie affirmiert sie sogar. „Ich habe über mich geschrieben und über ein paar Menschen um mich herum.", sagt sie dem *Spiegel*.[33]

Fünf Jahre später zeugt das Umschlagfoto zu Judith Hermanns zweitem Buch *Nichts als Gespenster* von einer sichtbar gewandelten peritextuellen Strategie (vgl. Abb. 6): Obwohl das Buchformat größer geworden ist, fällt demgegenüber das Autorenfoto, das wiederum in der hinteren, inneren Umschlagklappe platziert ist, deutlich kleiner aus: nur etwa halb so groß wie das in *Sommerhaus, später* – kaum größer als eine Sonderbriefmarke.

Der Autorinnenkopf ist seitlich beschnitten, insgesamt ist der Bildraum viel enger, mithin schlechter geeignet, ihn imaginär anzufüllen mit Phantasien von Melancholie und östlicher Weite. Außerdem wird dem Betrachter keine Aufsicht mehr gestattet – die Dargestellte und der Betrachter befinden sich in gleicher Augenhöhe. Statt traumverloren sieht die Autorin jetzt eher selbstbewusst aus, vielleicht sogar ein bisschen spöttisch. (Nur die Lichtregie ist gleich geblieben: wieder kommt das Seitenlicht von links, aus Richtung des Buchinneren ...) Es scheint, als sollte dieses neue Autorenfoto eine Imagekorrektur bewirken – als peritextuelle Reaktion auf den veröffentlichten Epitext der Kritik zu *Sommerhaus, später*. Unterstützt wird diese Imagekorrektur durch flankierende Selbstaussagen der Autorin im Umkreis der Veröffentlichung von *Nichts als Gespenster*:

„taz: Frau Hermann, warum lassen Sie zu unserem Gespräch keine Fotografen zu? J. H.: Ich finde es unangenehm fotografiert zu werden. Ich hatte

---

32 Böttiger (wie Anm. 17).
33 Wolfgang Höbel: Das gute, beschissene Leben. Junge Autoren öffnen Plattenschränke und Diskothekentüren, um vom Zustand ihrer Generation zu erzählen. Die Berlinerin Judith Hermann schafft es ganz ohne popmoderne Prahlerei. In: Der Spiegel, 7.12.1998.

nach *Sommerhaus, später* genug davon, dass meine Person als Projektionsfläche vereinnahmt wird. Dieses Foto, das im Umschlag von *Sommerhaus,
später* abgedruckt war, hatte eine bestimmte Auswirkung auf das gesamte
Buch, die ich nicht beabsichtigt hatte. Ich fühlte mich plötzlich in der
merkwürdigen Zwangssituation, einem Foto entsprechen zu müssen. Auf
dem Foto sehe ich aus, als wäre ich nicht von dieser Welt, als stünde ich
vollkommen neben mir, als wäre ich 1,45 Meter groß und im Grunde schon
1920 gestorben."[34]

Und im *Stern* wird von ihr berichtet:

> Sie hatte sich irgendwann das Haar abgeschnitten und die Pelzmäntel, die
> Stöckel, das ganze Outfit der zwanziger Jahre, mit dem sie sich durch die
> Berliner Nächte bewegte, beiseite gelegt. Trug stattdessen ‚Brooklyn-
> Kleidung', Jogging-Jacken, Jeans und flache Schuhe, weil „ich ein Bedürf-
> nis nach Unauffälligkeit hatte und weil ich dem überstrapazierten Foto in
> *Sommerhaus, später* ein Ende setzen wollte".[35]

Das überstrapazierte alte Foto wird aber nicht einfach ersetzt durch das neue
aus dem Buchumschlag von *Nichts als Gespenster*. Der intendierte Image-
wandel soll auch dadurch in Szene gesetzt werden, dass statt des einen neu-
en jetzt verschiedene neue Bilder der Autorin im Epitext zirkulieren. Kaum
ein Interview, das nicht durch ein Foto gerahmt wäre. Auf die optische
Wirkung von Judith Hermann will also auch die neue paratextuelle Ver-
bundstrategie durchaus nicht verzichten. Nur will sie nicht länger das eine
herausgehobene, gleichsam ikonische – das den Text schlechthin identifi-
zierende Abbild.

Dazu fügt sich, dass in den gleichen Interviews die Autorin jetzt auch der
autobiographischen Lesart ihrer Geschichten etwas entgegenhält. Die Nähe zu
ihren Figuren wird deutlich anders akzentuiert: „Ich denke mir keine Figuren
aus, sondern es gibt Menschen, um die ich herumschreibe [...]. Und ich selbst
bin vermutlich ihr genaues Gegenteil."[36] Wer die Selbstaussagen der Autorin
systematisch zurückverfolgt, wird verblüfft feststellen, wie früh bereits diese
Flucht aus der Imagefalle ins Auge gefasst wurde. Schon 1999 gibt sie im
Interview – gefragt nach dem zweiten Buch – als produktionsästhetisches Ziel

---

34 Mensing, Messmer (wie Anm. 26).
35 Christine Claussen: Die Ton-Meisterin. Der Erfolg ihres Erstlings erdrückte sie
    fast. Nach vier Jahren kehrt Judith Hermann zurück – mit einem ebenso grandi-
    osen Buch. In: stern, 30.1.2003.
36 Mensing, Messmer (wie Anm. 26).

aus: „Ich muss ein bisschen von mir weg schreiben, doch über den Rand hinaus und raus aus dem Autobiographischen, fast Inzestuösen."[37]

Alles in allem, soll hier der Epitext ein Selbstdarstellungsproblem von Autorschaft lösen helfen, das durch einen besonders wirkungsvollen Peritext überhaupt erst entstand. Wo bleibt da noch das Werk?

Der Titel – und wer ihn aussuchte

Der „Text ist Gegenstand einer Lektüre, der Titel aber [...] ist Gegenstand einer Zirkulation", heißt es bei Genette.[38] Beim Titel sind wir wirklich auf der „Schwelle" angelangt: Einerseits ist er unbestreitbar schon Bestandteil des literarischen Werks, andererseits ein herausgehobenes Element verlegerischen Paratextes und gehört damit nicht mehr uneingeschränkt dem „Werkherrschaftsbereich" des Autors zu. Der Titel richtet sich an das Publikum und kann zirkulieren, ohne dass das literarische Werk unbedingt gelesen sein muß. Deshalb spricht Genette davon, „dass die Verantwortung für den Titel immer zwischen Autor und Verleger geteilt ist."[39]

Bei Erzählungsbänden wirft die Titelwahl ein zusätzliches Problem auf, das für die nachfolgende Rezeption nicht unwesentlich ist. In der Regel wird für den Buchtitel der Titel einer der Erzählungen ausgewählt, aus denen das Werk sich zusammensetzt. Dabei kommen grundsätzlich zwei Möglichkeiten in Betracht: Entweder man wählt den Erzählungstitel, von dem man glaubt, dass er als Buchtitel am besten funktioniert. Oder man wählt den Titel jener Erzählung, die man für besonders gelungen hält, die man heraushebt, damit sie das Werk im Ganzen repräsentiere. In beiden Fällen steht zu erwarten, dass der für den Buchtitel ausgewählten Erzählung von Seiten der Rezipienten besondere Aufmerksamkeit zuteil werden wird.

Judith Hermann hatte den Buchtitel ihres Debüt-Erzählungsbandes selbst vorgeschlagen. Der Fischer-Verlag akzeptierte. Der ausgewählte Titel erwies sich als glücklich: sowohl in seiner Eigenschaft als autonom zirkulierender Paratext, der gleichsam metonymisch für den Namen der Autorin stand, als auch im Hinblick auf die damit besonders ausgezeichnete Einzelerzählung „Sommerhaus, später". Das Publikum wartete mit gespannter Erregung auf das zweite Buch. Wieder ein Erzählungsband. Wieder ein Buchtitel aus dem Kreis der Erzählungstitel, abermals von der Autorin selbst vorgeschlagen: Wenn es nach Judith Hermann gegangen wäre, hätte ihr zweites Buch „Wohin des

---

37   „Ich werde versuchen, eine Schriftstellerin zu sein". Gespräch mit Judith Hermann – 21.5.1999. In: Daniel Lenz, Eric Pütz: LebensBeschreibungen. 20 Gespräche mit Schriftstellern. München 2000, S. 228-238, hier: S. 238.

38   Genette (wie Anm. 1), S. 77.

39   Genette (wie Anm. 1), S. 75.

Wegs" geheißen.[40] Diesem Buchtitel aber mochte der Verlag nicht zustimmen. Die Gründe kann man ermessen, wenn man sich die oben beschriebenen Zirkulationsbedingungen von Paratextelementen vor Augen hält. Die literarische Öffentlichkeit hatte das zweite Buch der Autorin lautstark eingefordert. Es war gewissermaßen überfällig; bisweilen war bezweifelt worden, ob sie es überhaupt zustande bringen würde.[41] So etwas wie eine Scheidewegsituation: Schafft sie es zur richtigen Autorin oder bleibt sie das *one-hit-wonder*? Hätte das zweite Buch nun tatsächlich „Wohin des Wegs" geheißen, dann wäre es in der Tat nicht abwegig, den Titel als trotzigen paratextuellen Kommentar der Autorin zu der ihr angesonnenen Scheidewegsituation zu verstehen: Wohin des Wegs – seht her: zum zweiten Buch und damit zum Werk. Der Verlag sah mit diesem Titel ein Einfallstor geöffnet für hämische Wortspiele der Kritik – vorausgesetzt, die Bewertung des zweiten Buches würde wesentlich kritischer ausfallen als die des Debüts (was beinah als Branchengesetz gilt). Man einigte sich mit der Autorin auf den Titel der als letztes abgelieferten Erzählung als Buchtitel: „Nichts als Gespenster".

Für die rezeptionsleitende Wirkung von Paratextelementen kann man sich kaum ein instruktiveres Beispiel denken, als die Reaktion der Literaturkritik auf diese Titelentscheidung: Ganz egal, ob Lob oder Verriss – beinah reflexhaft reagiert die Kritik auf das Angebot einer Zentralerzählung, das mit dem Buchtitel gegeben ist. An dem Titel entzündet sich die Deutungsphantasie der Kritiker, die titelgebende Erzählung ist meist das Anschauungsobjekt. Hier ausgewählte Beispiele:

> Bald schon dürfte das Jugendschöne von Judith Hermanns Figuren verblichen sein. Schon jetzt haftet ihnen zuweilen etwas Gespensterhaftes an, und es liegt nahe, den Titel des Bandes als Kommentar der Autorin zu ihren Figuren zu lesen [...] Judith Hermann ist die Geisterjägerin ihrer Generation.[42]

> Judith Hermann bevölkert ihr Buch mit Gespenstern ohne Kontur.[43]

---

40   Mündliche Auskunft von Jörg Bong, Verlagsleiter der S. Fischer Verlages, gegenüber dem Verf. am 23.5.2003.

41   Vgl. z. B. Thomas Wirtz: Das zweite Buch. Warum Bewegungen der Schreibhand noch kein Werk ausmachen. In: Frankfurter Allgemeine Zeitung, 12.4.2000.

42   Hubert Spiegel: Ich will mich nehmen, wie ich bin. Schöne Seelen im Sinkflug: Judith Hermann legt ihr zweites Buch vor und erweist sich als Geisterjägerin ihrer Generation. In: Frankfurter Allgemeine Zeitung, 1.2.2003.

43   Ingo Arend: Nouvelle Vage. Netzwerk der toten Seelen: Für die traurige Generation in Judith Hermanns zweitem Buch *Nichts als Gespenster* ist „draußen ohne Bedeutung". In: Freitag, 14.2.2003.

Wenn alle Geschichten das Gleichgewicht zwischen Flüchtigkeit und Be-
deutungsschwere, zwischen Gleichgültigkeit und Sehnsucht halten würden
wie die Titelgeschichte, könnten die Liebhaber dieser Literatur zufrieden
sein.[44]

Nicht mehr ganz junge, schöne, feine Menschen sind das, die ihre letzten
Kindergeburtstage feiern, sich ein bißchen betrinken, bekoksen, verlieben.
Erwachsen werdende Kulturschaffende. Gespenster. Stille Wasser, aber
nicht tief [...]. Und wenn man dann am Ende erzählt von der Zeit unter Judith Hermanns spätpubertierenden Gespenstern, erzählt man, [...] was El-
len in der Titelgeschichte von ihrer Zeit in den USA erzählt: „Sie sei einmal in Amerika gewesen, aber sie könne sich nicht mehr so richtig daran
erinnern."[45]

Dass hier das Kalkül des Verlages nicht aufgegangen ist, durch den
veränderten Buchtitel die Autorin vor Häme zu schützen, ist hier
systematisch gar nicht so sehr von Interesse. Vielmehr der lektüresteuernde
Effekt, der in jedem Fall vom Paratext ausgeht. Der von der Autorin als
Buchtitel vorgeschlagene Erzählungstitel „Wohin des Wegs" wird übrigens
in keiner Kritik erwähnt.

*Statt eines Schlusses: „für Franz" – Die Widmung als
peritextueller Gruß an den Großkritiker*

Nichts als Gespenster ist einem „Franz" gewidmet. Wer Franz ist, darüber
musste die literarische Öffentlichkeit nicht lange rätseln. Im Umkreis der
Veröffentlichung gab die Autorin – die ansonsten mit Auskünften über ihr
Privatleben sehr sparsam verfährt – in Interviews den Vornamen ihres kleinen Sohnes preis. Doch damit nicht genug – parallel dazu machte eine Geschichte die Runde, die in beinah jedem Interview zur Sprache kommen
musste:

Berliner Zeitung: Marcel Reich-Ranicki hatte Ihnen prophezeit, dass Sie
keine Zeile mehr schreiben würden, wenn Sie ein Kind bekämen.

Hermann: Ich habe in den ersten Monaten der Schwangerschaft wirklich
oft an diesen Satz gedacht, sehr beunruhigt auch. Ich war eigentlich der

---

44 Ina Hartwig: Erst mal eine rauchen. Heute erscheint Judith Hermanns lang
    erwartetes zweites Buch *Nichts als Gespenster*. In: Frankfurter Rundschau,
    31.1.2003.
45 Elmar Krekeler: Stille Wasser. Nicht tief. Rückkehr einer Ikone. Judith Her-
    mann erzählt neue Geschichten einer auslaufenden Generation. In: Die Welt,
    31.1.2003.

Meinung, dass er Recht hätte und habe unter anderem vermutet, dass ich mich als Mutter in dem Dialog mit dem Kind in einer so heilen Welt befinden würde, dass es keinen Anlaß mehr gäbe zu schreiben.[46]

Und in der *taz*:

> *taz*: [...] Ist das nicht ein Klischee? Ist es nicht sexistisch, so etwas zu einer Autorin zu sagen?
>
> *Hermann*: Ich bin nicht so weit gegangen, das sexistisch zu finden. Aber natürlich hat das Kind auch neue Dinge aufgebrochen, aus denen heraus genauso viel Anlaß besteht zu schreiben. Und außerdem hat mich das Kind weit genug von den Erwartungen entfernt, die an mich gestellt wurden und unter denen ich litt.[47]

Indem parallel zum Peritext der Widmung epitextuell die nötigen Zusatzinformationen lanciert werden, erschließt sich erst die auktoriale Botschaft: nicht nur der Sohn Franz ist gemeint, sondern das Buch selber soll als Gruß an den familienfeindlichen Großkritiker verstanden werden – eine kleine Geste des Triumphs, dem düsteren Menetekel getrotzt zu haben.

Reich-Ranicki, der den unerbetenen Ratschlag erteilt hatte, reagierte auf die Botschaft der Widmung gefasst und nicht ohne Selbstironie. Hauptsache, er behielt das letzte Wort:

> Bei dieser Gelegenheit habe ich einen Ratschlag für Judith Hermann: Sie werden von schlechten Journalisten mit der Frage gelangweilt, was Sie jetzt planen. Man erwartet natürlich einen Roman. Ignorieren Sie diese Fragen und schreiben Sie als nächstes Buch einen Geschichtenband oder eine lange Erzählung oder ein Theaterstück oder vielleicht tatsächlich einen Roman. Kurz: Machen Sie, was Sie wollen, und lassen Sie sich von niemandem beirren, auch nicht von mir.[48]

Folgende Doppelseite:
Abb. 1 und 2: Cover von *Sommerhaus, später* und *Nichts als Gespenster*.

---

46   Julia Kospach: „Ich bin anders als meine Figuren." Ein Gespräch mit der Autorin Judith Hermann über ihr zweites Buch *Nichts als Gespenster*. In: Berliner Zeitung, 31.1.2003.
47   Mensing, Messmer (wie Anm. 26).
48   Fragen Sie Reich-Ranicki: Wie beurteilen Sie das neue Buch von Judith Hermann *Nichts als Gespenster*? In: Frankfurter Allgemeine Sonntagszeitung, 16.2.2003.

nünftiges Kind zur Räson bringen zu müssen: »Du bist völlig
übergeschnappt, Sonja. Was soll dieser Blödsinn – alles wird
gut? Was soll das heißen? Es ist alles gut, also werden wir
nicht heiraten.«

Die Gleise begannen zu schwingen; ein hoher Ton lag in
der Luft, ganz weit hinten erschien ein Zug. Sonja stampfte
mit dem linken Fuß auf den Boden, warf ihre Zigarette weg
und marschierte verbockt auf die Schienen zu. Sie sprang
vom Bahnsteig, stolperte im Kies und stellte sich schließlich
breitbeinig auf die Schienenstränge. Der Zug kam näher, und
ich setzte mich wieder. Sonja schrie wutentbrannt: »Heira-
test du mich, ja oder nein?« Ich mußte lachen und schrie

Abb. 3: Satzprobe *Sommerhaus, später*

Hosen, ein perfektes Reiseetui mit Schuhcreme, Bür-
sten und Poliertüchern, ein ebenso perfektes Etui mit
Nähzeug und eine CD von Nick Cave. Jonina stand
vor dem Koffer und starrte auf dessen Inhalt, auf diesen sie rührenden und beunruhigenden Inhalt, dann
klappte sie den Koffer wieder zu. Magnus ruft spät in
der Nacht an, Sunna schläft schon, die anderen Som-
merhäuser sind im Winter unbewohnt. Er sagt »Also
wir würden kommen, morgen, sie möchten sehr gerne
mitkommen«. »Wie sind sie?« sagt Jonina, »Wie ist
dieser Typ, und wie war es mit Irene?«, Magnus lacht
leise. Jonina spürt eine Welle der Zuneigung, er tut ihr
sehr leid auf einmal oder besser, sie würde ihn jetzt gerne anfassen, es muß doch eigentlich fürchterlich sein,
diese Wiederbegegnung nach einer so langen Zeit. Er

Abb. 4: Satzprobe *Nichts als Gespenster*

Abb. 5: Hintere Klappe *Sommerhaus, später*

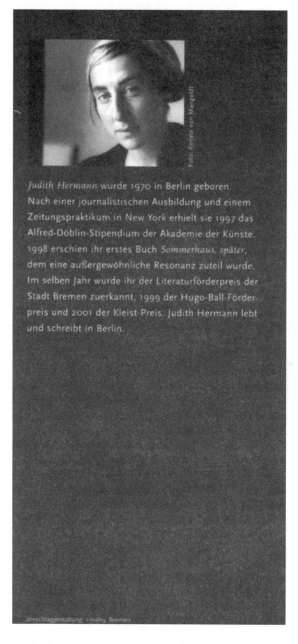

Abb. 6: Hintere Klappe *Nichts als Gespenster*

Kult der Sinnlosigkeit oder die Paradoxien der modernen Sinnsuche

Judith Hermanns Erzählungen *Nichts als Gespenster*

Uta Stuhr

1. Sehnsucht und Suche

> Am Morgen des 25. September stand ich verunsichert vor meinem Kleiderschrank, ich wusste nicht, wie lange ich bleiben würde – eine Nacht, ein paar Tage, für immer? –, ich wusste nicht, was er wollte, und was ich wollte, wusste ich eigentlich auch nicht.[1]

Ob es um die Kleiderwahl geht, um die Ortswahl oder die Dauer einer Reise oder ob es sich um die existentielleren Fragen nach den Beweggründen und Motivationen für eine Reise handelt, die Hermannschen Figuren wissen nie so genau, warum sie handeln oder nicht handeln. Immer wieder sind sie in den wichtigen und unwichtigen Momenten ihres Lebens verunsichert und „ratlos"[2]. Diese Form permanenter Unwissenheit über die eigene seelische Verfassung macht sie zu Suchenden und Fragenden. In den sieben Erzählungen des 2003 erschienenen Bandes *Nichts als Gespenster* von Judith Hermann treiben die Figuren ziel- und orientierungslos durch die Welt, auf der Suche nach einem vagen Sinn, nach Erfüllung einer nicht zu definierenden Sehnsucht. Dennoch scheint sie auch der Wunsch, irgendwo anzukommen – sei es metaphorisch an einem Ort innerer Gewissheit oder ganz konkret an einem Ort, dem sie sich zugehörig fühlen können – bei ihrer Suche anzutreiben. Das legt auch das allen Erzählungen voran gestellte Motto von den Beach Boys nahe:

> Wouldn't it be nice,
> if we could live here
> make this kind of place
> where we belong[3]

---

1   Judith Hermann: Ruth (Freundinnen). In: Dies.: Nichts als Gespenster. Frankfurt am Main 2003, S. 11-59, hier S. 43.

2   Hermann: Ruth (wie Anm. 1), S. 24 und S. 27.

3   Judith Hermann, Motto der Beach Boys. In: Dies.: Nichts als Gespenster. Frankfurt am Main 2003, unpaginiert. Das Motto befindet sich auf einer freien

Ausgangspunkt aller Erzählungen ist der Gestus des Sehnens und Suchens der Protagonisten. Es stellt sich die Frage, wie sich diese Suche der Figuren gestaltet. Welche Wege schlagen sie ein, um ihrer Daseins-Ratlosigkeit zu begegnen?

Die Reisen selbst, auch wenn sie in unbekannte Kulturen und in von Berlin – dem Wohnort der meisten der Figuren – so weit entfernte Orte wie Island, Norwegen oder die Wüste der Nevada führen, spielen bei der Suche keine entscheidende Rolle. Das Fremde und die Distanz zur eigenen vertrauten Lebenswelt – klassische Mittel, um die Wahrnehmung zu schärfen und einen neuen Blick auf das eigene Leben zu gewinnen – werden nicht als Erkenntnismöglichkeit genutzt. Die Schauplätze scheinen im Gegenteil nahezu austauschbar zu sein, denn es handelt sich vor allen Dingen um eine Reise in die Welt der Beziehungen. Die Suche nach Sinn konzentriert sich auf den Raum des rein Privat-Persönlichen. Die soziale, politische und gesellschaftliche Wirklichkeit wird aus dieser Sphäre konsequent ausgeschlossen. Und ganz in diesem Sinne antwortet auch die Autorin Hermann in einem Interview, nach den Veränderungen der letzten Jahre in Deutschland befragt, „dass es keine Veränderung gibt, die einen Einfluss auf mein Leben nehmen würde. Demzufolge habe ich auch nicht das Gefühl, dass ich etwas darüber schreiben müsste."[4]

Einer inneren Sehnsucht folgend, verlegen die ausschließlich weiblichen Ich-Erzählerinnen[5] ihre Suche in den Mikrokosmos der Gefühle.

In der ersten Erzählung *Ruth (Freundinnen)* wird die Ich-Erzählerin von ihrer besten Freundin, mit der sie gemeinsam in Berlin eine Wohnung teilt, liebevoll als eine unermüdlich nach geheimnisvollen Botschaften Suchende charakterisiert: „[...] und ich habe gesagt, die ist draußen und sucht mal wieder unter jedem Pflasterstein nach einer Botschaft [...]."[6] Weniger auf die verheißungsvolle Kontingenz der Strassen vertrauend, versucht die namenlose Erzählerin in der Geschichte *Wohin des Wegs* den Zufall zu provozieren, um dem unbekannten Mann zu begegnen, den sie bereits liebt, ohne ihn jedoch zu kennen:

Seite. Es steht zwischen dem Titelblatt und der folgenden freien Seite mit der Widmung „für Franz" und dem Inhaltsverzeichnis.

4   Der Anfang: ein Glück. Judith Hermann über ungewohnte Verrisse und unpolitische Literatur. Ein Interview mit Judith Hermann geführt von Birgit Warnhold In: Die literarische Welt, Die Welt, 1. 2. 2003.

5   Bis auf die Titelgeschichte *Nichts als Gespenster,* die in der dritten Person erzählt ist, sind alle anderen Erzählungen aus der Perspektive eines weiblichen Ich erzählt.

6   Hermann: Ruth (wie Anm. 1), S. 59.

Ich überließ mich dem Zufall und ging los, in irgendeine Bar, von der ich wusste, dass er dort manchmal trank. Ich setzte mich an den Tresen, bestellte ein Glas Wein und wartete auf ihn.[7]

Und in der letzten Erzählung, diesmal dem Zufall ergeben und von der Außenwelt, die es nur durch den Blick aus dem Fenster wahrnimmt, abgeschlossen, versucht sich das weibliche Ich in einer überaus vagen Selbstfindung:

> Ich hatte das Gefühl, als habe mich der Zufall in dieses Zimmer gespült, damit ich etwas herausfinden sollte über mich, darüber, wie es weitergehen sollte mit mir und mit allem ...[8]

Angesichts dieser allen Figuren innewohnenden Sehnsucht stellt sich die Frage, ob sie versuchen, diesem inneren Verlangen eine konkret, lebendige Gestalt zu verleihen, oder ob sie es vorziehen, sich mit einer nebelhaft-unbestimmten Vision ihrer Existenz zu begnügen. Kann die Welt der Realitäten, auch das ist eine offene Frage, den unbestimmten Drang nach Leben, Liebe und Glück noch befriedigen?

2. Sehnsucht nach Alltag und Normalität

In den wenigen Passagen des Bandes, in denen die Sehnsucht feste gedankliche Konturen annimmt, entpuppt sie sich als bemerkenswert banal. Auf einer Zugreise, die die Erzählerin in *Ruth (Freundinnen)* zu dem von ihr begehrten Mann führt, inspiriert sie die am Fenster vorbeiziehende Welt zu der Frage: „Vielleicht dieses Leben?" Weder die Vorfreude auf die bevorstehende Begegnung noch der Nachklang der von ihrer Schauspieler-Freundin einige Tage zuvor auf der Bühne deklamierten Molièreschen Sätze über die Liebe, die „stets erhöhen möchte", entlocken ihrer Phantasie Verheißungsvolles. Es ist im Gegenteil nichts als ein schlichter Traum von wohlgeordnetem Alltag: vielleicht „dieser Tisch unter dieser Lampe in diesem Zimmer mit diesem Blick auf den Garten, verblühte Astern, mit Zweigen für den Winter abgedeckte Beete, eine Kinderschaukel, eine betonierte Terrasse [...]."[9] Das Bedürfnis, dem Schwebezustand der Unwissenheit und Unentschlossenheit ein Ende zu setzen, schlägt hier in das radikale

---

7 Judith Hermann: Wohin des Wegs. In: Dies.: Nichts als Gespenster. Frankfurt am Main 2003, S. 233-271, hier: S. 263.

8 Judith Hermann: Die Liebe zu Ari Oskarsson. In:Dies.: Nichts als Gespenster. Frankfurt am Main 2003, S. 273-318, hier: S. 283.

9 Hermann: Ruth (wie Anm. 1), S. 46.

Gegenteil um, in ein wohlüberschaubares häusliches Universum im Klein-
format.

In der gleichen Erzählung wird für die Weltreisende die Kleinstadt mit ihren „Einkaufspassagen, ihrem Tchibo, dem Kaufhaus, Marktplatzhotel"[10] zu
einer viel versprechenden Perspektive. Sie beneidet ihre Freundin, die dort für
zwei Jahre an einer Provinzbühne arbeitet, um diesen zeitlich und örtlich fest
eingegrenzten Radius. Und selbst wenn sie vorgibt, keine richtige Erklärung
für ihren Neid zu haben, so liefert doch ihre innere Stimme kurz darauf eine
plausible Antwort: „Ich dachte ‚In einer Kleinstadt könnte ich sorgloser
sein'".[11] Sollte sich die unter den Pflastersteinen Berlins verborgene geheim-
nisvolle Botschaft, nach der die Protagonistin doch suchte, als Traum von
Sorglosigkeit und Sicherheit erweisen? Jedenfalls scheint der Zustand von
totaler innerer Heimatlosigkeit und Ratlosigkeit auch ein Bedürfnis nach Geborgenheit und Normalität hervorzurufen, das in ebenso radikaler Weise an
Konventionalität und Langeweile nicht zu überbieten ist.

Und noch ein drittes Mal erfährt der Leser etwas über eine konkrete
Wunschvorstellung. In der letzten Erzählung *Die Liebe zu Ari Oskarsson* muss
die weibliche Hauptfigur, die sich zur Introspektion in ein kleines Zimmer im
fernen Norwegen von der Außenwelt zurückgezogen hat und ihren vagen
Vorstellungen und Träumen nachhängt, feststellen, dass sie sich nach einem
normalen, fest geregelten Arbeitsalltag sehnt. Caroline, ihre Mitbewohnerin
und ein ihr in jeder Hinsicht entgegen gesetzter Charakter, verkörpert diesen
Wunsch:

> Wenn sie sich in der Frühe verabschiedete, um zu McDonald's zu gehen
> und dort acht Stunden lang Pommes frites über den Tresen zu schieben,
> wünschte ich, ich hätte mit ihr tauschen können.[12]

Selbst ein einfacher ‚Brotjob' in seiner stumpfsinnigsten Variante scheint
hier erstrebenswert zu werden.

Es sind die einzigen drei Passagen in dem Band, in denen die Sehnsucht
nach einem anderen Leben eine konkrete gedankliche Vorstellung annimmt.
Sie sind in diesem Sinne zwar nur eine Randerscheinung, da auch keine der
Protagonistinnen letztendlich den Zustand der ungewissen Suche gegen die
Normalität des Alltags eintauscht, setzen aber doch einen realistisch-
ernüchternden Gegenakzent. Denn aus jeder von ihnen spricht aufs Neue der
Wunsch nach einem geregelten Dasein und das Bedürfnis zu wissen, warum
man morgens aufsteht und mit wem man abends ins Bett geht.

---

10 Hermann: Ruth (wie Anm. 1), S. 15.
11 Hermann: Ruth (wie Anm. 1), S. 15.
12 Hermann: Die Liebe zu Ari Oskarsson (wie Anm. 8), S. 287.

3. Ersehnte Liebe oder gelebte Liebe?

Auch wenn die Suchenden zu Liebenden werden, wenn sich die Sehnsucht auf einen wirklichen, lebendigen Menschen richtet und der Traum von der Begegnung in Erfüllung gehen könnte, hadern die Figuren mit der Wirklichkeit. Die Realität, so lautet die in den Erzählungen immer wieder variierte ernüchternde Erkenntnis, hält der Vorstellung nicht stand. Und das nicht etwa, weil die Figuren sich durch eine ausgesprochen extravagante Vorstellungswelt auszeichneten oder ihre Phantasie von vorneherein nur Unerfüllbares hervorbrächte. Im Gegenteil, in *Ruth (Freundinnen)* träumt die sich Sehnende von „Raoul im Regen", von „Raoul, der sie durch eine dunkle Wohnung trägt" und von „Raoul, der sie zu Bett bringt wie ein Kind". Als es jedoch darum geht, diese Traumbilder zum Leben zu erwecken, wird der aus der Ferne begehrte Körper nur noch als eine „ungeheure Zumutung", als „ungewohnt"[13] empfunden. In dem Ungewohnten kann nicht mehr der Zauber der Entdeckung gesehen werden.

Aus Furcht, erkennen zu müssen, dass die eigene Traum-Schöpfung mehr Intensität verspricht als die Realität, treten die Figuren den Rückzug an. Es ist eine Flucht in den sicheren, aber einsamen Raum der Imagination, der nur noch die Illusion von Zweisamkeit erwecken kann.

Glück ist in der Vorstellung lebbar. Glück ist der Moment, der dem Erleben selbst vorausgeht. Eine Erkenntnis, die bereits eine der weiblichen Figuren in der Titelgeschichte des ersten Bandes *Sommerhaus, später* formuliert. Auf die Frage, was „glücklich sein" für sie sei, antwortet Marie: „Glück ist immer der Moment davor."[14] In vergleichbarer Weise lässt sich diese Unmöglichkeit, Glücksgefühl und konkretes Erleben in Übereinstimmung zu bringen, an der Entwicklung der Ich-Erzählerin aus der *Ruth*-Geschichte ablesen. Nach den ersten flüchtigen Begegnungen mit dem Liebhaber ihrer Freundin Ruth verspürt sie eine besondere Verbindung zu ihm. Es scheint ein gegenseitiges ,Erkennen' zu sein, das der Worte nicht mehr bedarf. Sie hat den Eindruck, „dass mein ganzes Leben plötzlich wieder offen war, leer, ein weiter unbekannter Raum."[15] Es ist gerade die flüchtige Begegnung, die den Eindruck vermittelt, dass alles erneut möglich sei. Dem Leben kann scheinbar eine vollständig neue Richtung gegeben werden. Die Leere ist verheißungsvoll.

Schritt für Schritt wird auf den folgenden Seiten aus dem Blickwinkel der Icherzählerin eine Spannungskurve aufgebaut, die von der Vorstellung einer Begegnung bis zu deren tatsächlichem Eintreffen führt. Nachdem sie die Kleinstadt und ihre Freundin verlassen hat, begibt sie sich auf eine Reise nach

---

13 Hermann: Ruth (wie Anm. 1), S. 53.
14 Judith Hermann: Camera Obscura. In: Dies.: Sommerhaus, später. Frankfurt am Main 1998. S. 158.
15 Hermann: Ruth (wie Anm. 1), S. 31.

Paris, die ihr bereits kurz nach ihrer Ankunft sinnlos erscheint. Paris ist nur mehr Kulisse, schon nach einer Woche bricht sie den Aufenthalt ab und kehrt nach Berlin zurück. Ihre Gedanken kreisen bereits unablässig um die Möglichkeit der Liebe. Der Freiraum, den das Unbekannte hier noch schafft, setzt ihre Vorstellungskraft in Bewegung:

> Ich vermisste ihn, ich dachte unentwegt an ihn, an jemanden, den ich nicht kannte, aber den ich mir vorstellen wollte, immer und immer wieder, [...].[16]

Vermisst wird hier das Unbekannte. Der Mann dient als Projektionsfläche, die alle nur erdenklichen Wunschvorstellungen problemlos gestattet. Kurz vor der Begegnung steigert dieses Gefühl grenzenloser Möglichkeiten die Erwartungen bis hin zum Glücksgefühl.

> Die Fahrt von Berlin nach Würzburg dauerte sechs Stunden, und in diesen sechs Stunden war ich glücklich.[17]

Das Glück dauert genau sechs Stunden. Es ist mit Präzision reduziert auf die immer kleiner werdende zeitliche und räumliche Distanz, die sie von ihm trennt, die zwischen Traum und Erwachen liegt. Es endet abrupt im Moment der Konfrontation mit der Wirklichkeit:

> Ich reihte mich in die lange Schlange der Aussteigenden ein, Schritt für Schritt für Schritt, und niemand hielt mich auf, und dann war ich auf dem Bahnsteig und ging los, Richtung Ausgang, und als ich Raoul endlich sah, wusste ich sofort und mit auswegloser Sicherheit, dass ich mich getäuscht hatte.[18]

Ein Blick hatte genügt, um sich ein neues Leben vorzustellen, um sich auf das gedankliche Abenteuer der Liebe einzulassen, und ein Blick genügt, um diesem Abenteuer ein Ende zu bereiten, bevor es überhaupt begonnen hat.

Auch in der Erzählung *Wohin des Wegs* konstatiert die Icherzählerin, dass das Warten auf die Liebe lustvoller ist als die Liebe selbst. Auch hier überkommt sie das Gefühl der Verliebtheit plötzlich. Sie liebt ihn, „sofort und auf der Stelle".[19] Noch ist der Mann unbekannt, noch entzieht er sich ihr, noch kann die Figur also fühlen, hoffen und sogar handeln. Sie begibt sich in den verheißungsvollen Zustand aktiven Wartens, um die Begegnung zu provozieren. Dieses Warten scheint allerdings der eigentliche Höhepunkt zu sein. Die

---

16 Hermann: Ruth (wie Anm. 1), S. 34.
17 Hermann: Ruth (wie Anm. 1), S. 45.
18 Hermann: Ruth (wie Anm. 1), S. 46.
19 Hermann: Wohin des Wegs (wie Anm. 7), S. 263.

Wirklichkeit kann die Erwartung nicht einlösen. Erzählerisch veranschaulicht wird das durch einen einfachen Vergleich von gegenwärtiger und vergangener Situation. Der äußere Rahmen ist genau derselbe: sie sitzt in einer Bar, bei einem Glas Wein, jetzt aber nicht mehr allein, sondern gemeinsam mit dem Mann, den sie zuvor am gleichen Ort erwartet hat. Ihr Herz schlägt höher, aber nicht etwa, weil der Mann da ist, sondern weil sie meint, ihn so wie einst am Fenster vorbei gehen zu sehen. Die Erinnerung an das Warten drängt sich zwischen die beiden und verhindert jede Form von Austausch, von Begegnung, von geteilter Zweisamkeit. Es bleibt ihr nur noch die enttäuschte Feststellung, dass die Möglichkeit, ihn zu entdecken, jetzt nicht mehr besteht: „[U]nd dann drehte ich mich zu ihm um, ich kann ihn nicht mehr fragen, er ist schon da."[20] Über diesem lapidar formulierten Bedauern vergisst sie, ihr reales Gegenüber tatsächlich zu fragen und sich somit den Forderungen des Hier und Jetzt zu stellen.

Spannung entsteht in den Erzählungen in der Regel nur dann, wenn die Figuren selbst noch erwartungsvoll sind. Das Herz klopft immer vor der Begegnung, vor der Berührung, die Berührung selbst aber ist seltsam schal und fade. Das Warten auf das Glück scheint alle Lebenskraft verbraucht zu haben. So ist die Icherzählerin aus *Wohin des Wegs* nun, nach der Ankunft des Mannes, müde, passiv und abwesend. Sie sieht meistens „auf die Wand"[21], wenn sie miteinander reden, sie findet es nicht „schlimm", dass sein Körper tatsächlich genauso weiß ist, wie sie es sich vorgestellt hat, und sie schaut leidenschaftslos „an ihm vorbei"[22] in den Himmel, während er versucht, zum ersten Mal mit ihr zu schlafen. Angesichts dieser überaus trostlosen Lustlosigkeit kann auch die kühle Beziehungs-Bilanz der Erzählerin nicht mehr verwundern:

> Letztendlich ist das der einzige Moment gewesen, in dem ich mich und Jacob gefühlt habe – in diesem Blick einer Tankwartin an einer heruntergekommenen Tankstelle an der Landstrasse.[23]

Dieser gleichfalls einer gewissen Banalität nicht entbehrende Moment – der Weg von der Tankstelle zum Auto, in dem der Mann auf sie wartet – wird nicht einmal mehr unmittelbar gespürt, sondern vermittelt, durch die Augen einer fremden Frau, wahrgenommen. „Ich sah, was sie sah"[24], stellt die Icherzählerin fest. Erst durch den völlig unbeteiligten Blick einer dritten Person gelangt sie zu dem Bewusstsein von Verbundenheit. Sie braucht die Distanz, um Nähe überhaupt fassen und fühlen zu können und um sich selber überhaupt in einer Art Spiegelperspektive wahrnehmen zu können.

---

20 Hermann: Wohin des Wegs (wie Anm. 7), S. 264.
21 Hermann: Wohin des Wegs (wie Anm. 7), S. 233.
22 Hermann, Wohin des Wegs (wie Anm. 7), S. 247.
23 Hermann: Wohin des Wegs (wie Anm. 7), S. 267.
24 Hermann: Wohin des Wegs (wie Anm. 7), S. 267.

4. Sinnlosigkeit: das paradoxe Ziel aller Sehnsucht

Bislang hat die Frage nach der Realisierung der Träume und Wünsche der Figuren die ernüchternde Erkenntnis gebracht, dass die Sehnenden und Suchenden sich der Realität verweigern und sich mit der Vorstellung von Liebe, mit dem Warten auf das Glück oder mit banalen Alltagsvisionen begnügen.

Ist demnach Glück in diesem kleinen überschaubaren Kosmos menschlicher Beziehungen überhaupt noch lebbar? Gelingt es den Figuren, irgendwann in der Wirklichkeit anzukommen und ihr müdes Verlangen aus dem rein kontemplativ-passiven Zustand zu erlösen?

In einem Interview der *Frankfurter Sonntagszeitung* sagt die Autorin Judith Hermann, dass ihre fiktiven Gestalten aus dem *Nichts als Gespenster*-Band, „resignativer und trotzdem glücksfähiger"[25] seien als die Protagonisten ihrer ersten Erzählungen. Und selbst wenn auch in diesem Band bereits „Geschichten aus der großen ungeheizten Wartehalle des Lebens"[26] erzählt werden, so begegnen dem Leser doch noch Figuren wie „Stein" aus der Titelgeschichte *Sommerhaus, später*. Ihm gelingt es, dem „Sich-so-ein-Leben-vorstellen" – die Lieblingsbeschäftigung nahezu aller Figuren – das Leben selbst entgegenzustellen. Er verwirklicht einen Traum. Er kauft eine Ruine im Osten Deutschlands, er schafft so erstaunlich konkretes Material wie „Dachpappe, Tapeten und Wandfarbe"[27] an, um sie wieder in Stand zu setzen, und er gibt der Frau, mit der er diesen Traum verwirklichen möchte, den Schlüssel zu dem Haus. „Das hier ist eine Möglichkeit, eine von vielen. Du kannst sie wahrnehmen oder es bleiben lassen."[28], sagt er zu ihr. Die Frau gehört zu den „Später"-Adepten, zu den unermüdlich Unentschlossenen. Die einzige miserable Entscheidung, die sie trifft, ist, darauf zu warten, dass der andere für sie entscheidet:

> Stein schrieb oft ... *wenn du* kommst. Er schrieb nicht: „Komm". Ich beschloss, auf das „Komm" zu warten, und dann loszufahren.[29]

Stein aber ist nicht dem Kult des Wartens verfallen. Er liebt und lebt und kann deshalb noch reagieren. Er setzt sein Haus in Brand, er zerstört damit seinen Traum und rettet gleichzeitig die Idee der Utopie. Diese unerbittliche

25 Judith Hermann in einem Interview der Frankfurter Sonntagszeitung, 20. Januar 2003.
26 Andrea Köhler: „Ist that all there is?" Judith Hermann oder Die Geschichte eines Erfolgs. In: aufgerissen. Zur Literatur der 90er. Hrsg. v. Thomas Kraft. München 2000, S. 81-91, hier: S. 89.
27 Hermann: Camera Obscura (wie Anm. 14), S. 153.
28 Hermann: Camera Obscura (wie Anm. 14), S. 152.
29 Hermann: Camera Obscura (wie Anm. 14), S. 155.

Konsequenz, die noch Wut, Trauer und die Fähigkeit zur Verzweiflung spüren lässt, findet sich in dem zweiten Band nicht mehr. Aber es scheint paradoxerweise gerade die absolute Radikalisierung von Sinnlosigkeit, Gleichgültigkeit und Resignation zu sein, die den Figuren überhaupt noch einige Glücksmomente bescheren kann. Judith Hermann führt an ihren Figuren immer wieder die absurde Errungenschaft vor, dass Sinnlosigkeit, dass abgeklärte Erwartungslosigkeit und absolute Resignation Momente des Glücks erst ermöglichen.

Der Beginn der letzten Erzählung *Die Liebe zu Ari Oskarsson* liest sich geradezu wie eine Abhandlung über die Vorzüge der Sinnlosigkeit. Die Icherzählerin hat gemeinsam mit einem Freund eine „alberne kleine" CD voller Liebeslieder produziert. Das ganze Unterfangen war „ausgesprochen albern", heißt es ein paar Zeilen weiter, und noch ein drittes Mal, ohne die Nichtigkeit wenigstens sprachlich zu variieren, wird dem Leser mitgeteilt: „es war albern."[30] Es wird in dieser Weise insistiert, da gerade in dem albernen Charakter, in der grundlosen Heiterkeit der besondere „Reiz" liegt, der konsequenterweise wiederum „sinnlos"[31] ist.

Das Credo der Figuren ist: Je sinnloser, desto besser. Spaß haben sie, wenn sie ihre Zeit damit verbringen, gemeinsam an „eigentlich unnützen Dingen zu arbeiten". Die Sinn- und Nutzlosigkeit des Handelns wird zum Programm und zur Basis für Gemeinsamkeit. Ein Fundament für Freundschaft, im Sinne von tiefer, kontinuierlicher Verbundenheit kann es nicht sein. Dementsprechend resümiert die Icherzählerin auch mit der größten Selbstverständlichkeit eigentlich Widersprüchliches; denn auf die Aussage, dass die beiden gerne Zeit miteinander verbringen, folgt die jeder Vorstellung von Freundschaft zuwiderlaufende Diagnose von absoluter Unverbindlichkeit und Gleichgültigkeit:

[...] wir hätten jederzeit auseinander gehen können, ohne irgendetwas zu vermissen.[32]

Eine andere Variante befreiender Gleichgültigkeit lässt sich an der, wenn auch wenig spektakulären, Entwicklung dieser weiblichen Protagonistin ablesen. Im fernen Norwegen zieht sie sich in ein kleines Zimmer zurück. Sie liegt in ihrem Bett, sehnt sich ein wenig, sieht die Welt am Fenster vorüberziehen und fragt sich, was aus ihr und ihrem Leben werden soll. Es war „wie ein langes Innehalten vor etwas scheinbar Großem, von dem ich nicht wusste, wie es sein sollte."[33] Wenn der Leser jetzt allerdings von der Ent-

30 Hermann: Die Liebe zu Ari Oskarsson (wie Anm. 8), S. 274.
31 Hermann, Die Liebe zu Ari Oskarsson (wie Anm. 8), S. 274.
32 Hermann: Die Liebe zu Ari Oskarsson (wie Anm. 8), S. 274.
33 Hermann: Die Liebe zu Ari Oskarsson (wie Anm. 8), S. 284.

wicklung der Figur eine Auflösung erwartet, gewissermaßen einen qualitativen Sprung vom Zustand abwartender Unwissenheit in einen Zustand reflektierter Eindeutigkeit, wird er enttäuscht. Der Icherzählerin geht es nicht wirklich darum, sich Klarheit zu verschaffen. Sie genießt die meditative Selbstbezogenheit. Und wie nahezu alle Figuren dieses Bandes, denkt sie zwar permanent über sich nach, aber nie über sich hinaus. Selbstbetrachtung wird geradezu exzessiv betrieben, jedoch mit so spielerischer Nonchalance, dass die Reflexion jeglicher Tiefendimension entbehrt.

Die weibliche Protagonistin gelangt dann auch nach einer Woche sanftmelancholischer Nabelschau zu der bemerkenswert bequemen Erkenntnis, dass es wohl das einfachste sei, sich der Ratlosigkeit zu überlassen, wie einer sowieso nicht zu beeinflussenden Schicksalsmacht. „Ich war nur ratlos mir selber gegenüber", sagt sie. Das war sie vorher auch schon. Jetzt aber ist sie – und hier liegt die Entdeckung – auf eine ihr bislang unbekannte Weise mit „dieser Ratlosigkeit zufrieden"[34]. Hier kommt die Analyse zu einem abrupten Ende. Gibt man sich mit der Ratlosigkeit zufrieden und akzeptiert gewissermaßen erleichtert die eigene Unfähigkeit, den Dingen auf den Grund zu gehen, braucht man auch nicht mehr weiterzudenken. Der Selbsterkenntnis sind somit zwar enge Grenzen gesetzt, auf das Handeln aber kann sich diese Entdeckung durchaus positiv auswirken. Das zeigt der Aufbau der Geschichte: Genau in dem Moment, in dem sich die Protagonistin dem Zustand ewiger Unwissenheit ergibt und ihre eigene Ratlosigkeit zufrieden akzeptiert, kann sie ihr Zimmer verlassen und auf Entdeckungsreise gehen. „Am Samstagabend, dem siebten Abend gingen wir aus."[35] In dieser Nacht küsst sie einen unbekannten Mann. Sie akzeptiert seine totale Gleichgültigkeit ihr gegenüber, sie befreit sich von den entsetzten Blicken der anderen, und sie überwindet ihre eigenen, noch leise vorhandenen Bedenken:

> Ich dachte noch einmal kurz daran, anders zu sein, aber ich war's nicht, und dann küsste ich Ari Oskarsson.[36]

Und am folgenden Abend steigert sich ihr Glücksempfinden. Der letzte Abschnitt der Erzählung demonstriert ostentativ diese Steigerung. Ihr Reisebegleiter und Gelegenheitsfreund Owen stellt ihr zweimal im Text die Frage, ob sie glücklich sei. Das erste Mal, noch zu Beginn der Geschichte und aus der Zurückgezogenheit des kleinen Zimmers, antwortet sie ohne weitere Wertung lapidar: „Bin ich."[37] Ganz am Ende der Geschichte, angesichts der berauschenden Wirkung eines Nordlichts, das sie beide gemein-

---

34 Hermann: Die Liebe zu Ari Oskarsson (wie Anm. 8), S. 289.
35 Hermann: Die Liebe zu Ari Oskarsson (wie Anm. 8), S. 290.
36 Hermann: Die Liebe zu Ari Oskarsson (wie Anm. 8), S. 306.
37 Hermann: Die Liebe zu Ari Oskarsson (wie Anm. 8), S. 284.

sam betrachten, richtet er genau die gleiche Frage erneut an sie: „Und bist du jetzt glücklich?" Diesmal antwortet sie: „Sehr."[38] Auch diese Entwicklung zeigt, dass die Hermannschen Figuren erst dann atmen, fühlen, küssen und für einen Augenblick sogar wirklich glücklich sein können, wenn sie vom erdrückenden Ballast der Sinnsuche, von der anstrengenden Vorstellung, dem Leben eventuell einen Sinn abringen zu müssen, befreit sind.

Gespenstergleich und schwerelos schweben diese ewig Ratlosen durch die Welt. Wurzeln jedoch können und wollen sie nicht schlagen, weder an einem konkreten Ort, noch in der Freundschaft und schon gar nicht in einer dauerhaften Liebesbeziehung.

Nur eine Figur, Caroline, nimmt in dieser siebten Erzählung eine Art Ausnahmestellung ein. Wenn sie das Haus verlässt, schließt sie die Tür so sacht hinter sich, wie, so beobachtet die Icherzählerin, „es nur Menschen tun, die immerzu auch an den anderen denken."[39] Aus dieser kleinen, unscheinbaren Geste spricht zum ersten Mal Sensibilität und Interesse für die Umwelt. Caroline ist die einzige Figur, die fest verankert ist in der Welt. Bei dem Gedanken an ihr heimatliches Fachwerkhaus, das abgerissen werden musste, bricht sie in Tränen aus. Die emotionale Bindung an die Vergangenheit, die den anderen Figuren abhanden gekommen ist, verleiht ihr Stärke und gibt ihr etwas „Beruhigendes."[40] Sie ist noch in der Lage, ohne die strategischen Hilfsmittel der Desillusionierung und der Gleichgültigkeit dem Leben zunächst einmal offenoptimistisch zu begegnen. Das Leben sei, so erklärt sie, mit einer Pralinenschachtel vergleichbar: Nie könne man vorher wissen, was einen erwartet, doch man könne sicher sein, dass es süß sei. Diesen kindlich entwaffnenden Lebensoptimismus haben die anderen Figuren nicht, oder nicht mehr. Auf die überaus naive Devise mit ‚Schokoladengeschmack' reagieren sie entweder wie die Icherzählerin von der hohen Warte abgeklärter Distanz noch wehmütig-verständnisvoll, oder sie brechen wie Owen nur noch in hysterisch-zynisches Gelächter aus.

Die Icherzählerin möchte Caroline „in Schutz nehmen."[41] Wohl, weil sie noch ahnt, dass zuviel Gleichgültigkeit, zuviel Beliebigkeit, zuviel Alkohol, zuviel Unbeständigkeit die Seele dauerhaft in Mitleidenschaft ziehen müssen. Fast erscheint die Figur der Caroline wie ihr alter ego, das sie nicht mehr ist und niemals mehr sein kann. Caroline ist mit ihrer arglos-angstfreien Lebenshaltung zwar eine prägnante Gegenfigur zu dem ansonsten programmatisch desillusionierten Personal der Erzählungen. Aber sie ist nur eine Nebenfigur, die mit ihrer leicht überzeichneten optimistischen Einfältigkeit wie ein Relikt

---

38 Hermann: Die Liebe zu Ari Oskarsson (wie Anm. 8), S. 318.
39 Hermann: Die Liebe zu Ari Oskarsson (wie Anm. 8), S. 283.
40 Hermann: Die Liebe zu Ari Oskarsson (wie Anm. 8), S. 282.
41 Hermann: Die Liebe zu Ari Oskarsson (wie Anm. 8), S. 286.

aus vergangenen Zeiten erscheint und somit keine wirkliche Alternative zu den Lebenszynikern darstellen kann.

In fast noch radikalerer Weise führt das weibliche Ich der *Zuhälter*-Geschichte vor, dass erst resignative Gleichgültigkeit zur Voraussetzung für Freundschaft wird. In Plot, Struktur und narrativer Perspektive ist die Erzählung den anderen vergleichbar: eine Frau begibt sich auf die Reise, diesmal nach Karlsbad, um einen Mann aufzusuchen, diesmal aber um herauszufinden, was er ihr eigentlich noch bedeutet. Sie berichtet aus der Ichperspektive, eine relativierende, variierende andere Erzählhaltung gibt es auch in dieser Geschichte nicht.

In diesem Selbstfindungsszenario wird die klassische Vorstellung, dass nach einer Liebesbeziehung Freundschaft zwischen Mann und Frau möglich sei, variiert und deutlich radikalisiert. Die Abwesenheit jeglichen Gefühls für den anderen wird hier zur eigentlichen Bedingung für Freundschaft, denn mit zwingender Logik macht die Icherzählerin absolute Unverbindlichkeit zur Basis eines Neuanfangs:

> In Karlovy Vary war ich ihm nichts, und er war mir auch nichts, also waren wir endlich Freunde.[42]

Und selbst in der ersten Erzählung *Ruth (Freundinnen)*, in der die gelebte Freundschaft zwischen zwei Frauen zentrales Thema ist, erweist sich der Eindruck tiefer Verbundenheit bei näherem Hinschauen als trügerisch. Es entsteht eine seltsame Diskrepanz zwischen der als geradezu symbiotisch beschriebenen Verbindung und einem ausgeprägten Desinteresse an der anderen Person. Mögen die beiden Frauen zwar wie zwei ,Lovebirds' beschrieben werden und ihre Vertrautheit mit dem Bild von kleinen, gelben Kanarienvögeln, die ihre Köpfe immer im selben Rhythmus bewegen, symbolisch ausgedrückt sein, so schleichen sich doch Misstöne in dieses Bild äußerlicher Harmonie. Die Zeichen einer grundsätzlichen Unmöglichkeit oder Unfähigkeit zur Kommunikation sind nicht zu übersehen: die beiden Frauen lesen nicht dieselben Dinge, sie weinen nicht über dieselben Dinge, und sie sprechen nicht über wesentliche Veränderungen in ihrem Leben, weil dies, wie die Icherzählerin gelassen feststellt, nur auf Unverständnis stoßen würde. Und aus diesem Grunde überlassen auch sie sich dem absurden Spiel, in dem Nähe und Distanz die einander bedingenden Regeln sind:

> Sie nahm meine Hand und sagte „Und du? Und wie geht es dir?", ich wich aus, wie immer, und sie ließ mich ausweichen wie immer, und dann saßen wir so, vertraut, schläfrig im Nachmittagslicht.[43]

---

42 Judith Hermann: Zuhälter. In: Dies.: Nichts als Gespenster. Frankfurt am Main 2003, S. 153-193, hier: S. 158.

Dieses Nebeneinander von betonter Innigkeit und gleichzeitiger Gleichgültigkeit verleiht auch dieser Beziehung den schalen Beigeschmack letztendlich einsamer Zweisamkeit.

Ob es sich um Liebe, um Freundschaft vor oder nach einer Liebesbeziehung handelt oder um Freundschaft zwischen Frauen, die Bilanz ist in gleicher Weise trist. Immer wieder wird dasselbe paradoxe Zusammenspiel von Gleichgültigkeit und Nähe in Szene gesetzt und Unverbindlichkeit zur unabdingbaren Voraussetzung für Freundschaft erklärt.

5. Gespenstische Sehnsucht

Auf die eingangs gestellten Fragen, wie die Figuren ihre Sinn-Suche gestalten und ob sie irgendwann in der Realität ankommen und einen Ort, eine Freundschaft oder eine Liebe finden, die sie in der Wirklichkeit verankern, findet der Leser letztendlich nur negative Antworten. Lesen sich die sieben Erzählungen nicht wie eine Art Widerlegung des Eingangsmottos? „Wouldn't it be nice/ if we could live here/ make this the kind of place/ where we belong": Das Verlangen, einen Ort der Zugehörigkeit zu finden oder gar zu gestalten, wie diese Zeilen doch zunächst vermuten lassen, lebt in den Figuren lediglich wie ein blasser Traum, der jedoch die Sphäre reiner Vorstellung, wenn überhaupt, nur äußerst zaghaft verlässt. Diese Traumverlorenen haben nichts gemeinsam mit den lebendigen, gefährlichen Tagträumern, von denen T.E. Lawrence in *The seven pillars of wisdom* spricht, und die, weil sie wachen Auges träumen, auch noch entsprechend ihrer inneren Visionen handeln können:

> All men dream, but not equally. Those who dream by night in the dusty recesses of their minds wake in the day and find that it was vanity: but the dreamers of the day are dangerous men, for they may act their dream with open eyes, to make it possible.[44]

Die bleichen, müden und gleichgültigen Gestalten Hermannscher Machart hingegen überfordert jede Form von Entscheidung, Festlegung, Engagement in Freundschaft, Liebe und eigenem Leben. Sie sehnen, ohne zu handeln, sie suchen, ohne anzukommen, sie reisen, ohne sich zu bewegen. Eine Entwicklung ist trotz der vielen Reisen und trotz des permanenten Wechsels der Beziehungen ausgeschlossen, denn die Figuren lassen sich nicht ein auf die Welt; sie haben nicht mehr den Mut zu scheitern und können sich aus diesem Grund auch nicht weiterentwickeln. Und so enden die Bewegungen

---

43 Hermann: Ruth (wie Anm. 1), S. 17.
44 T. E. Lawrence: The seven pillars of wisdom. Bd. 1. Fordingbridge 1997, S. 124.

im Leerlauf, in einer gespenstischen Schwebe. Es dreht sich endlos-
monoton das Karussell der Unverbindlichkeiten. Die Gespenster springen
auf, drehen eine Runde und springen wieder ab.

Sie sind zu Hause im Land des „Transitorischen" wie Hubert Spiegel in
seiner Rezension feststellt. Und er kommt auch zu der Schlussfolgerung, dass
der ständige Wechsel in der inneren Welt der Beziehungen und in der äußeren
Welt der Reiseziele zur eigentlichen Bewegungslosigkeit verdammt. Bedeutet
doch gerade der „Zustand des Übergangs in Permanenz nichts anderes als
Stagnation"[45].

Diese Schlussfolgerungen sind beunruhigend, zumal wenn man den großen Erfolg der Erzählungen damit erklärt – wie es ein Großteil der Rezensenten immer wieder formuliert hat –, dass sie den Nerv der Zeit treffen und in
einer Art Spiegelbild das Lebensgefühl der jungen Generation darstellen.

Aber das eigentlich Beunruhigende, ja Gespenstisch-Unheimliche an den
Figuren, die durch den neuen Erzählungsband von Judith Hermann geistern, ist
doch, dass sie diese allgemeine Gleichgültigkeit nicht nur mit äußerstem
Gleichmut hinnehmen, sondern sie sogar zum Lebensprinzip erheben. Denn
der einzige Erkenntnisgewinn, den man in den Erzählungen ausmachen kann,
ist die für die Figuren erleichternde Feststellung, dass Sinnlosigkeit, Ratlosigkeit, Resignation und Indifferenz eine befreiende Wirkung haben. Kultiviert
wird hier die Sehnsucht, die von den Figuren immer wieder zur Leblosigkeit
der puren Vorstellung verdammt wird. Aus den Figuren spricht kein Aufbe-
gehren, kein Widerstand, kein Leid an der Leere, sondern nur mehr das er-
schöpfte Gebaren sinnlos Suchender. Das Kokettieren mit der allgemeinen
Sinnlosigkeit, mit der Gleichgültigkeit und Verlorenheit wird in den sieben
Erzählungen in vielfachen Variationen inszeniert. Dispensiert von jeglichem
Engagement werden die Gestalten zu Treibgut im Strom des Lebens: irgendwann werden sie irgendwo an irgendein Ufer gespült.

Und die seltenen, kurzen Glücksmomente, die die Figuren blitzartig aus
der sonst vorherrschenden Ereignislosigkeit ins Leben schleudern, werden
erkauft durch ein zum Prinzip erklärtes Phlegma. Die Paradoxie der modernen
Sinnsuche besteht darin, dass der Zustand allgemeiner Anästhesie zur eigentlichen Lebensvoraussetzung wird. Widerstandslos wird das Leben der Leere
anheim gegeben. Gespenstisch.

Nichts als Gespenster, der Titel des Erzählungsbands und der fünften Geschichte, liest sich somit wie ein konziser Kommentar zu dem lebensfernen
Dasein aller Gestalten. Die Geschichte *Nichts als Gespenster* handelt von

---

45 Hubert Spiegel: Ich will mich nehmen wie ich bin, Schöne Seelen im Sinkflug:
    Judith Hermann legt ihr zweites Buch vor und erweist sich als Geisterjägerin ih-
    rer Generation. In: Frankfurter Allgemeine Zeitung, 1.2.2003.

einem Paar, das auf der Reise durch die Wüste Nevadas in einem Motel absteigt und dort auf eine „Gespensterjägerin" trifft.[46]

Und so wie diese Gestalt der skurrilen Geisterjägerin in der Titelgeschichte den gewagten Versuch unternimmt, inmitten der Wüste Nevadas Gespenster fotografisch zu fixieren, versucht sich auch die ‚Geister jagende' Erzählerin in dem sprachlichen Experiment, das Nichts in Bilder und Worte zu fassen. Das Unterfangen ist nicht ohne Risiko: der verbalen Fixierung blutleerer Phantome fehlt es, wie ihrem Gegenstand, an Substanz. Die Erzählungen entbehren jeglicher Tiefenschicht. So wie ihre fiktiven Gestalten sich gleichmütig und selbstzufrieden der eigenen Unwissenheit und Daseinsratlosigkeit ergeben, so beschränken sich die Erzählungen auf die Oberflächenstruktur der reinen Abbildung. Eine Bestandsaufnahme nicht gelebten Lebens, die an keiner Stelle vor dem Kult der Indifferenz auch nur leise erschauert. Das ist das eigentlich Gespenstische an diesen Erzählungen.

---

46 Judith Hermann: Nichts als Gespenster. In: Dies.: Nichts als Gespenster. Frankfurt am Main 2003, S. 195-233, hier S. 201.

Die Leere und die Angst – Erzählen ‚Fräuleinwunder' anders?

Narrative Techniken bei Judith Hermann, Zoë Jenny und Jenny Erpenbeck

Ursula Kocher

> „[I]ch weiß nicht, ob man mit 25 noch als
> Fräulein bezeichnet werden sollte und auch
> nicht unbedingt als Wunder, denn die Arbeit
> an Büchern ist hart und hat wenig mit Wun-
> dern zu tun." Zoë Jenny[1]

Der Abgesang des Phänomens ist schon lange gesungen, und dennoch hält sich der Begriff auf wundersame Weise: Fräuleinwunderliteratur. Bereits 2003 sprach Rainer Moritz in der Zeitschrift *Literaturen* von einer „Schein-blüte" und riet, das Phänomen einfach zu vergessen:

> Der Katzenjammer kam schnell. Das Glück der deutschen Gegenwartslite-
> ratur erlosch, ehe es von den Buchhändlern richtig bemerkt wurde. Eupho-
> rische Erwartungen wurden enttäuscht, als sich zeigte, dass die meisten
> Debüts ihre Vorschüsse bei weitem nicht einspielten. Ein unbekannter
> Name ist und bleibt ein unbekannter Name, und gerade in ökonomisch in-
> stabilen Zeiten steigt die Nervosität und fehlt Buchhändlern und Verlagen
> die Geduld, neue Gesichter und neue Texte durchsetzen zu wollen. [...] Der
> ‚Boom der Gegenwartsliteratur', den Wieland Freund noch in der 2001
> von ihm herausgegebenen Sammlung „Der deutsche Roman der Gegen-
> wart" beschwor, hat sich als Scheinblüte erwiesen.[2]

Trotz Moritz' abschließendem Aufruf „Vergessen wir das ‚Fräuleinwun-der', die ‚Pop-Literatur', die ‚Neue Unterhaltsamkeit' – fangen wir wieder von vorne an"[3] wurden die genannten Begriffe zum festen Bestandteil lite-

---

1   Hier zitiert nach Michael Opitz und Carola Opitz-Wiemers: Vom „literarischen Fräuleinwunder" oder „die Enkel kommen". In: Deutsche Literaturgeschichte: von den Anfängen bis zur Gegenwart. Von Wolfgang Beutin u. a. 6., verbesser-te und erw. Auflage. Stuttgart, Weimar 2001, S. 697-700, hier S. 698.

2   Rainer Moritz: Die Scheinblüte. Vom neuerlichen Desinteresse an deutschspra-chiger Literatur. In: Literaturen 1/2 (2003), S. 77-78, hier S. 78.

3   Moritz (wie Anm. 2), S. 78.

raturwissenschaftlichen Vokabulars und fanden Eingang in Literaturge-schichten.[4]

Auch wenn man davon ausgeht, dass es ‚Fräuleinwunderliteratur' nicht mehr gibt, stellt sich dennoch die Frage, wie es zu einem derartigen Trend überhaupt kommen konnte. Offensichtlich wurden hier Jungautorinnen als wirtschaftliche Faktoren betrachtet und einige von ihnen aus Gründen der Wertsteigerung hochgejubelt.[5] Erschöpfen sich die Gemeinsamkeiten der Autorinnen, die unter dem Schlagwort subsumiert werden, lediglich in der Altersgrenze 35, dem halbwegs attraktiven Aussehen und dem Geschlecht?

Von Anfang an galt als Markenzeichen der ‚Fräuleinwunderliteratur' eine Erzählweise, die sich von der etablierter deutschsprachiger Autorinnen und Autoren abhebe. Gelobt wurde der Verzicht auf theoretischen Überbau und moralische Belehrung. Diese Literatur, so hieß es, sei ohne literaturwissen-schaftliche Grundkenntnisse lesbar: „das Erzählen in knappen Sätzen, die klugen Aussparungen, die den Handlungsverlauf straffen, dem Leser die Ergänzung überlassen und so sein Interesse wach halten."[6] Sind das tatsächlich die Kennzeichen dieser jungen deutschen Literatur?

Heidelinde Müller äußert mit Recht den „Verdacht, dass mit der Gruppen-bildung willkürlich über Unterschiede im Stil hinweggegangen wird" und dass es so etwas wie eine „einheitliche literarische Ästhetik" nicht gibt.[7] Um vor-schnelle Schlussfolgerungen zu vermeiden, soll im Folgenden geprüft werden, ob es Ähnlichkeiten des Erzählens unterschiedlicher Autorinnen der Gegen-wart gibt und ob diese folglich aufgrund solcher Tatsachen als zusammengehö-rige Gruppe wahrgenommen werden können. Anders gefragt: Erzählen ‚Fräu-leinwunder' wirklich anders und ähneln sie sich in ihrer Andersartigkeit oder

---

4   So beispielsweise im Artikel von Michael Opitz und Carola Opitz-Wiemers in der Metzler-Literaturgeschichte (wie Anm.1), S. 697-700.

5   „Deutsche Autoren – vor allem, wenn sie jung, blond und weiblich waren – wurden als ‚Fräuleinwunder' zu Markte getragen und ließen sich zu Markte tra-gen. ‚Homestory-Tauglichkeit' hieß das neue literarische Gütesiegel." Moritz (wie Anm. 2), S. 77. „Das neue literarische Erscheinungsbild offenbart: Die Autoren müssen nicht nur jung sein, sondern sich auch gut vermarkten lassen." Opitz/Opitz-Wiemers (wie Anm. 1), S. 698.

6   Frauke Meyer-Gosau: Lob der Flaute. Endlich tun die Debütanten wieder, was sie können: ganz Verschiedenes. In: Literaturen 1/2 (2003), S. 79-81, hier S. 79. Meyer-Gosau schreibt an dieser Stelle über Ricarda Junge: *Silberfaden*.

7   Heidelinde Müller: Das „literarische Fräuleinwunder". Inspektion eines Phä-nomens der deutschen Gegenwartsliteratur in Einzelfallstudien. Frankfurt am Main u.a. 2004 (=InterLit 5), S. 20. Fraglich bleibt bei Müllers Darstellung, was sie mit dem Begriff „Stil" meint.

stellen lediglich ähnliche biologisch-biographische Faktoren das verbindende Element dar?[8]

1. Ketten aus hellen, blauen Tagen – Judith Hermann

Judith Hermann gilt inzwischen als Ikone und Ideal der Fräuleinwunderliteratur. Zwei Erzählbände mit insgesamt 16 Erzählungen genügten, um ihr diese Stellung einzubringen.[9] Das Erscheinen des zweiten Erzählbandes geriet zu einem Medienspektakel, wie man es im gegenwärtigen Literaturbetrieb selten erlebt. Helmut Böttiger erklärt die Euphorie um Judith Hermann mit der Suggestion, mit der sie Stimmungen einfange:

> Judith Hermann geht es darum, das leere Zentrum zu benennen, und sie erzeugt sprachlich dieselben Effekte wie die Popmusiker, die hin und wieder genannt werden. Sie erzählt zwar klassisch, transportiert dabei aber eine äußerst gegenwärtige Nervosität und Stimmungslage. Zwischen diesen Polen, zwischen dem Klassischen und dem Nervösen, vibriert eine Spannung. Wenn man einmal etwas über das Lebensgefühl dieser Tage nachlesen möchte, dann liefert Judith Hermann einen Grundtext – aus einer Zeit, in der die Desillusionierung selbstverständlich wurde und manche dennoch eine große Sehnsucht verspüren.[10]

Das leere Zentrum – das sind in Hermanns Erzählungen im Wesentlichen die Erzähler selbst, die häufig ihre eigene Geschichte erzählen. Heterodiegetische Erzähler finden sich in sieben der 16 Erzählungen.[11] Da es sich weiterhin fast immer um spätere Narrationen handelt, bekommt der Leser vor allem konstruierte Erinnerungen und Reflexionen von vergangenem Geschehen geboten. Dabei geht es aber nicht, wie er inzwischen schon routiniert erwarten würde, um die bruchstückhafte Darstellung einer komplexen, ungeordneten Erfahrungswelt. Stattdessen gehen die Erzähler chronologisch vor. Anachronien werden entweder überhaupt nicht oder nach einem (noch zu beschreibenden) festen Muster eingesetzt. Der Leser hat also nicht die Aufgabe, Sequenzen zu erkennen, Ebenen zuzuordnen und zu einer plausiblen Geschichte zu verknüpfen. Der Leser kann passiv bleiben,

---

8   Die folgenden Analysen gehen davon aus, dass Erzählweisen nur zum Teil individuell unterschiedlich sind und zu einem großen Prozentsatz überindividuellen Strukturen entsprechen.

9   *Sommerhaus, später* erschien 1998, *Nichts als Gespenster* 2003.

10 Helmut Böttiger: Nach den Utopien. Eine Geschichte der deutschsprachigen Gegenwartsliteratur. Wien 2004, S. 295f.

11 Dabei hat sich Hermann auffälligerweise in ihrem zweiten Erzählband noch stärker dem homodiegetischen Erzählen zugewandt. In *Nichts als Gespenster* gibt es nur zwei Erzählungen, die nicht aus der Ich-Perspektive erzählt werden.

und das verbindet ihn mit den Erzählern und anderen Protagonisten. Durch
die Analyse von zwei Erzählungen sei dies beispielhaft vorgeführt.

In *Sonja*[12] trifft ein Mann im Mai auf der Rückreise von einem Besuch bei
seiner Freundin Verena in Hamburg im Zug auf ein Mädchen namens Sonja.
Sie gibt ihm ihre Telefonnummer, zwei Wochen später ruft er sie an und geht
mit ihr aus. Bei diesem einen Treffen bleibt es vorerst. Einige Wochen später
(Juni) kommt die Freundin dieses Mannes, eines Künstlers, für ein paar Wochen nach Berlin. Zu der Eröffnung seiner Ausstellung erscheint Sonja. Sie ist
empört, weil er sie nicht angerufen hat. Im Juli kehrt Verena nach Hamburg
zurück, ihr in Berlin gebliebener Freund versucht nach einigen Wochen der
Passivität, Sonja zu erreichen, was ihm aber nicht gelingt. Erst im November
lädt diese ihn zu einer Party in ihre Wohnung ein. Von da an sehen die beiden
sich jede Nacht, ohne dass es zu Intimitäten zwischen ihnen kommt. Sonja
erscheint spät abends in seiner Wohnung und geht einige Stunden später nach
Hause. Diese merkwürdige platonische Beziehung endet vorerst, als Verena ihr
Kommen durch eine Postkarte für Ende März mitteilt – „und dann bleibe ich
lang".[13] Der Mann lässt die Karte liegen und wartet, bis Sonja sie findet. In
dieser Nacht schläft sie bei ihm, aber nicht mit ihm, und ist verschwunden, als
er aufwacht. Verena kommt nach Berlin und bleibt wie angekündigt. Im Juni
treffen sie in einem Freibad auf Sonja. Das Gespräch des Mannes mit dieser
führt zu einer erneuten Kontaktaufnahme zwischen den beiden, vor allem da
Verena zu etwa derselben Zeit die Stadt wieder verlässt und nach Hamburg
zurückkehrt. Der Sommer wird „Sonjas Sommer".[14] Im Herbst nehmen die
Treffen der beiden ab und schließlich verreist sie, ohne ihm mitzuteilen wohin
und wie lange. Der Mann fährt nach Hamburg und macht Verena einen Heiratsantrag, den diese annimmt. Die Hochzeit wird für März angesetzt. Nach
seiner Rückkehr nach Berlin fährt der frisch Verlobte zu Sonjas Wohnung. Als
er ihr am Ende eines längeren Gesprächs mitteilt, dass er Verena heiraten werde, wirft sie ihn hinaus. In den folgenden Wochen versucht er immer wieder,
sie zu erreichen, er ruft sie an und schreibt Briefe. Seine Bemühungen bleiben
aber erfolglos. Im Dezember schließlich kommt ein Brief ungeöffnet zurück.
Sonja ist unbekannt verzogen. Er will sich vergewissern und fährt deshalb zu
dem Haus, in dem nun aber niemand mehr wohnt. Er ist sich sicher, dass das
Haus bald abgerissen wird. Was mit Sonja ist, weiß er nicht.

Die Erzählung wirkt, auf ihren Plot reduziert (32 Sequenzen), äußerst einfach. Um den Plot herauszuarbeiten, genügt es, Informationen wegzulassen. Es

---

12 Judith Hermann: Sommerhaus, später. Erzählungen. 2. Auflage. Frankfurt am
     Main 2000, S. 55-84.
13 Hermann (wie Anm. 12), S. 70.
14 Hermann (wie Anm. 12), S. 76.

gibt keine größeren Anachronien, die geordnet werden müssten.[15] Der Zeitpunkt der Narration ist im Februar anzusiedeln, wie man am Ende erfährt: „Es ist Februar, ich lege unentwegt Kohlen in den Ofen, aber es will nicht warm werden."[16] Die erzählte Zeit umfasst demnach rund 22 Monate. Die Geschichte ist aus der Ich-Perspektive des Mannes erzählt, über den man fast gar nichts erfährt, auch nicht seinen Namen. Er ist das, was er zu Beginn seiner Erzählung über Sonja sagt:

> Sonja war biegsam. Ich meine nicht dieses „biegsam wie eine Gerte", nicht körperlich. Sonja war biegsam – im Kopf. Es ist schwierig zu erklären. Vielleicht – daß sie mir jede Projektion erlaubte. [...] ich glaube, sie war so biegsam, weil sie eigentlich nichts war.[17]

Der Erzähler zeichnet sich durch extreme Passivität in wichtigen Lebenslagen aus, aktiv wird er vor allem in der Reaktion auf etwas. Im Leben dieses Mannes ergreifen die Frauen die Initiative. Auf der ersten gemeinsamen Fahrt vom Bahnhof erkennt er, dass Sonja „beschlossen hatte, mich haben zu wollen"[18]. Im Juli – nach Verenas Rückkehr nach Hamburg – liegt er stundenlang untätig nackt auf dem Boden und starrt an die Decke, „müde und in einem seltsamen Zustand der Emotionslosigkeit".[19] Sonja ist in dieser Phase für ihn nicht zu erreichen. Sie entzieht sich, beinahe vier Monate lang. Schließlich verbringt sie die Abende bei ihm und er lebt auf, ohne zu begreifen, was geschieht: „Ich bemerkte nicht, daß Sonja dabei war, sich in meinem Leben zu verhaken."[20] Für ihn zählt nur das Gefühl von scheinbarer Bedeutsamkeit, das er in ihrer Nähe spürt. „Mir war das völlig egal. Ich fühlte mich durch ihre seltsame Attraktivität geschmeichelt".[21] Als Verena einen längeren Aufenthalt für März ankündigt, erfährt Sonja nicht etwa direkt davon. Der Adressat der Karte legt diese auf den Küchentisch und „wartete, bis Sonja sie fand".[22] In dieser Nacht schläft sie zum ersten Mal in seiner Wohnung und verschwindet am Morgen ein weiteres Mal. Sie hinter-

---

15 Zu erwähnen ist lediglich die Analepse zu Beginn der Erzählung, die im Wesentlichen die zweite Sequenz ausmacht. Geschildert werden hier die acht Tage Aufenthalt des Erzählers bei Verena in Hamburg und sein Zustand des Verliebtseins. Die Chronologie scheint hier unterbrochen, um die Erzählung mit Sonja einsetzen zu lassen und nicht mit Verena, die zeitlich gesehen allerdings vor Sonja in das Leben des Mannes getreten ist.

16 Hermann (wie Anm. 12), S. 84.
17 Hermann (wie Anm. 12), S. 55.
18 Hermann (wie Anm. 12), S. 58.
19 Hermann (wie Anm. 12), S. 63.
20 Hermann (wie Anm. 12), S. 67.
21 Hermann (wie Anm. 12), S. 69.
22 Hermann (wie Anm. 12), S. 70.

lässt keine Spuren im Leben des Erzählers. Und dennoch überkommt diesen von da an manchmal das irritierende Gefühl, verfolgt zu werden. Er hat die Kontrolle endgültig verloren, weiß es nur nicht. Als ihm dies anlässlich der Begegnung mit Sonja im Freibad klar wird, bekämpft er das Gefühl, das der Erkenntnis des Kontrollverlusts folgt.[23] Aus dem Mann, der scheinbar alles hinnehmen kann, da er nichts zu verlieren hat, ist – von ihm selbst unbemerkt – ein Abhängiger geworden.

Wann hat sich das Verhältnis umgedreht? Diese Frage lässt sich ausschließlich durch die Interpretation der Erzählung beantworten. Da wir nur die unreflektierte Schilderung des Ich-Erzählers vorgesetzt bekommen, der in der Beurteilung des Erlebten nicht allzu weit gekommen zu sein scheint, fehlen klare, durch die Erzählung selbst aufgezeigte Indizien. Von den 32 Sequenzen sind drei (1, 17 und 27) als reflektierende Erzählpausen einzustufen. Die Reflexionen in Sequenz 17 gehen dem ersten Einschnitt in der Beziehung zu Sonja direkt voraus. In Sequenz 18 legt der Erzähler die Postkarte auf den Tisch, damit Sonja erkennt, dass Verena einen festen und dauerhaften Platz in seinem Leben einzunehmen gedenkt. Die in Sequenz 17 geäußerte Erkenntnis des Erzählers, die Nächte mit Sonja in seiner Wohnung hätten ihn „wohl glücklich" gemacht,[24] könnte darauf hindeuten, dass er unbemerkt vom Überlegenen zum Unterlegenen in diesem Spiel geworden ist. Nach ihrem Verschwinden am nächsten Morgen lauert er ihr zum ersten Mal wochenlang vor ihrem Haus auf, allerdings vergeblich: „Auf ihre Weise entkam sie mir, und als es März wurde, war ich der Suche überdrüssig und begann, mich auf Verena vorzubereiten."[25] Auch wenn er sich hier noch aus dem Strudel „Sonja" ziehen kann – Anlass ist nicht sein bewusstes Wollen und Entscheiden, es ist die drohende Ankunft Verenas.

Verena vertritt die Ordnung in dieser Geschichte. Ihrem Auftreten hat der Leser klare Zeitangaben zu verdanken und für den Ich-Erzähler bedeutet sie Sicherheit und Geborgenheit: „Ich war angekommen. Ich schlief abends neben Verena ein, ich wachte morgens neben ihr auf [...]. Die Tage bekamen ihren eigenen, stetigen Rhythmus. Ich fühlte mich wohl, vielleicht glücklich, bestimmt sehr ruhig."[26] Lediglich an einer Stelle steht Verena nicht als Ordnungsprinzip über dem Geschehen – als er seinen Kontrollverlust wahrgenommen hat: „Ich mußte Verena nicht fortschicken – ich hätte das auch nicht getan, ich hätte Sonja heimlich gesehen –, sie ging von selbst."[27] Allerdings geht sie ohne jeden Erzählerhinweis, wie viele Tage oder Wochen zwischen dem unvorhergesehenen Treffen im Freibad und dem Abschied am Bahnhof

---

23   Hermann (wie Anm. 12), S. 75.
24   Hermann (wie Anm. 12), S. 69.
25   Hermann (wie Anm. 12), S. 72.
26   Hermann (wie Anm. 12), S. 73f.
27   Hermann (wie Anm. 12), S. 76.

vergangen sind. An dieser Stelle bröckelt das Gerüst Verena, der Mann droht zu versinken. Die Erzählung wird zur Geschichte eines in Beziehungen Ertrinkenden – eine Situation, in die er sich selbst durch seine Passivität, sein Sich-treiben-lassen gebracht hat: „Der Sommer war eine Kette aus hellen, blauen Tagen, ich tauchte in ihn hinein und wunderte mich nicht."[28] Die Gefahr erkennt er erst, als Sonja von Heirat spricht. In der dritten, reflektierenden Sequenz berichtet er:

> Alles, was danach geschah, geschah aus Angst. Ich glaube, ich hatte Angst vor Sonja, ich hatte Angst vor der plötzlich so nahe liegenden Möglichkeit eines Lebens mit einer seltsamen kleinen Person, die nicht sprach, die nicht mit mir schlief, die mich meist anstarrte, großäugig, von der ich kaum etwas wußte, die ich wohl liebte, letztendlich doch.
>
> Ich hatte das Gefühl, ohne Sonja nicht mehr sein zu wollen. Ich fand sie unvermutet notwendig für mich, und ich vermißte sie. Ich fürchtete, sie käme nie mehr zurück, und gleichzeitig wollte ich nichts mehr, als daß sie fortbliebe, für immer.[29]

Der Heiratsantrag in Hamburg und die Planung der Hochzeit für März retten die männliche Hauptfigur schließlich: „Mir war alles egal. Ich fühlte mich wie ein Ertrinkender und war gleichermaßen grenzenlos erleichtert. Ich hatte das Gefühl, einer unermeßlichen Gefahr im letzten Augenblick entronnen zu sein, ich wähnte mich gerettet, in Sicherheit."[30] Die Zuversicht, wieder Boden unter den Füßen zu haben, versetzt ihn in die Lage, das Ungleichgewicht in seiner Beziehung zu Sonja wieder umzukehren. Er möchte, dass sie nach seiner Eröffnung ebenso unkontrolliert emotional reagiert, wie er sich in den Wochen zuvor gefühlt hat. Eben das geschieht nicht. Sonja wirft ihn hinaus und verschwindet aus seinem Leben. Diesmal endgültig. Eine Tatsache, die er lange nicht verstehen und akzeptieren kann. Er hält alles nach wie vor für ein Spiel: „Ich war belustigt und stolz auf Sonja, stolz auf die Zähigkeit, mit der sie sich mir entzog".[31] Dass sie sich ihm für immer entzieht, wird ihm erst klar, als er seinen letzten Brief zurückbekommt und in den Flur einer leeren Wohnung blickt. Der vermeintliche Sieg ist keiner, er bleibt unterlegen und vermisst die Zeit mit Sonja. Die Erzählung endet in Kälte, Verena kommt nicht mehr vor: „Manchmal habe ich auf der Straße das Gefühl, jemand liefe dicht hinter mir her, ich drehe mich dann um, und da ist niemand, aber das Gefühl der Irritation bleibt."[32]

---

28 Hermann (wie Anm. 12), S. 76.
29 Hermann (wie Anm. 12), S. 79.
30 Hermann (wie Anm. 12), S. 80.
31 Hermann (wie Anm. 12), S. 82.
32 Hermann (wie Anm. 12), S. 84.

Verena und Sonja entscheiden, wann Nähe mit dem Ich-Erzähler möglich wird. Er kann lediglich Wünsche signalisieren. Er kann anrufen, Briefe schreiben und Heiratsanträge machen. Ob der Kontakt danach erfolgt, liegt nicht in seiner Entscheidungsgewalt. Sich in die Lage zu bringen, von der passiven in die aktive Rolle zu wechseln, vermeidet er konsequent. Er entscheidet sich für ein Leben mit Verena und doch gegen ein gemeinsames Leben mit ihr in Hamburg. Er klärt vermeintlich die Fronten und hält sie gleichzeitig durchlässig. Er lässt sich treiben und reißt erst kurz vor der Katastrophe das Ruder herum, mit möglichst wenig Kraftaufwendung. Dieser Erzähler ist ein Mann des „irgendwann".[33]

22 Monate auf 23 ½ Druckseiten erfordern Rhythmuswechsel und Auslassungen. Mit impliziten und expliziten Ellipsen sowie summarischen und iterativen Passagen wird das ganze Spektrum klassischen Erzählens ausgeschöpft. Besonderheiten modernen Schreibens sind nicht auszumachen. Die Erzählweise ist ‚normal', so ‚normal', dass sie jeden Leser erreichen kann. Es bedarf beim Lesen dieser Erzählung keiner besonderen Aufmerksamkeit und Anstrengung. Es gibt keine versteckten Widersprüche und keinen Widerstand gegen die Figuren. Die Sätze und Sequenzen reihen sich aneinander wie Perlen an einer Schnur in naturgemäßer Form. Vor allem die iterative Erzählweise erzeugt einen Eindruck von Eintönig- und Beliebigkeit.

Die Hauptfiguren in Judith Hermanns Erzählungen sind das Leben in gleichmäßigen Ketten gewöhnt. Sie leben dahin und lassen sich Entscheidungen gerne abnehmen, selbst von der Natur, wie Kaspar in der Erzählung *Hurrikan* wütend feststellt: „Ein Hurrikan ist fürchterlich, du willst, daß er dir alle deine Entscheidungen abnimmt, aber nicht auf Kosten der Insel, nicht auf meine Kosten."[34]

Auch in den Erzählungen des zweiten Erzählbands *Nichts als Gespenster* von 2003 wird vor allem chronologisch erzählt. Häufig sind allerdings – und das ist ein wesentlicher Unterschied zu *Sommerhaus, später* – zwei Zeitebenen vorhanden. Die Sequenzen werden auf diese beiden Ebenen verteilt, eine Sequenz aus der Basiserzählung wird achronologisch an den Anfang gesetzt. Im zweiten Abschnitt wechselt die Erzählung auf die zweite Zeitebene. Da sich dieses Muster mehrmals wiederholt, erhöht es allerdings nur minimal die Leseranforderung.

Die Erzählung *Kaltblau*[35] spielt in Reykjavík. Es geht darum, dass ein deutsches Paar aus Berlin ein isländisches besucht. Magnus kennt Irene aus der

---

33 „Ich brachte sie zum Bahnhof, fühlte mich zerschlagen und selten sentimental; ich sagte: ‚Verena, irgendwann', und sie lachte und sagte: ‚Ja.'" Hermann (wie Anm. 12), S. 76.

34 Hermann (wie Anm. 12), S. 51.

35 Judith Hermann: Nichts als Gespenster. Erzählungen. Frankfurt am Main 2003, S. 61-120.

Zeit seines Studiums in Berlin, Jonas und Jonina lernen sich erst anlässlich des Besuchs von Jonas und Irene kennen. Ein Jahr später schicken die Deutschen ein Paket nach Reykjavík. Die Situation der kleinen isländischen Familie – Jonina hat eine Tochter (Sunna) aus einer früheren Beziehung – ist der Inhalt des zweiten Erzählstrangs, mit dem der Text beginnt. Jonina nimmt das Paket entgegen, während Magnus noch schläft und erinnert sich an den deutschen Besuch vor einem Jahr. Die notwendigen Informationen über den Aufenthalt von Magnus in Berlin werden über eine kurze Analepse in der dritten Sequenz eingeschoben. Es sind allerdings Kenntnisse aus zweiter Hand, da berichtet wird, was Jonina über diese Zeit weiß. Dies geschieht über einen heterodiegetischen Erzähler. Tatsächlich jedoch ist die Fokalisierung fast immer intern, so dass der Unterschied zu einer Ich-Erzählung minimal bleibt. Alle anderen Figuren werden aus dem Blickwinkel Joninas vermittelt.

Die Erzählung umfasst 20 Sequenzen, die ungefähr je zur Hälfte den beiden Zeitebenen zugeordnet werden. Zeitebene 1 ist die der Narration – Jonina erinnert sich ein Jahr nach Irenes und Jonas' Besuch anlässlich des geschickten Fotos an die fünf Tage mit den beiden. Diese Narrationsebene umfasst etwa einen halben Tag. Sie setzt ein mit dem Ankommen des Pakets aus Berlin und endet am Nachmittag in Olurfsbudir zu unbestimmter Zeit. Es lässt sich aber erschließen, dass es noch nicht Abend sein kann, da Jonina darüber nachdenkt, Magnus vorzuschlagen, Sunna von der Schule abzuholen. Zeitebene 2 ist der Besuch der beiden Berliner in Reykjavík bzw. Olurfsbudir, beginnt also mit der Ankündigung Magnus': „Ich bekomme Besuch aus Berlin, morgen"[36] und endet mit der Verabschiedung von den Gästen am 4. Dezember, obwohl die beiden noch einen Tag länger in Island bleiben.[37]

Drei Analepsen reichen zudem zeitlich bis in den Aufenthalt von Magnus in Berlin sowie bis zum Beginn der Partnerschaft von Jonina und Magnus zurück. Beide Zeitebenen werden demnach analeptisch verlängert. Somit ist die Ordnungsstruktur dieser Erzählung deutlich komplexer als im Falle der Erzählung *Sonja*. Diese Tatsache scheint einen inhaltlichen Grund zu haben: Die Ereignisse der zweiten Ebene haben Auswirkungen auf die erste Ebene. Entsprechend ist die Zeit der Narration, abgesehen von den Analepsen, das Präsens.

Allerdings gibt es Sequenzen, die nicht eindeutig einer Ebene zuzuordnen sind, da sie eigentlich zu beiden gehören. Das gilt besonders für die drei Sequenzen der Textmitte. In Sequenz 9 beobachtet Jonina den schlafenden Magnus, der im Schlaf seine Kälte offenbart. Sie sieht, dass „sein Gesicht eigentlich kalt ist, ein aggressives, forderndes, entschlossenes und kaltes Gesicht".

---

36 Hermann (wie Anm. 35), S. 64.
37 „Es ist auch alles gesagt. Sie sind zu erledigt, um noch einen weiteren Abend beieinander zu sitzen und zu trinken und zu versuchen, sich zu verstehen." Hermann (wie Anm. 35), S. 118.

Diese Kälte stößt sie nicht ab, es handelt sich um „*eine eiskalte Tatsache, ein kaltblaues Fakt*". Es ist, so macht sie sich klar, die „Kälte eines Fremden".[38] Tatsachen und Fakten brauchen keine Worte, sie müssen nicht begriffen werden. Ebenso geht es Jonina mit Island. Sie hasst Gespräche über diese Insel, wie sie die Touristen, die sie an besondere Orte begleitet, permanent führen wollen: „Was sie nicht mag, sind Gespräche über Island. Die begeisterte Fassungslosigkeit und das Nach-Worten-Ringen, den therapeutischen Effekt, den die Landschaft auf die Touristen zu haben scheint. Sie will nicht über Island sprechen und sie will nicht erklären, wie um alles in der Welt sie es aushält, hier zu leben."[39] Dieses Ergriffensein gelingt ihr nicht, da sie auf Island lebt. ‚Ergriffensein' würde bedeuten, die lebenswichtige Distanz aufzugeben und den Boden unter den Füßen zu verlieren. Ebenso kann sie Magnus nicht umfassend begreifen, da sie mit ihm lebt. Mit der Ankunft von Jonas und Irene ändert sich das.

Jonas und Magnus sind Gegensätze. Jonas ist Leben und Geschwindigkeit. Auf den Ausflügen sprüht er vor Begeisterung: „Er rennt, fuchtelt mit den Armen, stampft mit dem Fuß auf, schreit seine Begeisterung hinaus, und Jonina ist ihm völlig ausgeliefert, ebenso Irene und Magnus, selbst Sunna läßt sich einfangen."[40] Mit diesem Verhalten bewirkt er eine Veränderung in der Gruppe, vor allem aber bei Jonina: „Etwas geschieht zwischen ihnen – Sunna beobachtet sie dabei –, es ist nicht alles gut, sie stehen nicht auf festem Boden. [...] Sie will sich gerne ergeben, diesen fünf Tagen ergeben, die sie zusammen sind in Olurfsbudir".[41] Es kann nicht ausbleiben, dass sich Jonina in diesen aktiven Mann verliebt, der anders als Magnus bei einem festgefahrenen Auto nicht auf unrealistische Hilfe vertraut, sondern es selbst freischaufelt.[42] Sie kann diesen Moment am 3. Dezember genau bestimmen und er ist in dem Foto, das Jonas geschickt hat, festgehalten: „Es ist 10 Uhr 47, und Jonina hat sich in Jonas verliebt in dem Augenblick, in dem er zu seinem Stativ zurückgeschlittert ist mit ausgebreiteten Armen."[43] Es ist die blaue Stunde, die Zeit, in der die Sonne aufgeht und der Himmel „ein lichtes, tiefes, ungeheures Blau"[44] annimmt.

Magnus, der Lebensgefährte Joninas, ist eine der passivsten Figuren in Hermanns gesamten Erzählungen. Es gibt keine Überraschungen mit ihm, er

---

38 Hermann (wie Anm. 35), S. 86.
39 Hermann (wie Anm. 35), S. 89.
40 Hermann (wie Anm. 35), S. 92.
41 Hermann (wie Anm. 35), S. 95.
42 Vgl. Hermann (wie Anm. 35), S. 111. Vgl. auch die Namensähnlichkeit Jonas – Jonina. „Als sich bei Jonas und Jonina unüberschaubare Gegensätze anziehen, werden sie schon in ihrer Namensgebung als Kunstfiguren kenntlich." Böttiger (wie Anm. 10), S. 293.
43 Hermann (wie Anm. 35), S. 109.
44 Hermann (wie Anm. 35), S. 108.

lebt in Ritualen still vor sich hin,[45] „[j]edes Gespräch mit ihm ist immer ein Gespräch zwischen zwei Absätzen des Buches, in das er gerade vertieft ist".[46] Irritationen wie einen Besuch aus Berlin lässt er über sich ergehen. Initiativen sind von ihm nicht zu erwarten, angefangene Arbeiten finden kein Ende: „Er glaubt fest und unerschütterlich daran, daß eben ist, was ist, und vorübergeht, was vorübergehen soll, er stellt sich niemand in den Weg und er entscheidet gar nichts. So ist das. Und das war das."[47] In diese Haltung zur Welt hat sich Jonina verliebt. Sie passt zu ihr und sie passt zu Island. Magnus liefert sich nicht aus, weil er nichts und niemandem nahe genug kommt.

Doch die Haltung von Jonas zeigt Jonina einen anderen Weg, weshalb sie Magnus plötzlich kritisch betrachtet:

> Sie hat sich in diese rätselhafte, eigensinnige Haltung verliebt, und jetzt will sie, daß er damit aufhört. Sie will ihn schütteln und stoßen, sie will, daß er sich Jonas entgegenstellt, daß er Jonas' Kraft und Präsenz seine eigene Kraft entgegensetzt, daß er sich behauptet und sich zeigt, aber er ist weit davon entfernt.[48]

Jonas steht für singulatives Erzählen, Magnus für iteratives. Die Geschichte vom Schaf, das zum Decken gebracht wird, spiegelt Magnus' Haltung zur Welt. Es ist eine „Geschichte ohne Pointe", ohne besondere Handlung, „eine Geschichte, in der es um gar nichts gehen soll und um alles".[49] Jonina und Magnus lassen sich durch das Leben treiben wie der Ich-Erzähler in *Sonja*. Dynamische Einbrüche in ihre Welt – egal, ob sie Verena oder Jonas heißen – sind willkommen, bewirken aber keine dauerhafte Änderung. Am Ende hört Jonina einfach auf, an Jonas zu denken und „irgend etwas geht zu Ende, ohne daß statt dessen etwas anderes anfangen würde".[50]

In Judith Hermanns fiktionaler Welt entwickelt sich nichts und niemand wirklich. Niemand ist auf der Suche nach etwas, das Leben ist, wie es ist. Den Figuren bleibt nur, sich treiben zu lassen, ohne unterzugehen. Komplexität jeder Art ist zu vermeiden und deshalb weder inhaltlich noch formal vorhanden. Dies macht das Erzählte unscharf und ungenau, andererseits bietet es ein enormes Identifikationspotential. Dieses Sich-Treiben-Lassen kennt jeder aus irgendeiner Phase seines Lebens. Es wird der Generation der 25- bis 35-jährigen inzwischen als Kennzeichen zugeschrieben. Klischees der Kulturkritiker finden ihre Entsprechung in der Literatur:

---

45 Vgl. das Frühstücksritual, das fast autistisch wirkt. Hermann (wie Anm. 35), S. 95.
46 Hermann (wie Anm. 35), S. 80.
47 Hermann (wie Anm. 35), S. 107.
48 Hermann (wie Anm. 35), S. 104.
49 Hermann (wie Anm. 35), S. 100.
50 Hermann (wie Anm. 35), S. 119.

Das ist er wieder, dieser Sound der Vergeblichkeit, der Melancholie; etwas Cooles, das um seine Verletzlichkeit weiß. Hier geht es nicht um die Frage, ob jemand den anderen noch liebt, hier geht es um das Wissen um die Leere, um flüchtige Berührungen, um ein gegenseitiges Sich-Anziehen und Sich-Abstoßen, das eher Naturgesetzen zu folgen scheint.[51]

2. Das Loch in der Zeit – Zoë Jenny

Ein wesentlicher Aspekt bei jener Art des Schreibens, die an Hermanns Texten aufgezeigt werden kann, ist der Aspekt der Zeit. Ist er dort bereits auffällig, so steht er bei Zoë Jenny im Mittelpunkt. Das ist bereits in *Das Blütenstaubzimmer* von 1997 festzustellen und ebenso in den folgenden beiden Romanen – *Der Ruf des Muschelhorns* von 2000 und *Ein schnelles Leben* von 2002.

Das *Blütenstaubzimmer* besteht aus zwei Teilen. „Erzählt wird die Geschichte des Mädchens Jo, das nach der Scheidung bei ihrem Vater, einem erfolglosen Verleger, aufwächst. Als Erwachsene beginnt sie eine Suche nicht nur nach der Mutter, sondern auch nach einem Ort, an dem sie leben könnte."[52] Der erste Teil, in dem die erwachsene Jo ihre Kindheit reflektiert (der Erzähler ist also, wie meist auch bei Judith Hermann, homodiegetisch), zeichnet sich durch starke Rhythmuswechsel und Ellipsen aus. „Nach und nach", „manchmal", „eines Nachts", „eines Nachmittags", „bald darauf", „immer wieder", „einmal in der Woche" sind Beispiele für die Anfänge von Sequenzen dieses elfseitigen Berichts. Erzählt wird singulativ, iterativ und sogar pseudo-iterativ: Einmal in der Woche wird Jo als Kind nach der Trennung ihrer Eltern von ihrer Mutter nach der Schule abgeholt, um dann mit ihr in die Stadt zu gehen. Die Schilderung dieser Ausflüge kippt jedoch sehr schnell in eine singulative Erzählung:

> Von weitem sah ich sie neben dem Eisentor stehen, und ich rannte über den Schulhof auf sie zu. Sie nahm mich an der Hand, und wir gingen zusammen in die Stadt. In den Umkleidekabinen, die nach Schweiß und Plastik rochen, packte sie einige Kleider in die große Schultertasche, die anderen legte sie wieder in die Regale zurück. [...] Im Restaurant, während ich aus einem Trinkhalm meinen Sirup schlürfte, griff meine Mutter immer wieder in die Tasche, nach dem Stoff, ihr Mund stand leicht offen, und die Augen waren riesengroß, als sei es kaum zu ertragen, und ich wußte, sie war glücklich.[53]

---

51   Böttiger (wie Anm. 10), S. 292f.
52   Opitz/Opitz-Wiemers (wie Anm. 1), S. 698.
53   Zoë Jenny: Das Blütenstaubzimmer. Roman. 9. Auflage. Frankfurt am Main 1999, S. 14f.

Da es sich vermutlich immer ähnlich, aber kaum genau so abgespielt haben kann, geht es nur um eine scheinbar iterative Erzählung. Im Anschluss an diese Schilderung wartet das Mädchen einige Wochen „immer wieder" vergeblich, bis sie schließlich ein letztes Mal abgeholt wird. Da teilt die Mutter ihr mit, „daß sie einen Mann, Alois, getroffen habe, den sie liebe, so wie sie einmal meinen Vater geliebt habe, und daß sie mit ihm fortgehen werde, für immer".[54] Es stellt sich daraufhin bei der Protagonistin dieser Eindruck von Gefühlsferne ein, der den gesamten Roman durchzieht und das neben der Distanz die Aufhebung von Zeit mit sich bringt:

> Überall, wo ich hinsah, waren diese gelben und roten Blütenköpfe, die einen Duft ausströmten, der mich schwindlig und müde machte. Ich drehte mich zur Seite; das Ohr auf den Boden gepreßt, hörte ich ein Summen und Knistern, als bewege sich da etwas tief unter der Erde, während ich ihren weit entfernten Mund weiterreden sah und ihre Augen, die in den Himmel schauten, der wie eine greifbare blaue Scheibe über uns schwebte.[55]

Im Gegensatz zum zweiten Teil des Romans ist die Erzählung des ersten streng chronologisch und wenig komplex. Es wird sichtlich versucht, aus der Gedankenwelt eines Kindes heraus zu erzählen, auch wenn klar ist, dass eine erwachsene Frau rückblickend spricht. So wird die Erscheinung des Insekts, das in der Nacht das Kind in der leeren Wohnung bedroht, nicht durch Kommentierung als Phantasieprodukt eines kleinen Kindes entlarvt.[56]

Mit dem Übergang in den zweiten Teil ändert sich die Zeit der Narration – aus nachträglich wird gleichzeitig, aus Präteritum deshalb Präsens. Zudem wird die Mutter nun nur noch mit ihrem Vornamen (Lucy) angesprochen. Die Komplexität der Erzählung ist durch unterschiedliche Arten von Anachronien gesteigert, zudem reflektiert die Erzählerin Gedachtes und Erlebtes. Auf diese Weise lässt sich erkennen, dass sich das Mädchen entwickelt hat. Zugleich wird deutlich, dass keine Entwicklung stattgefunden hat: Die kleine Jo und die erwachsene Jo befinden sich in einer Welt, in der sie nicht verankert sind, beide schwimmen bzw. treiben durchs Leben, wie es die Figuren der Erzählungen Judith Hermanns tun. Jo ist in permanenter Wartehaltung: „Ich bin beherrscht von dem Gefühl, daß noch etwas aussteht."[57]

Eine der wenigen Aktionen Jos bestand darin, nach dem Abitur die Mutter zu besuchen. Seit ihrem 16. Lebensjahr hatte Jo ein eigenes Zimmer in der Stadt, in dem ihr Vater sie einmal im Monat besuchte. Jo hat also allein gelebt, den möglichen Untergang stets vor Augen: „Ich las und war ein Schiff auf

---

54 Jenny (wie Anm. 52), S. 15.
55 Jenny (wie Anm. 52), S. 15f.
56 „Vor dem Fensterrechteck, aus dem ich zuvor meinen Vater beobachtet hatte, hockte jetzt das Insekt, das mich böse anglotzte." Jenny (wie Anm. 52), S. 7.
57 Jenny (wie Anm. 52), S. 31.

Reisen."[58] Die Figuren der Geschichten, die Jo liest, sind potentielle Gesprächspartner. Erst wenn sie fehlen, ist sie allein. Literatur und Phantasie stellen demnach den sicheren Boden dar, ohne den sie untergeht, da sie aus sich selbst heraus nicht existieren kann. In Fällen eines Gefühls der Leere hat sie bisher ihren Vater angerufen, der mit ihr dann stets einen Ausflug unternahm. Bei ihrer Mutter fehlt diese Rückversicherung: „Seit ich hier bin, habe ich keine Zeile mehr gelesen und kann es auch jetzt noch nicht. Wie abgeschnitten liege ich da. Eine weiß getünchte Wand vor mir."[59] Ein Buch ist für sie keine Heimat mehr: „Ich lese den ersten Satz immer wieder und gelange nicht zum zweiten. Früher konnte ich durch die Wörter gehen wie durch offene Türen. Jetzt stehe ich davor, und nichts geschieht."[60] Sie müsste ihrem Leben selbst Struktur geben, kann das jedoch nicht:

> Unternehmen werde ich nichts; ich bin nur froh, etwas zu haben, woran ich denken kann, bis ich aus dem Bus steige und von der Stadt verschluckt werde, in der ich mich konzentrieren muß, eine Straße zu überqueren, ohne überfahren zu werden, und Leuten auszuweichen, die einem entgegenrennen, oder kleinen Kindern, die einem vor die Füße laufen, die sich unkontrolliert und ohne bestimmte Richtung fortbewegen [...].[61]

Ihre Mutter ist eine aktive Persönlichkeit, die ihr Leben genießen möchte, nachdem sie den Schmerz über den Tod ihres zweiten Manns bewältigt hat. Sie verschwindet bald zum zweiten Mal aus dem Leben ihrer Tochter, diesmal mit Vito: „Die Karte ist von Lucy, die Luftaufnahme einer Insel im Indischen Ozean. Sie schreibt, Vito habe sie völlig überraschend zu dieser Reise eingeladen. Sie nütze die Gelegenheit, einmal *richtig* auszuspannen."[62]

Mit dem Verschwinden der Mutter sind alle Zeitverankerungen verloren gegangen. Erst herrscht noch die größte Hitze, dann ist von enormer Kälte die Rede. Es müssen also mehrere Monate in der Geschichte vergangen sein, ohne dass sie aus der Erzählung erschlossen werden könnten. Entwicklungen in der Geschichte ergeben sich nach dem Weggang der Mutter lediglich durch neue Bekanntschaften, die allerdings gleichermaßen im Sand verlaufen: Luciano zieht irgendwann in die Stadt, Rea meldet sich nach dem Tod ihrer Mutter nicht mehr. Die Tage und Wochen verschwimmen zusehends, durchsetzt von Nacht- und Tagträumen:

---

58 Jenny (wie Anm. 52), S. 43.
59 Jenny (wie Anm. 52), S. 43.
60 Jenny (wie Anm. 52), S. 44.
61 Jenny (wie Anm. 52), S. 73.
62 Jenny (wie Anm. 52), S. 71.

> Der Schlafsack ist eine lange dunkle Röhre, in die ich hineinkrieche. Durch die Ritzen der Mauern ist der Winter ins Haus gedrungen. Es ist vollkommen dunkel in der Röhre, und ich höre das Pochen des Blutes in den Ohren. In diesem Pochen und dem Atem, der die Luft in der Röhre erwärmt und einen Kokon bildet, wünschte ich einzuschlafen und wegsterben zu können. Es ist ein stilles, aber unaufhörliches Schneetreiben, das in dieser Nacht den Traum beherrscht.[63]

Jo verlässt schließlich das leere Haus von Lucy, geht zum Vater zurück und verschwindet am Ende auch von dort, wo sie ebensowenig eingebunden ist. Sie setzt sich auf eine Bank und schaut dem Schneefall zu, sie wartet auf „die Decke aus Schnee", die alles lautlos zudeckt.

Auch am Ende bleibt Jo demnach so verloren, wie sie es ihr ganzes Leben schon war. Sie hat keinen direkten Zugang zu irgend etwas oder irgend jemandem, nicht einmal wirklich zu sich selbst. Sie ist Raum, Zeit und anderen Menschen ausgeliefert.

Ebenso geht es Eliza, der ‚Heldin' des Romans *Ruf des Muschelhorns*. Als die junge Eliza zu ihrer Großmutter kommt, da die Mutter sie dorthin abschiebt und verschwindet, nimmt sie alle Ereignisse ähnlich ungeordnet und elliptisch wahr wie Jo im *Blütenstaubzimmer*. Auch Eliza ist vor allem gern allein.[64] Wie zu Beginn des Berichts von Jo gibt es eine relativ klare Zeitachse. Diese wird im *Muschelhorn* verlassen, als Elizas glückliches Leben bei der Großmutter, die als Außenseiterin gilt und mit ihrer Enkelin abseits in der Natur lebt, durch deren Tod beendet wird. Zwar beginnt die Sequenz mit „Es war einer der ersten sonnigen Tage im Jahr"[65] und dieser Angabe folgt dann „Die Sonne stand im Zenit, als Eliza aus dem Schulgebäude trat", aber das ist nicht sehr präzise angesichts der Tatsache, dass es der Todestag der Großmutter ist, von dem immerhin nachträglich erzählt wird. Man könnte also vermuten, dass hier gleichzeitiges Erzählen, das so tut, als würden Ereignisse zeitgleich wahrgenommen, vorliegt. Das aber ist nicht möglich, da das Erzählen als nachträglich markiert ist.

Eliza trifft in diesem Roman auf mehrere Gleichgesinnte, die alle auf unterschiedliche Weise gegen die Leere in ihrem Leben ankämpfen. Diesmal ist die Protagonistin also nicht allein. Immer wieder kommt bei heterodiegetischer Erzählweise das Innenleben einzelner Figuren zur Sprache. Eliza wird von den

---

63 Jenny (wie Anm. 52), S. 112f.

64 „Sie hütete sich, irgendjemandem ins Gesicht zu blicken, und schloss sich in den Pausen regelmäßig auf der Toilette ein. Sie sprach mit niemandem, und solange sie sich auf dem Schulareal aufhielt, stellte sie sich vor, durchsichtig zu sein, körperlos wie Luft." Zoë Jenny: Der Ruf des Muschelhorns. Roman. 3. Auflage. Frankfurt am Main 2000, S. 23.

65 Jenny (wie Anm. 64), S. 24.

Rosenbergs adoptiert, Herr Rosenberg versucht, als Logopäde ihre Sprachstö-
rung (sie spricht kaum und stottert) zu heilen, und tröstet sich schließlich mit
dem jungen Mädchen über die ständige Abwesenheit seiner Ehefrau hinweg,
die als Modeschöpferin Karriere macht und viel außer Haus ist. Während einer
Reise seiner Gattin nimmt Herr Rosenberg Eliza regelmäßig zu sich ins Bett.
Bei Eliza äußert sich dieser Missbrauch in Erleichterung: „Da sie ihren Körper
jetzt mit Herrn Rosenberg teilte, der ihn aufmerksam betrachtete, fühlte sie
sich plötzlich leichter. Stück für Stück gab sie ihren Körper an ihn ab, wie
etwas, das sie selber nicht mehr haben wollte, erleichtert, ihn endlich von sich
schieben zu können."[66] Als Maria Rosenberg zurückkehrt, fühlt sich Eliza wie
„ein wegkatapultiertes Geschoss".[67] Sie freundet sich mit dem Sohn der Rosenbergs, George, an und beichtet ihm eines Tages alles. Dieses Geständnis,
das aus ihr während eines Ausflugs herausbricht, nachdem sie sich wie zu
Lebzeiten ihrer Großmutter ihren Phantasien hingibt, führt zur Katastrophe.
George fährt zu seiner Mutter und klammert sich an sie. Er versucht ihr die
Kleider vom Leib zu reißen und bricht vor ihr zusammen. Anschließend flüchtet er gemeinsam mit Eliza. Sie ziehen zu Sue, einer Alkoholikerin, die als
Küchenhilfe in einem Flughafenrestaurant arbeitet. Sue hat ihren Freund bei
einem Unfall verloren und kämpft auf unterschiedliche Weise gegen die Leere
in ihrem Leben an.[68] Als George von der Polizei abgeholt und in die Psychiatrie gebracht wird, ist nun auch Eliza abermals mit Leere konfrontiert: „Der
Tag war eine unendlich weite Strecke, die es zu überwinden galt. Eliza zer-
stückelte den Tag in Schlaf."[69]

Da George niemanden sehen möchte, kann auch ein Besuch in der Klinik
keinen Sinn in den Tag bringen. Als die Freunde zum ersten Mal an der Pforte
abgewiesen werden, sind sie ratlos: „Da sie eigentlich alle hatten George besuchen wollen, war ein Loch in der Zeit entstanden, und keiner von ihnen hatte
an diesem Nachmittag noch ein bestimmtes Ziel."[70] Wie immer, könnte man
hinzufügen.

Am Ende des Romans geht Sue mit ihrem Freund Phil weg und Eliza ü-
bernimmt ihre Stelle als Küchenhilfe. George hält sich nach wie vor in der
Psychiatrie auf und wird jeden Nachmittag von seinem Vater besucht. Eliza

---

66   Jenny (wie Anm. 64), S. 63.
67   Jenny (wie Anm. 64), S. 67.
68   „Sie fuhr nicht wie die anderen mit dem Lift zum Restaurant hinauf, sondern
     nahm die Nottreppe. Sie postierte sich unten am Geländer, stellte sich vor, je-
     mand sei hinter ihr her, der sie umbringen wollte, dann machte sie einen Satz
     und flüchtete, drei Stufen auf einmal nehmend, in den fünften Stock. Das war
     eines der Spiele, die sie sich ausgedacht hatte, um gegen die Leere anzukämp-
     fen, die sich immer auftat, wenn sie zur Arbeit ging." Jenny (wie Anm. 63),
     S. 93.
69   Jenny (wie Anm. 64), S. 95f.
70   Jenny (wie Anm. 64), S. 101.

kann sich ganz auf ihre Stille zurückziehen. „Es war nicht mehr notwendig zu sprechen. Eliza war vollständig mit Schweigen ausgekleidet."[71] Die Leere und die Löcher, die Zoë Jennys Figuren empfinden, haben ihre Entsprechung in den Lücken des Erzählgeschehens. Genaue zeitliche Strukturen zeigen die relative Sicherheit einer Person, iterative oder elliptische Erzählmomente weisen auf eine lückenhafte Wahrnehmung der Welt hin. Die Figuren Jennys sind wie die Judith Hermanns treibend und versinkend auf leeren und sinnlosen Lebenswegen, die nicht planmäßig angelegt oder verfolgt werden. Es geht um Reaktionen auf Geschehnisse, um den Versuch, den Anforderungen halbwegs begegnen zu können, um zu überleben. Den Liebenden in Jennys jüngstem Roman *Ein schnelles Leben* ist das letztlich nicht gelungen. Matteo bringt es dort am Ende auf den Punkt: „Aber was bedeutet die Dauer eines langen Lebens, in dem sich ein Ereignis wie das Glied einer Kette ans andere reiht, in den immer gleichen Abständen?"[72]

3. Das Leben in Besitz nehmen – Jenny Erpenbeck

Nachdem Jenny Erpenbeck mit der *Geschichte vom alten Kind* 1999 einen Sensationserfolg gelandet hatte, ist sie als Verfasserin von Erzählprosa und Theaterstücken die produktivste der hier behandelten Autorinnen. 2001 erschien ihr Erzählband *Tand*, 2004 der Roman *Wörterbuch*.

In allen Prosatexten Erpenbecks finden sich Phänomene wie die zuvor beschriebenen, wenn sie auch, zumindest in den neueren Veröffentlichungen, darüber hinaus geht. In der *Geschichte vom alten Kind* überrascht das vermutlich wenig, da es dort gerade um die Weigerung einer Dreißigjährigen geht, sich als Erwachsene durch das Leben zu schlagen. Sie sei 14, sagt sie, als sie auf der Straße mit einem Eimer in der Hand gefunden wird. Die Erzählung thematisiert die Komponenten von Identitätsfindung und Entwicklung eben gerade dadurch, dass sie zeigt, wie sich das ,alte Kind' all dem entzieht. Und sie tut es mit ähnlichen Vergleichen, Metaphern und Erzählformen wie Hermann und Jenny. Ein Zitat kann das ausreichend verdeutlichen:

> Während der ersten Zeit im Heim war es dem Mädchen so vorgekommen, als versuche es, in ein Wasser einzutauchen. Es hatte niemals ein einzelnes Gesicht wahrgenommen, sondern nur einen Schwall von Gesichtern, und hatte gerudert. Nun, da es ihm offenbar gelungen ist, auf bescheidene, stille

---

71 Jenny (wie Anm. 64), S. 126.
72 Zoë Jenny: Ein schnelles Leben. Roman. Berlin 2004, S. 164.

Weise einzutauchen, da es endlich mit dem Strom schwimmen darf, begegnet es vielen Personen.[73]

In Erpenbecks Prosageschichten wird ein bemerkenswertes Geflecht an Ebenen vermittelt, bei denen die Zeitstruktur den elliptischen Charakter des Inhalts unterstreichen. In der Erzählung *Sibirien* fällt die Häufung der Iterative sofort auf, die wie die zahlreichen Anachronien ein genaues Bild unmöglich machen.[74] Wie mehrfach bei Erpenbeck – und bei Zoë Jenny – wird in der Erzählung darüber hinaus die Beobachtungsweise eines Kindes imaginiert.

Ein Ich-Erzähler sitzt mit seinem Vater im Flur inmitten von Papieren und anderen Hinterlassenschaften der Mutter. Sie prüfen die Gegenstände, „blättern und öffnen, legen beiseite, nehmen, falten auseinander und legen beiseite, zeigen, zerknüllen, zerreißen, und legen beiseite".[75] Weiter geschieht in der Erzählung nichts, es wird gesprochen, reflektiert, erzählt, gedacht. Der Anlass dieser Erinnerung wird erst am Ende klar. Die Narration beginnt mit den Worten: „Mein Vater sagt, an den Haaren habe seine Mutter damals ihre Widersacherin aus dem Haus geschleift." Es kommen demnach in dieser Geschichte drei Generationen zusammen: Enkel(in), Sohn, (Groß-)Eltern. Der Enkel bzw. die Enkelin erzählt, was sein (bzw. ihr) Vater über seine Eltern denkt und von ihnen weiß. Seltsamerweise erzählt er bzw. sie das gleichzeitig, was logisch unmöglich ist. Aus dem Erzählten wird klar, dass der Vater seine Mutter vergöttert, seinen Vater aber verdammt. Dass das so nur konstruierte Erinnerung sein kann, zeigt in erster Linie die Erzählweise. Durch die beständige Wiederholung von Szenen erkennt der Leser die Lückenhaftigkeit der Informationen und wird dabei auf die Lückenhaftigkeit der Darstellung insgesamt verwiesen. Der Vater regrediert in seinem Bericht zum Fünfjährigen und übernimmt immer wieder eindeutig die Meinung der Mutter, nicht die reflektierte, objektive Sicht eines Erwachsenen. Gerade indem die gelobte Mutter auf diese Weise wieder und wieder wortreich in Szene gesetzt wird, tritt der gescholtene Vater aus dem Gesagten hervor und wird zum Mittelpunkt. Dann aber ist die Diskrepanz zwischen Erzähltem und der damit verbundenen Wertung so groß geworden, dass jedes weitere Wort unmöglich wird: „Blättern und öffnen, legen beiseite, nehmen, falten auseinander, legen beiseite, zeigen, zerknüllen, zerrei-

---

73 Jenny Erpenbeck: Geschichte vom alten Kind. Frankfurt am Main 1999, S. 63. Vgl. dazu Müller (wie Anm. 7), S. 79-97.

74 An dieser Stelle nehme ich teilweise Bezug auf eine Analyse von Stefan Weise (Proseminar Narratologie, Sommersemester 2002 an der Freien Universität Berlin). Die Erzählung findet sich in: Jenny Erpenbeck: Tand. Frankfurt am Main 2001, S. 91-105.

75 Erpenbeck (wie Anm. 73), S. 104f.

ßen, legen beiseite. Ich habe Angst, sagt mein Vater, daß ich die Briefe finde.“[76]
Gibt es auch hier Gemeinsamkeiten mit den bisher vorgestellten Texten? Die Mutter ist einmal mehr die aktive Figur, die andere be- und verdrängt, sie verstummen lässt. Sie ist richtungweisend und Halt gebend, sie nimmt nach der Rückkehr aus Sibirien „ihr Leben wieder in Besitz“.[77] Wenn sie weg ist, fehlt Orientierung; Angst und Leere drohen. Diese Orientierungslosigkeit zieht sich durch alle Texte der hier vorgestellten Fräuleinwunderliteratur und äußert sich vor allem in der Erzählweise – durch elliptisches und anachronistisches Erzählen, Ebenenvermischung und Fokalisierung. Auch bei Jenny Erpenbeck verharrt der berichtende, erwachsene Sohn in seiner Resignation und Tatenlosigkeit. Er entwickelt keinen eigenen Standpunkt und keine Initiative. Im Gegensatz zu den anderen behandelten Texten wird hier jedoch durch die Erzählweise auf die Problematik dieser Haltung hingewiesen. Der fehlende eigene Standpunkt verändert die Sicht – in diesem Fall auf Vergangenes, aber ebensosehr auf Gegenwärtiges und Zukünftiges. Der denkende Leser kommt sicher auch sonst zu dieser Erkenntnis, bei *Sibirien* wird er durch ausreichende Indizien darauf gestoßen.

Jenny Erpenbeck kann damit zwar einerseits thematisch und erzählerisch in die Gruppe der hier behandelten jungen Autorinnen gestellt werden, sie geht aber andererseits über deren gängige Erzählweisen und Inhalte hinaus. Besonders deutlich wird das durch den Roman *Wörterbuch* von 2004. Hier geht es dann, wie in Ansätzen bereits bei *Sibirien* angesprochen wurde, um die Konstruktion von Wahrheit und Erinnerung. Das Problem sind weniger Leere und Tatenlosigkeit, sondern eher die Schuld aufgrund von Tat.[78]

‚Fräuleinwunder‘ – zumindest die hier behandelten Autorinnen – erzählen auf ähnliche Weise. In ihren Texten geht es um völlig unterschiedliche Themen, doch die Handlung gleicht sich jeweils insofern, als dass es kaum eine gibt. Inhalt der Geschichten ist meist die Haltung einer Figur zur Welt, ihr Verlorensein in ihr, ihr Schwimmen in den Ereignissen. Die Hauptfiguren sind passiv und abwartend. Sie reagieren hauptsächlich und agieren nicht. Damit füllen sie die Leere ihres Lebens rudimentär, ohne sie je vergessen zu können. Damit unterscheidet sich diese Art von Literatur von der des Popromans, in dem permanent agiert wird, sinnlos zwar, aber viel.

---

76 Erpenbeck (wie Anm. 73), S. 105.
77 Erpenbeck (wie Anm. 73), S. 96.
78 Jenny Erpenbeck: Wörterbuch. Frankfurt am Main 2004. Auf eine eingehende Analyse, die das stützen kann, muss an dieser Stelle aus Platzgründen verzichtet werden. Ebenso wäre an anderer Stelle zu begründen, warum Karen Duve mit keinem ihrer Romane und ihrer Erzählungen in die Gruppe der ‚Fräuleinwunder‘ gehört.

Um Leere mit Worten umschreiben zu können, bedarf es bestimmter narrativer Techniken und Bilder, die entsprechend bei den behandelten Autorinnen tatsächlich aufzufinden sind. Diese Erzählmerkmale sind keineswegs einzig und allein in Texten dieser Gruppe von jungen Frauen zu finden, sie sind aber auffälligerweise alle bei ihnen in gleicher Gewichtung vorhanden. Diese Autorinnen konstruieren ihre Erzählung auf sehr ähnliche Art und Weise. Gegenstand und Darstellungsform bilden durchaus eine Einheit, die ihre Vermittler zu einer Gruppe machen kann. Wenn man sie denn propagieren möchte, kann man sie ‚Fräuleinwunder' nennen.

„Diese Trottel denken, sie sind Helden ..."

Geschlechterverhältnis, Figurenperspektive und Semantisierung der
Erzählform in Alexa Hennig von Langes Roman *Relax*

Ansgar Warner

1. „Arme Effi, arme Kleine": Frauenschicksale
zwischen Fin de Siècle und Millenium

Theodor Fontane hat seinen späten Roman *Der Stechlin* einmal so zusam-
mengefasst: „Zum Schluß stirbt ein Alter und zwei Junge heiraten sich."[1]
Im Falle des ebenfalls zum Spätwerk gehörenden Romans *Effi Briest* hätte
Fontane sagen können: „Am Anfang heiratet ein Älterer eine Junge, und am
Ende ist die Junge tot." Überträgt man das auf Marriage-Plot und Überle-
bensprognose orientierte Schema probeweise auf Alexa Hennig von Langes
hundert Jahre später erschienenen Debütroman *Relax*, erhält man folgende
Quintessenz: „Ein junger Mann und eine junge Frau leben unverheiratet
zusammen, und am Ende ist der junge Mann tot." Wenn es zutrifft, dass
Ehe- und Beziehungsromane mit der Schilderung der Geschlechterverhält-
nisse immer auch den Kern zeitgenössischer sozialer Verhältnisse beschreiben, sieht die Gegenwart um 1997 offenbar vollkommen anders aus als die
von 1897, ist aber immer noch hochproblematisch. Dies bestätigt sich umso
mehr, wenn man berücksichtigt, aus welcher Perspektive am Ende des 20.
Jahrhunderts auf das Verhältnis zwischen den Geschlechtern geblickt wird.
Alexa Hennig von Lange erzählt nämlich die Geschichte von „Chris" und
seiner „Kleinen" auf knapp 300 Seiten gleich zweimal. Zunächst aus männlicher, dann aus weiblicher Sicht erlebt der Leser die letzten beiden Tage im
Leben von Chris, der schließlich auf einem Parkplatz an einer Überdosis
verschiedener Drogen stirbt. Alle Passagen, in denen die beiden Protagonisten am selben Ort präsent sind, erlebt man somit doppelt. Die Dialogse-
quenzen sind dabei identisch, den entscheidenden Unterschied macht die

---

1   So formulierte es Fontane in einem Brief an Adolf Hoffmann im Mai/Juni
    1897. Wichtig war für Fontane nicht die Fabel, sondern die Form: „Alles Plau-
    derei, Dialog, in dem sich die Charaktere geben, und mit ihnen die Geschichte".
    Dies schien ihm die „gebotene Art, einen Zeitroman zu schreiben". Theodor
    Fontane: Werke, Schriften und Briefe. Hrsg. v. Walter Keitel und Helmuth
    Nürnberger. Briefe, Bd. 4. München 1982, S. 650.

Einbettung in die jeweilige geschlechtsspezifische Perspektive des Bewusstseinsstroms. Damit ist *Relax* ein Spezialfall multiperspektivischen Erzählens. Die Literaturwissenschaft hat in den letzten Jahren verstärkt die Frage nach der Perspektivenstruktur von Texten gestellt, in denen nicht nur ein Erzähler, sondern zwei oder mehrere Erzählinstanzen Rahmen- und Binnenhandlung bestimmen.[2] Geht man davon aus, dass Erzähltexte grundsätzlich Form und Inhalt semantisch miteinander verbinden, so stellt sich bei der Interpretation multiperspektivischer Romane an vorderster Stelle die Frage nach den „Differenzen zwischen unterschiedlichen Standpunkten, nach den bedeutungskonstituierenden Wechselwirkungen, die sich zwischen den einzelnen Perspektiven ergeben, sowie nach der Beschaffenheit des perspektivisch Erzählten".[3] Denn der besondere „Reibungseffekt" bzw. „Dissonanzeffekt", auf dem das spezifische „Wirkungs- und Funktionspotential" des multiperspektivischen Erzählens beruht, ergibt sich erst durch eine sorgfältige Analyse, die diese unterschiedlichen Sichtweisen der Erzählinstanzen konfrontiert bzw. nach deren gemeinsamen Bezugspunkten fragt.[4] Eine besondere Rolle bekommt die Beschäftigung

---

2   Nach Ansgar Nünning und Vera Nünning, deren „Arbeitsdefinition" im
    weiteren Verlauf gefolgt wird, liegt multiperspektivisches Erzählen „in solchen
    narrativen Texten vor, in denen das auf der Figurenebene dargestellte oder
    erzählte Geschehen dadurch facettenartig in mehrere Versionen oder
    Sichtweisen aufgefächert wird, daß sie mindestens eines der folgenden drei
    Merkmale [...] aufweisen: 1) Erzählformen, in denen es zwei oder mehrere
    Erzählinstanzen auf der extradiegetischen und/oder der intradiegetischen
    Erzählebene gibt, die dasselbe Geschehen jeweils von ihrem Standpunkt aus in
    unterschiedlicher Weise schildern; 2) Erzählformen, in denen dasselbe
    Geschehen alternierend oder nacheinander aus der Sicht bzw. dem Blickwinkel
    von zwei oder mehreren Fokalisierungsinstanzen bzw. Reflektorfiguren
    wiedergegeben wird; 3) Erzählungen mit einer montage- bzw. collagehaften
    Erzählstrukur". So die beiden Autoren in: Von ‚der☐Erzählperspektive zur
    Perspektivenstruktur   narrativer   Texte: Überlegungen   zur   Definition,
    Konzeptualisierung   und   Untersuchbarkeit   von   Multiperspektivität.   In:
    Multiperspektivisches   Erzählen.   Zur   Theorie   und   Geschichte   der
    Perspektivenstruktur im englischen Roman des 18. bis 20. Jahrhunderts. Hrsg.
    von Ansgar Nünning und Vera Nünning. Trier 2000, S. 4-38, hier S. 18. In
    Relax   ist   offensichtlich   bei   fast   vollständiger   Abwesenheit   eines
    extradiegetischen Erzählers das zweite von Nünning, Nünning aufgeführte
    Merkmal vorhanden: nacheinander wird von zwei Fokalisierungsinstanzen, die
    die Funktion eines intradiegetischen Erzählers übernehmen, derselbe
    Zeitabschnitt und z.T. auch dasselbe Geschehen berichtet. Man kann also *Relax*
    als einen biperspektivisch fokalisierten multiperspektivischen Text bezeichnen.
3   Carola Surkamp: Die Perspektivenstruktur narrativer Texte. Theorie und
    Geschichte der Perspektivenrelationierung im englischen Roman zwischen
    Viktorianismus und Moderne. Gießen 2002, S. 2.
4   Nünning, Nünning (wie Anm. 2), S. 19.

mit multiperspektivischen Romanen in der Verbindung der Untersuchung der Perspektivenstruktur mit genderorientierten Fragestellungen, die sich mit der „Darstellung bzw. Ausgrenzung weiblicher Perspektiven" sowie der „literarische[n] Inszenierung spezifisch weiblicher Formen der Wirklichkeitserfahrung und des Verhältnisses der Geschlechter" beschäftigen.[5] Da im Falle von *Relax* ganz offensichtlich eine enge Verbindung von Gender und Perspektive vorliegt, soll diese Verbindung auch bei der Analyse des Textes im Zentrum stehen.

Die Beziehung zwischen den Geschlechtern wird in *Relax* nicht nur expositorisch, sondern durch das Aufbrechen der Erzählstruktur in eine autonome männliche und weibliche Perspektive auch direkt narrativ inszeniert. *Relax* stellt in der deutschen Gegenwartsliteratur damit nicht nur inhaltlich, sondern auch formal die bisher am weitesten vorangeschrittene Verfallserscheinung des traditionellen bürgerlichen Ehe- und Familienromans in der deutschen Literatur dar. Kann etwa ein Roman wie *Effi Briest* als „protopyisches Zeugnis" dieser Gattung für das späte 19. Jahrhundert gelten, so gilt dies ex negativo für *Relax* und das 20. Jahrhundert.[6] Nicht nur die zentralen gesellschaftlichen Institutionen Ehe und Familie, sondern auch die Konventionen der Schilderung von Geschlechterverhältnissen haben sich aufgelöst. Das Ideal des vom klassischen Erzähler moderierten Geschlechterdialogs wird durch die unvermittelt inszenierte Verdopplung in zwei simultane, vordergründig gleichberechtigte Geschlechtermonologe radikal umgewandelt. *Relax* bietet damit gleichwohl keine Alternative zum aktuellen Zustand des *battle of the sexes*. Ganz im Gegenteil: Im Verlaufe der formalen und inhaltlichen Demontage männlicher Identitätskonstruktionen wird trotz erkennbarer Sympathielenkung in Richtung der Protagonistin kein Gegenmodell jenseits patriarchalischer Strukturen erkennbar. Die Auflösung der spätbürgerlichen Gesellschaft ist in *Relax* so weit fortgeschritten, dass die Möglichkeit der Regression auf die altbekannten hierarchischen Rollenmodelle faute de mieux schon fast den Wert einer konkreten Utopie besitzt. Wenn die nur als „Kleine" bezeichnete Freundin des Junkies Chris von Heirat, Zusammenwohnen und Kleinfamilie träumt, wiederholt sich in *Relax* der Familienroman des 19. Jahrhunderts auf der virtuellen Ebene noch

---

5   Surkamp (wie Anm. 3), S. 4.

6   Die Romane Fontanes stellen zwar die „beginnende Auflösung" der bürgerlichen Lebensverhältnisse dar, doch spiegelt sich in ihnen weiterhin das „Verständnis der Frühmoderne, daß die Gesellschaftsromane immer Familienromane sind". Da die Familie auch im späten 19. Jahrhundert noch strukturierendes Prinzip der Gesellschaft war, zeigten sich dort auch besonders deutlich die zentralen zeitgenössischen Probleme. Vgl. Helmut Koopmann, Gesellschafts- und Familienromane der frühen Moderne. In: Naturalismus, Fin de Siècle, Expressionismus: 1890-1918. Hrsg. von York-Gothard Mix und Rolf Grimminger. München 2000, S. 323-338, S. 329 u. S. 334.

einmal als Farce. Und nun Vorhang auf zu diesem letzten Akt, der zunächst inhaltlich und sodann auf der Ebene der Erzählstruktur betrachtet werden soll.

2. Chris und die „Kleine": Spurensuche nach Bruchstücken bürgerlichen Lebens

Relax zeichnet sich nicht nur durch relative Ereignislosigkeit aus, sondern durch den Mangel an Informationen überhaupt. Es fehlt nicht nur der Kommentar eines extradiegetischen Erzählers – auch das verfügbare Weltwissen von Chris und der „Kleinen" ist relativ begrenzt. Das Reflexionsniveau des Bewusstseinsstroms oszilliert – insbesondere im Fall von Chris – zwischen drogenbeeinflusster Benommenheit, triebgesteuerten Tagträumen und stereotyp-banalen Inneren Monologen. Über den biografischen Hintergrund der beiden Protagonisten erfahren wir somit in den zwei Teilen des Romans auch nur sehr wenig. Nimmt man die Selbstauskünfte und die gegenseitigen Kommentare zusammen, ergibt sich immerhin folgendes Bild: Chris und seine „Kleine" sind offenbar schon einige Zeit zusammen, logieren aber noch in getrennten Wohnungen. Sie haben die Ablösung vom Elternhaus vollzogen und die Schulausbildung abgeschlossen oder zumindest abgebrochen. Der Übergang in ein geregeltes Berufsleben hat allerdings nicht stattgefunden und steht wohl auch nicht bevor. Der Alltag, soweit der Leser ihn mitverfolgen kann, dreht sich um Treffen mit Freunden in privaten Wohnungen und der Teilnahme an Partys in Clubs oder im Freien. Wie die Protagonisten die finanziellen Aufwendungen für ihren Lebensunterhalt bestreiten, bleibt fast vollständig unklar. Chris beschreibt sich selbst nur sehr oberflächlich: „Meine Hobbys sind Gläser in Clubs klauen und feiern."[7] Barb, eine Freundin der „Kleinen", wartet mit der zusätzlichen Information auf: „Chris jobbt doch auch nur, wenn er wieder Geld für seine Drogen braucht. Sonst hat er ja keine Zeit, weil er feiern muß." (S. 282) Details erfährt man hauptsächlich über Chris' Affinität zu harten und weichen Drogen: neben Nikotin und Alkohol konsumiert er regelmäßig und in hohen Dosen Ecstasy, Marihuana und Kokain. Aber auch die „Kleine" nimmt gelegentlich Kokain und schluckt Pillen, wenn ihr Freund noch welche übrig lässt.

Die Beziehung der beiden Protagonisten ist zu Beginn des Romans an einem Tiefpunkt angelangt. Nur etwa ein Viertel des Seitenumfangs schildert gemeinsam verbrachte Zeit. Das Liebesleben von Chris und seiner Freundin ist durch den ständigen Drogenkonsum bereits seit längerer Zeit stillgestellt: Chris ist mittlerweile offenbar impotent. Wie man von der „Kleinen" erfährt, haben

---

7   Alexa Hennig von Lange: Relax. Hamburg 1997, S. 54. Seitenzahlen im Folgenden im Text zitiert.

die beiden es „echt schon Jahre nicht mehr gemacht" (S. 223f.) Auf die abend-
liche Frage „Ficken wir noch?" erhält die Freundin Chris' stereotype Antwort:
„Ich kann nich!". Die Diagnose ist klar: „Hastes dir wieder komplett gegeben,
oder was?". Dieses Problem wird letztendlich von beiden Partnern durch häu-
figes Masturbieren gelöst, das im Roman als „Rattern" bezeichnet wird (S.
13f., 52, 141ff.).

Chris verbringt die Wochenenden häufig auch zusammen mit seinen
„Jungs" mit „Abhängen" und (TV-) „Glotzen" (S. 223f.). Von Chris' Freunden
hält die „Kleine" in diesem Zusammenhang nicht sehr viel: „Diese Trottel
denken, sie sind Helden, und das stimmt ganz und gar nicht. Ich meine, diese
Typen sind einfach nur absolut beknackt. Außerdem haben die alle keine
Freundin. Nur Chris." (S. 135f.) Ein Großteil der Beziehung besteht für die
„Kleine" somit aus Warten darauf, dass ihr Freund nach seinen durchzechten
Nächten zu ihr kommt: „Warten, warten. Ehrlich. Das ist die Aufgabe der Frau
der 90er. Warten und sich quälen lassen." (S. 151f.) Trotzdem hält die „Kleine" an ihren Idealvorstellungen einer romantischen Zweierbeziehung fest, die
in Wunschvorstellungen und Tagträumen ausführlich gestaltet werden.

3. Fluchtbewegungen: Regression auf weibliche Rollenmodelle

Die „Kleine" träumt davon, Chris eines Tages in Las Vegas zu heiraten und
mit ihm eine Familie zu gründen: „Das ist echt mein absoluter Traum. Chris
in Las Vegas heiraten, mit Chris ficken und Kinder kriegen" (S. 206). Ihre
Freundin Barb schätzt diese Option angesichts des hohen Drogenkonsums
und des zunehmenden körperlichen Verfalls von Chris etwas realistischer
ein: „Ey, Alte. Das is'n Traum und keine Perspektive!" (S. 281).

Den Kinderwunsch der „Kleinen" hat Chris immerhin bereits realisiert,
doch besetzt er diese Vorstellung kaum affektiv:

> Ich finds okay. [...] wenn sie Kinder haben will, dann soll sie welche ha-
> ben. Ich meine, wen interessiert das? Es kommt alles so, wie es kommen
> soll, und wenn meine Kleine jetzt ein Kind kriegt, dann soll es eben so
> sein. Kein schlechter Gedanke, meiner kleinen Ficksau ein Kind zu ma-
> chen. Zack. Abgespritzt und schon bist du zu dritt [...]. Bin schon gespannt,
> wie das Kind dann so aussieht. (S. 19)

Heiraten dagegen kann sich Chris allerdings überhaupt nicht vorstellen:

> Heiraten ist Quark. Das kann gar nicht funktionieren. Du kannst einfach
> nicht dein ganzes Leben lang nur einen Menschen lieben. Das geht gar
> nicht. Meine Eltern haben sich auch scheiden lassen. [...] Ich denke da
> nicht gerne dran. Das tut weh, und Scheiße, am besten du fickst einfach
> nur. (S. 21)

Die Indifferenz gegenüber allem, was mit Beziehungsangelegenheiten zu tun hat, wird an dieser Stelle zumindest durch ein biographisches Motiv illustriert. Doch scheint für Chris' Charakter insgesamt die Verbindung von soziopathischem Egoismus und klischeehaft-patriarchalischem Rollenbild bestimmend zu sein.

Die Regression auf klischeehafte weibliche Rollenmuster wird dagegen im zweiten Teil von *Relax* durchaus ambivalent beschrieben. Das zeigt etwa der Versuch der „Kleinen" und ihrer Freundin Barb, am Wochenende in der Küche zusammen eine einfache Mahlzeit zu kochen. Die „Kleine" verfügt zumindest über die notwendigen Kompetenzen für die dazu notwendigen Arbeitsschritte, während Barb bereits bei der Aktualisierung des praktischen Wissens zum Kartoffelschälen überfordert ist – sie ist nur an Fertiggerichte gewöhnt (S. 283f.). Allerdings sieht die „Kleine" ihre eigenen Fähigkeiten ausdrücklich im Rahmen der konventionellen Rollenverteilung:

> Die Alte wird sich auch noch daran gewöhnen müssen, daß man als Frau Kartoffeln schälen muß. Das ist einfach so. Das machen alle. Vor dem Mülleimer hocken und Kartoffeln schälen. (S. 283)

4. Nietzsche und Vampirella: Identifizierungsangebote
aus dem Bereich trivialer Mythen

Über den allgemeinen Rahmen geschlechtertypischer Selbstbilder hinaus beziehen sich sowohl Chris als auch die „Kleine" auf Identifizierungsangebote aus dem Bereich trivialer Mythen. Chris würde gerne ein klassischer Rockstar sein. Dabei geht es ihm nicht nur darum, sein Bild auf Illustrierten zu sehen und von Teenagern angehimmelt zu werden, sondern vor allen Dingen auch um die Macht, die die Berühmtheit mit sich bringt:

> Du bist der Guru, und alles was du sagst, glauben die Leute. [...] Du kannst dir einfach alles erlauben. Wenn du Lust hast, schmeißt du mit Barhockern um dich oder grabscht den Weibern an die Titten. Da bedanken sie sich noch bei dir, weil du sie angefaßt hast. (S. 9)

Außer Drogen, Frauen und Musik interessiert sich Chris angeblich auch für Nietzsche: „Nietzsche ist mein Guru", behauptet er, „und seine Bücher sind meine Bibeln." Man erfährt auch, wie es zu dieser Leidenschaft gekommen ist:

> Irgendwer hat mal ein Zitat von Nietzsche gebracht, und da dachte ich: „Mann, der Typ ist cool!". Ich bin dann in einen Buchladen rein und habe

gefragt, welches Buch von Nietzsche zu empfehlen ist. Die haben mir zwei
in die Hand gedrückt. (S. 12)

Ob Chris in den Büchern, die zwischen dreckigen Unterhosen, leeren Ziga-
rettenpackungen und Plattencovern in seinem Schlafzimmer herumliegen,
tatsächlich gelesen hat, erfährt man allerdings nicht. Offenbar dient der
Bezug auf Nietzsche vor allen Dingen dazu, gegenüber der Adressateninstanz, an die sich Chris' innerer Monolog wendet (vgl. Kap. 6), die eigene
Bedeutung aufzuwerten.

Die „Kleine" identifiziert sich dagegen mit der Heldin eines Porno-Co-
micheftes:

> Freitag nachmittag hau ich mich aufs Bett, stelle das Telefon daneben [...]
> und dann lese ich meinen ‚Vampirella'-Comic. [...] Vampirella ist über-
> haupt die coolste Frau, die es gibt. Mann, über die macht keiner Witze.

Vampirella hat, anders als die „Kleine", große Brüste und ist „eine coole
Frau": „Ich meine, die wartet nicht blöde auf ihren Typen." Ihr Lieblings-
satz aus dem Comic ist: „Ich bin eine emanzipierte Frau und kann schlafen,
mit wem ich will!" (S. 138)

Hält man sich die Beziehung zu Chris vor Augen, ist die Identifikation mit
der starken Frau aus dem Comic in den Phantasien der „Kleinen" jedoch eher
nur eine Kompensationshandlung angesichts einer als unbefriedigend empfundenen Realität.

5. „*Willst du mal ne Frau sein?*" – „*Bin ich blöd?!*": Doppelter Bewusstseinsstrom und Geschlechterdiskurs

Der erste Teil von *Relax* beginnt aus einer sehr konventionellen Perspektive, nämlich der einer männlichen Fokalierungsinstanz: „Mann. Ich bin ein
Rockstar.", denkt Chris morgens beim Aufwachen (S. 9). Am Ende des
ersten Teils ist das Bewusstsein des männlichen Ichs ausgeschaltet: Die
letzten Wortfetzen, die wahrgenommen bzw. von einer extradiegetischen
Erzählinstanz aufgezeichnet werden, stammen von der „Kleinen": „Chris?
... Ich liebe dich! ... Hier is deine Kleine!". Als Reaktion von Chris erscheinen zwischen den Äußerungen der „Kleinen" nur noch Auslassungspunkte,
und so endet der erste Teil in der letzten Zeile mit der Wiedergabe maskuli-
nen Schweigens: „ ..." (S. 131).

In der Konstruktion von *Relax* hat also der Mann das erste Wort, die Frau
hat das letzte. Das ohnehin zweifelhafte, von offenbarer Selbstüberschätzung
und Realitätsverlust geprägte Selbstbild von Chris wird spätestens im zweiten
Teil durch den Bewusstseinsstrom der „Kleinen", der sich stellenweise wie ein

Kommentar zum ersten Teil lesen lässt, weitgehend dekonstruiert. Die Identität des männlichen Bewusstseins wird gerade durch seine formale Ablösung vom weiblichen Bewusstsein als ebenso instabiles und wie unreflektiertes Konglomerat von Klischees erkennbar. Insbesondere im Rahmen der Sympathielenkung durch den nicht explizit in Erscheinung tretenden Erzähler (vgl. Kap. 6) wirken Plot- und Inhaltsebene somit verstärkt zu Gunsten der weiblichen Protagonistin: sie hat nicht nur das letzte Wort, sie hat überhaupt die entscheidende Stimme, da ihr vom Leser größere Glaubwürdigkeit zugesprochen wird. Die „Kleine" hat eindeutig größere Distanz zum Geschehen, kommentiert minutiös Chris' Verhalten und reflektiert über ihre eigene Rolle in der Beziehung sowie über die Rolle der Frau überhaupt. Chris gereicht es dagegen zum Nachteil in der Gunst des Lesers, dass er sich der Geschlechterhierarchie durchaus bewusst ist, diese aber gerade deshalb nicht hinterfragt, weil sie ganz offenbar zu seinem Vorteil ist. Exemplarisch deutlich wird die auf diese Art funktionierende Sympathielenkung durch einen von der „Kleinen" im zweiten Teil von *Relax* erinnerten Dialog mit Chris, in dem es um die Rollenverteilung in der Beziehung geht. Eigentlich hatte die „Kleine" sich geschworen, sich in einer Beziehung nicht mehr unterdrücken zu lassen: „Der nächste Typ, der muß gehorchen. Der muß uns erobern. Wir laufen den Idioten nicht mehr hinterher." Doch das hat leider nicht ganz geklappt. Frustriert über diese Art der Rollenverteilung hat sie „mal mit Chris drüber geredet. Ich sage zu Chris: ‚Frau sein ist Scheiße'. Chris sagt: ‚Stimmt!'. Ich sage: ‚Willst du mal ne Frau sein?' Chris sagt: ‚Bin ich blöd?!' Ich sage: ‚Warum nich?' Chris sagt: ‚Das is Scheiße. Also, wenn ich eins nich sein will, dann is das ne Frau!'" (S. 150).

Die Wirkung dieser Aussagen auf den Leser wird noch dadurch verstärkt, dass sie mit dem Inneren Monolog des ersten Teils zur Deckung gebracht werden können: Chris denkt offenbar tatsächlich so, wie er es gegenüber der „Kleinen" behauptet hat. Das frustrierte Fazit der „Kleinen" aus dieser Szene: „Du bist als Frau auf der Welt, um gequält zu werden. So ist das einfach. [...] Tolle Aussichten." (S. 150f.) Doch diese passive und resignative Reaktion auf das machistische Verhalten ihres Freundes kann nicht darüber hinwegtäuschen, dass die „Kleine" eine bemerkenswerte Rollendistanz ausgebildet hat. Die Diskrepanz zwischen Eigen- und Fremdwahrnehmung des männlichen Protagonisten wird dadurch erheblich gesteigert. Als Beispiel sei im Folgenden der Beginn des gemeinsam verlebten, jedoch offenbar völlig verschieden erlebten Vormittages zitiert:

Chris: Mann. Das nervt. Meine Süße geistert doch tatsächlich schon wieder durch die Wohnung und macht Kaffee. [...] Ich will schlafen. Ich brauche meinen Schlaf. Ich mußte gestern schließlich feiern. Ich will meine Ruhe haben und nicht an den Füßen gekitzelt werden. „Mann. Hör auf damit!" „Willste Kaffee?" „Nein!" (S. 56)

Die Kleine: Guten Morgen, meine Kleine, Süße. Hast du gut geschlafen?
Soll ich dir einen Kaffee machen? Nein, bleib liegen, heute verwöhne ich
dich mal. [...] Hahaha, schön wärs. Neben mir liegt ein stinkender Matrose,
und der schnarcht. [...] Der merkt ja gar nicht mal, daß es mich noch gibt.
Mann. Ich gehe jetzt einfach ganz locker rüber, kneife ihn zärtlich in den
Zeh und frage, ob er einen Kaffee möchte. [...] „Mann. Hör auf damit!"
„Willste Kaffee?" „Nein!" (S. 211f.)

Während Chris ausschließlich ich-zentriert denkt („ich mußte feiern", „ich
will meine Ruhe haben") und die Anwesenheit seiner Partnerin eher als
Belastung zu empfinden scheint, stellt sich die „Kleine" zunächst den von
ihr gewünschten Ideal- oder zumindest Normal-Zustand einer Beziehung
vor, gleicht diesen mit dem ernüchternden Ist-Zustand ab und handelt dann
kurzentschlossen, um zumindest von Chris wahrgenommen zu werden. Die
kurze Synopse ist durchaus exemplarisch für den generellen Unterschied
der beiden Figurenperspektiven: während Chris den gegenwärtigen Zustand
und die Zukunft kaum reflektiert, tut die „Kleine" dies ständig. Auch wenn
Chris nicht anwesend ist – wie z.B. zu Beginn des zweiten Teils – kreisen
ihre Wünsche und Intentionen hauptsächlich um ihn und die gemeinsame
Beziehung, während umgekehrt Chris außerhalb der gemeinsam verbrach-
ten Zeit sich überhaupt nur sehr selten an die „Kleine" erinnert.

6. *„Ich meine, stell Dir das mal vor ... ":*
 Wer erzählt, wer hört zu, und wenn ja, wie viele!?

Eine klassische extradiegetische Erzählinstanz tritt in *Relax* nicht in Erscheinung. Lediglich die Abfolge der beiden Teile, d.h. die sequentielle
Anordnung von zwei Inneren Monologen, ließe sich als Setzung einer über-
geordneten Erzählinstanz verstehen. Doch gerade durch die weitest gehende
Zurücknahme des Erzählers wird in *Relax* Partei ergriffen für die weibliche
Weltsicht. Denn anders als auf der rein quantitativen Ebene neigt sich auf
der semantischen Ebene der Gesamtkonstruktion die Waagschale eindeutig
zugunsten der „Kleinen". Der selbstverschuldete Drogentod von Chris im
ersten Teil, der mit dem Ausblenden des männlichen Bewusstseinsstroms
einhergeht, schafft in der linearen Logik des Erzählablaufs überhaupt erst
den Raum für die intradiegetische Erzählerin, die sich an die freigewordene
Stelle schiebt und am Ende des zweiten Teils immer noch präsent ist. Bis
zum letzten Satz bleibt die „Kleine" von diesem Moment an die zentrale
Fokalisierungsinstanz und träumt den Traum einer glücklichen Beziehung
nicht nur über das endgültige Verstummen der männlichen Stimme, sondern
auch über das Romanende hinaus weiter: „Relax. Hier ist deine Kleine,
Chris. Deine Kleine liebt dich. Und wir heiraten in Las Vegas." (S. 310)

Weitaus präsenter als die übergeordnete Erzählinstanz sind in beiden Teilen von *Relax* Adressateninstanzen, an die sich Chris und die „Kleine" in ihren Inneren Monologen wenden. Dies zeigt sich nicht allein an Erzählsequenzen (z.B. zu Beginn des ersten und des zweiten Teils, wo der jeweilige Bericht nur stellenweise unterbrochen bzw. durch aufgenommene Assoziationen aus der *textual actual world* vorangetrieben wird), in denen nicht Handlung kommentiert, sondern das Weltwissen der Figuren referiert und eigene Einstellungen bzw. das eigene Verhalten gerechtfertigt werden, sondern auch durch die durchgehende direkte Ansprache des Adressaten in der zweiten Person. So wendet sich Chris z.B. zu Beginn des ersten Teils an seine Adressateninstanz: „Ich meine, stell Dir das mal vor, da klebt deine Autogrammkarte in 1000 bekloppten Zeitungen, und wenn du auf die Straße gehst, weiß jeder alles über dich." (S. 9) Die für *Relax* grundlegende perspektivische Spaltung setzt sich bis auf die Ebene dieser Adressateninstanzen fort. Da in der zeitlichen Logik des Romans die beiden Sequenzen gleichzeitig ablaufen, muss man grundsätzlich von zwei verschiedenen fiktiven Zuhörern bzw. Zuschauern im ersten und zweiten Teil von *Relax* ausgehen. Das Blickfeld dieser beiden Adressateninstanzen ist auf die jeweilige Figurenperspektive von Chris bzw. der „Kleinen" beschränkt. Die ebenso vertrauliche wie parteiliche Art der Adressatenansprache scheint darüber hinaus jeweils die Solidarität des eigenen Geschlechts einzufordern bzw. zu erfordern, sodass davon auszugehen wäre, dass es sich um zwei Adressaten unterschiedlichen Geschlechts handelt. Erst der wirkliche Leser überwindet alle diese Dichotomien, wenn er bei der Lektüre von *Relax* vor seinem geistigen Auge die Synopse der simultan vorzustellenden Figurenperspektiven konstruiert.

7.   *„Eine Flasche Uhu trinken, damit das Leben nicht auseinander-*
       bröckelt?": Geschlechterdiskurs und Identitätskrise der 90er Jahre

Die Inhaltsebene von *Relax* ist also nicht zu trennen von der Semantisierung der Erzählform im Rahmen des Geschlechterdiskurses: nicht nur, dass es keinen Marriage-Plot mehr gibt und der Mann impotent, beziehungsunfähig und schließlich sogar tot ist. Auch das klassische Erzählschema wird zerstört: Nach dem Verlöschen des männlichen Bewusstseins geht alles noch einmal von vorne los, aus Sicht der Frau – doch statt einer Alternative zum männlichen Identitätsentwurf gibt es nun kitschige Träume vom Eheglück aus der Illustrierten. Gibt es eine genderbezogene globale ‚Message' von *Relax*, dessen durchgängiges Konstruktionsprinzip ja nun dezidiert auf der Trennung der erzählten Welt zwischen männlicher und weiblicher Hemisphäre beruht!? Das ist ein weites Feld – so weit, dass es nicht nur den multiperspektivischen Frauenroman der neunziger Jahre betrifft. Die Verdopplung der Figurenperspektiven und die Auflösung der linearen Chronologie

mag zwar ein adäquates Mittel zur differenzierteren Beschreibung zeitgenössischer Wahrnehmungs- und Existenzformen sein, der Anspruch auf
eine weitergehende eindeutige Aussage des Textes wird damit jedoch zugleich zur Disposition gestellt. *Relax* lässt sich auf dieser Ebene als generel-
ler Zeitkommentar zu dem typischen 90er-Jahre Phänomen beschleunigter
biographischer Kontingenz lesen: „Ich [...] fühle mich gevierteilt. Ich leide
unter Multitalentose. Ich kann tausend Sachen halb und keine ganz. Ich
habe Millionen Hobbys und keinen Beruf. Soll ich eine Flasche Uhu trinken, damit mein Leben nicht auseinanderbröckelt?", fragt sich Alexa Hennig von Langes Romanfigur Kai in *Mai 3D*, einem Nachfolgeprojekt von
Relax, das in Kooperation mit zwei weiteren Autoren entstanden ist.[8] In *Mai
3D* treten insgesamt drei Erzählinstanzen auf, hinter denen sich neben Alexa
Hennig von Lange auch noch Till Müller-Klug und Daniel Haaksmann
verbergen. Der „Tagebuchroman" *Mai 3D* ist auf der rein quantitativen
Ebene der Perspektiven vielschichtiger als *Relax*, qualitativ jedoch nicht
unbedingt: Denn alle drei Erzählinstanzen sind männlich. In *Relax* wird
dagegen auch die Brüchigkeit zeitgenössischer Geschlechtsidentität auf die
formale Ebene gehoben. Der inszenierte Tod des Erzählers und dessen Sub-
stitution durch eine Erzählerin weist also darauf hin, dass es zwei grundsätzlich verschiedene Sichtweisen auf die Welt gibt, die allen anderen Formen
von Multiperspektivität zu Grunde liegen.

---

8   Alexa Hennig von Lange, Till Müller-Klug, Daniel Haaksmann: Mai 3D.
    Tagebuchroman. München 2000, S. 41.

Alexa Hennig von Lange

Yvonne Wolf

„Leute, ich habe einfach Glück", stellt die fünfzehnjährige Lelle am Ende des gleichnamigen Romans[1] von Alexa Hennig von Lange fest, nachdem sie durch eine mehr als 250-seitige familiäre Katastrophe, aufgerieben zwischen einer hysterischen Schwester, einer hypochondrischen Mutter und einem beziehungsgestörten Vater, getrieben wurde. Selbst am Rande der Magersucht, unter familiärem Unverständnis und Einsamkeit leidend, bildet die sich anbahnende Beziehung mit dem Waisenjungen Arthur den einzigen Lichtblick am Ende des Tunnels. Doch ob diese sich als dauerhaft und wirklich erfüllend erweisen wird, bleibt offen. Zumindest die unterschiedlichen Schlafgewohnheiten der beiden – Lelle ist es heiß und Arthur fürchtet eine Erkältung – scheinen hier, wenn auch humoristisch abgedämpft, in eine andere Richtung zu deuten, sodass die Ironie des Titels auch noch am versöhnlichen Ende trotz aller Komik deutlich spürbar bleibt.

Alexa Hennig von Lange bevorzugt die erste Person, und ihre Ich-Erzähler haben eines gemeinsam: Sie sind, obwohl häufig partnerschaftlich gebunden, allesamt einsam, isoliert und auf ihr eigenes Ich zurückgeworfen. Formal resultiert diese Grundbefindlichkeit in der Tendenz zum Inneren Monolog, inhaltlich im eskapistischen Rückzug in Wunschphantasien und in einer Reduktion der Handlung, sodass die assoziativ wuchernden Bewusstseinsprozesse gegenüber dem stagnierenden Einerlei eines perspektivlosen Alltags die Erzählung des meist simplen Geschehens dominieren. Entsprechend knapp lassen sich daher auch die Geschichten der anderen Romane Hennig von Langes zusammenfassen: In *Relax* (1997 erschienen)[2] verbringt ein junges Pärchen ein Wochenende getrennt: Chris ist mit seinen Freunden zusammen, nimmt Drogen, trinkt Alkohol, bis sein Körper kollabiert; seine „Kleine" wartet derweil, sich nach Liebe und Sexualität sehnend, auf ihn, bricht ebenfalls zu einer abendlichen Vergnügungstour mit ihrer Freundin auf, um schließlich ihren sterbenden Freund vor der Disko zu finden. In *Ich bin's* (2000)[3] wird der Alltag eines jungen Mannes – wieder ein Wochenende – nachgezeichnet: Der Gelegenheitsfotograf Lars bändelt mit seiner Nachbarin an, woraufhin seine Freundin

---

1   Alexa Hennig von Lange: Ich habe einfach Glück. Hamburg 2001. Zitiert wird nach der 2. Aufl. 2002.
2   Alexa Hennig von Lange: Relax. Hamburg 1997. Zitiert wird nach der 8. Aufl. 2001.
3   Alexa Hennig von Lange: Ich bin's. Hamburg 2000. Zitiert wird nach der 3. Aufl. 2001.

seine Wohnung verwüstet, einen Selbstmordversuch begeht und im Krankenhaus landet; im weiteren Verlauf streift Lars durch die Stadt auf der Suche
nach einem guten Schnappschuss für einen Werbeflyer, beobachtet voyeuris-
tisch seine Nachbarin und wird schließlich bei dem Versuch, sich mit seiner
Freundin zu versöhnen, von einem Auto überfahren. Im Kinderbuch *Lelle*[4]
wird der Alltag eines kleinen Mädchens zwischen ihrem vierten und siebten
Lebensjahr in kurzen Momentaufnahmen eingefangen, wobei sich die Vertreibung aus dem Kinderparadies, aus der Geborgenheit der scheinbar intakten
bürgerlichen Kleinfamilie andeutet. *Lelle, Ich habe einfach Glück* und *Relax*
bilden eine Einheit, die Trilogie zeichnet die Entwicklung vom Kleinkind zum
‚twenty something' der späten neunziger Jahre – also gewissermaßen der „Generation Golf" (Florian Illies) – nach. Gleichzeitig wird aber auch deutlich,
dass Hennig von Lange – *Mai 3D*[5] bildet hier keine wirkliche Ausnahme – im
Gegensatz zu Christian Kracht und Benjamin von Stuckrad-Barre nicht zur
Welt der arroganten Yuppies, der materiell Saturierten und rein äußerlich gesellschaftlich Etablierten tendiert, sondern sich – ähnlich wie Tanja Dückers in
Spielzone – auf Verlierer und Außenseiter konzentriert: Im Wesentlichen
behandelt sie in ihren Büchern das Leben jener Adoleszenten, die – obwohl
selbstständig lebend, trendbewusst und partnerschaftlich sexuell aktiv – finanziell und beruflich noch keine feste Orientierung gefunden haben und sie angesichts mangelnder spezifischer Interessen, der ökonomisch-gesellschaftlichen
Gesamtlage oder auch des fehlenden persönlichen Ehrgeizes nicht finden werden. Der körperliche Tod, der sich nahtlos an den gesellschaftlichen anfügt, ist
daher nur die notwendige Konsequenz – auch wenn er bislang bei Hennig von
Lange nur von den männlichen Erzählern erlitten werden muss. Das Milieu in
ihren Romanen ist jenes einer abgeblätterten Studenten-WG-Romantik, der
scheinbar so freien, doch durch materielle Beschränkungen in Wirklichkeit so
engen Welt eines Ikea-Regal- und Secondhand-Klamotten-Hip-Seins, das
letztlich die körperliche, intellektuelle und materielle Verelendung mit dem
Versuch der Szene-Zugehörigkeit bemäntelt. Obwohl stark durch die Medien,
und das heißt vor allem durch Werbung, Musik und Fernsehen geprägt, sind
diese Jugendlichen nicht wirklich an Medien interessiert: Chris und seine
„Jungs" sehen sich unter Ecstasy-Einfluss MTV-Clips an, dabei geht es jedoch
mehr um die Steigerung der Drogenwirkung als um den Inhalt des Programms,
der nicht weiter beschrieben wird (*Relax*, S. 14). Sie gehen nicht ins Kino, sie
surfen nicht im Netz, sie haben noch nicht einmal Handys – ihre Sprache aber

4 Alexa Hennig von Lange: Lelle. Erzählung. Zeichnungen der Autorin. Hamburg 2002.
5 Alexa Hennig von Lange, Till Müller-Klug, Daniel Haaksman: Mai 3D. Ein
   Tagebuchroman. München 2000. Zitiert wird nach der 2. Aufl. der Taschenbuchausgabe: München 2002. Die drei Ich-Erzähler halten sich finanziell als
   Trash-Models über Wasser.

ist durchsetzt von den Slogans der Werbung und Talk-Shows, und ihr Leben löst sich auf in ein endloses Strömen nichtigen Geschwätzes mit sich selbst, da ihr Umfeld wie auch die Erzähler den Dialog mit einem Gegenüber nicht beherrschen.

Im Zeitalter des Modesignums „Globalisierung" sind die Antihelden Hennig von Langes zurückgeworfen auf die Enge und Unwissenheit ihrer subjektiven Erkenntnis(-losigkeit) und ihrer fragmentarischen Existenz. Sie werden zum passiv erleidenden Treibgut im zum unlesbaren statischen Geräusch gesteigerten gesellschaftlichen Daten-, Kapital- und Lebensstrom, in dem sie aufgrund materieller Beschränkungen und emotionaler Müdigkeit nicht lenkend und handelnd mitwirken können. Angesichts der allgemeinen Entkoppelung von Zeichen und Sinnkonzepten und der rasanten Beschleunigung des Zeichenflusses zeichnet Alexa Hennig von Lange Jugendliche, die unfähig zur Entzifferung des über die Ufer getretenen Welttextes und der darin eingewobenen Subjekte geworden sind. Trotz des gezeigten Milieus und einer wohltuenden Politik- und Ideologiefreiheit kommen die Romane Hennig von Langes daher durchaus traditionell ideologiekritisch und wertekonservativ daher: Hinter ihrer (Post-)Modernität verbirgt sich die Sehnsucht nach etwas, das die Protagonisten nicht benennen können – Liebe, wirkliches gegenseitiges Verständnis und emotionale Geborgenheit.

Wie die Verleihung des Deutschen Jugendliteraturpreises in der Kategorie Jugendbuch 2002 an Alexa Hennig von Lange für *Ich habe einfach Glück* beweist, scheint sie mit ihrer Thematik und formalen Umsetzung den Nerv moderner, innovativer Jugendliteratur zu treffen.[6] Man darf sich aber nicht darüber hinwegtäuschen, dass es sich bei den prämierten Texten der Kinder- und Jugendliteratur häufig um kaum rezipierte Literatur handelt, die auf dem Markt nur ein verschwindend geringes Segment ausmacht. Die intentionale Adoleszenzliteratur[7] muss sich ihre Leser auch noch mit der für dieses Alter

---

6   Insgesamt sind die Kritikermeinungen über Alexa Hennig von Lange gespalten. Siehe den knappen Abriss von Robert Elstner: Einfach Glück. Alexa Hennig von Lange erhält den Deutschen Jugendliteraturpreis in der Kategorie Jugendbuch für ihren Roman „Ich habe einfach Glück". In: JuLit (2002), H. 4, S. 16-18.

7   Beim Begriff „Adoleszenzroman" handelt es sich um eine relativ neue Begriffsprägung, die eng mit der Wirkungsgeschichte von Jerome D. Salingers *Fänger im Roggen* (USA 1951; dt. 1954) verknüpft ist. In der Kinder- und Jugendliteraturforschung ist der Begriff erst seit den neunziger Jahren wirklich etabliert. Vgl. hierzu Günter Lange: „Was ist das: Dieses Zu-sich-selber-Kommen des Menschen?" Jugendliterarische Adoleszenzromane zur Jahrtausendwende. In: Kinder- und Jugendliteratur zur Jahrtausendwende. Autoren – Themen – Vermittlung. Hrsg. v. Kurt Franz, Günter Lange, Franz-Josef Payrhuber. Baltmannsweiler 2000. (= Schriftenreihe der Deutschen Akademie für Kinder- und Jugendliteratur Volkach e.V. 26), S. 68-95, hier vor allem S. 69-72:

mit größerem Prestige behafteten Erwachsenenliteratur teilen. Doch gerade
hier liegt eine Chance der Literatur Hennig von Langes: Ihr von ihr selbst
durchaus distanziert und kritisch betrachtetes werbewirksames Image als
„Fräuleinwunder", „Pop-Autorin" oder gar „Spice Girl der Literatur" schließt
von vornherein den Verdacht pädagogisierender Problemliteratur aus.[8] Alter

---

69-72: „Der Begriff ‚Adoleszenzroman' ist in Anlehnung an die amerikanische
‚adolescent novel' gebildet worden und findet gegenwärtig vor allem Anwen-
dung auf Romane des 20. Jahrhunderts, die sich mit dem Problem des Erwachsenwerdens beschäftigen" (ebd. S. 79. Definition unter Bezugnahme auf Hans-
Heino Ewers). Angesichts des Umstandes, dass die Adoleszenzphase heute unter Einbeziehung der so genannten Postadoleszenz bis ins dritte Lebensjahrzehnt reichen kann, sind in diesem Bereich die Grenzen zwischen der Jugend-
und der Erwachsenenliteratur fließend. Formal wie thematisch zählen die bislang erschienenen Werke Alexa Hennig von Langes zur „postmodernen" (Heinrich Kaulen) Adoleszenzliteratur. So nennt Günter Lange die drei zentralen
Themenbereiche „Liebe, Partnerschaft, Sexualität" (ebd., S. 71), das Problem
der „existentielle[n] Orientierung, Identitätssuche und -findung, […] die Auseinandersetzung mit dem Selbstbild und dem eigenen Körper" (ebd.), ein weiteres
Thema des Adoleszenzromans sind „Eltern-Kind-Beziehung und die Ablösung
von den Eltern" (ebd.). „Weitere Merkmale des jugendliterarischen Adoleszenzromans sind die ‚Schnoddrigkeit' seiner Protagonisten, die als rauhe Schale
eine ‚zartbesaitete Psyche' überdecken soll." (ebd., S. 71) Postmoderne Adoleszenzromane unterscheiden sich inhaltlich durch „eine völlig tabulose Darstellung von Sexualität, Alkoholismus und Drogenexzessen und die Verklärung einer offenbar zeittypischen Coolness mit fortlaufenden jugendlichen Normver-
stößen […]. Die traditionellen Vorstellungen von Identitätsstiftung, Autonomie
und Persönlichkeitsentwicklung werden dabei total in Frage gestellt." (Lange,
S. 72) Formal sind die Grenzen zur zeitgenössischen Erwachsenenliteratur mit
ihrem Hang zum Fragmentarismus, zum intertextuellen und intermedialen
Verweis, zur Dominanz der Ich-Perspektive wie auch der Multiperspektivität,
dem Zitatcharakter der Sprache und Bilder sowie dem Stilmix ununterscheidbar
geworden. Siehe auch Ralf Schweikart: Wolle' mer se rei' lasse? Postmoderne
in der Literatur für Jugendliche und Erwachsene. In: Beiträge Jugendliteratur
und Medien 53 (2001) H. 1, S. 15-22.

8   So krankt beispielsweise Elisabeth Zöllers Roman *Rave, Love & Happiness*
    (Würzburg 1998, zit. nach der Taschenbuchausgabe Würzburg 2000) an dem
    mangelnden Szene-Wissen der Autorin wie auch an dem Versuch, das Thema
    Rave „im Sinne einer ganzheitlichen Lebensauffassung" umzudeuten. Siehe
    hierzu Miriam Schulte: Popkultur im Jugendroman. Stil, Spaß und Subversion
    zwischen *teen spirit* und Pädagogik. In: Kinder- und Jugendliteraturforschung
    (1997/98), S. 71-87. Zu Zöller bes. S. 77-79, Zitat S. 78. Vor allem das Anhän-
    gen eines Glossars wirkt didaktisierend.
    Zu Hennig von Langes Reaktionen auf ihr Image siehe z.B. das von Stella Bet-
    termann geführte Interview: Suppengrün hinter den Ohren. Autorin Alexa Hen-
    nig von Lange über ihr Lolita-Image, den äußeren Schein und das schwierige
    Dasein nach der Erfüllung persönlicher Träume. In: Focus 17, 22.4.2000 und:

und Image scheinen Authentizität, Aktualität und Verständnis der Jugend, da selbst noch dazugehörend, zu versprechen. So wird es denn möglich, dass Alexa Hennig von Langes Name in einem Atemzug mit Florian Illies, Christian Kracht und Bret Easton Ellis genannt wird, gleichzeitig aber auch als Mädchenliteratur mit einem aktuellen Frauenbild klassifiziert werden kann.[9] Und diese inhaltliche Aktualität gibt sich formal ebenso zeitgemäß wie anspruchsvoll: eine unmittelbare, homodiegetische und in *Relax* oder *Mai 3D* darüber hinaus multiperspektivisch aufgefächerte Erzählweise, in der assoziative Gedankenpartikel mit saloppen Gesprächsfetzen rasch ineinander montiert werden und dadurch den Eindruck von Geschwindigkeit, Fragmentarismus und gestörter Kommunikation erwecken.[10] Speziell *Relax* lebt vor allem von seiner strukturellen Anlage und einer sprachlichen Unverblümtheit, die den Eindruck der Authentizität, des Mitstenographierten, erzeugt. Trotz seiner Grundkonzeption – dasselbe Wochenende wird von einem Pärchen zunächst aus der männlichen, dann aus der weiblichen Perspektive, und zwar nicht im dialogischen Wechsel, sondern monolithisch, en bloc, wiedergegeben – ist *Relax* zwar kein antithetisches Buch, doch die multiperspektivische Erzählweise lässt für den

---

„Ein schnelles, kurzes Leben". Die Autorin Alexa Hennig von Lange über Rokkerzeiten in Hannover, ihre Tochter Mia Louise und verzückte Kritiker. In: kulturSPIEGEL 8 (1999). Es sei an dieser Stelle dem Verlag Rogner & Bernhard für das umfangreiche Pressematerial gedankt.

9 So resümiert Stefanie Mentzel in einem jüngeren Beitrag zu aktuellen Mädchenbuchserien über *Relax*: „,Die Kleine' stellt in meinen Augen eine der interessantesten Frauenfiguren der neueren deutschen Mädchenliteratur dar. Hennig von Lange hat mit dieser Gestalt ein literarisches Hybrid geschaffen, das in der aktuellen Mädchenliteratur beispielhaft sowohl die Risiken als auch die Chancen von Weiblichkeit darstellt. ,Die Kleine' fühlt sich zugleich als Weibchen und als emanzipierte Frau; sie verbindet diese disparaten Selbstbilder in der Idee des Vamp [...]. Schonungslos offenbart sie ihre Hilflosigkeit und ihre Einsamkeit in der Beziehung zu Chris, die ganz auf einer weiblichen Selbstdefinition über den Freund basiert. In den gleichzeitig stattfindenden Versuchen der Reflexion und in der Wahrnehmung der Differenz zwischen ihren Wunschvorstellungen und der Wirklichkeit manifestiert sich das Dilemma einer gebrochenen weiblichen Identität, für die die emanzipatorischen Möglichkeiten des 80er Jahre-Feminismus längst obsolet geworden sind, neue Mittel aber (noch) nicht zur Verfügung stehen." Stefanie Mentzel: Girlies packen aus! Ein neuer Boom von Mädchenbuchserien. In: Lesen zwischen Neuen Medien und Pop-Kultur. Kinder- und Jugendliteratur im Zeitalter multimedialen Entertainments. Hrsg. v. Hans-Heino Ewers unter Mitarbeit von Andrea Weinmann. Weinheim und München 2002. (= Jugendliteratur – Theorie und Praxis), S. 187-207, darin Zitat S. 203.

10 Siehe hierzu auch Mentzel (wie Anm. 9), S. 203, die Analogien zu einer „Video- und Comicästhetik" sieht.

Rezipienten zwei geschlossene Erfahrungsräume, zwei „mögliche Welten"[11]
entstehen. Stefanie Mentzel zieht angesichts dieses Zusammenwirkens von
inhaltlicher Ambivalenz der Beziehungs- und Persönlichkeitsproblematik und
formaler Komplexität *Relax* als „Beispiel für das gelungene Spiel mit Identitä-
ten"[12] in der neuen Mädchenliteratur heran.

Ist in *Relax* „das Scheitern der Kommunikation der letzte Indikator eines
Scheiterns am Leben"[13], so wird durchaus zivilisationskritisch deutlich, wie
moderne Mittel der Telekommunikation letztlich Kommunikation nur simulie-
ren und dadurch einen wirklichen Austausch, ein funktionierendes Gespräch
eher verhindern. Wenn Florian Illies in seinem *Generation Golf zwei* in satiri-
scher Überzeichnung darstellt, wie die Handy- und SMS-Mode zu einem hek-
tischen und vergeblichen ‚Hinterhertelefonieren' führt, das schließlich zum
Selbstzweck eskaliert und damit die tatsächliche Begegnung überlagert, über-
wuchert und zerstört, so ersetzt auch in *Relax* das ständige Telefonieren von
Chris mit seiner „Kleinen" nicht das wirkliche Gespräch. Seine nächtlichen
Telefonate mit seinen Freunden verhindern vielmehr die Intimität einer wirklichen Beziehung mit ihr, da er seine Clique mit ihrem oberflächlichen und
inhaltsleeren Smalltalk ins Schlafzimmer hineinnimmt und der mit Hilfe des
Telefons medial vermittelte sexuelle Akt bei ihm größeres Interesse weckt als
das Geschehen im eigenen Schlafzimmer.[14] Paradoxerweise verdeutlicht somit
eine Erzählweise, die den diegetischen Bericht und die Handlungsschilderung
zugunsten von Bewusstseinsdarstellung und Dialog auflöst, d.h. die die vermittelte Diegesis zugunsten unmittelbarer Mimesis zurücktreten lässt, die zwi-
schenmenschliche Distanz, die Unfähigkeit zum Verständnis sowie die Konstruktion einer verzerrten Partnervorstellung – und damit die Zerstörung der
Kommunikation und des Lebens als solchem. Reflexionen und Gespräche
entbehren demnach einer Verankerung in der erzählten Welt. Diese beschränkt
sich auf das jeweilige Bild davon im Bewusstsein der Ich-Erzähler – es handelt
sich lediglich um ‚mögliche Welten', die jedoch keineswegs gültig und exis-
tent für alle sind. Da sich keine der möglichen Welten zur aktuellen verdich-

---

11 Zur fruchtbaren Verbindung von „possible-worlds theory" und Narratologie bei
    der Untersuchung multiperspektivischer Texte siehe Carola Surkamp: Die Per-
    spektivenstruktur narrativer Texte aus der Sicht der *possible-worlds theory*: Zur
    literarischen Inszenierung der Pluralität subjektiver Wirklichkeitsmodelle. In:
    Multiperspektivisches Erzählen. Hrsg. von Vera und Ansgar Nünning. Trier
    2000, S. 111-132 sowie die entsprechenden Hinweise inkl. weiterführender Li-
    teratur bei Gaby Allrath: A Survey of the Theory, History, and New Areas of
    Research of Feminist Narratology. In: Literatur in Wissenschaft und Unterricht
    33 (2000) H. 4, S. 387-410.
12 Mentzel (wie Anm. 9), S. 202
13 Ebd., S. 206
14 Vgl. Florian Illies: Generation Golf zwei. München 2003, S. 189f. mit *Relax*
    (wie Anm. 2), S. 52f. und S. 207-209.

tet, ermangelt es auch der Genderkategorie an Signifikanz: Alexa Hennig von Lange betonte mehrfach, dass sie auf die männliche Stimme auswich, um eine Identifikation von Autorin und Erzählerin bzw. fiktionalem Geschehen seitens der Rezipienten zu erschweren,[15] die Genderkategorie scheint für sie als solches zunächst nicht allein für die Wahl der Erzählsituation entscheidend gewesen zu sein.

Bereits mit dem ersten Wort entpuppt sich der homodiegetische Erzähler in *Relax* als männlich. Allmachtsphantasien als Rockstar, Frauen zur freien Verfügung – es handelt sich um typisch männliche Phantasien, die sprachlich durch charakteristische ‚Ticks' persönlich gefärbt sind, die abwertende Wahl des Wortes „Weib" – die „Kleine" spricht von „Frau" – und sexuelles Vokabular wie „abgewichst" und „fickerig" unterstreichen zusätzlich, dass es sich um einen männlichen Erzähler handelt. Insgesamt charakterisiert die Sprache den Erzähler als jung und angesichts des dezidierten ‚Vier-Buchstaben-Vokabulars' als zumindest im Hinblick auf die angenommene Rolle und sein Selbstverständnis nicht-bürgerlich:

> Mann. Ich bin ein Rockstar. Ich weiß, das will jeder sein. Das finde ich komplett gut. Ich meine, stell dir das mal vor, da klebt deine Autogrammkarte in 1000 bekloppten Zeitungen, und wenn du auf die Straße gehst, weiß jeder alles über dich. Du gehst abends feiern, lädst die Jungs ein, und die Weiber sind verrückt nach dir. Egal, was du für eine Scheiße erzählst, die Leute findens lustig. Original. Ich meine, du hast komplett die Macht. Du bist der Guru, und alles was du sagst, glauben die Leute. Alle wollen cool sein, und du bist der absolut Coolste, und alle fragen sich: „Wie macht der Typ das?" Und du denkst: „Was ham die alle, ich bin doch ganz normal!" Mann. Du kannst dir einfach alles erlauben. Wenn du Lust hast, schmeißt du mit Barhockern um dich oder grabschst den Weibern an die Titten. Da bedanken die sich noch bei dir, weil du sie angefaßt hast.
> Ich bin ein Rockstar.
> Ich muß mich jetzt erstmal ablegen. Vorher rauche ich aber noch eine Zigarette. Wo ist jetzt diese verdammte Schachtel? Hier finde ich original nichts wieder. Ich muß mal bei Gelegenheit aufräumen. Draußen regnet es schon wieder. Mann, oh Mann. Das wird ein Sommer. Nachher kommen die Jungs. Die treffen gerade Brian. Der hat richtig gute Pillen. Keine Ahnung, wo er die her hat. Die Jungs haben versprochen, sie bringen welche von Brian mit. Der wohnt auf dem Land in einem riesen Haus mit einem großen Garten. Brian ist richtig locker. Der gibt Partys, macht Essen, hat immer Holz für ein gutes Lagerfeuer. Und will keine Kohle dafür. Da

---

15 „Focus: *Ich bin's* verfassten Sie aus der männlichen Warte, warum? Lange: Ich wollte nicht wieder mit der Erzählerfigur identifiziert werden. […] Aus der männlichen Perspektive muss ich außerdem wesentlich weniger reflektiert schreiben, sondern nur schildern, was ich beobachte. Da laufe ich nicht Gefahr, mich selbst in der Frauenrolle so wichtig zu nehmen." Bettermann (wie Anm. 8).

kommen dann so 1000 Leute, und die ganze Nacht ist Musik, Feuer und
gute Pillen. Das ist wie auf einer Insel in der Südsee sein. Alle bringen
Schlafsäcke mit, und irgendwann legst du dich ins Gras und pennst ein.
Brian ist gut.
Heute wollen die Jungs und ich richtig zappeln gehen. Vorher muß ich
mich aber noch ein bißchen ablegen. Da sind ja die Zigaretten. Gibts ja
nicht. Wie kommen die denn zwischen die abgewichsten Unterhosen? Jedenfalls habe ich sie nicht dahin geschmissen. Mann. Ich muß schlafen,
sonst drehe ich noch durch. Das ist der Tod. Du schmeißt dir eine Pille ein
und bist müde. Das ist keine gute Mischung. Du mußt wach sein, sonst bist
du ganz fickerig. Dein Gehirn sagt: „Nich schlafen" und dein Körper sagt:
„Schlafen". Das macht dich komplett fertig. Wirklich. Ich kenn mich da
aus. Den Fehler versuchst du nur einmal zu machen. [...]
Ey, manchmal habe ich auch Angst. Aber nicht so wegen der Pillen, eher
wegen der ganzen anderen Scheiße und so. Da denke ich jetzt lieber nicht
dran, sonst kriege ich noch komplett schlechte Laune, und darauf habe ich
jetzt original überhaupt keine Lust.
Ich will ein Rockstar sein.
(*Relax*, 9f.)

Inhaltlich wird bereits zu Beginn von *Relax* offensichtlich, dass Drogen und
Partys von zentraler Bedeutung für den Ich-Erzähler Chris sind und dass er
Menschen nur oberflächlich beurteilt: Den mit Drogen dealenden Brian
klassifiziert er lediglich wegen des Stoffs und seiner Partys als „gut". Zigaretten zwischen den schmutzigen Unterhosen, schlechte Luft und tabletten-
bedingte Verwirrung, Müdigkeit und Trägheit umreißen Chris als bereits zu
diesem Zeitpunkt etwas verwahrlosten und körperlich heruntergekommenen
‚Junky', der sich aus seinen Ängsten in Phantasien flüchtet und in seiner
Welt- und Menschenwahrnehmung ausgesprochen begrenzt ist (vgl. S. 10f).
Es fällt schon hier der angesichts des Endes vorausdeutende Qualität an-
nehmende und an dieser Stelle natürlich nur redensartlich gemeinte Satz
„Das ist der Tod." (S. 10) auf. Zudem werden Chris' Freunde früher als
seine bei dieser Szene nur als Gesprächsobjekt, im Bewusstsein von Chris
und schließlich telefonisch anwesende Freundin eingeführt, ein Verfahren,
das schon früh die Problematik der Beziehung anklingen lässt: An die Stelle
des von der „Kleinen" herbeigesehnten wirklichen sexuellen Kontakts bleibt
es bei der getrennten Selbstbefriedigung, die in beiden Fällen komisch-
groteske Züge annimmt. Das erste Kapitel fungiert demnach klassisch expositorisch, der scheinbar so authentisch mitstenographierte Erzählfluss erweist sich als gezielt konstruiert: Das Kapitel dient dazu, in Charakter, Le-
bensumfeld, Freunde und Beziehungen der Romanwelt einzuführen. Bereits
hier fällt das Wort „Relax" (S. 11), das im letzten Kapitel von der weiblichen Erzählerin wiederaufgenommen wird und damit nicht zuletzt die multiperspektivische Struktur verklammert und abrundet (S. 309).

Die schnellen Wechsel von Bewusstseinsdarstellung und Dialogpartien werden durch das Fehlen von *verba-dicendi*-Formeln und der Kürze der jeweiligen Repliken noch beschleunigt. Das slangbedingte, doch aufgrund des Adressatenbezugs lebendigere „Du" lockert zusätzlich die Erzähler-Monologe auf. Darüber hinaus wird durch die Wiederholung von gedanklichen Versatzstücken in der direkten Rede auch sprachlich Komik erzeugt und die damit vorhandene Situationskomik der Handlungsebene diskursiv unterstützt:

> Das ist hier eine Luft. Balu ist echt klasse. Mal sehen, wer noch so da ist. Mann. Die scheißen einen hier immer mit Nebel zu. Kannst du ja nichts sehen. Da fällt mir ein, die haben mich heute original mit meinen Badelatschen reingelassen. Gibts ja nicht.
> „Jungs, die ham mich heute original mit meinen Badelatschen reingelassen!"
> „Original!"
> „Wann war das...? Du weißt schon. Letztes Mal ham die vielleicht nen Zirkus gemacht!"
> „Stimmt. Dich wollten se nich reinlassen. Die spinnen doch komplett!"
> „Ich sag dir, nächsten Sommer ham se alle Badelatschen an, weils modern ist!"
> Original. Die haben mich tatsächlich mit meinen Badelatschen reingelassen. Badelatschen sind cool, und das ist das wichtigste. Lenny hat auch Badelatschen. Der schneidet sich sogar die Haare von den Zehen, weil die so lang sind und sich immer in den Gummiriemen verhaken. (S. 21f.)

Die Dialoge beschränken sich auf einen inhaltlich assoziativen und banalen und formal fragmentarischen Zeilenstil, bis schließlich Chris nach seiner ersten wochenendlichen Zech- und Drogentour gegen halb fünf Uhr morgens bei seiner „Kleinen" eintrifft und diese ihm von einem Albtraum erzählt, der proleptisch auf den Tod von Chris verweist:

> „Chris, ich hab schlecht geträumt!"
> „Wasn?"
> „Die Jungs und du, ihr wart bei mir und habt nen Trip gelegt und dann mußte ich pinkeln und bin ins Bad und da hat dich einer von den Jungs in die volle Badewanne gedrückt, immer Kopf unter Wasser!"
> „Quatsch!"
> „Wirklich! Dann hab ich dich rausgezogen und hab dich aufn Boden gelegt. Ich war plötzlich ganz stark und dann hab ich auf deine Brust gedrückt und Mund-zu-Mund-Beatmung gemacht und das Wasser aus deinem Mund laufen lassen. Ich wußte plötzlich, wie das funktioniert, und da kam ganz viel Wasser aus deinem Mund. Immer wenn ich gedrückt habe!"
> „Was träumstn du für Sachen?"
> „Dann haste dich nicht mehr bewegt und dein Gesicht war ganz blau und da hab ich diesen Pupillentest gemacht und die waren ganz klein und komplett geplatzt und zerbröselt. Ich hab geschrien, und die andren waren voll

aufm Trip und ham gesagt, daß ich das locker sehn soll!"
„Komm her!"
„Das war schrecklich!" (S. 50f.)

Bei diesem Dialog handelt es sich um das einzige Gespräch zwischen Chris
und seiner „Kleinen", in dem sie sich wirklich austauschen. Es fällt allerdings ins Auge, dass die Kommunikationsfähigkeit nur bei der „Kleinen"
gegeben ist, denn Chris reagiert auch ihr gegenüber mit knappen Repliken.
Statt wirklich auf ihre Ängste einzugehen, versucht er im weiteren Verlauf,
sie auf andere Gedanken zu bringen, sodass sich das Gespräch unweigerlich
dem Thema „Sex" und der Selbstbefriedigung als Surrogat für eine wirkliche Beziehung zuwendet, dabei aber wieder in den zeilenweisen Schlagabtausch von Oberflächlichkeiten mündet und somit verdeutlicht, dass keine
Kommunikation mehr möglich ist: Erst die parallele Stelle im zweiten Teil
des Buches offenbart die romantischen Sehnsüchte der „Kleinen", ihre Ent-
täuschung und Resignation angesichts des drogenbedingten (und nicht nur)
sexuellen Desinteresses von Chris (S. 205ff.). Die Chance zu einer Wiederaufnahme des Gesprächs wird stets durch Telefonate mit Chris' Freunden
unterbrochen, sodass die „Kleine" schließlich selbst erkennt:

Ach, ist das wieder ein gemütliches Frühstück. Ich meine, wenn ich über-
lege, daß Chris schon ein paar Stunden hier ist, fällt mir auf, daß er mehr
mit fremden Leuten kommuniziert hat als mit mir. Ist das nicht fein? Nee,
echt. Was würde ich jetzt für ein paar Pillen geben? (S. 222)

Andererseits weisen die Dialoge der namenlosen „Kleinen" mit ihrer
Freundin Barb ganz ähnliche Charakteristika auf. Auch hier korrespondiert
formaler Fragmentarismus mit inhaltlicher Banalität und stilistischer Obs-
zönität. Die Themen drehen sich statt um Drogen, Bier und Sex um Kosme-
tik, Wein und Sex. Die Parallelen gehen bis ins Detail und erzeugen durch
das déjà vu zusätzlich Komik: Während sich Chris mit seinen Freunden in
der Wohnung Lennys aufhält, er sich bei den anderen wegen des Platzes auf
dem Bett beklagt und sie sich über die Pizzabestellung streiten, bestellt die
„Kleine" beim Chinesen Süß-Sauer und Wein und fordert ihre Freundin auf,
ihr auf dem Sofa Platz zu machen. Im dazugehörigen Streitgespräch verschwimmen die Gendergrenzen, die Dialoge zwischen Chris und seinen
Freunden und den beiden Frauen werden stellenweise austauschbar: „Mann.
Jetzt krieg dich mal wieder ein. Du nervst!" – so Barb zur „Kleinen" (S.
258); ganz ähnlich reagiert einer seiner Freunde auf Chris: „Chris, du
nervst!" (S. 83), dieser wiederum entgegnet später ebenso: „Mann, jetzt reg
dich nicht auf!" (S. 91). Die Schlagabtausche werden bis auf die grammati-
kalisch bedingten Geschlechtsindikatoren stellenweise nahezu genderindif-
ferent:

„Los, Alte, schieb deinen häßlichen Arsch beiseite!"
„Pff...!"
„Los. Das is mein Sofa!"
„...und das ist mein Arsch!"
„Soll ich mich auf deinen Bauch setzen?"
„Ey, nee. Bloß nich!"
„Na, bitte. Warum denn nicht gleich so?" (S. 257)

In anderen Dialogpartien ist der Befund ähnlich, es treten lediglich biologisch bedingte Unterschiede auf: Statt von „Schwanz" ist von „Fotze" die Rede – Duktus und Inhalt aber sind vergleichbar. Erst die dazugehörenden Bewusstseinseinblicke verdeutlichen die sich hinter der vulgär-groben Fassade verbergenden weiblichen und individuellen Sehnsüchte der „Kleinen".

Bei einer der seltenen Gelegenheiten, bei der sie und ihre Freundin vom schnodderig-flotten Schlagabtausch in ein zusammenhängendes Erzählen übergehen, handelt es sich um den Versuch einer Entspannungsübung und Barbs Erzählung einer Kindheitserinnerung – eine parallele Situation zur bereits erwähnten Traumerzählung. Hier nun sind die Rollen vertauscht. Während Barb sich einen kurzen Moment öffnet und ein für sie entscheidendes Kindheitserlebnis offenbart, verfolgt die „Kleine" damit, unfähig, sich auf diese intime geistige Nähe einzulassen, das mehr von Neugierde als Teilnahme gesetzte Ziel, Barb in das „Rattern" einzuführen und in Erfahrung zu bringen, wieso sie dies bislang unterlassen hat. Das heißt, während gerade der eine Gesprächsteilnehmer einen der seltenen Momente von Offenheit erlebt, ist der andere – hieß er vorher Chris, so ist es nun die „Kleine" – so auf seinen eigenen Kosmos beschränkt, dass es ihm bzw. ihr nicht möglich ist, diese Chance wahrzunehmen. Stattdessen weicht sie ironischerweise auf die Ersatzbefriedigung aus, die über die Einsamkeit und Beziehungslosigkeit, die gerade die Folgen dieser Beschränkung auf das eigene Selbst sind, hinweghelfen soll. Hier wird somit deutlich, dass, obwohl die beiden Frauen insgesamt längere Gespräche führen als Chris, das Problem des gegenseitigen Missverständnisses, der psychischen Distanz und mangelnden Sensibilität für die Bedürfnisse des anderen trotz aller tabuverletzenden Offenheit in Sachen „Sex" ein geschlechtsübergreifendes Problem ist, wobei der einzelne die Schuld jeweils beim anderen sucht, ohne die eigene Beschränkung zu bemerken. Entscheidend ist zudem, dass die „Kleine" das Ganze als „Spiel" bezeichnet, d.h. als unverbindlich und simuliert darstellt, was in Wirklichkeit als ernsthafter Versuch zu verstehen ist, authentische Informationen über Barb zu gewinnen. Die Protagonisten in *Relax* sind nun aber offensichtlich nicht mehr in der Lage, zwischen Spiel und Realität zu unterscheiden: Ob von einer Therapiestunde, von einem Verkehrsunfall, Selbstmord oder MTV die Rede ist, bleibt ohne Relevanz – es kommt zu keiner Veränderung im kommunikativen Verhalten. Die für Jugendliche typische Vorliebe für den Superlativ lässt keine differenzierte Attribuierung zu, damit aber auch letztlich keine differenzierte Bewertung: Etwas oder auch jemand ist „original", „genial" oder „scheiße". Die Häufigkeit des Einsatzes solcher übertriebener und schablonenhafter Bewertungskategorien führt allerdings zu deren Abstumpfung, einem Verblassen der Bedeutung, sodass ein neues „Szene"-Wort geprägt werden muss. Tanja Dückers beschreibt in *Spielzone* das gleiche Phänomen:

> Kaum ist er auf der Straße, sieht er schon Steffen und Mona, die er vor zwei Tagen im „Subground" getroffen hat. „Hi, Felix!" sie winken und kommen ihm entgegen, mit ihrem ewigen Lächeln, Hand in Hand, millimeterkurze orange Haare und froschgrüne Plastikschultertaschen. Sie reden kurz über ihr gestriges Nacht-Programm, und Mona benutzt ihr neues Lieblingswort: burschikos. Echt burschikos. Das soll so was wie sehr stark, echt beeindruckend bedeuten.[16]

Der Ausdruck ist somit wichtiger als die Bedeutung, die willkürlich festgelegt wird. Die scheinbar offene Direktheit im gegenseitigen Umgang erweist sich damit aber als sprachliches Ritual, um Gruppenzugehörigkeit zu demonstrieren, wobei das Gesprochene seine konkrete Referenzialität und Authentizität verliert. Im harten und lauten Beat des ständigen Palaverns geht jeder persönliche Ton unter bzw. die Teilnehmer sind nicht dazu im Stande, diesen selbst zu finden, sodass ihre Äußerungen ununterscheidbar werden. Der Versuch der authentischen Äußerung muss aus diesem Grunde stets scheitern.

Das, was die Erzähler wirklich belastet, muss aus den immer wieder in assoziative und banale Digressionen abschweifenden Alltagsgesprächen, in dem jegliches Thema scheinbar gleich oberflächlich und unberührt behandelt wird, herausgeschält werden. So behandeln Barb und die „Kleine" auch die Beziehungsproblematik mit Chris. Das Thema wird aber trotz seiner zentralen Problematik für die „Kleine" nie erschöpfend erörtert, sondern stets im Verlauf der Unterhaltung, häufig bewusst, von der „Kleinen" verdrängt. Als Ersatzhandlungen dienen Koks- und Weinkonsum sowie das Essen. Auch hier unterbleibt ein gründlicherer, tief greifender Austausch, sodass die Probleme nie ‚zu Ende gedacht' werden und daher auch keine Veränderung der Situation von der „Kleinen" angepackt werden kann (S. 278ff.).

Beide Partner denken im Verlauf des Wochenendes häufig aneinander – obwohl sie nicht zusammenkommen können. Chris – da stets von seinen Freunden umgeben und durch die Einnahme von Drogen beeinflusst – erreicht zwar noch nicht einmal das Reflexionsniveau seiner „Kleinen", trotz allem wird im Verlauf der Erzählung deutlich, dass er seine Freundin liebt, allerdings offensichtlich nicht mehr die Kraft besitzt, sich aus seinem Freundeskreis zu lösen und seinen Lebensstil zu ändern. Der komisch-groteske Verlauf eines

---

16 Tanja Dückers: Spielzone. Berlin 1999. Zitiert wird nach der 2. Aufl. der Taschenbuchausgabe Berlin 2001, S. 128f.

Zahncremeeinkaufs mit anschließender Geschmacksprobe deutet hier – gewissermaßen in Parallele zum Marmelade- und Zahncremeeinkauf seiner „Kleinen" – auf die noch vorhandenen Bemühungen hin. Dass Chris seine „Kleine" durchgehend missversteht und ihr Verhalten fehlinterpretiert, verleiht dem Roman seinen ironischen Grundtenor und auch seine tragikomische Qualität: Männer und Frauen scheinen sich bei Alexa Hennig von Lange ähnlich zu sein und dennoch nichts gemeinsam zu haben. Typisch für den Adoleszenz- und speziell den Mädchenroman seit den neunziger Jahren ist dabei gleichzeitig jedoch auch der distanziertere und nicht doktrinäre Umgang mit der Frage der Emanzipation: Die „Kleine" weiß um deren Verlauf, sie weiß auch, dass sie konservative und emanzipatorisch gesehen rückständige Wünsche hegt. Dennoch aber flüchtet sie sich in Träume von einer zuckrigen Glitzerhochzeit im TV-Serien-, Werbespot- und Groschenheft-Format, oder aber sie lebt ihre unterdrückten Gefühle und Aggressionen in pornographischen und sadomasochistischen Allmachtsphantasien im Comic-Gewand von Vampirella aus. Hausfrau, Mutter, Vamp, Hure – die „Kleine" möchte alle diese Rollen in sich vereinen, kann jedoch keine davon realisieren. Nicht die gesellschaftlichen Zwänge (im Gegenteil, die Gesellschaft empfiehlt heute in solch einer Situation aktive Beziehungs-,Arbeit' und eine Trennung, und beider Freundeskreise sind ebenfalls für solch eine Lösung), sondern allein ihre persönliche Angst, Chris zu verlieren, führt zu einem traditionellen weiblichen Lebensentwurf, der auf äußerlicher Passivität und Fürsorge beruht, im Bewusstsein allerdings die skizzierten Verdrängungsmechanismen auslöst. Das hier präsentierte Frauenbild mit seinem paradoxen Spagat von Vamp und Hausfrau entspricht aber durchaus der paradoxen Haltung von Zeitschriften wie *Bravo*, die zum einen jugendliche Träume von Sex und Hip-Kultur befriedigen und zum anderen als Massenprodukt die Grenzen der gesellschaftlichen Konventionalität wahren sollen.[17]

In *Ich bin's* spart Alexa Hennig von Lange die weibliche Perspektive völlig aus. Der Ich-Erzähler Lars ist ein Gelegenheitswerbefotograf, der im Hinblick auf seine Lebensuntüchtigkeit und verzerrte Wahrnehmung einige Parallelen zu Chris aufweist. So ist Lars bei seiner Motivsuche zunächst lediglich auf Füße fixiert. Er kann Menschen nicht mehr als Ganzes, in ihrer Persönlichkeit wahrnehmen, sondern reduziert sie auf körperliche Details. Zudem ist er kein wirklich professioneller Fotograf, sondern es handelt sich eher um eine mehr oder minder vorgeschützte, simulierte Tätigkeit, die nicht mehr identitätsstiftend ist. Lars fotografiert ,ein bisschen', um sich damit mehr schlecht als recht wirtschaftlich über Wasser zu halten. Bei Hennig von Lange gibt es demnach für die Protagonisten keine Berufe aus Berufung und als Lebensinhalt nach dem alten bürgerlichen Wertehorizont,

---

17 Siehe hierzu Schulte (wie Anm. 8), S. 84.

sondern es ist der mehr oder minder zufällige, beliebige und voyeuristische Schnappschuss im Rahmen eines Gelegenheitsjobs, der Lars' Tätigkeit am treffendsten beschreibt. *Ich bin's* wiederholt formal und inhaltlich Charakteristika von *Relax*: Der männliche Ich-Erzähler Lars, Anfang zwanzig, erzählt unmittelbar und gegenwärtig. Sein Erzählen ist aber in noch größerem Maß als das von Chris und seiner „Kleinen" von einem ständigen assoziativen Abdriften vom Geschehen in die Bewusstseinsdarstellung geprägt. Gleich zu Beginn imaginiert Lars – im nachhinein proleptisch – seinen Unfalltod, wobei diese Phantasie bis in die Dialoge hinein vergegenwärtigt wird, sodass Phantasie und Realität zwar durch einen knappen Satz im Irrealis – „Ich hätte da zermatscht auf dem grauen Asphalt liegen können, du Arsch." (S. 7) – markiert werden, danach aber formal nahezu ununterscheidbar werden und nur durch den Kontext zu ermitteln sind.

> Das war eben richtig knapp. Gerade noch rechtzeitig auf den Bürgersteig zurück gesprungen. Ich hätte da zermatscht auf dem grauen Asphalt liegen können, du Arsch. Mit zersplitterten Knochen und einer Reifenspur auf dem Rücken. „Das war's mein Junge!" Die verpennten Sanitäter beugen sich über meinen aufgeplatzten Körper. Ihre Augen sind ekelerfüllt. Alles klar, für mich gibt es keine Hoffnung. Besser, ich grapsche sofort nach der Hand vom Notarzt und flüstere mit letzter Kraft: „Kümmert euch um meine Nike Airmax!" Dann Augen zu und Herzstillstand. Jetzt habt ihr richtig was zu gucken, Leute! Ich bin tot. Mausetot. Da könnt ihr euch gleich reihenweise hinter der nächsten Mülltonne übergeben. Diesen widerlichen Anblick vergesst ihr euren Lebtag nicht. Tut mir bitte noch diesen einen Gefallen: Sagt meinen Freunden von Nike Town Bescheid! „Es tut uns leid, Ihnen mitteilen zu müssen, dass Ihr Stammkunde Lars vor Ihrer Tür von einem weißen Renault überfahren worden ist!" Bei Nike Town kriegen die garantiert die Klappe nicht mehr zu. „Was? Was ist passiert?" „Ihr Stammkunde Lars ist tot!" „O mein Gott!" „Wenn Sie ihm also die letzte Ehre erweisen wollen!" „O ja, natürlich. Er war so ein guter Kunde. Wir werden ihm zum Abschied die bestellten Nike Airmax schenken!" (*Ich bin's*, S. 7f.)

Augenfällig sind die inhaltlichen und sprachlich-stilistischen Anleihen aus Film und Trivialroman – hier die melodramatische Stilisierung des Todesmoments und die stereotyp überzeichnete Erschütterung des Umfelds. Lars' Phantasien setzen sich aus massenmedial-geprägten Klischees zusammen und entbehren somit der Authentizität. Insofern ähnelt Lars den Protagonisten von Popromanen: Individualität ergibt sich nur aus der jeweiligen Mischung der Versatzstücke, die als solche nicht-authentisch sind, sondern ihrerseits Bestandteile der Medienwelt, d.h. einer vermittelten und insgesamt referenzlosen, da nur medial existierenden Welt. Die beiden zentralen Attribute, die Lars beigegeben werden, sind zudem ebenfalls aufs engste mit dieser Welt verbunden bzw. ihr Bestandteil: Kamera und Nike-Airmax-

Turnschuhe – d.h. ein Gerät zur Wahrnehmung und zur Herstellung eines Mediums und ein Markenprodukt. Es ist ein mehr als sinnfälliger Schluss, wenn Lars trotz dieser Attribute am Ende buchstäblich unter die Räder gerät. Die Kamera fokussiert den Augenblick und den Ausschnitt, d.h. sie stellt gleichermaßen scharf und verhilft zur genauen Wahrnehmung, wie sie diese fragmentiert und damit das Ganze aus dem Blickfeld geraten lässt. Mit seinem Hang zu Nike-Airmax-Schuhen kennzeichnet sich der Erzähler zum einen als konsumabhängig, zum anderen aber markieren diese auf der bildlichen Ebene auch die Standortlosigkeit, Desorientierung und Getriebenheit des Protagonisten. Der zwanghafte Kauf immer neuer Nike-Airmax-Modelle stellt eine Ersatzbefriedigung für ein Leben dar, über das Lars keine Kontrolle hat.[18] Während seine Beziehung mit Mia kriselt, flüchtet sich Lars in seine Phantasien und den Erwerb neuer Schuhe, doch beides nimmt einen negativen Verlauf: Mia wendet sich seinem Freund Sven zu, und seine Schuhe werden an einen anderen verkauft. Der Roman schließt zwar mit Mia, die Lars seine Airmax bringt, doch das Ganze ist eingebettet in eine am Anfang bereits angedeutete Sterbephantasie,[19] deren Realitätsgehalt – auch angesichts der erneut stereotypen Versatzstücke wie helles Licht und Engel – unsicher bleibt:

> Mein Brustkorb schmettert gegen die Windschutzscheibe. Meine Füße schlackern durch die Luft. Meine Airmax fliegen durch die Luft. „Guten Tag, Herr Autofahrer. Was glotzen Sie denn so blöd? Haben Sie noch nie einen Fußgänger überfahren?" „Lars, hörst du mich?" Wo bin ich? Jemand hat durchsichtige Plastikfolie über mich gelegt. Um mich herum fiepst und piepst es. Helles Licht strahlt mir entgegen, und irgendwer hält meine

---

18 Ich bin's (wie Anm. 3), S. 16: „Wenn ich morgens aufwache, glotzt die [Mia] mich schon so lüstern an, grabbelt an mir herum und will Liebe. Das ist echt anstrengend. Jedes Mal denke ich: ,Du dumme Nuss! Hol dir woanders Liebe!' Ich muss Mia nur angucken und schon ist alles zu spät. Die Tante interessiert mich einfach null. Die ist irgendwie pornografisch und hat echt kein Benehmen. Ständig fummelt sie sich mit dem Finger im Mund rum, macht ihn tüchtig feucht und stopft ihn mir dann rein. Das ist voll unangenehm. Aber Mia findet, dass man solche süßen Rituale braucht. Der Tante ist es auch vollkommen egal, dass ich mich von ihr total vergewaltigt fühle. Das ignoriert die einfach. Darum muss ich dann auch immer sofort losgehen und mir ein neues Paar Nike Airmax holen. Ich will ja schließlich nicht meinen ganzen Frust an Tantchen auslassen."

19 Ich bin's (wie Anm. 3), S. 10: „Ich hätte mich vorhin von dem Auto überfahren lassen sollen. Dann wäre ich mit der Illusion von diesen berauschenden Airmax und einem Haufen Liebe im Leib in den Himmel gefahren. Von lauter silbernen Glittersternchen und gleißenden Paradiesstrahlen begleitet, wäre ich glücklich nach oben gesaust. ,Hallo, ihr süßen Engelchen, der liebe Lars kommt zu euch!' Dann hätte ich mich mit den kleinen Flattermädels auf eine Wolke hocken und auf Mia runterspucken können."

Hand. „Er hat die Augen geöffnet!" Kann mir mal bitte einer sagen, was
los ist? „O Gott, ich dachte, er schafft es nicht! Wenn Sven nicht erste Hilfe geleistet hätte...!" Langsam kommen meine Reaktionen wieder. Diesen
Namen will ich echt nicht mehr hören. „Lars, ich bin's Mia!" Mia, mein
Täubchen. „Ich hab was für dich!" Da baumeln sie in Honeys Hand. Meine
brandneuen Airmax. „Danke, du bist ein Engel!" (S. 210)

Lars – nicht umsonst trägt er ausschließlich *Air*max – ist ein moderner
„Hans Guck-in-die-Luft", dessen ‚Abstürze' in bester hoffmannscher
Struwwelpeter-Manier grotesk-komisch überzeichnet werden, sodass sein
katastrophales Ende in schwarzem Humor aufgefangen wird. Wie weiland
Hans Guck-in-die-Luft ist Lars nicht in der Lage, aus seinen Stürzen und
Irrwegen zu lernen – das wird dem Leser bzw. der Leserin überlassen. So
enden seine voyeuristischen Spielereien mit seiner Nachbarin Lilly mit
einem Selbstmordversuch Mias und deren Wechsel zu Sven, ohne dass eine
Bewertung aus dem Erzählerdiskurs ableitbar wäre. Im Verlauf des Romans
erhalten die Nike Airmax und der damit verbundene Motivkomplex des
Laufens wie auch der Füße leitmotivische Qualität: In einer gewissermaßen
auf den Kopf gestellten, karnevalesk-verkehrten Weltwahrnehmung ist Lars
auf die Füße der Menschen fixiert. Die anderen Vorzüge Mias – vor allem
ihr schönes Gesicht oder gar die Augen, die ja traditionell als ‚Tore zur
Seele' eines Menschen figurieren – registriert er erst, als er Lillys und Mias
Füße vergleicht und feststellt, dass nur letztere perfekte Füße hat. Das Aussehen seiner eigenen Füße erwähnt Lars dagegen nie – genauso wenig wie
er wirklich dazu in der Lage wäre, trotz aller regen Bewusstseinsaktivität
sich selbst zu erkennen. Beim Blick in den Spiegel nimmt er nur die Fassade wahr (S. 28, S. 84). Wenn sich Lars an einer Stelle mit König Drossel-
bart vergleicht, so handelt es sich zunächst um eine komisch gefärbte All-
machtsphantasie (S. 161), in einem weiteren Sinn trifft diese Analogie jedoch ironisch verkehrt und diesen entlarvend auf den Erzähler selbst, seine
Affäre mit Lilly und die Versuche, Mia zurückzugewinnen, zu. Doch neben
solch einem im Wesentlichen dem komischen Effekt geschuldeten Ein-
sprengsel erinnern die Turnschuhe selbst deutlich an zahlreiche traditionelle
Zaubergegenstände und Hilfsmittel im Märchen wie Siebenmeilenstiefel,
die Rennpantoffel des Kleinen Muck oder den verlorenen Schuh im
„Aschenputtel" und gewinnen eine metaphorische Deutungsebene. Dienen
diese Hilfsmittel regelmäßig dazu, den Träger nicht nur aufzuwerten, sondern als Helden seinem Glück zuzuführen, führen die Nike Airmax Lars
jedoch nicht aus der Sackgasse seines Lebens heraus, sondern er wird
schließlich desillusioniert, sein Traum von den perfekten Schuhen getrübt:
Er läuft sich Löcher und Blasen. Wie Koks, mit dem die Schuhe in direkten
Funktionszusammenhang gestellt werden, führen ihn seine Nike nur in seine
Phantasiewelten, die ihn in der Realität aber lediglich auf Abwege bringen.

So kehren Sätze wie „Irgendwie läuft nichts mehr nach Plan." (S. 64), „Leute, hier läuft alles mächtig in die falsche Richtung." (S. 125), „Ich dachte ja, dass das hier alles ganz anders abläuft." (S. 163), „Du stehst am Scheideweg deines Lebens. Welchen Pfad willst Du gehen?" (S. 203) leitmotivisch wieder und begleiten den Erzähler, diesen ironisierend, bis zu seinem letzten Fehltritt. Tatsächlich lässt Hennig von Lange Lars auch auf der Handlungsebene im Dunkeln tappen und zwar im Wald und auf dem Hof (S. 60ff., S. 67) oder sich verlaufen (S. 165ff.). So, wie Lars sich in Allmachtsphantasien flüchtet und sich darin mit entsprechend herausragenden Attributen versieht, bedeckt er seine Füße mit Nike Airmax. Die Allgegenwart der Schuhe ermöglicht durch die enge Verbindung von Schuhen, Füßen und Persönlichkeit eine beinahe allegorische Lesart: Der Selbstmordversuch Mias lässt Lars unberührt. Er weist die Schuld daran Mia selbst und Lilly zu – parallel hierzu wäscht er seine blutverschmierten Nike mit Mias Zahnbürste, bzw. er bringt Lilly dazu, sie für ihn damit zu reinigen. Das Abwälzen von Schuld, die Zuweisung der Verantwortung für Fehler, für Dinge, die eben „schief gelaufen" sind, auf andere, gehört wie die Flucht in Phantasien und regressive Kindheitswelten zu den Grundmustern von Lars' Reaktionen. Mit seiner verstellten und oberflächlichen Selbstwahrnehmung, der entsprechenden Unfähigkeit, andere zu verstehen und einzuschätzen, der völligen, bis zur Gefühlskälte gegenüber anderen reichenden Ich-Bezogenheit und Realitätsfremdheit ist Lars als Erzähler, narratologisch verstanden, natürlich in noch stärkerem Maße ‚unzuverlässig' als die Erzähler von *Relax*. Zwischen den Zeilen bleibt vom Phantasiehelden, von „Super-Goofi", nichts übrig, sondern Lars desavouiert nur seine Schwächen: Offensichtlich seit seiner Kindheit vom älteren Bruder unterdrückt und in der Regel in der Position des Schwächeren, schlägt sich Lars in der häufig anzutreffenden Reaktion eines autoritären Charakters auf die Seite der Stärkeren, akzeptiert Aggressivität und Durchsetzungsvermögen und verachtet Unterlegenheit bei anderen.[20] Selbst aber schwach, finden bei ihm bis auf die heimliche und hinterhältige Beschädigung von Marios Moped alle Aggressionen nur im Kopf statt. Diese Bewusstseinsprozesse werden allerdings aufgrund der mimetischen Darstellungsweise nahezu ununterscheidbar von der Realität und ähneln damit in ihrer Kombination von alltäglichem Unterlegenheitsgefühl und Flucht in Gewaltphantasien der psychischen Grundkonstellation von Patrick Bateman in Ellis' *American Psycho*[21]. Emotional verkümmert und sexuell überfordert, kann Lars Frauen nur aus beobachtender Ferne und entrückt in seiner Phantasiewelt bewundern. An-

---

20 Besonders deutlich im Zusammenhang mit dem Verhalten seines Bruders gegenüber Mario und dessen aggressiver Reaktion. Vgl. *Ich bin's* (wie Anm. 3), S. 13f., S. 37ff., S. 65-67, S. 197.

21 Bret Easton Ellis: American Psycho. Köln ²³2000 (erstmals ersch. 1991).

gesichts seiner persönlichen Schwäche wehrt er in der Realität die Nähe von
Mia und Lilly ab, indem er jede als Hure diffamiert und damit das sexuelle
Begehren in sich erstickt oder in Aggression umschlagen lässt. Stets ist die
Frau in seiner Nähe das „Flittchen" oder die „Trine" (z.b. S. 53, S. 47 oder
auch S. 110), und die Frau in der Ferne wird zum Engel: So begehrt er Mia
erst dann, als sie ihn verlassen hat. Sein Verhalten anderen gegenüber ist
niemals authentisch, sondern stets eine Rolle: Er fühlt sich als Super-Goofi
(vgl. S. 107f. anlässlich des Selbstmordversuchs seiner Freundin Mia),
mimt Ruhe oder Nachgiebigkeit, und jede persönliche Meinungsäußerung,
ja selbst der sexuelle Akt bleibt eine Pflicht, die es zu erledigen gilt (S.
138f.). Hinter all diesen Rollen verschwindet das Ich zur absoluten Nichtigkeit. Wie bei der „Kleinen" in *Relax*, doch in der häufig sexistisch-
diskriminierenden Sichtweise von Frauen nun eindeutig männlich geprägt,
treten auch bei Lars in *Ich bin's* Bewusstsein und Handlungen auseinander.
Trotz des überbordenden Raums, den die Bewusstseinsdarstellung ein-
nimmt, wird deutlich, dass die Erzähler wie auch die anderen Figuren in
Hennig von Langes Romanen unfähig zur analytischen Selbstreflexion sind.
Sie können sich daher nicht wirklich verändern, ein gegenseitiges Verständnis wird nicht möglich, und die Sehnsucht nach Geborgenheit und Liebe
bleibt in allen Fällen ungestillt, obwohl sie alle – unabhängig vom Geschlecht – dasselbe ersehnen:

> Mir scheint, die ganze Welt ist destruktiv unterwegs. Das macht doch kei-
> nen Spaß. Nirgendwo ist mehr Freundschaft und Harmonie. […] So macht
> das echt keinen Spaß. Das laugt einen ja voll aus. (*Ich bin's*, S. 123)

Hinter Spaßgesellschaft, unbekümmertem Drogenkonsum und sexueller
Freiheit steht letztlich die Gefangenheit des Einzelnen, die Unmöglichkeit,
die Ich-Schranken zu überwinden und trotz der Begrenzungen der Subjektivität zu gegenseitiger Nähe zu gelangen. Versöhnlich stimmt die ungebro-
chene Existenz von Liebe, auch wenn sich die Erzähler dieser, wenn überhaupt, erst ziemlich spät bewusst werden. In einer Zeit, in der alle Revoluti-
onen bereits von der Elterngeneration vollzogen worden sind und sich somit
sogar der Generationenkonflikt erübrigt, sich neue Moden nur als Retro-
Look von längst Vergangenem entpuppen, intonieren schwarzer Humor,
Groteske, Ironie und zeitgemäße Form somit in modernem Outfit einen
durchaus traditionellen Subtext.

In *Ich habe einfach Glück* knüpft Alexa Hennig von Lange einerseits an
ihren Erfolg von *Relax* und *Ich bin's* in der Adoleszenzliteratur an, andererseits aber wagt sie sich erstmals dezidiert in einen Bereich vor, dessen Re-
zipientenkreis sie in ihren vorherigen Büchern mitadressiert: Bei *Ich habe
einfach Glück* handelt es sich um ein so genanntes Mädchenbuch. War

bereits *Relax* eindeutig an junge Leserinnen adressiert – die „Kleine" spricht ausdrücklich von „wir Frauen" – und wurde in der Forschung zurecht als Mädchenbuch klassifiziert,[22] so handelt es sich in *Ich habe einfach Glück* um eine fünfzehnjährige Icherzählerin mit ihren alltäglichen Problemen des Erwachsenwerdens: Schule, Eltern, Sexualität, der weibliche Körper, die erste Liebe. Der Roman gehört somit schon von der Anlage der Erzählerin her noch weitaus deutlicher als das multiperspektivische *Relax* zu den modernen Mädchenbüchern und müsste genau genommen im Hinblick auf Thematik und Adressatenkreis z.b. in einem Atemzug genannt werden mit mittlerweile bereits als klassisch zu bezeichnenden Werken der achtziger Jahre wie die *Gretchen-Sackmeier*-Bücher Christine Nöstlingers.[23] Formal wie inhaltlich jedoch beschreitet Hennig von Lange extremere Wege: So steigert sich der humorvolle Blick auf das moderne Familiendasein bei ihr zum bisweilen grotesk überzeichneten und tabubrechenden neurotischen Chaos, in dem der bei Hennig von Langes Erzählern gewohnte Jugendjargon der tiefgreifenden psychischen Spannungen und selbstzerstörerischen Aggressionen aller Beteiligten lediglich die letzte Schärfe nimmt, aber keine Änderung erhoffen lässt: Die Erzählerin von *Ich habe einfach Glück* kann dieser Familie nur entwachsen, an der gestörten Beziehung der Eltern oder den psychischen Problemen der Schwester wird sich nichts ändern. Und solange die innerfamiliären Verhältnisse sich nicht ändern, kann auch Lelle nicht darauf hoffen, Verständnis zu finden – ihre einzige Chance besteht in einer neuen Beziehung, im Unabhängigwerden von der Familie. Alexa Hennig von Lange zeichnet ein katastrophales Bild von der Brüchigkeit moderner bürgerlicher Familien, die bereits bei den Kindern zum Aufbau einer Fassade und damit zur Konstruktion einer inauthentischen Persönlichkeit und zum Abschotten führt, die dann in *Relax* oder auch *Ich bin's* im gesellschaftlichen wie persönlichen Scheitern der Protagonisten resultiert:

> In der Schule bin ich immer fröhlich. Alle denken, Lelle hat ein sonniges Gemüt. Wenn ich ins Klassenzimmer komme, sagen die Leute aus meiner Klasse: „Die Sonne geht auf!" In den kleinen Pausen mache ich Witze. Ich lache über meine Witze, bis ich vor Lachen heulen muss. Ich rutsche vor Lachen von meinem Stuhl, kugle mich unter meinem Tisch vor Lachen. Und alle lachen mit. Ich bin zu jedem freundlich. Ich mache Witze und alle lachen. Ich am meisten. […] Und ich fühle mich so schrecklich allein. „Ich bin allein!" denke ich. (*Glück*, S. 7)

---

22 Siehe Anm. 9.

23 In *Gretchen hat Hänschen-Kummer* (Hamburg 1983) ist die Protagonistin ebenfalls 15 Jahre alt, hat gerade im vorherigen Band erfolgreich abgespeckt, und ihre Eltern haben sich getrennt – womit Gretchen souverän umgehen kann. Ihr Alltag dreht sich wie in *Ich habe einfach Glück* um Familie, Schule, Jungs und Liebe.

Mit den starken, positiven und aktiven Kindern und Jugendlichen in den modernen Verhandlungsfamilien der achtziger und frühen neunziger Jahre wie z.B. in Nöstlingers oben erwähntem *Gretchen Sackmeier* oder gar ihrem *Nagle einen Pudding an die Wand*[24] hat dies nicht mehr viel zu tun: Hennig von Langes Helden sind desillusionierter, sie haben den Optimismus der achtziger Jahre bereits hinter sich gelassen, ohne an den Protest der Jugendlichen der sechziger und siebziger Jahre anknüpfen zu können, sondern sie haben sich mit diesen Verhältnissen arrangiert. Es handelt sich um eine manierierte Form von Kindheit und Jugend: wo Fröhlichkeit zum exaltierten Lachkrampf wird und Magersucht und Kunstpenis das Bedürfnis nach Liebe und Erotik kompensieren. Die Selbstentjungferung der Erzählerin markiert deutlich die Isolation Lelles und korrespondiert mit dem Verhalten der „Kleinen" in *Relax*: Ersatzhandlungen müssen an die Stelle der authentischen Beziehung treten. Trotz der existenziellen Gefährdung, der in *Ich habe einfach Glück* nahezu alle Figuren ausgesetzt sind, kann dieses Buch Hennig von Langes nicht zu den so genannten problemorientierten Jugendbüchern, wie sie vor allem in den siebziger und achtziger Jahren die Kinder- und Jugendbuchlandschaft prägten, gezählt werden. Ihr Stil, die gerade auch in extremen Situationen deutlich werdende Tendenz zu Komik und Groteske, verhindert beim Rezipienten jenen ‚ernsthaften' Schock, der in der problemorientierten Kinder- und Jugendliteratur insofern zum signifikanten wirkungsästhetischen Merkmal gehört, als er als Vorbedingung der letztlich pädagogisch-therapeutischen Hauptintention, des Anstoßes zu Reflexion und Diskussion, unabdingbar ist, gleichzeitig aber gerade dadurch eine Rezeption durch den angestrebten Adressatenkreis häufig erschwert. Alexa Hennig von Lange bleibt dagegen bei ihrem bewährten Erfolgsrezept. In *Ich habe einfach Glück* überformt erneut der assoziative Monolog der fünfzehnjährigen Icherzählerin das Alltagsgeschehen. Und wie die anderen Ich-Erzähler Hennig von Langes ist sie hauptsächlich mit sich selbst und d.h. in erster Linie mit Beziehungsfragen, ihrem Körper und Sexualität beschäftigt. Diese Fixierung auf den subjektiven Wahrnehmungshorizont, der zudem von Talkshows, Zeitschriften und Schultratsch geprägt ist, jener Mischung aus schnoddrigem Jugendjargon und unangemessenen Bewertungskategorien, verzerrt und ironisiert die Familienproblematik zur komischen Groteske. Dennoch offenbart Lelle durch ihre Einschätzungen die Probleme ihrer Familie: Die Eltern haben sich auseinander gelebt, sodass der Vater sich aus der Familie zurückzieht und die Mutter ihre Frustration durch übermäßige

---

24 Dieses wie die *Gretchen-Sackmeier*-Romane humorvolle und komische Jugendbuch thematisiert das Thema Umweltaktivismus, das sich bei seit Jahrzehnten etablierten Autorinnen der Kinder- und Jugendliteratur wie z.B. Gudrun Pausewang, nicht aber in der aktuellen Literatur junger Autoren findet. Christine Nöstlinger: Nagle einen Pudding an die Wand! Hamburg 1990.

Fürsorglichkeit kompensiert. Ihre beiden pubertierenden Töchter fühlen sich dadurch in einer Weise bedrängt, dass Hysterie, Aggression und Essstörung die Folgen sind. Insoweit es sich hier nicht um konkret lokalisierbare Ursachen für das familiäre Desaster handelt – alle jene typischen Themen der problemorientierten Kinder- und Jugendliteratur wie Generationenkonflikt, patriarchalische Strukturen, Emanzipation, materielle Not, soziale Ausgrenzung oder gar politische Themen greifen hier nicht –, sind Hennig von Langes Romane als Teile der Familienchronik der ‚Generation X' lesbar: Die Fragen und Probleme der problemorientierten Kinder- und Jugendliteratur sind nicht mehr von persönlicher Relevanz für ihre Protagonisten, die in einer als Sackgasse[25] empfundenen bürgerlichen Wohlbehütetheit bei gleichzeitiger Irrelevanz tradierter Ideale aufgewachsen sind. Hennig von Lange lässt hier den Bodensatz sichtbar werden, aus dem jene in *Relax, Ich bin's, Mai 3D* oder auch in anderen neueren Werken jüngerer Autoren und Autorinnen von Nick Hornby bis Bret Easton Ellis oder Christian Kracht, Benjamin Lebert und Tanja Dückers im Zentrum stehenden adoleszenten Protagonisten erwachsen und die in den Sozialwissenschaften unter das Stichwort einer postmodernen „Patchwork-Jugend" subsumiert werden.[26] Diese Jugend charakterisiert sich zum einen durch den souveränen Umgang mit den Medien, mit Stilen und kulturellen Codes, sie ist lebenshungrig und abgeklärt, zum anderen aber ist sie auch durch eine tiefgreifende existenzielle Verunsicherung angesichts des Bedeutungsverlusts bislang gültiger gesellschaftlicher Normen, Werte und Sinnstiftungen gezeichnet.[27]

---

25 Mehrfach erwähnt Lars in *Ich bin's*, dass sein Elternhaus in einer Sackgasse liegt.

26 Vgl. Wilfried Ferchhoff, Georg Neubauer: Patchwork-Jugend. Eine Einführung in postmoderne Sichtweisen. Opladen 1997.

27 Dies kommt in der überheblichen Dandy-Attitüde der Vertreter einer *Tristesse Royale* ebenso zur Geltung wie in Florian Illies' satirischen Bestandsaufnahmen *Generation Golf. Eine Inspektion.* (Frankfurt am Main [8]2003, erstmals erschienen 2000) und *Generation Golf zwei* (wie Anm. 14): „Viele sind schon gescheitert auf der Suche nach den Werten unserer Generation. Niemand hat so recht bemerkt, wie nahe wir in der Entideologisierung und Entpolitisierung den Werten der skeptischen Generation der Nachkriegszeit sind. Viele glaubten statt dessen, wer so viele Inhalte der Vorgänger ablehne, müsse Neues haben, was an dessen Stelle trete. Aber so einfach ist das nicht. Die Musik ist ein gutes Beispiel. Nicht nur der Walkman, mit dem wir selbstverständlich aufgewachsen sind, hat zu einer völligen Individualisierung des Musikgeschmacks geführt. Musik hat deshalb bei der Generation Golf auch weitgehend als Leitmedium ausgedient." (Generation Golf, S. 185f.) Vgl. *Tristesse Royale. Das popkulturelle Quintett* mit Joachim Bessing, Christian Kracht, Eckhart Nickel, Alexander v. Schönburg und Benjamin v. Stuckrad-Barre (München [4]2000, erstmals ersch. 1999); darin Stuckrad-Barre S. 31: „Ich vermisse das Fehlen jeglicher Verbindlichkeiten."

Trotz aller Tristesse scheint jedoch Hennig von Lange in der Liebe und in der
Mutter- bzw. Elternschaft noch eine hoffnungsvolle Perspektive anzudeuten:
sei es nun lediglich in Form von Träumen und Sehnsüchten wie bei der „Kleinen" in *Relax* oder aber in Kais schrittweiser und durchaus nicht angstfreier
Akzeptanz der Schwangerschaft seiner Freundin in *Mai 3D*[28]. Der Versuch zu
schreiben, ein bisschen Liebe, ein gemeinsames Kind – diese bescheidenen
und behutsamen und ganz auf das Private, z.T. auch trotz aller Schnoddrigkeit
ins Sentimentale tendierenden, beschränkten Reaktionen auf die Orientie-
rungsprobleme in einer postmodernen städtischen Welt scheinen bei Alexa
Hennig von Lange nicht zuletzt autobiographisch grundierte und spezifisch
weibliche Perspektiven zu sein, die zwar gewiss nicht neu oder sonderlich
originell sind, bei Ellis, Kracht oder Stuckrad-Barre jedoch keine Entsprechung
haben:

Eine Begründung dazu liefern beispielsweise Ferchhoff, Neubauer (wie Anm.
26, S. 83): „Was in *postmoderner* Perspektive offenkundig wird, ist eine ten-
denzielle Auflösung unserer (vermeintlichen) basalen implizierten Selbstver-
ständlichkeiten, Aufgehobenheiten und Sicherheiten, unserer ‚präprädikativen
Evidenz' und Normalität im Sinne Husserls [...], nicht zuletzt deshalb, weil, so
etwa Lyotard, eine massive Delegitimierung gesellschaftlicher Basiskodizes, also eine Entkanonisierung der konventionellen Rationalitäts-, Wissens- und Kul-
turformen stattgefunden hat." Hier findet sich auch eine an Baudrillard ange-
lehnte Beschreibung des Ich-Verlusts, die einer adäquaten Charakterisierung
des Ich-Erzählers Lars aus *Ich bin's* entspricht (ebd., S. 85): „Was wir also heute beobachten können, ist ein gewisses Abbröckeln der Position des Subjekts,
das sich mit sich identisch weiß, eine Desavouierung von identitätstheoreti-
schen Vorstellungen, eine ‚Art Infra-Individualisierung' [...] nicht zuletzt auch
im Zuge der wuchernden industriellen Überproduktion von Informationen, Bildern und Fiktionen. Indem bspw. die Bilder immer mehr ihren imaginären Charakter einbüßen, nähern sich Bilder und Fiktionen immer mehr einer reinen Information – im wörtlichen Sinne des Wortes: endogene Bilder, die so auf dem
Bildschirm Form annehmen, sind nicht mehr der Schein der Wirklichkeit, sondern eher eine Simulation oder gar reine Zeichen. Es scheint zusehends schwie-
riger geworden zu sein, zwischen der Wirklichkeit und der Fiktion bzw. Simulation zu unterscheiden. Beide affizieren und durchdringen einander und schaffen eine Situation universeller Simulation [...]. Eine präzise Trennung von
Schein und Wirklichkeit oder Wirklichkeit und Fiktion scheint so gesehen sowohl in der Kunst, Philosophie und Wissenschaft als auch in der alltäglichen
Lebenspraxis nicht mehr immer möglich zu sein." Alexa Hennig von Langes
Romane sind demnach gleichermaßen Produkt wie auch Seismograph ihrer Generation.

28 In dem multiperspektivisch angelegten Tagebuchroman gestaltete Alexa Hen-
    nig von Lange den Ich-Erzähler Kai. Siehe Annette Lehmann: Alexa, die Gro-
    ße. Schade, dass sie immer schreibt, als wär' sie ein Junge. In: Die junge Zei-
    tung. Verlagsbeilage der WAZ, 18.2.2000.

Heute morgen, als Sophie noch geschlafen hat, habe ich heimlich mein Ohr auf ihren Bauch gelegt und ich bin mir sicher, unser Kind hat gestrampelt. Auch wenn Muttchen hinterher behauptet hat, daß das Quatsch ist. Aber ich habe etwas gespürt. Und wenn es nur eine Art Telepathie zwischen mir und dem kleinen Menschlein in Sophies Körper war.
Fast macht es einem angst, weil man sich plötzlich wie eine Hummel vorkommt, die sich in eine süße Blüte setzt und dafür sorgt, daß der Samen irgendwelche Eier befruchtet. Mir wird klar, daß sich der Mensch kaum vom Tier unterscheidet. Das Leben kommt und geht und man befindet sich in einem unaufhaltsamen Kreislauf und kann nichts dagegen tun, daß man irgendwann „Good bye!" sagen muß. Ein seltsamer Gedanke. Sophie findet das auch und darum haben wir vorhin plötzlich Panik bekommen, uns wieder auf ihr Bett gelegt, die Vorhänge zugezogen, obwohl draußen allerliebst die Sonne scheint, und haben uns aneinander festgeklammert. So fest habe ich mich in meinem ganzen Leben noch nie an jemandem festgeklammert. Nicht mal an meiner Angel, als ich in Schweden diesen Hecht gefangen habe.
Jedenfalls werde ich in meinem Roman mindestens ein Kapitel dem Thema Kreislauf, der Weg der Welt, Leben und Sterben widmen. (*Mai 3D*, S. 194)

In dieser Mischung aus formaler Modernität, enttabuisierender Sprache, grotesker Komik, Szene-Flair, Jugendnähe und pubertärer Sehnsucht liegt die Attraktivität von Alexa Hennig von Langes Werken für junge Leserinnen. Dies weist sie als typische Vertreter einer neuen Adoleszenzliteratur aus, die sich weder eindeutig der Erwachsenen- oder Frauen- noch der Jugend- und Mädchenliteratur zuordnen lässt und die damit genauso als Symptom des postmodernen psychosozialen Phänomens einer sich ausdehnenden Jugendphase gelesen werden kann, wie sie die entsprechenden Leserkreise bis ins dritte Lebensjahrzehnt hinein im marktgerechten Image auflagenstark bedient.

Anne Strelau: Generation Golf – weiblich oder german psycho?

Karen Duves zweiter Roman *Dies ist kein Liebeslied*, ein Poproman

Christiane Caemmerer

Der Titel deutet es an: Karen Duve hat ihren nach dem *Regenroman*[1] zweiten Roman *Dies ist kein Liebeslied*[2] einer literarischen Landschaft zwischen
elitären Popromanen à la Christian Kracht[3] und Benjamin von Stuckrad-
Barre, autobiographisch anmutenden Erzählungen von Autorinnen des
Fräuleinwunder-Labels[4] wie Juli Zeh, Julia Schoch und Judith Hermann
sowie essayistischen Zeitbetrachtungen der *Generation Golf – Generation
Ally*-Autoren Florian Illies[5] und Katja Kullmann[6] eingeschrieben. Ihr Roman steht für die von diesen Autoren angebotenen Lesemodelle und sicher
auch noch ein paar andere bereit. Denn Duves kunstvoll gebauter Text bedient solche Modelle aufs Trefflichste, versetzt aber dem in sein jeweiliges
Modell verliebten Leser immer wieder eine schallende Ohrfeige, wenn er es
sich darin zu bequem gemacht hat. Bleibt also zu fragen, in welcher Weise

---

1   Karen Duve: Regenroman. Frankfurt am Main 1999. Taschenbuchausgabe:
    München 2001.
2   Karen Duve: Dies ist kein Liebeslied. Frankfurt am Main 2000. Taschenbuch-
    ausgabe: München 2004. Zitiert wird im Folgenden im Text nach der Taschen-
    buchausgabe, die seitenidentisch mit der gebundenen Ausgabe ist.
3   Vgl. hierzu den in diesen Zusammenhängen immer wieder zitierten und miss-
    verstandenen Roman von Christian Kracht: Faserland. Köln 1995. Taschen-
    buchausgabe: München 1997. Dazu auch Florian Illies. Generation Golf. Eine
    Inspektion. Frankfurt am Main 2000, S. 154-156, der die Erzählhaltung des
    Romans mit dem Autor und der Generation Golf identifiziert. Moritz Baßler
    machte darauf aufmerksam, dass Illies hier einer Verwechslung aufgesessen ist.
    Siehe M. B.: Der deutsche Pop-Roman. Die neuen Archivisten. München 2002,
    S. 111-115. Zusammenfassend dazu Dirk Frank: Einführung in das Thema. In:
    Popliteratur. Für die Sekundarstufe hrsg. von Dirk Frank. Stuttgart 2003 (= rub
    15053: Arbeitstexte für den Unterricht), S. 21-23.
4   Siehe hierzu auch – neben dem vorliegenden Band: Heidelinde Müller: Das
    „literarische Fräuleinwunder". Inspektion eines Phänomens der deutschen Ge-
    genwartsliteratur in Einzelfallstudien. Frankfurt am Main 2004 (= Interlit 5).
5   Florian Illies: Generation Golf. 1. Aufl. Berlin 2000 (vgl. auch Anm. 3), inzwi-
    schen in 10. Auf. 2003 erschienen und die nachfolgenden Bücher. Florian Illies:
    Anleitung zum Unschuldigsein. Ein Übungsbuch für ein schlechtes Gewissen.
    Berlin 2001 und Florian Illies: Generation Golf zwei. München 2003
6   Katja Kullmann: Generation Ally. Frankfurt am Main 2002.

Karen Duve mit den Stilelementen der Pop- und Fräuleinwunderliteratur,
d.h. mit den Stilmitteln der Literatur ihrer Zeit arbeitet.

Was wird erzählt oder Die Liebesgeschichte

Eigentlich erzählt die Autorin nur die Geschichte von Anne Strelau, die auf
dem Weg nach London ist, um ihre unglückliche und unerwiderte Jugend-
liebe zu besuchen und damit unter eine langjährige Sehnsucht einen wie
auch immer gearteten Schlußpunkt zu setzen.

> Mit sieben Jahren schwor ich, niemals zu lieben. Mit achtzehn tat ich es
> trotzdem. Es war genauso schlimm, wie ich befürchtet hatte. Es war demü-
> tigend, schmerzhaft und völlig außerhalb meiner Kontrolle. (S. 7)

So beginnt der Text. Die Heldin ergreift zum Zeitpunkt des Romanbeginns
mit inzwischen sechsunddreißig Jahren zum ersten Mal selbst die Initiative:

> Was auch immer um mich herum geschah, nie hatte ich das Gefühl, irgend
> etwas davon hätte mit mir zu tun. [...] Eines Tages, genauer gesagt am
> Donnerstag, den 20. Juni 1996, beschloß ich, dass die Sache ein Ende ha-
> ben müßte, ein schlimmes oder eines, das ich mir nicht vorstellen konnte.
> Und ich ging in ein Reisebüro und kaufte mir einen Flugschein nach Lon-
> don, wie sich andere Leute einen Strick kaufen. (S. 8)

Anne Strelau fährt nach London, trifft den Mann ihrer Träume, Peter Hemstedt, der sich ihr sofort wieder entzieht:

> „Ich habe meine Reisetasche schon dabei", sagt Peter Hemstedt und nickt
> einem vorbeieilenden Kollegen zu. „Nach der Arbeit fahre ich direkt ins
> Stadion und nach dem Spiel gleich zum Flugplatz." (S. 210)

Alles umsonst? Anne geht über den Trafalgar Square, fällt dort über eine
Taube und besucht die National Gallery, erlebt das Fußballeuropameister-
schaftspiel zwischen Deutschland und England von 1996 in einem englischen Pub und kehrt in die Wohnung Hemstedts zurück. Hier kommt es zu
einer Begegnung mit dem Ersehnten, der sein Flugzeug verpasst hat. Auf
der Besuchercouch im Wohnzimmer schläft er mit ihr. Aber am frühen
Morgen verläßt nicht er auf dem Weg zum nächsten möglichen Flug das
Haus, sondern sie macht sich bereit zu gehen. „Vorsichtig stehe ich auf [...].
Dann gehe ich leise ins Schlafzimmer zurück, ziehe mich wieder an und
packe meinen Koffer." (S. 282)

Aschenputtel verläßt ihren Prinzen, auf den sie so lange gewartet hatte, ja
den sie nun selber aufgesucht hatte, ehe er sich in einen Frosch verwandeln

konnte. Schade eigentlich. Man hätte Anne, die man gerade fast dreihundert Seiten lang lesend begleitet hatte, etwas Glück im Leben gegönnt. Aber da das Motto des späten 20. Jahrhunderts von den Männern und Frauen, die nicht zu einander passen, auch im 21. Jahrhundert noch gilt, kann man da wohl nichts machen. Zumal es wahrscheinlich sowieso ein Axiom menschlichen Lebens ist, wenigstens für diejenigen, deren Leben in den sechziger Jahren begann und die zwar an die große Liebe glauben, den Alltag aber ganz gut auch alleine bewältigen können.[7] Die Erzählung hätte, ironisch erzählt und mit feinen Zitaten aus dem deutschen Bildungsgut angereichert, wie sie ist, gut und gerne in eine anspruchsvolle Frauenzeitschrift gepasst, aber die drucken ja keine Erzählungen mehr, sondern erfreuen die LeserIn mit gecoverten Reclamausgaben von Kleists *Marquise von O.*[8]

Wie wird erzählt oder der Blick zurück im Zorn

Der Text jedoch, den Karen Duve vorlegt, ist eben keine kurze Erzählung von um die zwanzig Seiten, sondern er trägt die Gattungsbezeichnung „Roman" und ist 283 Seiten lang. Die Autorin bindet ihre Erzählung über Anne Strelaus Besuch bei Peter Hemstedt ein in einen Lebensrückblick ihrer Heldin, der im Flugzeug – als Ort zwischen zwei Orten ideal für einen Lebensrückblick geeignet – beginnt, sich dann aber auch in London fortsetzt.

Nach der Exposition, die zwar nur zwei Seiten lang ist, jedoch dreißig Jahre Weltgeschichte aus der Perspektive der Bundesrepublik und der Icherzählerin aufrollt und die kommende Erzählung darin verortet, beginnt diese auf einer neuen Seite, eingeleitet mit sieben Punkten, einer fettgesetzten Initiale und einem Tempuswechsel, der hier und im Folgenden den Wechsel von Erzählung und Rückblick markiert. Endete die Einleitung im Präteritum, so heißt es zu Beginn der Rahmenerzählung: „Jetzt sitze ich also in diesem Flugzeug." (S. 8). Der Tempuswechsel deutet schon an, was den Leser erwartet: eine in der Gegenwart angesiedelte Erzählung, die immer wieder in ihrer Vorgeschichte verschwindet. Denn schon kurz nach dem Beginn des Fluges, der sie zu einer Entscheidung in Bezug auf ihr Liebesleben bringen soll, gleitet die Icherzählerin in ihren Erinnerungen zurück zum Anfang dieses Liebeslebens. Und auch hier leiten sieben Punkte, eine fett-

---

7   So hat es die Autorin Karen Duve dann auch auf die Single-Seite im www geschafft: http://www.single-generation.de.

8   Angemerkt sei hier nur kurz, dass die Verfasserin erst, nachdem dieser Satz hier schon stand, feststellte, dass Karen Duve tatsächlich im Jahre 1995 den *Bettine von Arnim-Preis* der Zeitschrift *Brigitte* erhalten hat, der Zeitschrift, die dann im Dezember 2004 ihre Leserinnen mit genau diesem Reclamheftchen beglückte.

gedruckte Initiale und ein Tempuswechsel die Rückblende ein: „Mein erster
Freund hieß Axel Vollauf." (S. 14)

Die Rückblenden nun bieten als Lebensgeschichte eines kleinen Mädchens aus einer norddeutschen Vorstadt ein Kaleidoskop bundesrepublikani-
schen Lebens zwischen 1960 und 1996. Von der kleinbürgerlichen Nachkriegszeit mit den aus der Vorkriegszeit herübergeretteten Familienstrukturen,
für die die Fleischverteilung am Mittagstisch symptomatisch ist:

> [Meine Mutter] verteilte die Koteletts. Ihr Mann bekam ein ganzes und die
> Schwiegermutter und jedes Kind ein halbes. Sie selber aß bloß Gemüse
> und Kartoffeln. Sie behauptete, sie mache sich nichts aus Fleisch. (S. 30)

Der beginnende Wohlstand mit den wachsenden Automodellen und den
neuen Möblierungen der Eigenheime:

> Meine Schwester hatte selbst bestimmen dürfen, wie [ihr neues Zimmer]
> eingerichtet wurde. Die Wände waren mit Rauhfaser tapeziert und weiß
> gestrichen. Es gab eine weiße Schrankwand, ein weißes Bücherregal, einen
> weißen Flokatiteppich, einen weißen Schreibtisch, einen weißen Stuhl, ein
> weißes Bett und – jetzt kommt's – einen knallroten „Knautschi", einen
> Sitzsack, wie auch Wum[9] einen hatte. (S. 64)

Die Zeit der Schülermitverwaltung und des politischen Engagements in den
Schulklassen:

> Irgendein Wichtigtuer meldete sich immer am Anfang der Stunde und frag-
> te, ob wir nicht über den Radikalenerlaß oder das Atomkraftbadges-Verbot
> oder über Popper und Punker diskutieren wollten. Dann wurde abge-
> stimmt. Jedesmal waren fast alle dafür, auch die, die sich nicht beteiligten.
> Diskutieren war immer noch besser als Unterricht. (S. 144)

Es folgen erste Disco- und Drogenerfahrungen bis hin zu den Psychosemi-
naren und Selbsterfahrungsgruppen der achtziger Jahre. In die erzählte
Handlung der Rückblenden sind immer wieder Mode-, Fernseh-, Musik-
und Markenstereotype eingearbeitet, die auf dem Zeitmaßstab 1960-1996
die einzelnen Grade beziehungsweise Jahre anzeigen.

Schon die der Romanhandlung vorgesetzte Einleitung handelt den historischen und sozialhistorischen Hintergrund der rund dreißig Jahre erzählter Zeit,
die jetzt auf den Leser zukommt, in Form von zeittypischen Allgemeinplätzen
– einer Flut von wahren loci communes – ab:

---

9   Ich beneide die späteren Editorengenerationen nicht, die hier kommentieren
    müssen. Wer kennt dann noch Wim Thoelke. Wenn da nicht Florian Illies wäre.
    Ihm sei Dank.

Unterdessen wurde der FC Bayern München achtmal deutscher Meister. Alle Leute, die ich kannte, kauften sich Uhren mit Digitalanzeige und vertauschten ihre Schlaghosen gegen knöchelenge Jeans oder Karottenhosen. Der Iran erklärte die USA zum großen Satan, und MTV startete sein Programm mit ‚Video killed the Radio Star' von den Buggles. Englische Soldaten marschierten auf den Falklandinseln ein und sowjetische in Afghanistan und amerikanische auf Grenada. Alle Leute, die ich kannte, tauschten ihre Digitaluhren wieder gegen normale Uhren mit Zeiger und Zifferblatt und kauften sich Walkmen. (S. 7-8)

Für die Gestaltung des Umfeldes, in dem sich die erzählte Geschichte verortet, nimmt Karen Duve hier den Gestus des Sammelns und Generierens der jungen Archivisten auf, wie Moritz Baßler[10] die Autoren von Andreas Mand bis Benjamin von Stuckrad-Barre nennt, allerdings ohne dass sie auf den sentimentalen Gestus des glücklichen Wiedererkennens liebevoller Kleinigkeiten aus dem von AutorIn, TitelheldIn und LeserIn gemeinsam erlebter historisch-bundesrepublikanischer Alltagswelt setzt, den Florian Illies mit seinen *Generation Golf*-Büchern[11] einfordert und simuliert. Für Karen Duve sind diese Alltagsstereotype, seien es nun Markennamen oder gemeinsam erlebte Mediengeschichte – Fernsehen mit der Oma – das Mittel, mit dem sich ihre Leser in der erzählten Zeit auch ohne die Nennung von Jahreszahlen orientieren können, denn viel anschaulicher als diese ist doch der Wechsel von Tomatenfliegenpilzen, hartem Ei mit Sardellen und Waldorfsalat (S. 39) über Nudelsalat (S. 92) zu Kartoffeln mit Quark (S. 55).[12]

Picara Anne Strelau

Vor den unkritischen Konsens zwischen LeserIn und Buch hat die Autorin ihre Icherzählerin gesetzt, die sie – ebenfalls schon in der Einleitung – so verortet, dass ihre Position deutlich wird:

Alle anderen hatten Freunde und Sex, sie hatten Berufe, gingen auf Parties und Reisen, und freuten sich fünf Tage lang aufs Wochenende. Also ging ich ebenfalls mit Männern ins Bett und mit Frauen in Bars, scheiterte in di-

---

10 Baßler (wie Anm. 3).

11 Vgl. Anm. 5.

12 Alltagsstereotype und Markennamen sind von der Forschung inzwischen zu zwei der Kriterien herangeschrieben worden, an denen sich der eine Weizen vom anderen Weizen in der deutschen Literatur scheidet. Moritz Baßler unterscheidet hier bereits die Texte mit von den Texten ohne Markennamen. Zu diesem Phänomen vgl. Baßler (wie Anm. 3), hier vor allem das Unterkapitel „Kleine Geschichte des Markennamens in der deutschen Literatur", S. 160-166.

versen Jobs, langweilte mich auf Festen und woanders und schnitzte mir
sonntags mit einem Kartoffelschälmesser Muster in die Oberarme. (S.7)

Das berufliche Scheitern zum einen (nach einem Schülerjob in einer Fabrik
für aufrollbare Hunderleinen eine abgebrochene Lehre beim Finanzamt und
Taxifahren) und das notorische Ritzen zum anderen sind Stereotype, die für
die letzten 20 Jahre Bundesrepublik Außenseiter, auch literarisch, kennzeichnen können. Diese Auszeichnung der Heldin wird ergänzt durch eine
weitere, wie das Ritzen vor allem – wenn auch, wie neueste Erkenntnisse
gezeigt haben, nicht ausschließlich – weiblich besetzte Besonderheit: die
Eßstörung, die hier bis zur Rahmenerzählung zu einem bemerkenswerten
Übergewicht geführt hat, so dass Gewichtszunahmen und -verluste im Folgenden immer wieder den Text der Rückblickshandlung strukturieren. Als
eine moderne Picara blickt Anne in ihren Rückblenden auf die kleinbürgerlichen Strukturen der Bundesrepublik und lässt sie vor ihren Augen Revue
passieren und an ihrer Person sich entlarven. Bitterböse und damit ganz
rollenadäquat sind da die Erlebnisse der Heldin. Während in der kleinen
Vorstadt, in der sie groß wird, das bundesdeutsche Wirtschaftwunder zum
Bau endloser kleiner Reihenhaussiedlungen führt – „Wir waren das tüch-
tigste Volk der Welt" (S. 15) –, macht die kleine Anne zusammen mit ihrem
ersten Freund ein Lazarett auf für die zahlreichen Frösche, die unter die
„nagelneuen Motormäher" kamen, „mit denen unsere Nachbarn über ihre
frisch angelegten Rasenflächen knatterten" (S. 15). Ähnlich ins Unglückliche gezogen erscheint ihr auch das weitere Leben. Während sie alles darum
gäbe, einen Hund zu bekommen, bekommt ihn ihr Bruder, der sich nicht um
ihn kümmert, so dass die Eltern ihn töten lassen, da keiner Zeit für ihn hat –
außer Anne, aber die wird nicht gefragt. Und während die ganze Nation in
Selbsterfahrungsseminaren seelische Gesundheit und Selbstzufriedenheit
sucht und findet, weiß Anne zu berichten: „Ich konnte den Therapeuten von
Anfang an nicht richtig ausstehen." (S. 228) Das wird dann auch nichts und
endet in ihrer Flucht auf eine sadomasochistische Lesbenpartie. Auch nicht
besser.

Aber ein genauerer Blick auf das Geschehen zeigt, dass die Rolle als Picara zwar traditionskonform zur Entlarvung der Gesellschaft führt, die Autorin
aber die Außenseiterposition ihrer Figur zunächst nicht soziologisch, sondern
vor allem psychologisch aus der Perspektive der Person heraus konstruiert.
Dies zeigt sich vor allem an dem Gewichts-Topos, der zum ersten Mal begegnet, als Anne 10 Jahre alt ist. Bei einem allgemeinen Wiegen im Zusammenhang mit einer besonders pädagogischen mathematischen Übung „kam unsere
Klassenlehrerin auf den Einfall, eine Waage in den Unterricht mitzubringen,
alle Schüler und Schülerinnen zu wiegen, ihr Gewicht aufzuschreiben und
daraus Rechenaufgaben zu formulieren" (S. 43). Dabei stellt sich heraus, dass
Anne das zweitschwerste Mädchen in ihrer Klasse ist. Sie ist allerdings auch

das zweitgrößte. Doch das begreift sie nicht. Sie beginnt ihre erste Diät und der ständige Wechsel von Diäten und Fressorgien bestimmt nun ihr Leben und strukturiert die Handlung mit: „Als ich vierundfünfzig Kilo wog, sprach Hoffi Hoffmann mich an." (S. 89) Und auch im Folgenden wird deutlich, dass die Überzeugung der Heldin, zu dick zu sein, ihren eigenen und den gesellschaftlichen Überzeugungen der Zeit, nicht aber einem medizinischen Befund geschuldet ist, bis zur Rahmenhandlung, zur Liebesgeschichte in London, wo sie dann allerdings mit 120 Kilo ihre eigene Körperwahrnehmung in Realität verwandelt hat. Auch alle weiteren Positionen der Heldin: vom Vater nicht geliebt, von den Klassenkameraden nicht anerkannt, Brillenträgerin, Versagerin in der Schule, erster Liebhaber impotent und auch dann immer mit den falschen Männern zusammen, verwandeln sich – auch wenn das, wenn man es hier so aufgelistet sieht, anders erscheint – eher in der eigenen Wahrnehmung in Begründungen für eine Außenseiterposition. Hier begegnen sich nun zwei literarische Verfahren. Zum einen die traditionelle Picara-Gestalt, die aus einer Außenseiterposition der Gesellschaft den Spiegel vorhält, und zum anderen die Selbstwahrnehmung einer jungen Frau des ausgehenden zwanzigsten Jahrhunderts, die sich von den Repräsentanten der Gesellschaft den Schneid abkaufen lässt.

Icherzählerin versus Autobiographie

Karen Duve läßt sich in *Dies ist kein Liebeslied*, wie in den meisten ihrer Erzählungen aus dem Band *Keine Ahnung*[13] auch, auf das Modell der Ich-Erzählung ein. Damit bedient sie das Muster sowohl der Pop- wie der Fräuleinwunderliteratur, deren Autoren immer wieder eine Engführung von AutorIn und HeldIn wagen, um sich dann über den Autobiographie-Vorwurf ihrer Rezensenten und Exegeten zu beklagen. Ausführlich hat sich Juli Zeh in einem Artikel in der Zeitschrift *Akzente* zur Differenz zwischen auktorialer Erzählhaltung und dem erzählenden Ich der Autoren der jungen Generation geäußert.[14] Hier hat sie ausgeführt, dass jede andere als die Ich-Erzählerposition für Autoren ihrer Generation und für sie selbst eigentlich nur ein Täuschungsmanöver aus der verstaubten Literatenmottenkiste sei. Dabei hat sie auch gleich ein literaturwissenschaftliches Tabu gebrochen: „Wie man spätestens im Deutschgrundkurs gelernt hat, haben die ICHs aller Zeiten eines gemeinsam: Sie sind nicht mit dem Autor identisch.", stellt sie fest, um fortzufahren:

---

13 Karen Duve: Keine Ahnung. Erzählungen. Frankfurt /Main 1999 (= suhrkamp taschenbuch 3035).

14 Juli Zeh: Sag nicht Er zu mir. Oder: vom Verschwinden des Erzählers im Autor. In: Akzente 49 (2002) 4, S. 378-386.

Sind sie nicht? [...] Ein Blick in die biographischen Tabellen der genannten Anthologien[15] zeigt: Der Altersunterschied zwischen ICH und seinen Schöpfern und Schöpferinnen bewegt sich meist innerhalb einer Spanne von wenigen Jahren. [...] Beim Lesen entsteht ein unbehagliches Gefühl. Es liegt [...] am schleichenden Verdacht, bei ICH handele es sich womöglich gar nicht um eine literarisch notwendige Konstruktion, sondern um die Stimme des Autors selbst.[16]

Also doch alles nur Autobiographien? Für Juli Zeh vielleicht, und das verallgemeinert sie dann auch freundlich:

Es ist zu befürchten, dass der subkutane Widerstand dagegen, vom Autor zum Erzähler zu werden, eine weitere Ursache hat. Das ICH ist nicht bloß einfacher zu meistern. Es ist nicht nur die bessere Entsprechung einer autoritätsfreien Umwelt und nicht nur alter ego einer bauchbespiegelnden, unpolitischen, poppigen Individualistengeneration. – Wir haben Höhenangst. Uns ist der Wille zur Draufsicht verloren gegangen, in der Vogelperspektive wird uns schwindelig.

Nicht die Komplexität der Welt macht sie für diese Haltung verantwortlich, sondern das Wissen darum: „Wachsendes Wissen, das ist eine alte Erkenntnis, geht mit dem wachsenden Gefühl des eigenen Nichtwissens einher.[17]

Daher, so Juli Zeh, „haben [wir] das Feld geräumt, uns auf die letzte Bastion individuellen Expertentums, nämlich das streng subjektive Erleben zurückgezogen."[18] Dieser Apologetik des Ich-Erzählers folgt Karen Duve auf höchst interessante Weise nicht, obwohl auch sie mit Anne Strelau eine Icherzählerin einsetzt, die ihrer eigenen Generation angehört und mit den Frauen aus ihren Erzählungen bis hin zum Besuch der gleichen Diskothek einiges gemeinsam hat. Aber die Autorin macht noch vor dem Beginn ihres Romans deutlich, dass es hier keinesfalls um Autobiographisches geht. Dem baut schon die Widmung vor:

Was folgt, ist frei erfunden. Orte und Handlungen haben nur wenig mit tatsächlichen Orten und Vorkommnissen zu tun. Bücher und Filme werden schlampig zitiert. Und Ihr seid alle nicht gemeint. (S. 5)

Damit setzt sie sich deutlich von dem Autobiographismus ab, wie ihn Juli Zeh definiert. Die Danksagung am Ende nimmt diese Abwehr noch einmal auf widerständige Art und Weise auf. Hier wird sieben namentlich genann-

15 Es geht hier um zwei im Frühjahr 2002 erschienene Anthologien, auf die sich Zeh in dem Aufsatz bezieht. Vgl. Anm. 14, S. 378.
16 Wie Anm. 14, S. 379.
17 Wie Anm. 14, S. 385.
18 Wie Anm. 14, S. 385.

ten Personen nicht nur für „Geduld und Zuversicht", sondern auch für fach-
lichen Rat aller Couleur gedankt, nämlich für „musikhistorischen Rat",
„Fußballberatung" „englische Zeitungen" und für „die Aufklärung, was
guten von schlechtem Sex unterscheidet" (S. 285). Mit Widmung und
Danksagung nun etabliert sich die Autorin als Autorin neben ihrer Icherzählerin. Denn in ihrer Widmung lügt sie freundlich, zumindest was die Handlung ihrer Rahmenerzählung angeht. Hier nämlich sind Handlungszeit und
Handlungsorte topographisch und historisch detailrealistisch nachvollziehbar, worauf später noch zurückzukommen ist. Auch was die Danksagung an
die Experten angeht, hat man da als LeserIn so seine Zweifel. Sexistisch
argumentierend mag man ja an die Ratschläge auf dem Feld des Fußballs
und der englischen Zeitungen noch glauben. In ihren anderen Texten hat
sich die Autorin aber eigentlich als Kennerin der zeitgenössischen Musik,
speziell der Punkszene, ausgewiesen, so dass man hier wie beim Sex, den
vorgeblich nicht einschätzen zu können ein absoluter Tabubruch des späten
20. Jahrhunderts ist, der Autorin eigentlich nicht glaubt. Durch diesen literarischen Schachzug der Danksagung aber etabliert sich die Autorin professionell als Autorin, die recherchiert, ehe sie schreibt, und die nicht alles selbst
erlebt hat, von dem sie schreibt. Gleichzeitig damit etabliert sie auch ihren
Text als fiktionalen Text.

Diese Etablierung der Icherzählerin entspricht erzählerisch zwar durchaus
Julie Zehs Aussage, wenn man über gemeinsame Erfahrungen mit der erzählenden Person in einem fiktiven Text spricht, könne man ebensogut auch „ich"
sagen. Gleichzeitig ist der Text mit Widmung und Danksagung in ein Konstrukt der Verweigerung und Verhinderung eingebettet, das jegliche Möglichkeiten der Vereinnahmung der Autorin für den Text als autobiographischen
Text durch die Kritik, die Literaturwissenschaft und den Text selber unmöglich
macht. Dass dieses für denjenigen, der auf den Text schaut, so dominant markiert zu sein scheint, was in Texten aus früheren Epochen vielleicht gar nicht
auffällt, hängt sicher mit dem Autobiographismus der hier so benannten Fräu-
leinwunder- aber auch Popromangeneration zusammen, deren Mitglieder sich
durchaus auch schon dazu geäußert haben, dass sie eigentlich nur darüber
schreiben können, was sie erlebt haben. Daher dann die zum Teil von Zei-
tungsverlegern oder durch selbst eingeheimste Preise gesponserten Abenteuer-
reisen auf Kreuzfahrtschiffen und in Krisengebiete.[19] Allerdings birgt eine
Reihe von Wirklichkeitsstereotypen biographischer Art, die auch in *Dies ist
kein Liebeslied* vorkommen, die Gefahr, eben doch die Autorin mit ihrer Erzählerin zu identifizieren, und dazu haben sicher auch die Interviews aus der

---

19 So unternahm Felicitas Hoppe eine mehrmonatige Schiffreise als Vorbereitung
auf ihr Buch *Pigafetta* (Reinbek bei Hamburg 1999), und Juli Zeh bereiste zusammen mit ihrem Hund den Balkan, um in ihrem Buch *Die Stille ist ein Geräusch* (Frankfurt am Main 2002) darüber zu berichten.

Fräuleinwunderhochzeit der späten neunziger Jahre und des Jahrtausendwechsels beigetragen. Tierliebe, Taxifahren und kein erlernter Beruf, die Jugend in einem Vorort von Hamburg, all dies verbindet Karen Duve durchaus mit Anne Strelau, den Frauen aus *Keine Ahnung* und auch mit Martina, eigentlich Roswitha, Voss aus dem *Regenroman*. Nicht besser wird die Situation mit einem Interview, das die Autorin anlässlich der Veröffentlichung von *Dies ist kein Liebeslied* der *taz* gab. Auf die Essstörungen ihrer Heldin angesprochen, antwortete sie:

> Der Versuch, weniger zu werden und auszusehen wie alle anderen, hat mir den größten Teil meines bisherigen Lebens versaut. Heute bin ich todtraurig darüber, denn in Wirklichkeit bin ich natürlich schlank und sehr hübsch gewesen, ohne es jemals gewusst zu haben und ohne daraus den allergeringsten Vorteil ziehen zu können.[20]

Worte, die von Anne Strelau kommen könnten. Also doch wieder nur eine verkappte Autobiographie, weil ja die Fräuleinwunderautorinnen über nichts anderes als über sich schreiben können? Diese Vorstellung wäre einer ganz falsch verstandenen Autobiographik geschuldet, die hier in keiner Weise gemeint ist. Wie die kollektiven Erfahrungen von erstem Irakkrieg, erster Swatch und dem Wechsel vom Mini- zum Maxirock können auch die individuellen Erfahrungsbereiche einer Autorin zur Ausstattung ihrer Texte im Sinne des decorums genutzt werden, ohne dass daraus eine Autobiographie oder auch nur eine autobiographische Sequenz wird. Dies macht auch Duve deutlich, wenn sie in dem erwähnten Interview fortfährt:

> Ich glaube, dass es sehr vielen Frauen so geht. Sie bleiben ihr Leben lang in einer Warteschleife hängen, warten die ganze Zeit darauf, dass sie endlich richtig, endlich schlank genug sind, damit das Leben losgehen kann. Aber eine Frau ist niemals schlank genug – und, zack, ist das Leben vorbei. Ich ärgere mich, dass Essstörungen von Frauen in Filmen und Romanen fast immer bagatellisierend behandelt werden. Ungelebtes Leben ist doch kein Witz.[21]

Das heißt, um von der inhaltlichen Brisanz dieser Aussage zum Formalen zurückzukehren, wie Nick Hornby Popsongs reiht und Andreas Mands Alter-Ego [?] Grover[22] gleich Christopher Isherwood als Kamera seine Gegenwart filmend abbildet, so können natürlich auch individuelle Wirklichkeitsstereotype, bei aller Widersprüchlichkeit, die sich hier aus der

---

20   „Es ist eine erbärmliche Sucht". Karen Duve im Interview mit Susanne Messmer. In: taz Nr. 6862, 25.9.2002, Seite 15.
21   Wie Anm. 20.
22   Zu Andreas Mands Grover-Romanen vgl. Baßler (wie Anm. 3), S. 1-45.

Kombination von Adjektiv und Substantiv ergeben, zur Ausstattung von Texten verwendet werden, ohne dass es sich hier um autobiographisches Erzählen handelt. In vergleichbarem Zusammenhang hat dies auch der eben schon erwähnte Christopher Isherwood gesehen, der im Vorwort zu seinem berühmten Romans *Goodbye to Berlin,* der Vorlage zum Musical und späteren Film *Cabaret,* über die Tatsache, dass der Held der Erzählungen seinen Namen trägt, gesagt: „‚Christopher Isherwood' is a convenient ventriloquist's dummy, nothing more."[23] Der Autobiographieverdacht erledigt sich auch dann schon, wenn diese individuellen Merkmale eben durch die Reihung über den einen Text hinaus sich in vielen Texten einer AutorIn wiederfinden lassen, so bei Karen Duve in ihren Kurzgeschichten und Romanen bis hin zu ihrem „Weihnachtsgeschenkbuch" von 2003/04 *Weihnachten mit Thomas Müller,*[24] in dem die üblichen Geldsorgen ihrer Gestalten und das Taxifahrermilieu zur Gestaltung der Erlebnisse des verlorengegangenen Teddybären Thomas Müller und der Wanderkatze Sandra Kaiser verwendet werden, allerdings – da Weihnachtsgeschichte – mit einem glücklicheren Ausgang als in der Geschichte um Anne Strelau. Diese Elemente verlieren damit ihre individuellen Merkmale und werden so von der Autorin als verfügbare Wirklichkeitsstereotype zur Ausstattung von Personen verwendet.

Wirklichkeitselemente im Text: Sonntag, den 23. Juni 1996, 19.30
– das Europameisterschaftendspiel: Deutschland – England

Während die beinahe seriell reihenden Rückblickskapitel die erzählte Handlung zwar mit Wirklichkeitsstereotypen immer wieder zeitlich verorten, ist die eingefügte Rahmenerzählung dieser traumschön-traurigen Liebesgeschichte mit einem unwirklichen Märchenprinzhelden in ein ganz enges Netz von Realitätsbezügen und detailgenauen Datierungen eingebaut, um so die Märchenhandlung in ein realistisches Ambiente einzubinden. Am Donnerstag, dem 20.6.1996, kauft Anne Strelau die Flugkarte. Am Sonntag, dem 23.6, dem Tag, der mit dem legendären Sieg der deutschen Nationalmannschaft über die Engländer im Endspiel der Fußballeuropameisterschaft während des Elfmeterschießens enden wird, kommt sie in London an. Sie geht über den Trafalgar Square zur National Gallery und sieht sich dort ausführlich das Gemälde von der Hinrichtung der 90-Tage-Königin Lady Jane Grey von Paul Delaroche an, das die Autorin sie ausführlich bis ins Detail beschreiben lässt, um ihre Heldin dann gegen 19.30 einen Pub betreten zu lassen. Allerdings setzt Duve die Realitätselemente nur vorsichtig

---

23 Christopher Isherwood: Good Bye to Berlin. London 1939. Hier zitiert nach der Penguin Ausgabe Harmondsworth/Middlesex 1972, S. 6.
24 Karen Duve: Weihnachten mit Thomas Müller. Frankfurt am Main 2003.

ein, aber so, dass sie Eckpunkte sind, an denen das Gitter, das die fiktive Handlung in der historischen Realität festmacht, vom Leser aufgebaut werden kann. Oder anderes ausgedrückt: Überall da, wo man es nachprüft, ist der Roman historisch – und auch die Gegenwart ist ja schon einen Tag später wieder Geschichte – unglaublich sauber gearbeitet. Dies gilt nicht nur für die Beschreibung des Gemäldes und seine Verortung in der National Gallery, für die Aufstellung der deutschen Mannschaft und die Zitate aus den englischen Zeitungen, sondern auch für die Coverversion von Edwyn Collins' „Don't try so hard to be different", die Peter Hemstedt nach dem Beischlaf auflegt. Er wird ja wohl 1996 nicht das Original von Andrew Eldtrick von den *Sisters of Mercy* gewählt haben? Denn bei Musik ist auf die Autorin sowieso Verlass.

Musik: Thomas Meinecke und nicht Diedrich Diederichsen

Viel stärker als durch die wechselnden Freunde strukturiert die Autorin die Rückblickspassagen durch die Musikkassetten, die Anne Strelau ihren Freunden abschwatzte oder die sie geschenkt bekam: „Wenn du dir von einem Mann eine Kassette aufnehmen läßt, erfährst du mehr über ihn, als wenn du mit ihm schläfst." (S. 47)

Bereits im Flugzeug lässt Anne die sechs Kassetten Revue passieren, dabei legt die Autorin allerdings mehr Wert auf die Beschreibung des Layouts des Covers als auf die einzelnen Musikstücke:

> Aber einlegen werde ich jetzt die Nummer sechs, bei der die ganze Originalpappe ersetzt wurde, und zwar durch ein hübsches festes Paisleypapier. Es stammt vielleicht von dem Deckblatt eines Quelle-Katalogs, aber man erkennt nicht mehr die Wolldecke, die es einmal gewesen sein könnte. Man sieht nur noch das Muster. (S. 49)

Duve nimmt damit ein Stilmittel der Autoren auf, die die Literaturwissenschaft inzwischen zu den Popautoren der zweiten Generation rechnet. Zu nennen sind hier neben Nick Hornby[25] und Thomas Meinecke,[26] der durch sein Crossover zwischen Musik und Literatur als einer der Prototypen des

---

25 Nick Hornby: High Fidelity. London 1995. Wobei Nick Hornby auch eine geeignete Autorität für die Fußballzitate ist. War doch der Fußballerroman *Fever Pitch* 1993 sein Debut.

26 Thomas Meinecke: Tom Boy. Frankfurt am Main 1998. The Church of John F. Kennedy. Frankfurt am Main 1996. Zu Meinecke siehe auch Moritz Baßler (wie Anm. 3), S. 135-154 und Eckhard Schumacher: Gerade eben jetzt. Schreibweisen der Gegenwart. Frankfurt am Main 2003 (= edition suhrkamp 2282), S. 7-56.

Popromanautors gilt und den, wie ihrer Danksagung zu entnehmen ist, auch Karen Duve um musikhistorischen Rat fragte, Benjamin von Stuckrad-Barre, der in Deutschland mit *Soloalbum* die Popmusik als Seismograph des Ich-Erzählers für soziale Beziehungen in die Literatur eingeschrieben hat. Das Verfahren, mit dem Popmusik in die Lebensarchivierung der literarischen Figuren eingeschrieben wird, ist bei allen hier genannten Autoren ein anderes.[27] Gemeinsam ist ihnen allen aber die Präzision beim Umgang mit Titeln und Gruppen. Dass wir das ganz so von Karen Duve nicht erwarten können, bekennt die Autorin schon in ihrer kurzen Vorrede: „Bücher und Filme werden schlampig zitiert", und dies gilt auch für die Musiktitel. Denn, wie gesagt, Anne Strelaus Aufmerksamkeit gilt weit mehr der Gestaltung des Covers und dem Sound der einzelnen Kassetten als der enzyklopädischen Auflistung einzelner Titel: *High Fidelity*-weiblich eben oder *Soloalbum* für Frauen. Aber natürlich hat Duve recht, wenn sie mit den Elementen des decorum, mit denen die jeweils männlichen Hauptfiguren, der – Sybille Berg und Kathrin Röggla mögen da als Ausnahme genannt werden – ebenfalls mehrheitlich männlichen Autoren des Popromans ausgestattet werden, bei ihrer weiblichen Hauptfigur anders umgeht. So antwortete sie auf die Frage einer Journalistin, warum „Mädchen eigentlich nie solche Kassetten für Jungen" machen:

> Diese Frage führt noch weiter zurück, nämlich dahin, warum Mädchen sich überhaupt weniger Musik machen. Ich verstehe das auch nicht. Wahrscheinlich haben sie zu Schallplatten und CDs eher eine hedonistische Einstellung. Aber den Männern die Musik zu überlassen, ist noch ein schlimmerer Fehler, als dass wir ihnen das Feuer überlassen haben.[28]

Und so gibt es zwar Anne Strelaus Musikerfahrung von Bully Buhlan – bei der Oma gehört – über Nenas Luftballons bis zu Edwin Collins Auskunft über die musikalischen Trends und Antitrends der letzten dreißig Jahre Bundesrepublik, aber Hitlisten à la Nick Hornby finden wir hier nicht. Gerade die Beschreibung der Kassetten durch die Icherzählerin dient der Autorin dazu, deren Verhältnis zu ihren Männern, besonders zu dem Mann, dem sie nach London nachreist, im Text durch den Text zu manifestieren. Die Sorgfalt, mit der die Kassette von Peter Hemstett gestaltet wurde, wird von der Sorgfalt der Beschreibung wiedergegeben:

> Auf dem Paisleymuster klebt der Satz „It's just a hell of a good time" und darunter eine briefmarkengroße Schwarzweißfotokopie von Helmut Kohl und François Mitterrand, wie sie einander an den Händen halten. Auf der Innenseite sind in ordentlichen kleinen Buchstaben alle Interpreten und

---

27 Siehe hierzu auch Baßler (wie Anm. 3), S. 108-110; 135-154.
28 Wie Anm. 21.

Songtitel aufgeführt und voll ausgeschrieben: „The Mood-Mosaic: a touch of velvet – a sting of brass, The Jesus and Mary Chain: just like honey, Der Plan: Europa Hymne [...]" (S. 49)

Die Sorgfältigkeit der Beschreibung deutet es dem Leser schon an: „Diese Kassette stammt von dem Mann, den ich liebe." (S. 50) Und als ebenso sorgfältig und fürsorglich wird dieser Mann über seine Kassette nun auch eingeführt:

> Innen im Knick – oder im Rücken oder wie man das nennt – stehen die Initialen des Mannes, der diese Kassette aufgenommen hat: P. H. [...] Daneben steht nicht nur das Jahr, sondern auch der Monat, in dem er die Kassette aufgenommen hat. 10/85. Es hätte ja irgendein anderer Mann, der ebenfalls Ahnung von Musik hat, diese Kassette ein halbes Jahr später in die Finger bekommen können und sagen: „Ganz gut, aber keine wirklich neuen Sachen dabei", bis er das Datum gefunden hätte, worauf er nur noch anerkennend hätte schnauben können. (S. 50)

So werden Helden eingeführt oder Märchenprinzen! Ende des zwanzigsten Jahrhunderts ist es nicht mehr der besiegte Drache oder die Rettung aus Todesgefahr, nein, es ist die richtige Kassette mit der richtigen Musik. Und ähnlich hatte auch Bret Easton Ellis, der vielzitierte Autor, der das Markenzitat in der zeitgenössischen Literatur salonfähig gemacht hat, in *American Psycho*[29] seinen Helden sich charakterisieren lassen. Mit einer dumpfenthusiastischen Beschreibung eines Genesisliedes hat der Autor seinen Massenmörder hier nicht von der menschlichen Seite gezeigt, sondern er hat ihn durch den falschen Enthusiasmus bei der falschen Gruppe als gesellschaftliche Randerscheinung und völlig indiskutabel charakterisiert.[30] Das strukturierende Element Musik setzt Karen Duve eben nicht nur als Zeitgeistzitat, sondern auch reichlich, aber völlig unprätentiös zur Interpretation von Ereignissen ein. Beim Tanz vor der dunklen Wohnzimmerscheibe kann sich Anne als Person zum erstenmal selbst annehmen:

> Nach Sendeschluß legte ich die Beatlesplatte auf, die ich mir gekauft hatte, nachdem wir im Musikunterricht „Eleanor Rigby" analysiert hatten. Ich öffnete die Wohnzimmervorhänge. In der Spiegelung der nächtlichen Fensterscheibe sah ich plötzlich aus wie das Mädchen, das ich hätte sein können. In dieser verwunschenen Stunde war ich hübsch. (S. 86)

---

29 Bret Easton Ellis: American Psycho. New York 1991.
30 Mathias Mertens: Robbery, assault, and battery. Christian Kracht, Benjamin v. Stuckrad-Barre und ihre mutmaßlichen Vorbilder Bret Easton Ellis und Nick Hornby. In: Pop-Literatur. München 2003 (= Text und Kritik. Zeitschrift für Literatur. Sonderband), S. 215.

Ähnliches ereignet sich, als sie mit ihrer Schwester und deren Freund zum Tanzen in die Diskothek geht:

> Die Musik flog geradewegs auf mich zu, sie umhüllte mich, summte in mir und summte gleichzeitig in den Tänzern, die sich schon danach bewegten. Ich wurde selbst ein Teil der Musik, löste mich darin auf, verschmolz mit dem Raum und den Geräuschen und den anderen Menschen. (S. 135)

Neben dieses emotionale Erleben von Musik durch Anne Strelau wird die männliche Musikrezeption in einen deutlichen Gegensatz gestellt:

> Als Ole mich zum ersten Mal in dem Zimmer besucht hatte, das ich bei meiner Schwester bewohnte, hatte er sich meinen Schallplattenkarton vorgenommen und die LP von Ideal und fast alle meine Singles herausgezogen und auf den Boden geworfen [...] „Das und das und das und das ist alles Dreck", hatte er gesagt. „Ich verstehe nicht, wie du dir so was kaufen kannst. Das ist ja krank! Hast du keine Ohren?" (S. 176)

Während für Anne Musik ein emotionales Erleben ermöglicht: „Musikhören bedeutet für mich im besten Fall Einsamkeit, Leidenschaft und Überwältigung, lauter Zustände, die es mir schwermachen, eine Platte nach dem Grad ihrer Abstraktheiten zu bewerten." (S.177), orientieren sich die männlichen Figuren weitaus eher an dem, was ihnen *Spex* und die Popkritiker als angesagt vorschlagen. „Demutswollust" und „ungebremste Schwärmerei" (S. 177) nennt Anne Strelau dies, wogegen sogar ihr Märchenprinz nicht gefeit ist:

> "Da! Das ist Diedrich Diederichsen", raunte er mir einmal vor dem Broadway-Kino zu. Ich drehte mich um. Ein junger Mann in einem Kohlenklau-Mantel, etwas kleiner als ich, ging in schlechter Haltung zur Kasse und verbreitete Glanz." (S. 177-178)

Damit ist der Kritikerstar von *Sounds, Spex* und *Konkret*, der Ideologe der Popkultur, als Referenzfolie eingeführt, auch wenn es Thomas Meinecke war, der Karen Duve in den einschlägigen Fragen beriet. Und Anne Strelau beschließt, sich das Gesicht zu merken, um bei nächsten Gelegenheit mit Diederichsen zu schlafen: „Wenn Diedrich Diederichsen mit mir schlief, würde ich in Hemstedts Augen an Wert gewinnen." (S. 178) Ach nee, Anne. So geht das dann auch nicht. Ach nee, Frau Duve, wirklich! Das alte Muster, sich über den Kannibalismus oder das geteilte Bett die Stärke des anderen anzueignen, ist nicht mal mehr in der Fiktion der Fiktion sehr überzeugend. Und auch nicht nötig.

Poproman weiblich

Da kehren wir doch lieber zum Anfang zurück. Zum Titel, mit dem Karen
Duve ihren Picara-Roman versieht: *Dies ist kein Liebeslied* wird zwar nicht
als Zitat kenntlich gemacht, dennoch ist es deutlich als die Übersetzung von
This is not a lovesong zu erkennen. Und wie immer bei Karen Duve, oder
besser bei Anne Strelau?, kann man dann nicht in der Pop Idylle zwischen
U2 und Oasis wie bei Stuckrad-Barre verharren, sondern gerät in die tiefs-
ten musikhistorischen Abgründe des Punkrock und Coverversionen, wenn
Karen Duve hier einen Song von dem ehemaligen Leadsänger der *Sex Pi-
stols* Johnny Rotten zitiert, der später immer wieder neu eingespielt wurde.
Und dennoch ist dieser Titel natürlich nicht nur das Zitat eines Popsongs,
werden mit ihm nicht nur die Traditionen von *High Fidelity* und *Soloalbum*
aufgerufen. Dieser Titel kommentiert eben auch den Text, der fast eine
triviale Liebesgeschichte mit Happy End erzählt, aber nicht ganz, der die
fast, aber nicht ganz missglückte Sozialisation einer Frau in der Bundesrepublik des späten zwanzigsten Jahrhunderts erzählt. Und der fast als Pop-
roman bezeichnet werden könnte: Wenn man wie Moritz Baßler das Auftauchen von Markennamen und Musiktiteln als Wirklichkeitsstereotype und
den in der Gegenwart situierten erzählerischen Blick auf die Vergangenheit
als ausschlaggebendes Kriterien ansehen will, auch dann noch, wenn man
die Gegenwärtigkeit des „gerade eben jetzt"[31] als bedeutendes Merkmal
setzt. Und wenn auch Popsongs und Fußball als entscheidende Gemeinsamkeiten mit den als Prototypen der Textsorte gesetzten Texten vorhanden
sind: Der Held und Ich-Erzähler ist eine Frau, und die Autorin stattet damit
ihren Text mit einer deutlich weiblichen Erzählperspektive aus. Bisher
scheint dies fast ein Ausschlusskriterium für die Aufnahme in die Textsorte
zu sein. Warten wir es ab.

---

31 Siehe Schumacher (wie Anm. 26).

Mythos Berlin

Orte und Nicht-Orte bei Julia Franck, Inka Parei und Judith Hermann

Helga Meise

> Vielleicht liegt es daran, daß es Frauen wie
> sie und mich haufenweise gibt in dieser
> Stadt.[1]

Welche Bedeutung hat Berlin für die Literatur des „Fräuleinwunders"? Dass Berlin der Schauplatz vieler Texte ist, ist oft hervorgehoben worden, ebenso, dass es sich um das neue Berlin handelt, die Stadt, die seit der Wende politisch, sozial und gesellschaftlich an einem Neuanfang steht, der den hier stattfindenden Ereignissen automatisch besondere Aufmerksamkeit sichert. Dass die Texte des „Fräuleinwunders" mit der Wahl ihres Ortes nicht nur wie die Popliteratur unmittelbar Bezug auf die Gegenwart nehmen,[2] sondern auch eine literarische Tradition weiblichen Schreibens aufrufen, drängt sich auf. Schon einmal hatte Berlin für schreibende Frauen besondere Bedeutung erlangt: Gemeint ist das Berlin der zwanziger und dreißiger Jahre. Es hatte zum einen als Chiffre für das Bild der „neuen Frau"[3] fungiert, zum anderen aber auch im Zentrum von Texten junger, debütierender Schriftstellerinnen gestanden, die ihre Heldinnen, ausgestattet mit Aufbruchs- und Freiheitsphantasien, hier ankommen – und scheitern ließen.[4] Dem „herrlichen Erfolg"[5] der Texte hatte dies keinen Abbruch tun können.

---

1   Inka Parei: Die Schattenboxerin. Frankfurt am Main 2001 (= fischer taschenbuch 14869) [Erste Auflage 1999], S. 14. Zitate im Folgenden nach der Taschenbuchausgabe direkt im Text.
2   Vgl. Eckhard Schumacher: Gerade Eben Jetzt. Schreibweisen der Gegenwart. Frankfurt am Main 2003 (= edition suhrkamp 2282), S. 9-14.
3   Vgl. Elke Kupschinsky: Die vernünftige Nephertete. Die „neue Frau" der 20er Jahre in Berlin. In: Die Metropole. Industriekultur in Berlin im 20. Jahrhundert. Hrsg. von Jochen Boberg, Tilman Fischer und Ekkehard Gillen. München 1986, S. 164-173. Anne Fleig: Tanzmaschinen. Die Girls im Revuetheater der Weimarer Republik. In: Puppen, Huren, Roboter. Körper der Moderne in der Musik zwischen 1900 und 1930. Hrsg. von Sabine Meine und Katharina Hoffmann. Schliengen 2005, S. 102-117.
4   Vgl. Triumph und Scheitern in der Metropole: zur Rolle der Weiblichkeit in der Geschichte Berlins. Hrsg. von Sigrun Anselm und Barbara Beck. Berlin 1987;

Die folgenden Ausführungen nehmen diese Beobachtungen zum Ausgangspunkt, um nach der Darstellung und Funktion zu fragen, die das Berlin der Gegenwart für das „Fräuleinwunder" hat. Exemplarisch ausgewählt wurden drei „Gründungstexte", die Romane Julia Francks und Inka Pareis, *Liebediener*[6] und *Die Schattenboxerin*[7], sowie die Erzählung Judith Hermanns, *Sommerhaus, später*[8]. Gemeinsamkeiten, aber auch Unterschiede zu den genannten literarischen Texten der Gegenwart bzw. der zwanziger und dreißiger Jahre treten unmittelbar hervor. Alle drei Texte kreisen um eine auf sich selbst gestellte Ich-Erzählerin zwischen 25 und 30; die Handlung spielt im Berlin des Hier und Jetzt; von der Vergangenheit taucht nur das auf, was für die Gegenwart von Belang ist. Berlin aber scheint sich nach Osten verschoben zu haben. Nicht der alte „Neue Westen"[9] wie in der Literatur der zwanziger und dreißiger Jahre oder die „Neue Mitte"[10] wie in der zeitgenössischen Popliteratur treten in

---

Gisela von Wysocki: Die Fröste der Freiheit. Aufbruchsphantasien. Hamburg 2000 [Erste Auflage 1980].

5   So titelte das Börsenblatt für den deutschen Buchhandel 174 (1932) am 28.7.1932: „Es gibt keine tote Jahreszeit! Der herrliche Erfolg der Bücher von Irmgard Keun beweist es!" Es führt die Auflagenzahlen an, für *Das kunstseidene Mädchen* 24 000 Exemplare in der vierten Auflage innnerhalb von zwei Monaten: „Durch diesen stürmischen Erfolg wurde der Absatz des ohnedies schon erfolgreichen Erstlingswerks ‚Gilgi, eine von uns' mitgerissen", es kam auf 20 000 Exemplare in der vierten Auflage innerhalb von 10 Monaten. Das *Börsenblatt* sah sich zu einem „Sonderangebot" veranlasst: „Von diesen beiden Büchern haben kleine Buchhandlungen in kleinen Städten in ganz kurzer Zeit mehrere Partien abgesetzt: Wir wollen auch anderen Kollegen, die diese Bücher und ihre hervorragende Absatzfähigkeit noch nicht aus eigener Erfahrung kennen, die Möglichkeit dazu erleichtern. Wir wissen, dass sie uns dafür dankbar sein werden. Denn diese Bücher zaubern die Kunden in ihren Laden." (ebd.) Vgl. Irmgard Keun Das kunstseidene Mädchen. Berlin 1932; dazu jetzt: Irmgard Keun: 1905/2005. Deutungen und Dokumente. Hrsg. von Stefanie Arend und Ariane Martin. Bielefeld 2005.

6   Julia Franck: Liebediener. München 2001 (= dtv 12904) [Erste Auflage Köln 1999]. Zitate im Folgenden nach der Taschenbuchausgabe direkt im Text.

7   Parei: Schattenboxerin (wie Anm. 1).

8   Judith Hermann: Sommerhaus, später. In: Dies.: Sommerhaus, später. Frankfurt am Main 2000 [Erste Auflage 1998], S. 139-157. Zitate im Folgenden nach der Taschenbuchausgabe direkt im Text.

9   Vgl. Industriegebiet der Intelligenz: Literatur im Neuen Berliner Westen der 20er und 30er Jahre. Hrsg. von Ernest Wichner und Herbert Wiesner. Berlin 1990.

10 Vgl. Tristesse Royale. Das popkulturelle Quintett mit Joachim Bessing, Christian Kracht, Eckhart Nickel, Alexander v. Schönburg und Benjamin Stuckrad-Barre. Hrsg. von Joachim Bessing. Berlin 1999. Zur Berlin-Literatur der achtziger und neunziger Jahre im Allgemeinen vgl. Walter Delabar: Letztes Abenteuer Großstadt: (West)Berlin-Romane der achtziger Jahre. In: Neue Generation –

den Blick, sondern Kreuzberg und Neukölln sowie der neue Osten, die Bezirke
Prenzlauer Berg und Friedrichshain, die Gebiete an der ehemaligen Mauer
sowie die Ränder der Stadt im Norden und Südosten.

Francks *Liebediener* erzählt von der Liebesbeziehung Beylas zu Albert.
Beide wohnen in demselben Haus an der Kastanienallee. In dem Maße aber,
indem Beyla Alberts Verwicklung in einen tödlichen Verkehrsunfall direkt vor
dem Haus, ja seine wahre Identität aufdecken will, wird die Beziehung brüchig. Der Zwang zur Aufklärung fällt auf die Protagonistin zurück, ihr Vorgehen bringt ihre eigene Schuld ins Spiel, allerdings ohne dass sie sich dessen
bewusst würde. Pareis *Schattenboxerin*, angesiedelt in demselben Bezirk,
wiederum in zwei Wohnungen eines Hauses, ruft gleichfalls die Grauzone von
Verbrechen und Schuld auf: Hell, die Heldin, bereitet sich darauf vor, den
Vergewaltiger zu stellen, der ihr Leben Jahre zuvor, im Jahr der Wende, aus
der Bahn geworfen hatte. Aber die Zufälle, die ihn ihr endlich in die Hände
spielen, ketten sie selbst an einen flüchtigen Bankräuber: Die Positionen von
Opfer und Täter verkehren sich, die Grenzen zwischen Unschuld und Schuld
verschwimmen.

Im Unterschied dazu spielen in Hermanns Erzählung *Sommerhaus, später*
die Topographie der Stadt Berlin und ethische Fragen kaum eine Rolle, die
Suche nach der eigenen Identität, nach einer Liebesbeziehung, nach einer
anderen, richtigeren Lebensführung wird aber gleichwohl thematisiert. Die
Erzählung teilt mit den Romanen ein weiteres Moment, die Tatsache nämlich,
dass der gemeinsame Fluchtpunkt aller Suchbewegungen die Suche nach einem festen, stabilen Ort ist. Hermanns Erzählung stellt dies bereits im Titel
aus. Das Sommerhaus ist das Haus, das Stein, eine Zufallsbekanntschaft, die
dem Ich immer wieder begegnet, auch als ihre Liebesbeziehung vorüber ist,
nach langer Suche in Canitz bei Angermünde findet und kauft. Stein übergibt
dem Ich die Schlüssel und schickt regelmäßig Karten, um es über den Fortgang
seiner Instandsetzung auf dem Laufenden zu halten. Das Haus – wie auch der
Name seines Besitzers – steht für einen festen Ort, für eine gemeinsame Zukunft. Dieselbe Vorstellung treibt Beyla um, wenn sie im Rückblick ihre
Kindheit in diversen Berliner Kellerwohnungen bilanziert:

> Ein Zuhause gab es da nicht, nur eine diffuse Sehnsucht nach etwas, von
> dem ich nicht wußte, was es war, aber meinte, es hätte mit Bleiben, mit ei-
> nem Dach über dem Kopf und mit Vertrautheit zu tun. Das Bleibende,
> woran ich mich gut erinnere, das war das Gluckern in den Rohren, da wur-

---

neues Erzählen. Die deutsche Prosa-Literatur in den achtziger Jahren. Hrsg. von
Walter Delabar, Werner Jung und Ingrid Pergande. Wiesbaden, Opladen 1993,
S. 103-125; Hanka Siebenpfeiffer: Topographien des Seelischen. Berlinromane
der neunziger Jahre. In: Bestandsaufnahmen. Deutschsprachige Literatur der
neunziger Jahre aus interkultureller Sicht. Hrsg. von Matthias Harder. Würzburg 2001, S. 85-167.

de allerhand transportiert, Wärme mit Öl und Wasser, Trinkwasser,
Waschmaschinenwasser, rauf und runter, Fäkalien und Abwaschwasser,
daß es nur so rauschte, und in der Nase immer der schimmlige Geruch, den
die Keller gemeinsam hatten. (S. 15f)

Was Beyla mit Albert verwirklichen will, macht Pareis Roman auch als
Wunsch Hells kenntlich. Er schließt mit dem unerwarteten Vorsatz der
Protagonistin, ihre Einsamkeit aufzugeben und sich an ihre Nachbarin zu
wenden: „Dann will ich Luft holen, Nase und Kinn der Dunkel entgegen-
strecken und sie fragen, ob sie eine Mitbewohnerin braucht." (S. 183) Und
in diesem Sinne behält sich auch Hermanns Ich vor, Steins Angebot anzunehmen:

Ich ging in die Küche und stand zehn Minuten lang stumpfsinnig vor dem
Herd herum. Die Uhr über dem Held tickte. Ich lief ins hintere Zimmer,
zog die Schreibtischschublade auf und legte den Briefumschlag zu den anderen Karten und dem Schlüsselbund. Ich dachte: „Später." (S. 156)

Alle Texte, so ist festzuhalten, stellen Suchbewegungen dar, in denen das
Berlin der Gegenwart sich als Polarität von „Orten" und „Nicht-Orten"[11]
zeigt. Marc Augé bedient sich dieser Begriffe, um die zeitgenössische Erfahrung von Orten überhaupt näher fassen zu können:

So wie ein Ort durch Identität, Relation und Geschichte gekennzeichnet ist,
so definiert ein Raum, der keine Identität besitzt und sich weder als relati-
onal noch als historisch bezeichnen läßt, einen Nicht-Ort [...]. Dabei gilt
für den Nicht-Ort geradeso wie für den Ort, daß er niemals in reiner Gestalt
existiert; vielmehr setzen sich darin Orte neu zusammen, Relationen werden rekonstruiert [...]. Ort und Nicht-Ort sind fliehende Pole; der Ort verschwindet niemals vollständig, und der Nicht-Ort stellt sich niemals vollständig her – es sind Palimpseste, auf denen das verworrene Spiel von
Identität und Relation ständig aufs neue seine Spiegelung findet. [...] Unsere Hypothese lautet nun, daß die „Übermoderne" Nicht-Orte hervorbringt, also Räume, die selbst keine anthropologischen Orte sind, und anders als die Baudelairesche Moderne, die alten Orte nicht integrieren
[...].[12]

Die Figuren bewegen sich zwischen Orten mit „Identität, Relation und Geschichte" und solchen ohne „Identität, Relation und Geschichte", Augé
zufolge „Nicht-Orten", sie wechseln zwischen ihnen hin und her. Die Texte,

---

11 Marc Augé: Orte und Nicht-Orte. Vorüberlegungen zu einer Ethnologie der
    Einsamkeit. Aus dem Französischen von Michael Bischoff. Frankfurt am Main
    1994 [Paris 1992].
12 Augé: Orte (wie Anm. 11), S. 92f.

so ließe sich seine Hypothese aufnehmen, setzen diese Erfahrung literarisch um; dabei führen sie nicht nur das Spiel mit „Identität, Geschichte und Relation" fort, sondern machen es ihrerseits erfahrbar, gewinnen ihm in der Darstellung und Spiegelung in der Fiktion neue Spielräume im Umgang mit der „Übermoderne" hinzu.

Diesen Überlegungen, der Bedeutung, Darstellung und Funktion, die das Berlin der Gegenwart für die drei Texte hat, geht der Beitrag in drei Zugängen nach. Der erste Abschnitt widmet sich der Spannung, die zwischen Wohnung und Stadt, Innen- und Außenraum besteht. Der zweite Abschnitt untersucht die Darstellung Berlins, der urbanen Räume, die aufgesucht oder gestreift werden. Die Suchbewegung, das gemeinsame Kennzeichen aller Figuren, legt immer wieder das Neben- und Ineinander von Orten und Nicht-Orten frei; der Umgang mit Orten und Nicht-Orten ist den Figuren selbstverständlich, Ausweis ihrer Gegenwärtigkeit. In welcher Weise dieser Befund die Schreibweisen prägt, derer sich die Texte bedienen, thematisiert der letzte Abschnitt.

1. Unbehaustes Wohnen

[I]n einem großen Zimmer für sich allein[13]

Sieht man sich die Wohnungen, die Beyla, Hell und das Ich aus *Sommerhaus, später* bewohnen, näher an, ist einerseits festzuhalten, dass sie überhaupt Wohnungen haben – im Gegensatz zu Doris, Franz Biberkopf und Johannes Pinneberg.[14] Andererseits aber stehen die Wohnungen nicht für ein Zuhause im landläufigen Sinne, sondern für die Unbehaustheit, in der sich die Protagonisten eingerichtet haben.[15]

Selbst das Haus an der Kastanienallee, das die Liebenden in *Liebediener* allererst zusammenführt und in dem ihre Geschichte spielt, ist kein Ort von Geborgenheit oder Schutz. Beyla und Albert bewohnen zwei direkt übereinander liegende Wohnungen im Seitenflügel; der Hof ist hell und dient, mit den üblichen Sicherungsmaßnahmen, als Abstellplatz für Fahrräder. Albert, Pianist

---

13 Franck: Liebediener (wie Anm. 6), S. 16. Die Formulierung scheint auf Virginia Woolfs Essay *Ein Zimmer für sich allein* von 1929 anzuspielen, das Manifest für weibliches Schreiben des 20. Jahrhunderts. Vgl. Virginia Woolf: Ein Zimmer für sich allein. Frankfurt am Main 1994 (= Fischer Taschenbücher 2116).

14 Es handelt sich um die Protagonisten folgender Romane: Keun: Das kunstseidene Mädchen (wie Anm. 5); Alfred Döblin: Berlin Alexanderplatz. Die Geschichte vom Franz Biberkopf. Berlin 1929; Hans Fallada: Kleiner Mann – Was nun? Berlin 1932.

15 Vgl. auch Terézia Mora: Alle Tage. München 2004.

ohne Arbeit aus Rostock, wohnt im zweiten Stock. Er schließt sich grundsätzlich mit drei Schlössern ein (S. 84). Für Beyla, die gerade die Wohnung über
Albert bezogen hat, kennzeichnet das neue Domizil einen Aufstieg nicht nur
im wörtlichen, sondern auch im übertragenen Sinn, stellt es doch ihre Integra-
tion in ein geregeltes Berufsleben unter Beweis. Die als Clown arbeitende
Artistin hatte zuvor die Kellerwohnung des Hauses bewohnt. Von deren Fenster aus hatte sie den tödlichen Verkehrsunfall ihrer Nachbarin Charlotte beobachtet und sich auf der Beerdigung wider Willen dazu überreden lassen, die
Wohnung Charlottes im dritten Stock des Seitenflügels zu übernehmen. Beyla
hat keine Schwierigkeiten, die Miete aufzubringen. (S. 36) Selbst wenn sie
öfter darüber nachdenkt, den Beruf zu wechseln, ist eine Bedingung vorrangig:
„Vorerst wollte ich eine andere Arbeit finden, von der ich leben könnte, ohne
in den Keller zurückziehen zu müssen." (S. 77) Das Verlassen des Kellers steht
für einen sozialen Aufstieg, aber auch für das endgültige Ende ihrer Kindheit:

> Ich bin in Kellerwohnungen aufgewachsen. Wir sind oft umgezogen, weil
> mein Vater die Miete nur zögerlich zahlte und es Streit mit den Vermietern
> gab. Nach einer Kellerwohnung kam die nächste, mal war es Moabit, mal
> Neukölln, mal Wedding oder Spandau. […] Wir waren vier Kinder, meine
> Brüder und ich. Es war meinem Vater gleichgültig, wann wir nach Hause
> kamen, wenn einer mal fehlte, merkte er es selten. Bei uns gab es keine
> Mutti und auch nichts Ähnliches. Nur Kinder. (S. 15f.)

Die Wohnung im dritten Stock steht für eine neue Lebensphase, ja für die
Sicherheit, die Beyla gefunden zu haben glaubt, einmal beruflich – der
Zirkus bietet ihr eine Vertragsverlängerung an (S. 162) –, sodann privat –
die Liebe zu Albert. Aber beides wird zunehmend brüchig. Da ist zum einen
die Tatsache, dass Beyla die neue Wohnung von Anfang an zum Operationsfeld für die Eroberung Alberts macht, bis hin zur vollkommenen Kontrolle über ihn. In Verkehrung des romantischen Liebesmodells und der
damit gesetzten Geschlechterrollen ergreift Beyla nicht nur die Initiative,
sondern dringt systematisch immer weiter vor: Auf die Beobachtung und
Belauschung von oben folgen der Zutritt zu seiner Wohnung und die Ein-
quartierung in Wohn-[16] und Schlafzimmer. Die Beziehung etabliert sich,
man ist glücklich. Aber Beylas Liebesanspruch ist nicht befriedigt, sie rückt
weiter vor. Schon nach der ersten Nacht in Alberts Bett war sie mit Fragen
aufgewacht: „Schläfst du?" „Ja." „Warum schläfst du, wenn es doch so viel
gibt, das du mir erzählen könntest?" „Um dich besser zu lieben." „Erzählst

---

16   Franck: Liebediener (wie Anm. 6), S. 85: „Albert ging mir voraus in sein gro-
     ßes Zimmer. Dort stand der Schaukelstuhl vor dem Fenster und eine Couch an
     der Wand. Ich mag Couchs nicht, sie sind spießig."

du mir von Liebe?" (S. 108)[17] Je länger die Beziehung dauert, je größer wird ihr Wissensdurst: „Ich wollte gern mehr über Albert wissen, ich wollte gern alles wissen. Ich wollte jede Sekunde seines Lebens wissen." (S. 133) Albert beginnt, sich zu verschließen. Die Krise ist da, als sein Liebesgeständnis ausbleibt: „Albert sagte nicht zu mir: Ich liebe dich." (S. 197), ja, als Geständnisse überhaupt verweigert werden:

> [I]ch wollte die Wahrheit und nichts als die Wahrheit. Als wir weitergingen, fragte ich: „Ist dir die Wahrheit nicht wichtig? Sie ist doch die Grundlage von Vertrauen, oder nicht?" „Für mich nicht. Vertrauen ist etwas ganz anderes. Das hat mit Wahrheit wenig zu tun, eher mit Echtheit. Wenn ich dir sage, daß ich dir nicht immer die Wahrheit sagen kann und daß es manchmal besser ist, Geheimnisse für sich zu behalten, was stört dich daran?" „Was mich daran stört?" Ich überlegte. „Alles – daß ich dich dann weniger kenne. (S. 169)

Beyla nimmt Abhörtechnik und Nachstellung wieder auf. Hellsichtige Momente übergeht sie systematisch. Der „Wille zum Wissen"[18] führt Beyla zwar auf die Spur von Alberts Geheimnis, untergräbt aber die Beziehung endgültig. Sie entdeckt in Charlottes Unterlagen ein Foto des Geliebten und „etwa 20 Rechnungen, auf denen sich Charlotte Alberts Dienste hatte quittieren lassen." (S. 215) Albert verdingt sich als Liebediener. Beylas Vorwürfe entlocken Albert endlich das Liebesgeständnis, aber Beyla verlässt ihn. Das Ende bleibt offen.

Die Wohnungen, der Ort der Liebe, das vermeintliche Zuhause, erweist sich als Ort von Verdrängung und Mißtrauen, als Kampfplatz um Wahrheit und Kontrolle. Beide Wohnungen sind zudem Orte, an denen sich die Protagonistin über ihre eigene Identität hinwegtäuscht. Da ist zum einen die Wiederkehr des Verkehrsunfalls, dessen Zeuge Beyla geworden war. Das Ereignis drängt sich ihr immer wieder und aus immer neuen Perspektiven auf. Hatte sie den Unfall Charlottes, die vor Beylas Wohnung von einem ausparkenden Auto

---

17 Die Ähnlichkeit der Formulierung mit Ingeborg Bachmanns Gedichttitel *Erklär mir, Liebe* frappiert, vor allem angesichts der Tatsache, dass Albert sich unmittelbar darauf anschickt, Beyla die erste von insgesamt sieben Liebesgeschichten zu erzählen. Der Zusammenhang kann hier nicht weiter verfolgt werden, ebenso wie eine Fülle weiterer intertextueller Bezüge. – Ingeborg Bachmann: Erklär mir, Liebe. In: Dies.: Werke in vier Bänden. Hrsg. von Christine Koschel, Inge von Weidenbaum und Clemens Münster. München, Zürich, 5. Auflage 1993 [Erste Auflage 1978], Bd. 1: Gedichte, Hörspiele, Libretti, Übersetzungen, S. 109f.

18 Beyla ist unschwer als Vertreterin des Sexualitätsdispositivs und seines Geständniszwangs zu erkennen, vgl. Michel Foucault: Der Wille zum Wissen. Sexualität und Wahrheit 1. 3. Aufl. Frankfurt am Main 1989 (= stw 716) [Paris 1976].

und der eintreffenden Straßenbahn erfaßt worden und noch am Unfallort gestorben war,[19] zunächst aus ihrem Keller beobachtet, von unten, stellen ihr die
Befragung durch die Polizei und die Zeitungsfrau das Geschehen als Faktum
direkt vor Augen. Beyla leugnet jede Zeugenschaft. Stattdessen legt sie sich
die Dinge für sich selbst zurecht:

> [V]or allem hatte ich immer wieder den Mann vor Augen, den Mann in
> dem Ford, den es ohne mich nicht geben würde, ohne meine Beobachtung,
> zumindest nicht im Zusammenhang mit ihrem Tod. Den Ausdruck seines
> Gesichts hatte ich mir besonders gut eingeprägt, und je öfter ich an ihn
> dachte, desto bekannter erschien er mir [...]. (S. 15)

Sie erfindet immer neue Versionen, einmal in Tagträumen, dann in Träumen. Parallel dazu kehrt das Ereignis in konkreter Gestalt zurück. Das
Nachbarmädchen aus dem Dachgeschoss zeigt ihr Fotos, die es „von oben,
von ihrer Wohnung aus" (S. 162) gemacht hatte. Beyla selbst beschließt in
der Krise mit Albert, Charlottes Unfall in einer „neuen Clownschoreogra-
phie" (S. 210) nachzustellen.

Zur Ausblendung von Details und zur Umdeutung der Vorgänge gesellt
sich die Unmöglichkeit, die Dinge zur Sprache zu bringen. Beyla schiebt es
immer wieder auf, Albert direkt zu fragen. Sie erfährt so von ihm nichts, weder
über den Unfall – war er der Autofahrer? – noch über seine Beziehung zu
Charlotte – liebte er sie? Der Wille zum Wissen produziert Blindheit – der
Respekt dem anderen gegenüber, seine Wahrnehmung, ja die Liebe selbst läuft
leer. Beyla gibt überdies die eigene Identität bereitwillig auf. Sie nimmt den
Platz Charlottes zwar gleich doppelt ein, in ihrer Wohnung und der Beziehung
zu Albert, ignoriert aber eindeutige Indizien und eventuelle Zusammenhänge
zwischen dem Unfall und Albert, ihrer Liebe und ihrer Schuld oder legt sie
allein in ihrem Sinne aus.[20] Dies gilt für die roten Schuhe, die sie Charlotte
geliehen hatte: „Sonst trug sie keine hohen Schuhe. Vielleicht war sie gestolpert. Über meine Absätze. [...] Ich habe einen Menschen getötet." (S. 18f.)
Dies gilt besonders für Alberts Erzählungen über die Liebe, die Beyla auf die
Wahrheit über ihn und seine Beziehung zu der Toten stoßen könnten. Beylas
Wahrheitssuche wird ihr so gleich doppelt zum Verhängnis: Sie verfängt sich
selbst in der Liebedienerei, die sie dem Geliebten vorwirft. Sie vertreibt Albert
und bleibt den eigenen Verkennungen ausgeliefert. Der „Unraum", in dem sie

---

19   Erinnert sei hier nur an ein berühmtes literarisches Vorbild, den Straßenbahnun-
     fall Marys am 21.9.1925. Vgl. Heimito von Doderer: Die Strudlhofstiege oder
     Melzer und die Tiefe der Jahre. München 1995, S. 9, 830f.
20   Bereits die Wahl der Namen – Albert, Beyla und Charlotte – macht stutzig. Es
     geht, wie in Goethes *Werther*, um eine Dreiecksgeschichte, in der Beyla den
     Part Werthers, aber auch den Charlottes übernimmt.

sich am Ende findet, ist das Gegenteil von dem Zuhause, das sie in der Liebesbeziehung gesucht hatte:

> Ich dachte an Albert, zwischen meine Tränen zwängte sich ein Lachen,
> meine Erinnerungen an uns waren in dem Lachen, seine waren mit ihm ge-
> storben, er hatte sie mitgenommen, mit in den Unraum, in dem es weder
> Schweigen noch Stille gab, weil es auch keine Geräusche gab, die Schwei-
> gen oder Stille hätten fassen können [...]. Eine Bedeutung, die nur das
> blieb, was sie in mir blieb, die nur dort war, wo noch Erinnerung war [...],
> Erschöpfung, von der ich im Schlaf Erholung suchte und im Schlaf nur zu
> Hause war, und Zuhause war mein Traum, das war mit Albert und in sei-
> nem Atem, Zuhause war mein Traum [...] (S. 237f.)[21].

Macht Franck die Wohnung der Liebenden zum Schauplatz eines Vexier-
spiels von Aufstieg und Absturz, Wahrheit, Täuschung und Schuld, das die
Individuen gleichsam unkenntlich zurücklässt, ist die Wohnung Hells bei
Parei ein individuelles Rückzugsgebiet, das schließlich aufgegeben werden
kann. Auch Hell, offensichtlich ohne Job, wohnt im dritten Stock eines
Seitenflügels, Teil eines „ehemals vornehmen jüdischen Mietshauses in der
Lehniner Straße". (S. 7) Im Unterschied zu dem Haus an der Kastanienallee
ist das Haus völlig verfallen, ein erster Hinweis auf den Ausnahmezustand,
der hier herrscht:

> Vor Beginn des Winters sind die wenigen noch vorhandenen Mieter ausge-
> zogen, meist in die Nähe irgendwelcher Verwandter, in den Plattenbau, mit
> Zentralheizung und Müllschlucker, draußen in Marzahn oder Hellersdorf.
> Zuletzt ging eine halb im Keller hausende, verwahrloste Greisin. Sie hatte
> sich seit zwanzig Jahren geweigert, ihr Quartier zu verlassen. Halbblind,
> die offenen Beine mit geblümten Lappen umwickelt, wurde sie Anfang
> November ins Altersheim gebracht. (S. 7)

Hell und Dunkel sind die letzten Bewohnerinnen, als eine Baufirma ihr
Schild anschlägt:

> Unwahrscheinlich, daß man dieses verfallene Haus einfach vergessen wür-
> de, während alle anderen nach und nach saniert werden. Es war vorherseh-
> bar, daß ich mich hier nicht ewig würde verkriechen können, ohne Miet-
> vertrag, von keiner Verwaltung gekannt oder registriert. (S. 9)

---

21 Die Parallelen zu Ingeborg Bachmanns Roman *Malina*, insbesondere zu seinem
    Anfang, sind auffällig. Vgl. Ingeborg Bachmann: Malina. In: Dies.: „Todesar-
    ten"-Projekt. Kritische Ausgabe hrsg. unter Leitung von Robert Pichl von Mo-
    nika Albrecht und Dirk Göttsche. München, Zürich 1995, 4 Bde., hier Bd. 3.

Hells Behausung ist keine Wohnung, sondern eine Höhle: „Noch dazu bin ich seit Tagen umzingelt von nachtaktivem Getier, von Asseln, Schaben und kleinen Ratten, die mir das Wohnrecht streitig machen." (S. 10)

Als Dunkel verschwindet, nimmt Hell die Suche auf. Sie stößt aber vorerst nicht auf Dunkel, sondern auf ihre eigene Geschichte, die Jahre zurück liegende Vergewaltigung, die sie in dem Abrißhaus hatte Zuflucht suchen lassen. Hier hat sie ihre Lebensbedürfnisse auf ein Minimum reduziert und sich einen festen Lebensrhythmus verordnet:

> Es ist derselbe Winter [der dritte in der Lehniner Straße, H. M.], in dem ich anfange, mich von Haferflocken, Erdnußbutter und einem Vitaminpräparat zu ernähren, heißes Wasser zu trinken und das Stopfen von Kleidungsstücken zu lernen. Meine Ersparnisse sind fast verbraucht. [...] Mein Tagesablauf ist immer derselbe. Zwei Stunden Training am Morgen, mit nüchternem Magen. Danach ein langes Frühstück und ein Mittagsschlaf, der vom Rausch der verflossenen Anstrengung getragen wird. Nachmittags mache ich ziellose Spaziergänge in meinem Viertel oder laufe vom Hackeschen Markt über den Alexanderplatz bis zur Stadtbibliothek, wo es kostenlose Zeitungen gibt und billigen Zitronentee, der nach Automat schmeckt. (S. 41f.)

Hells Wohnung, dem Ausnahmezustand zum Trotz gestrichen und aufgeräumt, dient der Vorbereitung der Begegnung mit dem Vergewaltiger. So wie sie sich hier verkriecht, um Kraft zu schöpfen, hatte sie sich auch unmittelbar nach der Tat in ihrer damaligen Wohnung verbarrikadiert:

> Ich stöpsele das Telefon aus, beantrage Waisenrente, vermeide Außenkontakte. Einmal wöchentlich kaufe ich im nächstgelegenen Supermarkt ein, stapele die Vorräte in einer schattigen Ecke des Balkons. An manchen Tagen scheint mein Leben von der Zimmertür bis zur Balkonbrüstung zu reichen, an anderen nur bis zu den Kanten der Matratze. Hin und wieder endet es an der Stelle, wo mein Körper das Ende seiner physischen Ausdehnung erreicht hat. Ich ahne, daß es vielleicht möglich wäre, sich noch weiter zu minimieren, nach Innen hinein, aber an diesem Punkt überfällt mich Angst, und ich stehe auf. Ich ziehe mich an, leere den Nachttopf, der neben dem unbenutzten Stromheizer steht, zwinge mich auf die Straße hinaus, [...] mache Ordnung, beginne meinen Rückzug erneut. Mit dem Sehen und Hören muß ich ganz von vorn anfangen. Ich muß es neu lernen. [...] Jeden Tag verwende ich jetzt mehrere Stunden darauf, mir ein Stückchen rauhfaserbeklebte Wand anzusehen. Oder ich studiere den Verlauf der Fußleisten [...]. (S. 113f)

Isolation als Möglichkeit, den Schock zu verarbeiten und die eigene Identität wiederzugewinnen. Nach einigen Wochen der Absonderung hatte sie

Anzeige erstattet und mit dem Schattenboxen angefangen, eine doppelte Kampfansage an den Vergewaltiger.

Hells Suche nach Dunkel setzt ein, als ihre Identität wiederhergestellt scheint, zumindest Kampfkraft und -bereitschaft zurückgekehrt sind. In Dunkels Wohnung stößt sie auf Markus März, den ersten Freund der Dunkel. Er will in Berlin seinen leiblichen Vater finden, den er bei seinem Weggang in den Westen im Alter von drei Jahren zuletzt gesehen hatte. Kaum angekommen, war März zufällig Dunkel wieder begegnet und hofft in deren Wohnung auf Unterschlupf nach einem Banküberfall. Ihre gemeinsame Suche nach Dunkel schmiedet Hell und März für kurze Zeit zusammen: Bei dem Versuch, März' Geld in einem Schließfach im Hauptbahnhof zu verstecken, schaltet Hell geistesgegenwärtig und schlagkräftig das Wachpersonal aus. Es gelingt ihr überdies, die Arbeitsstätte des Vaters anhand eines Fotos zu identifizieren und Vater und Sohn zusammenzuführen. Als Gegenleistung akzeptiert März ihre Begleitung bei seinem Treffen mit einem alten Freund, einem Fremdenlegionär, eben dem Mann, in dem Hell anhand der Pfeifen den Vergewaltiger erkennt. Ihre Abrechnung gelingt aber nur halb.

Im Zuge der gemeinsamen Suche wandelt sich Hells Wohnung zunehmend vom Rückszugsort zum Operationsfeld: Hatte Hell hier mit strikter Lebensführung, Training und geistigen Übungen, nicht zuletzt Überlebensstrategien der Chinesen – „Nr. 4: Ausgeruht dem erschöpften Feind begegnen.", „Nr. 16: Was man fangen will, läßt man zunächst los." (S. 15, 28) –, auf ihre Chance gewartet, kehren nun beide hierher zurück, um die Suche von neuem fortzusetzen. Hier kommen sie sich näher, hier versucht März, seine Verwundungen zur Sprache zu bringen. Aber auch diese Wohnung ist kein Zuhause: Dem steht schon entgegen, dass Hell sie am Ende aufgibt. Sie verlässt Abrisshaus und Illegalität, um zu Dunkel zu ziehen, der man eine Mietwohnung drei Straßen weiter angeboten hat. Die Wohnung in der Lehniner Straße erweist sich als Durchgangsstation, als Schwelle: Hell hat zwar den Vergewaltiger nicht bezwungen, aber zumindest seinen Hund außer Gefecht gesetzt. Dass März und der Vergewaltiger am Ende verschwinden, bleibt rätselhaft. Dass Hell aber beschließt, zu Dunkel zu ziehen, hebt die Ambivalenzen, die Ungewissheit, ob die Nachbarinnen überhaupt zwei Figuren sind, auf. Hell und Dunkel kommen wieder zusammen wie Yin/Dunkel und Yang/Hell, das kosmologische Begriffspaar der chinesischen Philosophie: Die Einheit von Yin und Yang, gedacht als Ergänzung und Bedingung gleichermaßen, verkörpert in Yin Männliches, Himmel und Stärke und in Yang Weibliches, Erde und Nachgiebigkeit. Dass Hell und Dunkel eins sind, dazu hatte der Roman von Beginn an Spuren ausgelegt. Bereits die beiden Wohnungen hatten auf ihre Zusammengehörigkeit, aber auch auf die Differenz zwischen ihnen gedeutet:

> Einen größeren Gegensatz als den von Dunkels Wohnung zu meiner eigenen kann ich mir nicht vorstellen. Jedenfalls nicht wenn man bedenkt, daß

es sich um zwei haargenau gleiche Grundrisse handelt, gespiegelt über die Achse des Treppenhauses. (S. 55f.)

März war über die Ähnlichkeit zwischen Hell und Dunkel gestolpert (S. 31); umgekehrt hatte der Wirt in Hells Lieblingscafé am Weinbergsweg nicht auf Hell, sondern auf Dunkel reagiert: „Er begrüßt die Dunkel mit einem schwachen Lächeln. An mir läßt er seinen Blick ohne eine Miene des Erkennens abgleiten." (S. 181) Vom Ende her liest sich auch diese Geschichte wie ein Vexierspiel um weibliche Identität: Die Männer – März, der erste Freund Dunkels, und der Vergewaltiger Hells – sind überwunden. Die Protagonistin vermag sich auf sich selbst gestellt ein Leben in der Legalität, in der Gesellschaft vorzustellen.

Die Wohnungen von Beyla und Albert und von Hell/Dunkel stehen für Orte, die die Unbehaustheit der Figuren, aber auch deren Überwindung vorführen. Im Gegensatz dazu markiert die Wohnung als Ort in *Sommerhaus, später* eine dreifache Leerstelle. Stein, dessen Bekanntschaft das Ich macht, als es zufällig auf der Fahrt zu einem Fest in seinem Taxi Platz nimmt, ist selbst ohne festen Wohnsitz:

> Stein hatte nie eine eigene Wohnung besessen, er zog mit diesen Tüten durch die Stadt und schlief mal hier und mal da, und wenn er nichts fand, schlief er in seinem Taxi. Er war nicht das, was man sich unter einem Obdachlosen vorstellt. Er war sauber, gut angezogen, nie verwahrlost, er hatte Geld, weil er arbeitete, er hatte eben keine eigene Wohnung, vielleicht wollte er keine. (S. 141)

Spontan dehnt das Ich zunächst die Taxifahrt, dann das Zusammensein mit Stein aus:

> Er hatte mich zu einem Fest gefahren und auf der Autobahn eine Trans-AM-Kassette in den Rekorder geschoben, als wir da waren, sagte ich, das Fest sei jetzt doch woanders, und wir fuhren weiter, und irgendwann schaltete er die Uhr ab. Er kam mit zu mir. Er stellte seine Plastiktüten in meinen Flur und blieb drei Wochen lang. (S. 140f.)

Die Beziehung ist vorerst zu Ende.

Die Wohnung des Ich wird nicht eigens vorgeführt. Sie stellt offensichtlich nichts weiter als eine feste Adresse und einen Ort zum Schlafen bereit, jederzeit austauschbar gegen Schlafplätze bei anderen, den Freunden der Clique, mit denen das Ich, das keiner Tätigkeit nachgeht, durch Berlin zieht, zu Festen und Konzerten, in Salons und Theater (S. 142), immer begleitet von Stein: „Und ab und zu nahm ihn einer von uns mit ins Bett, und ab und an sah einer zu." (S. 142) Während die Wohnung des Ich ebenso wenig Gestalt annimmt wie das, was hier passiert, gewinnt im Gegenzug die Vorstellung von dem Haus, das Stein die ganze Zeit über sucht, immer mehr Gewicht. Die Erzählung setzt ein mit dem Vorschlag Steins, das Haus zu besichtigen. Auf der Fahrt ruft das Ich sich noch einmal die Vorgeschichte auf:

> Haus. Ich erinnerte mich. Stein und sein Gerede von dem Haus, raus aus Berlin, Landhaus, Herrenhaus, Gutshaus, Linden davor, Kastanien dahinter, Himmel darüber, See märkisch, drei Morgen Land mindestens, Karten ausgebreitet, markiert, Wochen in der Gegend rumgefahren, suchend. Wenn er dann zurückkam, sah er komisch aus, und die anderen sagten: „Was erzählt der bloß. Das wird doch nie was." Ich vergaß das, wenn ich Stein nicht sah. Wie ich auch ihn vergaß. (S. 139)

Schon während der Fahrt bemerkt das Ich seine neuerliche Irritation durch Steins Gegenwart:

> [I]ch mußte auch lachen und berührte mit der Hand kurz seine Wange. Die Haut war ungewohnt stachelig. Ich dachte: „Was ist gewohnt", Stein sagte: „Siehste", und ich sah, daß er es sofort bereute. (S. 145)

Sie stellt sich im Haus wieder ein, vor allem aber im Garten:

> „Hier." Ich sagte: „Was – hier." „Na alles!" sagte Stein, ich hatte ihn noch nie so unverschämt erlebt. „See, märkisch, Kastanien auf dem Hof, drei Morgen Land, ihr könnt euer gottverdammtes Gras hier anbauen und Pilze und Hanf und Scheiße. [...] er drehte grob meinen Kopf aufs Land hinaus, es war zu dunkel, ich konnte fast nichts mehr erkennen, ich fing an zu zittern. Ich sagte: „Stein. Bitte. Hör auf." Er hörte auf. Er schwieg, wir schauten uns an, wir atmeten heftig und fast im gleichen Rhythmus. Er legte seine Hand langsam an mein Gesicht, ich zuckte zurück, er sagte: „In Ordnung. In Ordnung. In Ordnung. O. K." (S. 150f.)

Aber das Ich geht auf Steins Angebot, zu ihm zu kommen, nicht ein, sondern verschiebt die Entscheidung auf „später". Die Suche nach einem festen Ort wird zum Aufschub, zur Distanznahme, gleichsam zur Verschiebung des Ortes selbst. Der Umstand, dass das Haus abgebrannt ist – offen bleibt, ob Stein den Brand selbst gelegt hat –, vergrößert den Abstand noch: Wenn das Haus nicht mehr existiert, kann die Entscheidung gewissermaßen mit gutem Grund weiter aufgeschoben werden. Gleichzeitig intensiviert der Verlust die libidinöse Besetzung des Hauses. Die Entrückung des Ortes bringt seine stete Präsenz hervor, zum einen im Imaginären, dem sich das Ich hingibt, „stumpfsinnig", wie es heißt (S. 156), zum anderen im Text, der wiederum erst von seinem Ende her erlaubt, die ihn durchziehende Spannung aufzulösen und die vage bleibenden Suchbewegungen der Figuren ansatzweise zu entziffern.

2. Urbane Räume

> Ich selbst befinde mich im Zentrum, unge-
> fähr zwischen N 12 und T 7, und dieses Zen-
> trum löst sich langsam auf.[22]

Während *Sommerhaus, später* die Grenze zwischen realen und virtuellen,
imaginären und symbolisch aufgeladenen Orten ebenso aufhebt wie den
Gegensatz von Ort und Nicht-Ort, verdeutlichen die Romane Pareis und
Francks, dass das Nebeneinander und die Spannung zwischen Orten und
Nicht-Orten Bilder und Vorstellungen von Berlin als geschlossenem Stadt-
raum auflösen. Berlin, so zeigt sich in den drei Texten, wird zwar noch als
Ort des Geschehens benannt, fällt aber in einzelne Orte auseinander, in vom
Stadtganzen gleichsam abgelöste Knotenpunkte, an denen sich individuelle
Lebensweisen und Vorstellungswelten festmachen. In Francks *Liebediener*
fungiert Beylas, aber auch Alberts Wohnung als ein solcher Knotenpunkt:
Hier übersetzen sich Außen- und Innenwelten ineinander. In dem Maße, in
dem Beyla die bei Albert eingehenden beruflichen Telefonanrufe, die er –
natürlich, möchte man sagen – nicht annimmt, solange sie bei ihm ist, regis-
trieren muss, heizen sie ihre Phantasie, ihre Wissbegierde und ihr Kon-
trollbedürfnis weiter an. Die Signale, die die Stadt aussendet, werden zwar
empfangen, aber nicht wieder *ausgesendet*. Sie verschwinden gleichsam in
der Welt der Deutungen, die sich Beyla erschafft.

Der Blick aus dem Fenster, seit dem ausgehenden 18. Jahrhundert der Topos der Stadtwahrnehmung schlechthin,[23] bringt kein ganzes Bild von der Stadt
mehr hervor. Die Blicke der Figuren sind stumpf oder immer schon verstellt,
sie gleiten an einzelnen Orten vorüber oder gehen gleich über die Stadt hinweg. Hell hat Sehen und Hören überhaupt verlernt (S. 114). Beyla sieht den
Verkehrsunfall Charlottes nicht wie das Nachbarmädchen von oben,[24] sondern
von schräg unten:

---

22 Parei: Schattenboxerin (wie Anm. 1), S. 106.
23 Heinz Brüggemann: „Aber schickt keinen Poeten nach London". Großstadt und
    literarische Wahrnehmung im 18. und 19. Jahrhundert. Reinbek bei Hamburg
    1985; ders.: Das andere Fenster. Einblicke in Häuser und Menschen. Zur Litera-
    turgeschichte einer urbanen Wahrnehmungsform. Frankfurt am Main 1989.
24 Franck: Liebediener (wie Anm. 6), S. 162: „Die Autos sahen aus wie Match-
    boxautos und die Menschen wie Puppen. Das sei aus Versehen passiert. [...]
    Alles war klein." Vgl. dagegen E. T. A. Hoffmann: Des Vetters Eckfenster
    (1822). Stuttgart 1999 (= RUB 231), S. 4: „Es ist nötig zu sagen, daß mein Vet-
    ter ziemlich hoch in kleinen niedrigen Zimmern wohnt. Das ist nun Schriftstel-
    ler- und Dichtersitte. [...] Es ist ein Eckhaus, was mein Vetter bewohnt, und aus

> Unten in meiner Wohnung herrschte Dämmerlicht, und ich konnte kaum
> etwas erkennen, so düster war es. [...] Ich [...] stieg auf den Stuhl, um die
> Fensterluke zu öffnen: Die Fenster saßen dicht unter der Decke [...] der
> Mann hupte zweimal kurz hintereinander, ich konnte nur die obere Hälfte
> seines Kopfes erkennen, er sah sich um, es schien gerade so, als warte er
> auf etwas. Ich reckte mich, um den Mann besser sehen zu können. (S. 6)

Beylas Blicke aus der Wohnung im Seitenflügel werden auf das eigene
Haus zurückgelenkt, auf die Wohnung Alberts unter ihr, die Hells brechen
sich an Hof und Vorderhaus:

> [Am Fenster, H. M.] verliere ich mich im Anblick einer Katze, die auf dem
> Nachbargrundstück gierig um den Müll herumstreicht. Das alte Fensterglas
> bildet ein Zerrfeld, das ihr den Bauch aufbläht. [...] sie beginnt mit dem
> Aufreißen der Abfalltüten. (S. 24)

Nicht die Stadt und ihre Wahrnehmung werden für Hell zum Rettungsanker
für die *Wiedererlangung* der eigenen Identität, sondern die Verbarrikadie-
rung und die Anverwandlung an den Feind, die Aneignung seiner Gewohn-
heiten. Um das Rauchen mit den Pfeifen des Vergewaltigers, die sie als
Beweisstücke mitgenommen hatte, zu erlernen, begibt sie sich auf den Bal-
kon:

> Ich schaue über die Dächer in meiner Straße, wo die Häuser nach Osten
> erst niedriger werden und dann in eine Schrebergartenkolonie übergehen.
> Ich lasse das weiche Holz der Pfeifen durch meine Hände gleiten und beo-
> bachte, wie über den Dächern der Nachbarhäuser, über der rotbraunen Fas-
> sade eines Filmkopierwerks, über geschnittenen Hecken, Apfelbäumen und
> Maschendrahtzäunen die Sonne untergeht. (S. 119)

Schnell stellt sie fest: „Am besten ist es, ganz teilnahmslos auf die Straße
hinunterzublicken." (S. 120) Berlin wird zur Durchgangsstation, zum
Sprungbrett, zum Ausgangspunkt für etwas Neues: „raus aus Berlin".[25]

Geht man der Wahrnehmung und Darstellung urbaner Räume im Einzelnen nach, fallen weitere Momente auf. In Francks Roman gewinnen außer den
Wohnungen nur wenige Orte innerhalb des urbanen Raums überhaupt genaue-
re Kontur. Zum einen verortet der Text Wohnung und Aktionsradius der Heldin geographisch exakt: Er nennt Straßen, Parks und Cafés sowie die Verbin-
dungen des öffentlichen Nahverkehrs mit Angabe von Haltestellen und Bahn-
höfen sowie Straßenbahn- und S-Bahn-Linien. Zum anderen folgen Ortswahr-
nehmung und -darstellung drei Mustern, die sich mit den geographischen Da-

---

dem Fenster eines kleinen Kabinetts übersieht er mit einem Blick das ganze Panorama des grandiosen Platzes."

25 Hermann: Sommerhaus (wie Anm. 8), S. 139.

ten zu Berlin nur gelegentlich decken und ihrerseits unverbunden nebeneinander stehen. Da ist zunächst die dem romantischen Liebesmodell entstammende Wunschphantasie Beylas:

> „Ich würde gerne mit dir wegfahren." „Wegfahren? Warum das denn?"
> „Nur so, um an einen Ort zu kommen, den wir nur zweit erleben, nur du
> und ich." „Und wo soll das sein?" „Im Süden. [...] Wir könnten am Meer
> schlafen und in den Sternenhimmel gucken und uns klein fühlen." „Ich
> fühle mich nicht gern klein." [...] „Aber das ist ganz angenehm, erleich-
> ternd. Man ist plötzlich die Last des Großen los [...] man [ist] im Grunde
> alles los [...] Und dann hört man das Meeresrauschen. Und dann fühlt man
> sich geborgen, zu Hause, angekommen." (S. 137)

Da ist auf der anderen Seite, gleichsam am anderen Ende der Bandbreite möglicher, heute gängiger Konzepte von Orten, die Wahrnehmung von Ravensbrück, „des Konzentrationslagers für Frauen und Kinder" (S. 179), dessen Gedenkstätte Beyla zwei Jahre zuvor mit ihrer Freundin besucht hatte, das sie jetzt aber auf dem Ausflug mit Albert, der die heraufziehende Krise bannen soll, „links liegengelassen hatten" (S. 181). Der Ausflug, der keineswegs glücklich verläuft, führt Beyla plötzlich den Zwangszusammenhang von Liebes- und Machtanspruch vor Augen:

> Als ich mir meiner Ohnmacht gewiß wurde, in der die Lust an der Macht
> oder zumindest Kontrolle über Albert steckte, seiner Gedanken und Ge-
> heimnisse habhaft zu werden, und als mir die Unwirklichkeit meiner Ge-
> danken über Albert im Gegensatz zu der Wirklichkeit der Frauen in Ra-
> vensbrück deutlich wurde, ging es gleich etwas besser. Der arme Albert,
> sagte ich mir, sitzt neben dir und weiß von nichts. (S. 181)

Einige Kilometer später schämt sie sich dafür: „[I]ch hatte Ravensbrück mißbraucht (gebraucht?), um mir die Lächerlichkeit meines Verdachts gegen Albert deutlich zu machen." (S. 183) Ein Ort, der Gedenkstätte ist, ist ein Ort eigenen Rechts – er gebietet ein bestimmtes Verhalten, einen besonderen Umgang und ist individuellen Usurpationen enthoben – im Gegensatz zu der Vorstellung von dem einen Ort, der nur für das Erlebnis der Liebe existiert.

Liegen diese beiden Orte außerhalb von Berlin, in einem unbestimmten „Süden" bzw. – geographisch, historisch und kulturell vollkommen erschlossen – in näherer Entfernung, kommt Berlin als urbaner Raum auch selbst in den Blick. Dabei wird die Distanz, ja der Hass auf die Stadt als Ganze wie auf einzelne Orte deutlich. Berlin, so zeigt der Heldin ein in Brüssel gekauftes Kleid, hat die Kraft, die Dinge zu verändern und die Beziehungen zu ihnen zu verkehren:

Sosehr es mir in Brüssel gefallen hatte, war es mir hier untauglich und viel zu elegant erschienen, fast würde ich sagen: zu feminin. Berlin veränderte das Kleid mit seinen Augen, die auch meine waren, wenn ich hier war. Das Kleid verband mich nicht mehr mit der Umgebung, sondern trennte mich von ihr und führte mich vor. (S. 64)

Die Kraft der Veränderung wird der Stadt zugeschrieben, ihrem Blick – in Analogie zu den *Äußerungen* der Stadt, die in Form von Telefonanrufen in Alberts Wohnung ankommen, ist es nun nicht das akustische Geräusch, das Beyla überfällt und irritiert, sondern die optische Einwirkung. Es ist nicht mehr der Einzelne, der sich anschickt, die Stadt zu sehen, sondern umgekehrt: Der Blick geht von der Stadt aus,[26] zwingt sich dem Einzelnen auf. Obwohl Beyla versucht, sich diesen Übergriffen zu entziehen, Übergriffe, die Reiseführer und Touristeninformation als eigentliche Versprechen der Stadt ausgeben, stempelt sie ihre Verweigerung zur Außenseiterin:

Ich haßte die Wilmersdorfer Straße, die Karl-Marx-Straße, und überhaupt, alle diese Einkaufsstraßen haßte ich, auch die Schloßstraße und die Gier, die dort unter den Menschen grassiert. Hektische Menschen mit prallen Tüten. Alle auf der Suche und in einem Rausch, dem ich nicht erliege. [...] Neonlicht und blaue Federn am Kragen, und trotzdem noch nüchtern und ohne Aussicht, der Gier zu erliegen, wie man einem Lied oder einer Droge oder einer Liebe erliegt – einfach draußen. (S. 81f.)

Ebenso aufschlussreich ist der nächtliche Spaziergang der Liebenden am Anfang ihrer Beziehung. Er führt sie in die „Neue Mitte": „Wir liefen entlang dem Bauzaun zur Mitte, die keine war." (S. 113) Die Bauarbeiten am Potsdamer Platz sind in vollem Gange, der Ort ist voll ausgeleuchtet, zeigt aber nichts: „Die Höhe, die künftig verschiedene Firmen repräsentieren und ihnen je ein Ansehen vor der Welt verschaffen sollte, war vor allem durch die großen Löcher gekennzeichnet" (S. 113). Die Leere, die man besichtigt, kehrt in der Unmöglichkeit wieder, sich dem anderen mitzuteilen. Im Blick auf den Platz einander nicht zugewandt, sondern hintereinander stehend, schlägt Beylas Frage nach Alberts Verhältnis zu Kindern um in den Bewusstseinsstrom, der vor der Protagonistin die hinter ihr liegende Abtreibung und den eigenen Kinderwunsch aufsteigen lässt. Alberts Antwort geht ins Leere. Die Heldin setzt sich wissentlich über die Wahrnehmung der Situation hinweg:

---

26 Vgl. auch Franck: Liebediener (wie Anm. 6), S. 75 über eine Vorstellung der Heldin im Zirkus: „Ich fühlte mich von einer Vielzahl Augen entdeckt, die mir lästig waren und die ich nicht hassen konnte, weil es Kinderaugen waren und weil sie bezahlt hatten".

Unter mir leuchtete ein Schweißgerät auf. [...] Meine Pupillen weiteten
sich, sollte nur meine Netzhaut zerschnitten werden, zumindest gelöst, wozu brauchte ich schon meine Augen, ich hatte doch Albert (was wollte ich
mehr?), ich sah nicht weg, obwohl man mir als Kind beigebracht hatte, daß
man blind davon würde, wie von der Sonne. (S. 116)

Stehen bei Franck Darstellungen einzelner Orte des urbanen Raumes und
verschiedene Vorstellungen von Orten nebeneinander, woraus sich einerseits Gegensätze ergeben – Wohnung versus Einkaufsstraße, die Leere des
Potsdamer Platzes versus die Belebtheit und Lautstärke des S-Bahnhofs
Yorckstraße (S. 169f.) –, andererseits Ausnahme-Orte, Ideale von Orten –
der Ort der Liebenden, der Gedächtnsiort –, scheint Parei urbane Räume
immer aus der gleichen Perspektive zu behandeln, der Beziehung, die sich
jeweils zwischen Ort und Heldin herstellt. Dementsprechend tragen nicht
nur die Wohnorte, sondern auch alle anderen Orte die Merkmale, die Augé
dem Begriffspaar Ort – Nicht-Ort zuordnet: das Identische bzw. das Nicht-
Identische, das Historische bzw. das Nicht-Historische, das Bezügliche bzw.
das Nicht-Bezügliche. Sie finden sich in der Wahrnehmung der Stadt als
ganzer. Hell vermag sich nicht vor der Stadt zu verschließen, sieht sich aber
als Berlinerin und Fremde gleichzeitig:

Welche Feindseligkeit Menschen aus der Provinz ihren Heimatorten gegenüber aufbringen können. In der Stadt ist das kaum möglich. Es gibt zu
viele Eindrücke, zu viel Veränderung und Geschwindigkeit, als daß der
Abscheu einer ganzen Kindheit sich darauf richten könnte.
An manchen Tagen laufe ich durch die Stadt, in der ich geboren bin, wie
eine Fremde, zum Beispiel neulich, da gerate ich in den Bahnhof Fried-
richstraße. Ich bin auf der Suche nach einer S-Bahn, die mich zur Born-
holmer Straße bringt, und unfähig, inmitten aufgerissener und wieder zu-
sammengeflickter Architektur, die sich gegenseitig ausschließenden Ge-
sellschaftssystemen entsprungen ist, ein Schild zu lesen oder den Ausgang
zu finden. Ich bin gefangen in einem Dschungel aus Symbolen und Beschriftungen, deren Botschaften verfrüht oder veraltet sind. Sie beziehen
sich auf Gebäudeteile, die nicht mehr existieren, wie der aufdringlich zak-
kige und gleichzeitig gequetscht wirkende Schriftzug Intershop. Oder auf
solche, die noch nicht vorhanden sind, wie der Aufkleber mit dem Fahrstuhl, der mich zu einem offenen Schacht führt, notdürftig abgeriegelt mit
rotweiß gestreiftem Baustellenplastikband. Nach langem Irrlauf verlasse
ich den Ort, aufgerieben an zueinander unpassenden Kachel-, Boden- und
Rolltreppenarten. (S. 76)

Zum anderen strukturiert der beständige Übergang von Orten in Nicht-Orte
und umgekehrt jede Ortserfahrung als solche. Wie Franck, verankert Parei
das Geschehen geographisch exakt an konkreten Orten, der Wohnung Hells
in der Lehniner Straße und ihrem Lieblingscafé am Weinbergsweg sowie an

den Orten, die sie ansteuert und wieder verlässt. Geht man diese einzeln durch, zeigen sich die Überschneidungen, die Überlagerungen und die Spannung zwischen den genannten Merkmalen immer aufs neue. Schon die Opposition von Hell und Dunkel, veranschaulicht in den Wohnungen der Nachbarinnen der Lehniner Straße, macht stutzig. Hells Wohnung selbst ist einerseits – entgegen ihrer Funktion als Schutz gewährender Höhle, entgegen der *Zone*, in der sie liegt, und des Ausnahmezustands, in dem sich das Haus befindet – ein geordnetes Universum. Weiß gestrichen und aufgeräumt, gibt es frische Handtücher und chinesische Teetassen. Dies ganz im Gegensatz zur Wohnung der Nachbarin:

> Dunkels Zimmer ist der vollgestopfteste Raum, den ich kenne. Mit Ausnahme einer freien Schneise, die von der Tür zum Fenster führt, besteht es aus unzähligen Schichten neben- und übereinander gelagerter Dinge. Ich bücke mich und finde eine Zeitung von 1990, mit der sie ein Loch im Fußboden gestopft hat. Wie eine dichte Wolkendecke verläuft Staub entlang der Fußleisten bis zu den Pfosten eines Messingbettes, auf dem dicke Federbetten liegen, hingeworfene Kleider, Bücher [...] (S. 24)

Andererseits aber ist Hells Wohnung kein identischer Ort. Da ist zum einen die bereits erwähnte Ambivalenz von Gegensatz und Ähnlichkeit (S. 55f.). Die Wohnung stellt zu anderen nur eine Zwischenstation, einen Zufluchtsort auf bestimmte Zeit dar. Es fällt auf, dass Hell sich am Tiefpunkt ihrer Verfassung nach der Vergewaltigung „auf die Straße hinaus zwing[t]" (S. 114) – im Unterschied zu Dunkel, die, „ein sehr ortsgebundener Mensch" (S. 10), eigentlich immer zu Hause blieb, aber auch zu Beyla, die sich in ihrer neuen Wohnung geradezu verkeilt. Hell verlässt nach ihrem ersten Aufbruch ihren Rückzugsort immer leichter, angefangen von den „ziellosen Spaziergängen" bis zur „Stadtflucht" (S. 41f). Sie erobert sich buchstäblich Schritt für Schritt Handlungs- und Bewegungsfreiheit zurück.

Bei der Erweiterung ihres Aktionsradius nimmt sie die urbanen Räume, die sie durchstreift, durchaus wahr; selbst in den Rückblenden haben diese klare Konturen. Dies gilt insbesondere für die Vergewaltigung im „jetzt [1989, H. M.] völlig unwirklichen Leben an der westlichen Achse der Stadt". (S. 15)

> Kreuzbergs Straßen rund um den Görlitzer Bahnhof flirren vor Hitze und Sand. Der Sand weht von den Bahnhofsresten herüber, einer verwahrlosten, mit Gleispaaren durchsetzten Freifläche. Gekappt durch die Mauer hat der Schienenstrang seit Jahren seinen Sinn verloren, befindet sich im Rückfall zu Wüste und Steppe. (S. 15f.)

Dort war Hell gelaufen wie immer, an dem Tag parallel zu einer 1.-Mai-Demonstration. Als die Polizei aktiv wurde, hatte Hell sich in das „panische Rennen" (S. 18) der Demonstranten hineinziehen lassen – „Wäre ich stehengeblieben." (S. 18) – und sich dann auf dem Gelände vor einem Hund in der „Ruine des Bahnhäuschens" (S. 20) in Sicherheit bringen wollen. „Mein Versteck ist eine Falle." (S. 20) Das Gebäude dient einem Franzosen, einem Fremdenlegionär, als Unterschlupf. Der Mann reißt ihr einen Ohrring aus und nähert sich ihr dann, nach einem unverständlichen Wortschwall, noch einmal: „Ich will dir nichts tun. Ich will nur wissen, ob meine Kleine mich auch versteht." (S. 22) Erst am anderen Morgen setzt ihr „Fluchtimpuls" (S. 62) ein: Sie versucht, über den Sandberg hinweg den Rückweg zum Bahnhof zu gewinnen, zumal der Mann wieder in Sicht kommt:

> Unmöglich, in diesem Zustand eine Straße zu betreten, eine Haltung, die sich zur Furcht steigert. Zur Furcht, ich könnte, unten angekommen, den entscheidenden Schritt nach draußen nicht schaffen, zerrissen werden im Übergang von der Leere zur Enge der Stadt, wie zwischen sich gegenseitig ausschließender Anziehung zweier Pole. (S. 64)

Die Wahrnehmung von Leere markiert den Übergang zwischen Nicht-Ort und Ort. Sie prägt fortan jede Wahrnehmung der Stadt. Sie kehrt Wochen darauf bei Polizei wieder, wo Hell Anzeige erstattet:

> Mir fällt kein Platz ein, der die Bezeichnung Platz weniger verdient als dieser Hermannplatz, ein mit unübersichtlichen Ampelanlagen bestückter Knotenpunkt, von dem aus die mehrspurigen Straßen des Südostens sternförmig abgehen. (S. 81)

Auch der Rosenthaler Platz (S. 87) und der Hauptbahnhof (S. 89) stellen Zonen eines solchen Übergangs dar: Dies hindert die Heldin aber nun, ausgerüstet mit Kampftechnik und -bereitschaft, nicht mehr, sich hier zu bewegen und ihre Ziele in die Tat umzusetzen, sei es, den „menschenleeren" Platz (S. 87) zu überwinden, sei es, das Wachpersonal auszuschalten, das März und sie beim Verstecken der Beute an den Schließfächern stört (S. 93). Im Hauptbahnhof entdeckt Hell überdies den entscheidenden Hinweis auf die Arbeitsstätte von März' Vater (S. 91).

Gleichgültig, wo sie sich befindet, die Heldin setzt sich in Beziehung zu dem Ort. Entsprechend stellt sich die Stadt als ein Netz von Knotenpunkten dar. Das Wort kehrt leitmotivisch wieder (S. 16, 81, 104) – es hebt hervor, dass verschiedene Bewegungsrichtungen ineinander übersetzt werden. Knotenpunkte in diesem Sinne sind zum einen Plätze und Bahnhöfe, Inbegriff der Augéschen Nicht-Orte[27], zum anderen Haltestellen. Die Heldin hält sich bei ihren Bewegungen in und durch die Stadt unablässig die Existenz von Haltestellen gewärtig; unabhängig, ob es sich um U- oder S-Bahn-, Bus- oder Straßenbahnhaltestellen handelt, bieten diese Ankerplätze, Fluchtpunkte, die der

---

27 Augé: Orte (wie Anm. 11), S. 94.

eigenen Bewegung Halt im wörtlichen Sinn gewähren und erlauben, sie bis zu Ende zu führen. Dies gilt zunächst für die Vergewaltigung. Die heraufziehende Gefahr verspürend, ortet Hell noch im Laufen ihre Position:

> [Z]ähle ich mir immer wieder die fünf Seitenstraßen auf, hinter denen ich abbiegen und [...] verschwinden kann: Glogauer, Liegnitzer, Forster, Ohlauer, Lausitzer. Seitenstraßen führen in ruhiges Gebiet. Es ist möglich, von dort aus eine Haltestelle zu erreichen [...] [, den H. M.] gelben Doppelstockbus, der den Kottbusser Damm entlang aus der Gefahrenzone führt. (S. 17)

Dieselbe Reaktion zeigt Hell nach der nur zur Hälfte erfolgreichen Abrechnung mit dem Vergewaltiger: „Ich entdecke eine Bushaltestelle für den 265er und laufe zum gelben Pfahl. Die Fahrpläne sind herausgerissen." (S. 170)[28] Haltestellen werden zu Wohnungen, zu einem Zuhause, das im urbanen Raum einen Moment lang auftaucht: Sie sind Orte der Sicherheit, der Sammlung, sie eröffnen Fluchtmöglichkeiten und erlauben, Fluchtweg und -richtung zu bestimmen, den Umständen anzupassen.

Im Unterschied zu den beiden Romanen schenkt *Sommerhaus, später* der Wahrnehmung des Stadtganzen und der urbanen Räume weit weniger Aufmerksamkeit. Selten werden einzelne Orte explizit aufgerufen – etwa, wenn von „Atelier … Konzerten … Rote[m] Salon … Theater" die Rede ist. (S. 142) Die Stadt wird geographisch vor allem in ihren Außenbezirken oder in den Straßen greifbar: So erinnert sich das Ich zum einen an die Feste und Vergnügen, die die Clique in „den Wald und aufs Eis" (S. 153), den zugefrorenen „Griebnitzsee" (S. 154) und in die „Landhäuschen" vor Berlin geführt hatten (S. 142), zum anderen an die Straßen, die es in Steins Taxi genommen hatte:

> In den drei Wochen, in denen Stein bei mir lebte, fuhren wir mit seinem Taxi durch die Stadt. Das erste Mal über die Frankfurter Allee, bis zu ihrem Ende und wieder zurück, wir hörten Massive Attack [...] wohl eine Stunde lang rauf und runter [...]. Mein Kopf war völlig leer, ich fühlte mich ausgehöhlt und in einem seltsamen Schwebezustand, die Straße vor uns war breit und naß vom Regen, die Scheibenwischer schoben sich über die Windschutzscheibe, vor – zurück. Die Stalin-Bauten zu beiden Seiten waren riesig und fremd und schön. Die Stadt war nicht mehr die Stadt, die ich kannte, sie war autark und menschenleer. [...] Danach fuhren wir fast immer mit dem Taxi herum. (S. 41f)

---

28 Ebenso versucht März Dunkel aus der Zone zu retten, in die sie ihre nächtliche Kahnfahrt auf der Spree verschlagen hat: „Sie wollte einfach nicht mehr aufstehen. Bis ich das grüne S-Bahnschild gesehen habe. Am Ende der Straße. Ich zeigte es ihr, sagte ihr, daß wir kurz vorm Ziel wären. Da ist sie schließlich aufgestanden." (S. 37)

Die Straßen stehen für Bewegung pur, in- und außerhalb der Stadt. Gemeinhin Garant von Verkehr und Kommunikation, werden sie mit einem neuen Bedeutungsnetz überzogen, das nicht auf die Stadt, sondern allein auf die Beziehung zwischen Stein und dem Ich Bezug nimmt, ohne dass dies allerdings explizit würde:

> Stein hatte für jede Strecke eine andere Musik, Ween für die Landstraßen, David Bowie für die Innenstadt, Bach für die Alleen, Trans-AM nur für die Autobahn. Wir fuhren fast immer Autobahn. (S. 142)

Die Erzählung, die von Beginn an über Berlin hinauszielt, lebt vom Topos des Landlebens, des Stadt-Land-Gegensatzes. Während dieser sich in der Imagination des Hauses, das Stein sucht, verdichtet, konvergieren reale Begegnungen mit Stadt und Land in ein- und derselben Erfahrung, der der Leere. Diesen Effekt hat die erste Fahrt über die Frankfurter Allee. Auf dem Lande wiederholt sich die Erfahrung, wenn auch unter anderen Vorzeichen:

> Wir saßen mit [Stein, H. M.] da rum, in den Gärten und Häusern von Leuten, mit denen wir nichts zu tun hatten. Arbeiter hatten da gelebt, Kleinbauern, Hobbygärtner, die uns haßten und die wir haßten. Den Einheimischen gingen wir aus dem Weg, schon an sie zu denken, machte alles kaputt. Es paßte nicht. Wir klauten ihnen das „Unter-uns-Sein", entstellten die Dörfer, Felder und noch den Himmel, das kriegten wir mit […]. (S. 143)

Das Leben der Berliner in *Sommerhaus, später* spielt sich nicht drinnen, in einem Zuhause, ab, sondern draußen, auf Straßen oder im Freien außerhalb urbaner Räume. Gleichzeitig aber verkehrt sich Aufbruchsphantasie „raus aus Berlin" (S. 139) in ihr Gegenteil: „Berliner raus" (S. 142) lautet die Parole, die den Berlinern auf dem Lande entgegenschlägt.

Vor diesem Hintergrund erscheint Steins Canitzer Haus umso eher als fester, stabiler Ort. Es ist zwar eine „Ruine" (S. 148), hat aber Identität und Geschichte: Es bewahrt alte, historisch überholte Hausformen in sich auf: „Landhaus, Herrenhaus, Gutshaus" (S. 139), es hat einen Preis – „80 000 Mark" (S. 145) –, der seinem Zustand Rechnung trägt (S. 146). Identität und Geschichte verdeutlicht auch der zu ihm gehörende Schlüsselbund:

> Ich zählte die Schlüssel, es waren dreiundzwanzig Stück, ganz kleine und sehr große, alle alt und mit schöngeschwungenem Griff […] Der Schlüssel zum Stall, der Schlüssel zum Boden, der fürs Tor, für die Scheune, fürs gute Zimmer, für Melkkammer, Briefkasten, Keller und Gartentor […] und auf einmal verstand ich Stein, seine Begeisterung, seine Vorfreude, seine Fiebrigkeit. (S. 147)

Die Notiz, die nach dem Brand in der Lokalpresse erscheint, liest sich denn
auch als Nachruf, der beides noch einmal ausstellt:

> *Regionales.* In der Nacht zum Freitag brannte in Canitz das ehemalige
> Gutshaus bis auf die Grundmauern ab. Der Besitzer, ein Berliner, der das
> im 18. Jahrhundert gebaute Haus vor einem halben Jahr gekauft und wie-
> der instand gesetzt hatte, ist seitdem als vermißt gemeldet. Die Unglücks-
> ursache steht noch nicht fest, die Polizei schließt Brandstiftung nicht aus.
> (S. 156)

Das Haus ist ein identischer, historischer, ja mythischer Ort – es ist der
einzige Ort, der als Knotenpunkt fungiert.

3. Fluchtlinien und Schreibweisen

> Was erzählt der bloß. Das wird doch nie
> was.[29]

Die Suchbewegungen der Figuren beschreiben Fluchtlinien, die Berlin
durchziehen, aber auch über den Stadtraum hinausweisen. Die Knotenpunkte, an denen die Bewegung innehält oder wieder einsetzt, aber auch die
Orte, die bloß gestreift werden, legen die sich „fliehenden Pole"[30] von Ort
und Nicht-Ort frei, die sich jeweils zu Orten neu zusammen setzen und an
denen sich das Austarieren, das Erproben von Identität und Beziehungs-
möglichkeit erneuern kann. Dass Beyla angesichts der Leere des Potsdamer
Platzes, auch in Anbetracht des für sie ins Leere laufenden Gesprächs mit
Albert, der ihre geheimsten Wünsche kaum zur Kenntnis zu nehmen
scheint, zu rennen beginnt, ist in diesem Sinne der Versuch, die Beziehung,
die Verständigung mit dem anderen neu zu entfachen: „Das Rennen hatte
ich mir damals [nach der Abtreibung, H. M.] angewöhnt, möglichst spontan, ganz unerwartet, das konnte glücklich machen" (S. 117). Auch bei
Parei und Hermann gibt es solche plötzlichen *Starts*, Aufbrüche, die die
eigene Situation, die eigene Identität und die Beziehungen zu anderen unter
neuen Bedingungen aufs Spiel setzen. So wenn bei Parei Hell sich „auf die
Straße hinaus" (S. 114) zwingt oder wenn das Ich in *Sommerhaus, später*
die Einladung Steins zur Hausbesichtigung akzeptiert. Was kommt, ist un-
vorhersehbar, birgt aber die Möglichkeiten, die eigene Verortung zu verrük-
ken, den eigenen Ort neu zu bestimmen.

---

29 Hermann: Sommerhaus (wie Anm. 8), S. 139.
30 Augé: Orte (wie Anm. 11), S. 93.

Bilden die Fluchtlinien gleichsam die „Palimpseste" ab, mit der Augé das Spiel von Identität und Relation, das sich in Umwandlung und Überlagerung von Orten und Nicht-Orten beständig vollzieht, vergleicht[31], sei abschließend auf einige Momente hingewiesen, die die Schreibweise der drei Texte kennzeichnen. Festzuhalten ist zunächst die den Texten gemeinsame Verwendung von Rückblenden. Es fällt auf, dass diese weder das vergangene, erinnerte Geschehen und dessen Beziehung zur Gegenwart noch diese selbst vollkommen erschließen. Was bleibt, ist die Rätselhaftigkeit der Ereignisse wie der Figuren. Ihre Geschichten geben nur Bruchstücke frei, das Verhältnis von Vergangenheit und Gegenwart, Wahrheit und Lüge, Identität und Liebe ist nicht eindeutig zu rekonstruieren, verführt aber dazu, die Texte vom Ende her noch einmal zu lesen, und zwar anders – darin vergleichbar Tom Tykwers Film *Lola rennt*[32].

Francks Roman führt vor, dass die „Wahrheit", das mehrfach ausdrücklich benannte Ziel, dem sich die Suche der Heldin verschreibt: „[I]ch wollte die Wahrheit und nichts als die Wahrheit." (S. 169), nicht über die Unmittelbarkeit der eigenen Sinne – das Wahrnehmen in der Stadt – zugänglich ist, sondern sich immer nur über wechselnde Medien vermittelt, sei es über eigene Tagträume und Träume, sei es über ein Polizeiprotokoll, Fotos oder einen choreographischen Entwurf. Der einzige Raum, in dem Wahrheit greifbar scheint, ist der der Fiktion. Beylas beiläufig hingeworfene Erklärung nach ihrer Weigerung, als Unfallzeugin aufzutreten: „Warum ich das gesagt hatte? Aus Faulheit wohl. Ich log häufig, daran hatte ich mich gewöhnt, meistens, wenn es unwichtig war und ich weiteren lästigen Fragen aus dem Weg gehen wollte." (S. 12) ist doppelt lesbar: Zum einen bleibt tatsächlich bis zum Ende offen, ob es eine Wahrheit gibt und worin diese besteht. Zum anderen enthält die Aussage das poetische Programm, dem der Roman folgt. Auf den Satz folgen häufig Formeln wie „ich meinte, ich glaubte" (S. 40, 70), Formeln, die den unsicheren Status des Wahrgenommenen ausstellen, um bald darauf durch eine neue Version von dem Unfall und den damit verbundenen Ereignissen ersetzt zu werden, die auf den jeweils neuesten Wissensstand abgestimmt ist. In demselben Maße, in dem die Heldin sich versichert, dass ihre Versionen trotz eigener Einwände richtig sind – „ Es gelang mir; ich schob auf" (S. 150, 166) –, entspinnt sich die Handlung, knüpft sich der Text. Die Fiktion wird zur Fluchtlinie, die sich neben den realen Suchbewegungen der Figuren platziert.

Es fällt auf, dass das Verhältnis zwischen Realität und Vorstellung, Wahrheit und Fiktion, das bei Franck uneindeutig bleibt, auch Pareis Roman strukturiert. Entzieht sich schon die Identität der Heldin – steht Hell/Dunkel für eine Spaltung oder Verdoppelung? –, so lässt schon der Titel, der sie immerhin als Schattenboxerin einführt, auch die Handlung in Unwirklichkeit und Uneindeu-

---

31 Augé: Orte (wie Anm. 11), S. 94.
32 Tom Tykwer: Lola rennt. Deutschland 1998.

tigkeit kippen. Das Schattenboxen ist eine Kampftechnik gegen einen nur vorgestellten Gegner. Die so sorgfältig geprobte Konfrontation mit dem Vergewaltiger kommt letztlich nicht zustande. Imaginäres und Reales treten einander gegenüber. Dies spiegelt sich in der geographischen Verortung der Suchbewegungen, wird aber gleichzeitig gebrochen, wenn die Heldin die Suche nach März' Vater auf dem Stadtplan und im Traum vorwegnimmt:

> Ich nehme den Plan und klappe ihn auf. Einer dieser Patentgefalteten, die Marke, die in der Stadt am häufigsten im Umlauf ist. Ich setze mich aufs Bett und knicke mich abschnittsweise nach Südosten durch. [...] Erst in den frühen Morgenstunden schlafe ich ein [...]. Der Stadtplan ist jetzt ganz auseinandergefaltet, bis zu den wenig benutzten, noch druckfrischen, äußeren Rändern. Karow und Waidmannslust sind an Grünflächen geschmiegte Siedlungen, eingeknüpft in schiefe Drei- und Mehrecke, die die gelben Stricke der Hauptverkehrsadern als breitmaschiges Netz über die dünne Spur der Planquadrate gelegt haben. Lindgrün glänzend erstrecken sich die Waldgebiete, zerlegt durch Wege, bedeckt mit einem Muster omegaförmiger Baumsymbole, und im Westteil hangt wie ein schwerer, sich verknotender und wieder zerspleißender Zopf die Stadtautobahn. Ich selbst befinde mich im Zentrum, ungefähr zwischen N 12 und T 7, und dieses Zentrum löst sich langsam auf. Am Tiergarten, abgegriffen vom vielen Blättern, kleben Krümel einstigen Grüns. Siegessäule und Brandenburger Tor sind völlig in Knickfurchen verschwunden. Am schlimmsten aber ist es um die Gegend rund um das nördliche Neukölln bestellt, denn dort ist ein Loch. Ich weiß, daß ich auf das Loch zurutsche. (S. 106ff.)

Die Geschichte der Protagonisten folgt dem Lesen der Karte, das Schreiben, der Text, bildet diese gleichsam nach: Stadterfahrung und Stadtdarstellung als Palimpsest buchstäblich vorgeführt.

Nährt sich bei Franck und Parei die Fiktion derart aus der Verrückung von „Raum- und Zeitkoordinaten" – Francks Heldin selbst nimmt für sich deren Orientierungsfunktion in Anspruch, ironisch gebrochen, aber angesichts ihres Hanges zur Lüge irritierend genug: „ich dachte (natürlich) in Raum- und Zeitkoordinaten, die mich nach einem Danach und einem Dahinter fragen ließen (Blödsinn, so was)." (S. 20) –, scheint Hermanns Erzählung die beiden Koordinatensysteme selbst ineinander zu montieren, wie schon der Titel ankündigt: *Sommerhaus, später*. So wie Berlin als Stadt in namenlosen Orten und Straßen greifbar wird – „Autobahn, Landstraße, Innenstadt, Alleen, Autobahn" (S. 140, 142) –, präsentiert sich das Ziel aller Wünsche, das Haus, unter Vorzeichen des Mythos. Ein Name wie Stein, ein Haus wie das Sommerhaus, eine Zeit wie der Winter, eine Geschichte wie die der Suche nach einem Haus, das den Suchenden heimkehren lässt, um ihm gleichzeitig den Aufbruch zu gewähren:

> Das Haus war ein Schiff. Es lag am Rand dieser canitzschen Dorfstraße wie ein in lange vergangener Zeit gestrandetes, stolzes Schiff. Es war ein

großes, zweistöckiges Gutshaus aus rotem Ziegelstein, es hatte ein skelettiertes Giebeldach mit zwei hölzernen Pferdeköpfen zu beiden Seiten, in den meisten Fenstern waren keine Scheiben mehr. Die Veranda wurde nur noch vom dichten Efeu zusammengehalten, und durchs Mauerwerk liefen daumendicke Risse. Das Haus war schön. Es war das Haus. Und es war eine Ruine. (S. 148)

Verkleinerung und Vergrößerung, Einfachheit und Erhabenheit stehen unvermittelt und ohne in Widerspruch zu geraten nebeneinander. Versatzstücke und Darstellungsweisen erschaffen eine mythische Welt, die sich „später" einstellen wird. Kunstlose Künstlichkeit – die Hoffnung, die sie freisetzt, ist groß, der Mythos Berlin wird in einen neuen Mythos überführt.

Der Ausblick, mit dem *Sommerhaus, später* schließt, lässt die Unterschiede zwischen dem alten und dem gewandelten Mythos Berlin deutlich hervortreten. Kennzeichnete den alten Mythos das Moment des Aufbruchs, des Versprechens auf die Verwirklichung von Freiheit, Liebe und Teilhabe am Puls der Zeit, für das die Metropole einstand, so markieren Landflucht und die Erfahrung der Stadt als Nicht-Ort den gewandelten Mythos. Den Erschütterungen von Stadtraum und Selbstbild sucht die Stadt selbst zu begegnen: buchstäblich in den Bauvorhaben der „Neuen Mitte", topographisch mit der Um- und Neubenennung alter Strassen und Plätze, die auch alteingesessene Bewohner zwingen, sich permanent neue Stadtpläne zu verschaffen. Der anhaltende gesellschaftliche und kulturelle Wandel bringt unversehens einen veränderten Mythos von der Stadt hervor, in dem sich Wende und Neuanfang, Um- und Aufbruch überlagern. Die Texte machen sich dies zu Nutze, um den Zustand ihrer Heldinnen und ihrer Versuche, sich in der Welt zu verorten, zu beschreiben – im Bezug auf private und politische Veränderungen, auf ethische und existentielle Fragen. Dass Franck die Blindheit Beylas sich selbst gegenüber mit der Frage nach ihrer Schuld am Unfalltod der Nachbarin engführt, dass Parei den Anstoß zur Bearbeitung der Vergewaltigung mit dem Zusammenbruch der Mauer kurzschließt, dass Hermann alten und neuen Mythos – Berlin und Landhaus – ineinander übersetzt, erweist, dass die Texte zum einen dem gewandelten Mythos Berlin ihre eigene Prägung geben und ihn ihrerseits fortschreiben. Es zeigt sich zum anderen aber auch, dass die Autorinnen an die Bilder und die literarischen Traditionen weiblichen Schreibens der zwanziger und dreißiger Jahre anknüpfen. Nicht zufällig heißt es bei Franck:

Charlotte wurde auf dem Friedhof begraben, auf dem Marlene Dietrich lag. Das hätte Charlotte gefreut, entsprechend der Mode hatte sie in letzter Zeit die zwanziger Jahre gemocht und sich gern wie Marlene Dietrich gekleidet. Mit Anzug und Zigarettenspitze, die langen Haare unter einem Hut versteckt. (S. 25)

Ausgerechnet Bosnien-Herzegowina

Gründe fürs Reisen in Juli Zehs Bericht über eine Fahrt durch Bosnien

Carsten Würmann

> Meine Mutter sagt am Telephon, Griechen-
> land sei schön und auch weit im Südosten.
> Juli Zeh: Die Stille ist ein Geräusch.[1]

1.

Warum reist man? Eine solche Frage nach alltäglichen Selbstverständlich-
keiten kann sehr erhellend sein, führt aber auch schnell in existentielle Abgründe, in denen man sich auf der Suche nach dem Sinn des Lebens und der
menschlichen Existenz im Allgemeinen und im Besonderen nur allzu leicht
verliert. Insofern tut man gut daran, es bei einfachen und vernünftigen Antworten bewenden zu lassen. „Erholung, Bildung, Geschäfte"[2] erkennt beispielsweise Alfred Andersch als gute Gründe an; zumindest im Fall des
Schriftstellers resp. der Schriftstellerin, das kennt Andersch nicht zuletzt aus
der eigenen Praxis, steckt allerdings noch mehr und anderes dahinter. Zwar
gebe es irgendeinen vernünftigen Anlass für beinahe jede Reise, fährt Andersch in seiner Rezension der „Bibliothek klassischer Reiseberichte" fort,
beginnt aber dann die „anscheinend praktikabelsten Begründungen"[3] anzu-
zweifeln und kommt zu dem Schluss: „In Wirklichkeit reist man aus Unge-
nügen, aus Neugier, aus Unruhe. Jede Reise ist ein kritisches Unternehmen,
eine Form der Selbstkritik, der Kritik an den Zuständen, in denen man lebt,
der schöpferischen Unruhe, des Zwanges, sich der Welt zu stellen."[4] Was
immer das für Menschen bedeutet, die viel reisen – fürs literarische Schreiben sind dies in jedem Fall vielversprechende Ansätze, sollte man meinen.

---

1   Juli Zeh: Die Stille ist ein Geräusch. Eine Fahrt durch Bosnien. Frankfurt am
     Main 2002, S. 10. Im Folgenden werden die Zitate mit der Seitenzahl in runden
     Klammern direkt im Text nachgewiesen.
2   Alfred Andersch: Von Reisen lesend. In: Ders.: Norden Süden rechts und links.
     Von Reisen und Büchern 1951-1971. Zürich 1972, S. 102-107, hier S. 103
     [Erstveröffentlichung in: Neue Deutsche Hefte 17 (1970) Nr. 128, S. 129-134].
3   Ebd., S. 104.
4   Ebd., S. 106.

Nun verreisen die Menschen hierzulande zwar gern und viel, das weiß die eigene Erfahrung und dies belegen diverse Statistiken; der Reisebericht[5], zumindest der literarische im Sinne eines nicht erweiterten Literaturbegriffes, profitiert von dieser allgemeinen Reiselust und Mobilität allerdings herzlich wenig. Während das Angebot an Reise- und Kulturführern verschiedenster Art beständig wächst, scheint der Bedarf an Berichten von Reisen, die mit essayistischen Ab- und Ausschweifungen, kritischen Reflexionen oder auch merkwürdigen Geschichten über fremde Länder erzählen, gering zu sein.[6] Die Reise ist zwar ein immer wieder gern verwandtes Sujet und Motiv literarischen Erzählens – und viele Autoren, die es verwenden, werden dabei auf eigene Erfahrungen und Erlebnisse zurückgreifen, doch finden sich zeitgenössische Reiseberichte, d.h. sprachliche Darstellungen authentischer Reisen[7], von ‚ausgewiesenen' Schriftstellern[8] selten auf dem deutschsprachigen Buchmarkt.

---

5   „Zur Bezeichnung der Gattung erscheint der Begriff des ‚Reiseberichts' unter den vielen konkurrierenden Kategorien – wie Reisebeschreibung, Reiseliteratur oder auch Reiseroman – als der plausibelste, ohne daß das zu dogmatischen Diskussionen herausfordern sollte." Peter J. Brenner: Einleitung. In: Der Reisebericht. Die Entwicklung einer Gattung in der deutschen Literatur. Hrsg. von Peter J. Brenner. Frankfurt am Main 1989 (= suhrkamp taschenbuch 2097), S. 7-13, hier S. 9.

6   Peter J. Brenner: Der Reisebericht in der deutschen Literatur. Ein Forschungsüberblick als Vorstudie zu einer Gattungsgeschichte. Tübingen 1990, S. 660-666. Andere, vor allem multimediale Präsentationsformen wie etwa der professionelle Diavortrag über Reisen in fremde Länder oder Fernsehreportagen, von entsprechenden Printpublikation begleitet, scheinen hingegen durchaus noch an Popularität zu gewinnen.

7   So die allgemeine Gattungsdefinition von Peter J. Brenner, die noch nichts über die ästhetischen Qualitäten und spezifischen Ambitionen aussagt. Die Gattung vereine hier, wie Brenner im Blick auf ihre jahrhundertealte Geschichte feststellt, „die extremsten Gegensätze". Genauso wenig sei damit etwas über den Wahrheitsgehalt des Berichtes präjudiziert. Authentizität und Fiktionalität der Beschreibung werde individuell wie auch epochenspezifisch ganz verschieden ausgefüllt. Peter Brenner: Einleitung (wie Anm. 5), S. 9.

8   Die Bezeichnung ‚ausgewiesener Schriftsteller' soll hier kein literarisches Qualitätsurteil behaupten, sondern der Tatsache Rechnung tragen, dass der Buch- und Literaturmarkt gewisse professionelle Spezialisierungen verlangt. Reiseberichte bekannter Auslandskorrespondenten wie Klaus Bednarz oder Peter Scholl-Latour werden von vornherein mit einer anderen Rezeptions- und Erwartungshaltung entgegengenommen, die nichts oder nur wenig mit der Art und Weise ihrer Darstellung zu tun haben muss. Desgleichen wird von Schriftstellern, die sich mit im engeren Sinne ‚literarischen' Werken wie Romanen, Erzählungen, Gedichten etc. am Markt etabliert haben, ein etwas anderer Zugang erwartet. Wo sollte sonst das Besondere ihrer Bücher liegen? Dass die Übergänge zwischen den Feldern Reportage, Bericht, Roman so vielfältig wie

Auch der in den letzten Jahren so erfolgreiche deutschsprachige literarische Nachwuchs macht hier keine Ausnahme; einige Reiseberichte fürs Feuilleton, in einschlägigen Magazinen und Journalen, ein paar Bücher, die von Lesereisen durch die deutschsprachigen Landen berichten; sie fallen unter den Romanen und Erzählungen von Kindheit, Jugend und juvenilem Erwachsenendasein kaum ins Gewicht, und dies gilt für Männer wie Frauen gleichermaßen. Die als „Fräuleinwunder" apostrophierten jüngeren Schriftstellerinnen halten es anscheinend anders als etwa ihre Kolleginnen in den zwanziger und dreißiger Jahren nicht mehr für berichtenswert, dass sie gleichermaßen in der Lage sind, in alle Gegenden der Welt – zur Not auch allein – mit dem Auto oder dem Flugzeug zu reisen.

Vor diesem Hintergrund überrascht die Ausnahme umso mehr und macht neugierig: Warum reist die eine und hält das, was sie dort sieht, denkt und erfährt, auch noch für berichtenswert?

2.

Juli Zeh, Jahrgang 1974, die sich mit ihrem im Sommer 2001 veröffentlichten Roman *Adler und Engel* auf Anhieb einen vorderen Platz in der Riege der im Feuilleton und darüber hinaus enthusiastisch begrüßten und gefeierten jungen deutschsprachigen Autoren und vor allem Autorinnen sicherte[9], bereist im August 2001 für mehrere Wochen Bosnien-Herzegowina. Im Jahr darauf erscheint *Die Stille ist ein Geräusch. Eine Fahrt durch Bosnien.*

Jemand schreibt ein Buch über eine Reise – viel mehr bedarf es nicht, um ein Buch der Gattung ‚Reisebericht' zuzuordnen. Die Grundlage muss eine tatsächliche Reise sein, und wenngleich selbst dieses Faktum sich bei manch einem, der von einer Reise vorgab zu berichten, in der Vergangenheit häufig als Lüge herausstellte, so gibt es auch für die wirklich gereisten Autorinnen und Autoren keine genremäßige Verpflichtung, bei der Wahrheit zu bleiben. Der Bericht kann je nach Stil, Absicht und Geschmack subjektiv ausgestattet werden. Er kann Faktisches mit Fiktivem, Authentisches mit Kolportiertem vermengen und verbinden. Allerdings erhebt er dabei stets den Anspruch auf Wahrscheinlichkeit. Zumindest die zeitgenössischen Leser eines Reiseberichtes erwarten Wahrheit oder zumindest Wahrhaftigkeit des Beschriebenen, die sich für sie aus der Tatsache des Dagewesenseins und Darüberschreibens ergibt. Ähnlich dem autobiographischen Pakt wirkt diese Übereinkunft geradezu

---

fließend sind und von vielen mit Gewinn für alle Seiten beschritten wurden, muss hier nicht weiter ausgeführt werden.

9   Der Roman *Adler und Engel* (Frankfurt am Main), in dem die tragische Lebens- und Liebesgeschichte eines Juristen in einem Polit-Thriller-Plot eingewoben ist, wurde – ganz überwiegend positiv – in fast allen Feuilletons der großen deutschsprachigen Zeitungen besprochen.

gattungskonstituierend: Die Tatsache, dass jemand die Reise, über deren Bericht sein Name steht, gemacht hat, scheint eine nachvollziehbare Entsprechung des Beschriebenen mit einer vorfindbaren Landschaft und hierin vorstellbaren Begebenheiten und Begegnungen zu garantieren.

Dass die Autorin Juli Zeh, um bei dieser Grundlage zu beginnen, tatsächlich gereist ist, behauptet eine im Umschlag abgedruckte Rezension und dann der hierauf folgende Klappentext. Auf der extra für das Buch eingerichteten Internetseite www.stille-ist-geraeusch.de – diese Adresse steht mit der der Autorin und des Verlages zwischen der (polnischen) Widmung und dem Impressum – finden sich neben Textpassagen aus dem Buch und einer ungekürzten Fassung Aufnahmen von besuchten Stätten, von der Autorin und ihren Hunden, des weiteren Informationen zu den politischen und historischen Hintergründen sowie Literatur und vor allem Reisetipps, von den erforderlichen Reisedokumenten bis hin zur preiswertesten Anfahrt. Während diese Internetpräsentation als ein um atmosphärische Stimmungsberichte angereicherter Reiseführer dienen kann, erschließt sich der Charakter des Buches als Reisebericht von der äußeren Aufmachung zunächst kaum.

Die Vorderseite des weißen Schutzumschlags trägt den Namen der Autorin und den Titel in brauner Schrift sowie die eingeprägte, schwarz-weiße, vergrößerte graphische Darstellung einer Grille – eine Gestaltung, die in keiner Weise das Nichtfiktive, Authentische des Berichtes betont, wie es etwa ein einschlägiges Foto vom Krieg oder seinen Zerstörungen tun könnte. Dieser Umschlag suggeriert eher einen Roman oder eine Erzählung – anstatt einer solchen Angabe steht allerdings der Untertitel „Eine Fahrt durch Bosnien"; auf der Rückseite dann ein Zitat, das das Verarbeiten und Erzählen des Erlebten resp. Gesehenen in den Mittelpunkt stellt: „In meinem Kopf gibt es nur noch Imperfekt und für mich selbst kein ‚Ich', sondern die dritte Person. Meine Gedanken klingen, als erzählte in ferner Zukunft jemand über mich und diesen ersten Tag in Mostar." (Umschlagrückseite)

In 24 Kapiteln – diese wiederum unterteilt in Abschnitte, die jeweils mit einem kursiv gesetzten Halbsatz beginnen; die kürzesten bestehen aus gerade einem Satz, längere gehen über eine, wenige über drei bis fünf Buchseiten – erzählt ein weibliches Ich von einer Reise, die es im August 2001 zusammen mit seinem Hund in Zug, Bus, Taxi und Mietwagen durch Bosnien-Herzegowina unternommen hat. Der Bericht setzt ein bei den Schwierigkeiten der Reisevorbereitungen in Deutschland und endet mit der Rückreise im Zug in Österreich. Das Buch folgt in seinem Aufbau dem Verlauf der Reise, es sind meistens Orte und Begegnungen mit Personen, die die einzelnen Kapitel markieren.

Die – überwiegend – kurzen Passagen im Präsens erinnern an chronologische Notizen eines Reisetagebuchs; Berichte und Beschreibungen von Orten und Begegnungen wechseln ab mit der Wiedergabe von Gesprächen, Eindrücken und Reflexionen.

Wer sich dem Text ohne die Kenntnis der Internetseiten nähert und zuvor auch nicht den Klappentext konsultierte, sieht sich unter der Kapitelüberschrift „Pascal hat mal gesagt" mit einem Anfang konfrontiert, der zunächst einmal nichts erklärt oder vorstellt, sondern umstandslos einsetzt. „Der Hund guckt von draußen durch die Glastür, die Nase dicht an der Scheibe." (S. 9) Wer hier wohin und zu welchem Zwecke reist – das erfahren die Leser später.

3.

Wer aber ist das Ich, das sich hier im ersten Abschnitt in einem Reisebüro über Bosnien-Herzegowina zu informieren sucht? Geht man auf den Authentizitätspakt des Reiseberichtes nicht ein, so erfährt man zunächst vom Reisegepäck des Ich – „einen Schweizer Armeerucksack und ein Fahrtenmesser" (S. 10) – , von seiner Frisur – „Topffrisur" (S. 11) – und erst allmählich, zu unterschiedlichen Anlässen wichtigere Einzelheiten wie etwa das Alter „Jahrgang vierundsiebzig" (S. 33), ein genaues Reisedatum „Elfter August 2001, dreizehn Uhr dreiundvierzig" (S. 157), von den Beschäftigungen als Juristin und Schriftstellerin, dem Wohnort Leipzig etc.

Wenngleich das Ich als Erzählerin des Textes und die Autorin erzähltheoretisch selbstverständlich zwei zu trennende Instanzen sind, gehören sie im Erwartungshorizont der Leserinnen und Leser eines Reiseberichts zusammen, und genau dies wird nicht zuletzt durch Umschlagtext und Internetseiten als Rezeptionshaltung empfohlen oder wenigstens nahegelegt.

Die Biographie der Autorin steht von Beginn an für die Biographie des Ich ein. Nicht nur verleiht sie ihm für das zu Berichtende die Authentizität ihrer Reise, sie sorgt auch von Anfang an für Klarheit darüber, wer hier was erzählt. Die biographischen Informationen, die das Ich im Laufe des Buches und wie zögerlich preisgibt, decken sich ausnahmslos mit den veröffentlichten persönlichen Daten der Autorin Juli Zeh. Dies alles macht den Text zu einem bewusst und extrem subjektiv erzählten Reisebericht, der aber die Gültigkeit der gemachten Erfahrungen und Erkenntnisse nicht nur durch eine fehlerfreie Wiedergabe aller bosnischen resp. serbokroatischen Namen und Zitate[10] und die detaillierten Angaben über Land und Leute auf der Internetseite stützt – hier weiß eine, wovon sie spricht –, sondern auch noch mit der gewählten Publikationsform unterstreicht. Anders als etwa Peter Handkes Serbienreise[11] oder

---

10 „Alle bosnischen Zitate sind korrekt! Sogar die Háèeks und Akzente stehen an der richtigen Stelle! Soviel Ehre hat noch kaum jemand dem Lande angedeihen lassen." Norbert Mappes-Niediek: Das Grün der Neretva. Fragen im Gepäck. Die Leipziger Autorin Juli Zeh wollte wissen, ob es den Balkan noch gibt. In: Freitag, Nr. 29, 12.7.2002. Unter: http://www.freitag.de /2002/29/0229140.php.

11 Peter Handke: Eine winterliche Reise zu den Flüssen Donau, Save, Morawa und Drina oder Gerechtigkeit für Serbien. Frankfurt am Main 1996.

auch viele andere Reiseessays und -berichte ist dies keine kompilierte Zweitverwertung von Texten, die ursprünglich für Zeitungen und Magazine verfasst
wurden. Mit der Erstveröffentlichung in Buchform macht die Autorin deutlich,
dass das hier Niedergeschriebene eine längere Gültigkeitsdauer besitzen soll;
zumindest auf einige Monate kommt es nicht an.

4.

Was aber bringt eine junge deutsche Schriftstellerin dazu, 2002, ein Jahr
nach ihrem erfolgreichen Debüt, als zweites Buch einen Bericht über eine
Reise nach Bosnien-Herzegowina vorzulegen? Zumindest nach den Kriterien eines am Neuen und Besonderen interessierten Publikums scheint die
Wahl des Reiseziels zu diesem Zeitpunkt wenig attraktiv. Ohne dem Land
und seinen kulturellen wie landschaftlichen Schönheiten unrecht tun zu
wollen – es ist nicht besonders fern, besitzt keine besondere Exotik, hat
kaum Strand und keine spektakulär hohen Berge. Weder gehört es zu den
bevorzugten deutschen Urlaubszielen noch kann es zu den mythisch über-
höhten, traditionell in der deutschen Literatur besuchten und beschriebenen
Landschaften gezählt werden. Die Zeit, in der das Land als internationaler
Krisenherd in den Medien präsent gewesen ist, lag auch 2002 schon einige
Jahre zurück, der Fokus der öffentlichen Aufmerksamkeit ruhte auf anderen
Gegenden.

Warum sollte man seinen Sommerurlaub also ausgerechnet mit einer
mehrwöchigen Reise durch dieses Land zubringen? Und was ist daran erzäh-
lenswert, d.h. macht die Reise zu einem Buch?

Die Frage nach dem Grund für die Reise zieht sich wie ein roter Faden
durch den gesamten Bericht. Eigentlich, dies wird im ersten Kapitel, das die
Reisevorbereitungen schildert, jedem Leser und auch dem Ich klar, ist Bosnien
kein Land, in das man reist, wenn man noch recht bei Trost ist. Die Idee einer
Reise dorthin ist unangemessen, dies machen verschiedene Instanzen deutlich:
Auf der Karte im Reisebüro ist das Land ein weißer Fleck, die Autovermietung
verlangt exorbitante Preise, es gibt über dieses Land keine aktuellen Reiseführer, sondern nur „fünf Tonnen Kriegsberichterstattung" (S. 10).

Eine einfache, zumindest vordergründig überzeugende Begründung gäbe
es natürlich: Man reist nach Bosnien-Herzegowina, um ein Buch darüber zu
schreiben. Und tatsächlich gibt die Erzählinstanz zumindest an einer Stelle zur
Antwort, sie sei gerade deswegen dorthin gefahren. Dies sei die „einfachste
Antwort", die in diesem Fall – sie lässt ihre bisherigen Notizen kopieren –
auch ohne weiteres einleuchtet (S. 76). Dass dieser Rechercheaspekt für ihre
gesamte Reise bedeutsamer ist, als es die Erwähnung im Text nahelegt, scheint
auf, wenn sie am Rand von Begegnungen mit Universitätsprofessoren in Sarajewo (S. 117) berichtet, von denen die Leser allerdings nichts weiter erfahren.

Genauso gehört der Besuch der internationalen Einrichtung wie OHR und UN und von SFOR-Soldaten inklusive einer Audienz beim befehlshabenden General nicht unbedingt zum Sightseeing-Programm durchschnittlicher Reisender. Selbst wenn es wirklich so einfach sein sollte, Zugang zu bekommen, wie es hier suggeriert wird – egal, ob man „Jurist, Tourist, Buddhist" oder „Journalist ohne Presseausweis" (S. 85) sei, allein aus Langeweile würden die zuständigen Stellen alles für einen tun –, so zeugt doch die Mühe, sich an diese Stellen zu wenden, von einem ernsthaften Rechercheinteresse. Das Ich macht nicht nur dies, sondern hat sich im Vorfeld bereits Namen und Telefonnummern von Bekannten und Bekannten von Bekannten organisiert, die in den Institutionen vor Ort arbeiten.

Obwohl die Begegnungen, die so zustande kommen, einen großen Teil des Berichts ausmachen, kennzeichnet das Ich diesen Reisegrund als einen vorgeschobenen, dessen es sich nur bedient, um Erklärungen abzukürzen und etwaige Skepsis ob des seltsamen Reiseziels zu zerstreuen, und dies schon im ersten Absatz, wenn es erzählt, dass es die Landkarte von Ex-Jugoslawien nur zu sehen bekommt, „weil ich ‚Recherche' statt ‚Tourismus' sage" (S. 9).

5.

Diese Distanzierung liegt nicht allein darin begründet, dass das Ich zwar Schriftstellerin (S. 82), aber eben keine Journalistin ist. Sie hat eine Hauptursache in der Kritik an einer oberflächlichen, auf Sensation und die Bedienung von Klischees ausgerichteten Berichterstattung, die im Laufe des Buches immer schärfer formuliert wird. Eine solche Art von Berichterstattung wird schließlich sogar als mitverantwortlich für die andauernden Konflikte erklärt. Die Ausbildung des Feindbildes vollzieht sich vor allem in den vier – zufälligen – Begegnungen des Ich mit einer englischen Journalistin. Diese wird beim ersten Zusammentreffen als eine nicht in die Umgebung passende Person beschrieben, die bereits von ihrem äußeren optischen wie akustischen Erscheinungsbild her eine Zumutung darstellt: „[D]ick für drei, mit weichem, direkt auf den Schultern sitzendem Gesicht. Sie hat eine viel zu hohe, quenglige Stimme, als hätte sie ein Kind verschluckt" (S. 50). Ihr erster Satz vertreibt nicht nur die letzte Erinnerung an einen bedeutungsschweren Traum, dem das Ich beim Frühstück nachsinnt, sondern zeugt auch von dem Zynismus, mit dem sie ihrem Gastland begegnet: „Let's start another wonderful day with toxic Bosnian food" (S. 50). Bei der nächsten Begegnung, in Sarajewo, in einem winzig kleinen Kopierladen, lässt die Journalistin, im Türrahmen stehend, wie im Vorgriff auf die Wirkung ihrer Berichte „Sonne, Himmel und ganz Sarajewo hinter ihrem Rücken verschwinden" (S. 76). Beim nächsten Treffen in der Bar einer Hotellobby kommen die beiden näher ins Gespräch, die Journalistin erzählt von ihrer

Reportage und einem bedrohlichen Erlebnis, das sich das Ich sofort holly-
woodfilmartig in Gedanken inszeniert – „In meiner Phantasie ist die Journalistin schlank und beweglich wie Lara Croft." (S. 92) Ihr Resümee, das
Land sei ein Pulverfass, wird vom Ich nicht geteilt, es kommt aber zu keiner
weiteren Erklärung oder Diskussion.

Bei der vierten Begegnung werden im Gespräch die beiden Konzepte vom
Berichten über dieses fremde Land einander gegenübergestellt. Das Ich redet
sich in Wut und identifiziert die Journalistin als den Typus des Balkanhelden.
In Abgrenzung von diesem ‚Helden' und seinen einfachen Wahrheiten bestrei-
tet das Ich Behauptungen, die in der Berichterstattung über den Krieg den
Rang historischer Gewissheiten erhalten haben. Es glaubt nicht an „Ethnische
Differenzen" als Ursache für den Krieg, sondern sieht die Heranziehung ethni-
scher Kategorien als zwangsläufige Folge, um in einem Konflikt die Seiten
bestimmen zu können (S. 143). Provoziert durch die Selbstgewissheit und
lachende Ignoranz der anderen, ist das Ich kurz davor, die ethnische Differen-
zierung als westeuropäische Erfindung zu bezeichnen.

Die mögliche Alternative zu einer solchen journalistischen Berichterstattung ist die literarische. Wenngleich das Ich nicht so weit geht, die höhnische
Frage der Journalistin, ob es also die Literatur sei, die die Wahrheit finde oder
eben selbst erfinde, zu bejahen, so deutet die bewusst aphoristische, eben ‚literarische' Antwort an, dass die Literatur der Komplexität des Landes und der
Verhältnisse eher gerecht werden könnte.[12]

Die dezidierte Kritik an den Journalisten gewinnt – wie noch weiter unten
gezeigt wird – erst im Laufe der Reise an Kontur und Vehemenz; die Berichterstattung der Massenmedien und vor allem des Fernsehens spielt allerdings
von Beginn an eine zentrale Rolle bei der Frage nach dem Reisegrund.

Im ersten Kapitel macht das Ich deutlich, dass es um die Fragwürdigkeit
Bosniens als Urlaubsreiseziel weiß, dennoch lässt es sich nicht davon abbrin-
gen und betreibt trotz aller Widrigkeiten die notwendigen Reisevorbereitungen. Die Auseinandersetzung mit den Argumenten gegen diese Reise wird
allerdings mit dem Hund geführt. Ihm, der mitfahren muss, wird unterstellt, er
sei gegen das Unternehmen und verlange eine stichhaltige Begründung. Die
eigenen Bedenken werden im imaginierten Dialog überwunden.

Als Antrieb benennt das Ich so schließlich den Zweifel bzw. die Neugier,
ob „ein paar Namen von Städten und Flüssen […] aus den Zwanzig-Uhr-
Nachrichten" (S. 9), die so häufig mit den Ereignissen dort zusammen genannt
wurden, dass sie im Bewusstsein des jüngeren Bruders zu Bedeutungseinheiten
verschmolzen – „Moslemenklavebihać und Belagertessarajewo" (S. 11) –,

---

12 „Gute Frage", sagte ich. „Die Antwort darauf ist wie ein Haus mit zahlrei-
    chen Stockwerken, in denen viele gemischt ethnische Familien aus Jas und
    Neins wohnen." (S. 144)

wirklich existieren oder nur Bestandteil einer Medienlandschaft der jüngeren Vergangenheit gewesen sind.

> „Ich will sehen, ob Bosnien-Herzegowina ein Ort ist, an den man fahren kann, oder ob es zusammen mit der Kriegsberichterstattung vom Erdboden verschwunden ist." (S. 11)

So absurd dieser Ansatz in seiner konstruktivistischen Radikalität auch wirken mag, er bezeichnet die zentrale Rolle der Massenmedien und vor allem des Fernsehens bei der Produktion von Vorstellungen über andere Länder, Gegenden und Menschen. Die Reise wird zur Suche nach einer Wirklichkeit hinter der medial vermittelten.

6.

Der Krieg oder besser: die Kriege auf dem Gebiet des vormaligen Jugoslawiens seit dem Beginn der neunziger Jahre ließen eine Region ins Bewusstsein der europäischen Öffentlichkeit zurückkehren.

Wie die anderen vormaligen jugoslawischen Teilrepubliken Slowenien, Kroatien und Makedonien erklärte auch Bosnien-Herzegowina 1991 seinen Austritt aus der jugoslawischen Föderation. Obgleich das mehr oder weniger friedliche Nebeneinander und Zusammenleben von Gruppen mit unterschiedlichen kulturellen und religiösen Traditionen für Bosnien-Herzegowina historisch geradezu als konstitutionell gelten kann, gelang es in dem nunmehr unabhängigen und 1992 international anerkannten Land nicht, die divergierenden Machtinteressen der verschiedenen Bevölkerungsgruppen zu einem friedlichen Ausgleich zu bringen.

Die Menschen schieden sich – oder wurden im Verlauf der Auseinandersetzungen geschieden – entlang ihrer Zugehörigkeit zu einer der „Nationen" des ehemaligen Jugoslawiens, wobei die Unterschiede zwischen den katholischen Kroaten, orthodoxen Serben und muslimischen Bosniaken weniger oder kaum sprachlich-kulturell waren, sondern sich aus Herkunft und Religionszugehörigkeit und den damit verbundenen unterschiedlichen historischen Erfahrungen, gerade auch während der deutschen Besatzung im Zweiten Weltkrieg, ergaben.[13]

---

13 Den ethnischen Selbst- wie Fremdzuschreibungen entsprechen dabei keineswegs so homogene Gemeinschaften wie heute häufig suggeriert wird, weder bestehen klare sprachliche Unterscheidungen, noch war die Religiosität ein eindeutiges Unterscheidungskriterium, bezeichnete sich doch nur noch eine Minderheit der Bevölkerung Jugoslawien Ende der achtziger Jahre als religiös im klassischen Sinne. „Nach neuestem Verständnis zählten zu den staatsbildenden Völkern Jugoslawiens die Slowenen, Kroaten, bosnischen Muslime, Serben,

Vor allem eine Mehrheit der bosnischen Serben verlangte eine eigene Republik und begann, unterstützt von der serbisch dominierten jugoslawischen Bundesarmee, diese auf bis zu zwei Drittel des Territoriums zu errichten, die bosnisch-herzegowinischen Streitkräfte versuchten dies zu verhindern. Was folgte, war ein Bürgerkrieg mit zum Teil wechselnden Allianzen und unter Beteiligung resp. mit Unterstützung Kroatiens und des nunmehr vor allem Serbien umfassenden Restjugoslawiens. Reguläre und irreguläre Truppen, Söldner und Banditen lieferten sich erbitterte Kämpfe, ermordeten und vergewaltigten unbewaffnete Männer, Frauen und Kinder, raubten sie aus und vertrieben sie zu Hunderttausenden.

Die mehrjährige Belagerung der Hauptstadt Sarajewo durch bosnische Serben bei ständigem Beschuss von den umliegenden Bergen und schließlich 1995 das Massaker an mehreren Tausend moslemischen Männern in der eigentlich unter dem Schutz der UNO stehenden Zone um die Stadt Screbrenica waren zwei grausame Höhepunkte in diesem Krieg, in dem Mord, Vertreibung, Raub und Vergewaltigung als Mittel einer ‚Politik' der ‚ethnischen Säuberungen' fungierten.

Die europäische und vor allem auch deutschsprachige Öffentlichkeit wurde durch diesen Krieg besonders berührt. Der Schock darüber, dass sich die Vorstellung eines friedlichen Europas so schnell als Illusion erwies, war der eine Grund. Zum Anderen war es die geographische und kulturelle Nähe des Konflikts. Diese Kriegsberichte und -bilder kamen nicht aus Weltgegenden, in denen Menschen schon äußerlich sichtbar in anderen kulturellen Zusammenhängen lebten und es so einfach machten, Krieg als uns inzwischen Fernes abzutun. Dieser Krieg fand 400 Kilometer östlich von Wien statt, im Hinterland einer beliebten Ferienküste. Die Bilder, die in die Wohnzimmer kamen, zeigten Menschen, die einem selbst und denen, die man gerade auf der Straße getroffen hatte, in allem zum Verwechseln ähnlich sahen, wie sie in vertrauten Stadtlandschaften vor Heckenschützen um ihr Leben rannten. Hinzu kamen die Flüchtlinge, von denen viele gerade in Österreich und Deutschland Zuflucht fanden. Jeder und jede traf sie im Alltag.

Die geographische wie historisch-kulturelle Nähe der Ereignisse korrespondierte mit einer massiven und andauernden Medienberichterstattung. Die kriegerischen Auseinandersetzungen, hier wie in anderen Teilen der ehemaligen Sozialistischen Volksrepublik Jugoslawien, standen jahrelang im Fokus

---

Montenegriner und Makedonier, wobei die Makedonier erst in den vierziger und die bosnischen Muslime in den sechziger Jahren zu solchen erklärt wurden. All jene, die sich ethnisch nicht zuordnen wollten oder konnten, definierten sich in der Regel als Jugoslawen oder machten keine Angaben über ihre Volkszugehörigkeit. Die übrigen galten als Nationalitäten bzw. Minderheiten." Marie-Janine Calic: Der Krieg in Bosnien-Hercegovina. Ursachen – Konfliktstrukturen – internationale Lösungsversuche. Frankfurt am Main 1995 (= edition suhrkamp 1943), S. 23-24.

der europäischen und nordamerikanischen Berichterstattung. Einige der Kriegsberichterstatter aus dem belagerten Sarajewo erlangten geradezu Heldenstatus. Neben der vornehmlich politischen Berichterstattung lieferten sich viele bekannte und weniger bekannte Intellektuelle, Essayisten, Künstler, Schriftsteller zum Teil erbitterte verbale Gefechte um die Gründe, Schuld und Verantwortung für den Krieg mitten in Europa. Entlang neuer und alter ideologischer Gräben wurden alte und neue Auseinandersetzungen geführt, neben differenzierten Artikeln und Berichten Klischees und Stereotypen in Stellung gebracht und in heftigen Polemiken zugespitzt, die sich zum Teil wiederum auf die generelle Berichterstattung bezogen.

So löste Peter Handke mit seinem im Januar 1996 in der *Süddeutschen Zeitung*[14] veröffentlichten Text *Eine winterliche Reise zu den Flüssen Donau, Save, Morawa und Drina oder Gerechtigkeit für Serbien* ein europaweites Medienecho aus.[15] Bevor er aber von seiner Reise berichtet, kritisiert er in einem fast ebenso langen Abschnitt eingehend die Art und Weise der Berichterstattung über die Kriege in Ex-Jugoslawien, die seiner Ansicht stark von einer extrem einseitigen, antiserbischen Haltung geprägt sei. Dieser Berichterstattung ein Korrektiv entgegenzusetzen, wird zum eigentlichen Antrieb für die Reise erklärt.

Wenngleich schon zu einem frühen Zeitpunkt neben den internationalen Medien auch eine Reihe von europäischen und internationalen Hilfsorganisationen in der Region tätig waren und die UNO sowie die Länder der Europäischen Union versuchten, ein Ende der Gewalt und eine Verständigung zwischen den Konfliktparteien zu befördern, dauerte es bis Ende 1995 und erforderte u.a. schwere Luftangriffe der Nato gegen bosnische Serben, bis der Friedensschluss von Dayton unterzeichnet wurde, der die offenen Kampfhandlungen beendete. Bosnien-Herzegowina ist seitdem ein kompliziertes Konstrukt, das aus weitgehend autonomen Teilrepubliken, einem konföderalen Überbau und einer internationalen Verwaltung besteht. Die vereinbarten Grenzen machen es bei weiter bestehenden Spannungen für viele schwierig bis unmöglich, in ihre alte Heimat zurückzukehren. Die faktische Teilung des Landes verhindert zudem eine Verbesserung der wirtschaftlichen Situation, ein Großteil der Bevölkerung ist arbeitslos, viele Häuser und Gebäude sind zerstört und werden erst allmählich wieder aufgebaut, die zurückgekehrten Flüchtlinge erwarten denkbar schlechte Bedingungen. In weiten Teilen des Landes drohen noch immer Tod und Verletzung durch Bodenminen. Neben den Einheimischen

---

14 Wie Anm. 11. Eine Notiz über dem Impressum nennt den Ort der Erstveröffentlichung und den ursprünglich von der Redaktion gewählten Titel „Gerechtigkeit für Serbien. Eine winterliche Reise zu den Flüssen Donau, Save, Morawa und Drina".

15 Vgl. unter anderem die Zusammenstellung von Thomas Deichmann: Noch einmal für Jugoslawien: Peter Handke. Hrsg. von Thomas Deichmann. Frankfurt am Main 1999 (= st 2906).

arbeiten zahlreiche internationale Regierungs- und Nichtregierungsorganisationen am Wiederaufbau und einer Rückkehr zu einem friedlichen Nebeneinander der Menschen; Tausende stationierte ausländische Soldaten und Polizisten sollen dies durch ihre Präsenz befördern.

Kurz: In Bosnien-Herzegowina herrschen staatliche und gesellschaftliche Verhältnisse, die alles in allem für ein europäisches Land zum Beginn des 21. Jahrhunderts kaum als normal angesehen werden können.

7.

Eine Reise nach Bosnien-Herzegowina, die auf den ersten Blick als uninteressant und bedeutungslos, in jedem Fall nicht als literaturfähig erscheint, führt in eine der zentralen Medienlandschaften der 90er Jahre und zwingt dazu, sich mit Krieg und Zerstörung und ihren Ursachen zu beschäftigen. Wie zur Vorbereitung auf die Begegnung mit einer nur medial vermittelten Landschaft thematisiert der Beginn des Reiseberichts beständig Zweifel an etwas nicht unmittelbar Wahrgenommenen. So verliert bereits die Hitze außerhalb des gut klimatisierten Zuges auf dem Weg von Wien nach Zagreb vor dem Ausstieg an Glaubwürdigkeit (S. 12). Das Geschehen vor Ort trifft auf eine Erwartungshaltung, die sich im Vorhinein ein anderes Bild gemacht hat. Beständig besteht ein Spannungsverhältnis zwischen Erwartetem und dann Erlebtem. Und dieses bestimmt Juli Zehs Text im besonderen Maße: Zagreb, die erste Station, erweist sich als wunderschöne Stadt, die Verwirrung, die das Ich bei der Betrachtung der „herrschaftlichen Fassaden" empfindet, erklärt es sich durch die mediale Vorprägung, die die Stadt mit der Vorstellung von Krieg und seinen Folgen verknüpft hat: „Ich hatte mir Zagreb wohl als einen Bombenkrater vorgestellt, an dessen Rand in Lumpen gehüllte Flüchtlinge sitzen." (S. 13)

Nach dieser Erfahrung wirken die abschreckenden Warnungen vor dem Kommenden übertrieben. Der Freund eines Freundes, der dem Ich in seiner Wohnküche eine „Einführung in bosnische Staats- und Gesellschaftskunde" (S. 14) gibt, versucht mit drastischen Beschreibungen des Landes zu warnen. Das Ich kann diese Reden allerdings nicht mehr ernst nehmen. Der dringende Hinweis, doch wenigstens die Republika Srpska, den serbischen Teil der Konföderation zu meiden – „‚Dieser Landesteil ist verwildert. Kein Schwein will dort leben, und jeder, der Grips hat, ist längst auf und davon.'"(S. 14) – klingt in den Ohren des Ich „nach Mordor", dem Ort des absolut Bösen, der aber eben nur eine literarische Phantasielandschaft aus J.R.R. Tolkiens *Herr der Ringe*-Trilogie ist.

Der Freund eines Freundes gibt dem Ich schließlich einen Ratschlag mit auf den Weg, der das Unternehmen herauszufinden, „ob Bosnien-Herzegowina ein Ort ist, an den man fahren kann" (S. 11), von vornherein als ein absurdes

Unterfangen entlarvt: „"Wenn Sie mit Leuten von internationalen Organisationen sprechen, tun Sie so, als wüssten Sie, was abläuft. Nennen Sie Bücher, die Sie gelesen haben. Alle machen das. Sonst weiß niemand, wie er mit Ihnen umgehen soll."" (S. 14)

Eine Annäherung, die von den gedruckten und damit bereits in einem gewissen Sinne kanonisierten Erfahrungen und Erklärungen abweicht, führt danach zumindest unter den außenstehenden Helfern und Beobachtern zu Verwirrung. Dem Ich leuchtet das unmittelbar ein, passt dies doch genau zum Reisegrund, dem grundsätzlichen Zweifel an der Existenz des Landes jenseits der Berichterstattung. In ironischer Zuspitzung dessen, denkt es sich Titel von Büchern aus. „Weil ich überzeugt bin, dass es Bosnien nicht gibt, passen Bücher, die es auch nicht gibt, wie der Deckel zum Topf." (S. 14-15)

8.

Gleichsam folgerichtig ergeben sich aus dieser Grundannahme die Schwierigkeiten der weiteren Annäherung.

> „Sie haben Glück. Es gibt wieder Züge zwischen Zagreb und Sarajewo" [...] Ist ja toll. Und wann fährt die Bahn? „In zwei Wochen. Wenn die Linie wieder in Betrieb genommen wird." (S. 18)

Es gibt zwar wieder Züge zwischen Zagreb und Sarajewo, aber sie fahren nicht. Die Busfahrer weigern sich, auch gegen einen erhöhten Fahrpreis den Hund mitzunehmen – „Das also bedeutet ‚Probleme mit der Korruption'" (S. 19). Mit der Hilfe zweier Frauen schmuggelt das Ich den Hund in den Bus und versteckt ihn unter den Sitzen (S. 20).

Das Ich begegnet den Widrigkeiten, die es daran hindern wollen, das ohnehin nicht existente Reiseziel zu erreichen, mit einer „Jetzt erst recht"- und „Egal wie"-Haltung, die zu den Erinnerungen an die Schulzeit passen, die der Platz auf der letzten Bank, „wo bei Schulfahrten die Klassenelite saß", (S. 20) hervorruft.

Der Blick auf die Landschaft während der ersten Zeit der Fahrt ist geradezu kindlich: Ichzentriert, sich bewusst des optischen Eindrucks durch das Fenster eines fahrenden Busses hingebend. „Unablässig flieht die Landschaft in die Richtung, aus der ich gekommen bin. In Leipzig muss sich ein ganzer Haufen vor meiner Haustür ansammeln." (S. 21) Die Landschaft erscheint märchenhaft belebt: „am Horizont beratend im Halbkreis zusammensitzende[] Bergriesen" geben dem Bus „eine Weile das Geleit" (S. 21).

Diese Sichtweise hilft dem Ich zunächst, die offensichtlichen Zerstörungen des Krieges nicht wahrzunehmen. „Bei den ersten zerstörten Häusern, die als Geröllhaufen in den Feldern sitzen, denke ich an einen Steinbeißer, der das

Gebiet durchwandert und seinen Kot hinterlassen hat." (S. 24) Noch hilft zur Bewältigung dieser Eindrücke die Lektüre von Michael Endes *Die unendliche Geschichte*, dort lebt ein solches Wesen in Phantásia.

> Dann denke ich an den Zahn der Zeit und daran, dass alles mal kaputtgeht. Als wir an einer katholischen Kirche vorbeifahren, die mit zerrissenen Betonwänden aussieht wie ein kaputter Karton und deren Turm, waagerecht abgeknickt, bis fast auf die Straße reicht, höre ich auf mit dem Unsinn. (S. 24)

In der Stadt Jajce endet der erste Tag in Bosnien. Das Ich hat bosnischen Boden betreten, es hat einen leibhaftigen Bosnier kennengelernt: Die Existenz des Landes kann nicht länger geleugnet werden.

9.

Die Bosnienfahrt als Inspektionsreise zu massenmedial vermittelten Orten – der zu Beginn angegebene Grund bleibt während des Berichts präsent und gibt nicht zuletzt viele Stationen der Reise vor, weist die Route doch mit Mostar, Sarajewo, Pale, Tuzla, Bihaæ, Srebrenica und weiteren alle Städte und Orte auf, die den Zeitgenossen der Kriegsberichterstattung im Gedächtnis geblieben sind. Das Spannungsverhältnis zwischen medialer Präfiguration und dadurch ausgelöster Erwartung und dem dann vor Ort Wahrgenommenen bleibt ein zentrales Thema.

Das Ich entwickelt die Überzeugung – wie die Auseinandersetzung mit der Journalistin verdeutlicht –, dass die allgemeine Berichterstattung einen unzutreffenden Eindruck vermittelt, der der authentischen Ortserfahrung widerspricht. Es erscheint aber fast als sinnlos, gegen die Zuschreibungen anzugehen. Caroline, eine UNO-Mitarbeiterin, kommentiert die Frage, wie es sich denn so lebe in der Republika, also im serbischen Teil, mit einem „selbstverständlich lebensgefährlich" (S. 203), begleitet von einem Verdrehen der Augen. Dies ist ,Wasser auf den Mühlen' des Ich, das zu diesem Zeitpunkt längst überzeugt ist, dass die wirklichen Probleme wie etwa die allgegenwärtige Gefahr durch Minen hinter spektakulären Zuschreibungen verschwinden.

So erweist sich etwa der „Arizona-Market", laut Presseberichten ein Umschlagplatz für Illegales aller Art, als wenig spektakulär, zumindest auf den Ladentischen werden ausschließlich legale Güter gehandelt.

In Brèko „hieß es, leben Tausende von Chinesen" (S. 225), das Ich kann lediglich drei entdecken. Übertreibungen und Verfälschungen, die das Ich dem Wirken des ,Balkanhelden' – „ mein[] neue[r] Lieblingsfeind" (S. 227) – zuschreibt, der, von der Banalität des Nachkriegsbalkans enttäuscht, die Geschichten ,aufmotzt', nicht zuletzt um der Erwartungshaltung der Redaktion und des Publikums zu entsprechen: „Deshalb setzt er die Balkanbrille auf, durch die alles größer, ärmer und grusliger erscheint." (S. 228)

Das Bestreben, die erfahrene Diskrepanz zu den Erwartungen mit einer Zurichtung der Realitäten zu begegnen, ist allerdings auch den Einheimischen nicht fremd. Nachdem in Tripnik der Direktor, Chef einer Einrichtung für Kultur- und Jugendarbeit, von seinen Misshandlungen durch kroatische Nachbarn berichtet hat, bittet ihn ein Freund, zur Illustration des gerade Erzählten, seine Verletzungen zu zeigen.

> „Zeig deine Narben", ruft Jasmin hinter uns. Der Direktor rollt die Ärmel auf, darunter sieht die Haut wie eine gepflügter Acker aus. „Ein Hundebiss, hier", sagt er lachend. „Und da ein Motorradunfall. Das waren nicht die Kroaten." Jasmin guckt enttäuscht. (S. 244)

Das Ich, das von außen kommt, bleibt bis zum Schluss der Reise trotz aller Erfahrungen immer wieder Opfer von Vorprägungen, die sich aus eben diesen Geschichten ergeben, die sich an Erwartungen und weniger an Anschauungen orientieren. „Und wieder einmal habe ich's doch geglaubt, nämlich dass Tuzla hässlich sei." (S. 219)

Besonders schwer fällt es dem Ich, ein wahres Sarajewo hinter dem Medienbild zu erkennen. Die Ankunft in der Stadt markiert einen Höhepunkt der Begegnung mit den medial vermittelten Vorstellungen. Im Morgengrauen nimmt das Ich zunächst die bekanntesten Medienorte wahr: das Holiday Inn, Hotel der internationalen Kriegsberichterstatter, das zerschossene Parlamentshochhaus, die Sniper Alley, auf der die Scharf- und Heckenschützen Passanten erschossen. (S. 59)

Gegen die Macht der Berichterstattung kann sich die eigene Anschauung zunächst kaum behaupten, die tatsächliche Ankunft wirkt wie ein erfolgreiches Durchdringen von Bedeutungsschichten.

> Trotzdem kann ich nicht glauben, dass jedes Stück Boden, das meine Füße berühren, jede Mauer, jedes Fenster, jedes Blatt an jedem Baum ein kleines Stück dieses Namens tragen, „Sarajewo", der sie miteinander verbindet zu einer wirklichen Stadt. Jahre lag sie für mich in der Blackbox hinter dem Eisernen Vorhang, war ein Ort, über den man auf der Weltkarte mit dem Finger hinwegfuhr. Bis die Stadt auf internationalem Parkett mit einem Kriegsauftritt debütierte, sich vorstellte mit qualitativ schlechten TV-Aufzeichnungen von dunklen Staubwolken und hochspritzenden Häusersplittern. „Sarajewo" ist ein verwirrender Kampf, bei dem man nicht weiß, wem die Daumen gedrückt werden sollen. Aus Steinen, Holz, Metall oder gar aus Menschen ist es nicht. Ich hab's geschafft, ich bin da. (S. 60-61)

Erst nach einigen Tagen ist das Ich in der Lage, die eigenen Beobachtungen mit den vermittelten Bildern und Sichtweisen abzugleichen. Es erkennt, wie angemessen Bezeichnungen sind, die ihm aus den Berichterstattungen hängengeblieben sind:

> Erst jetzt, peinlich genug, begreife ich, dass ich mit eigenen Augen sehe, was man den Schnittpunkt europäischer Kulturen, die Grenze zwischen Morgen- und Abendland, den Vielvölkerstaat nennt. „Plopp" macht es, als die Wirklichkeit andockt an den Begriffen. (S. 67)

Doch auch nachdem Medienbilder und eigene Bilder zueinander gekommen sind, stellt sich kein besonderer Reiz ein: „Dennoch spüre ich weder Spannung noch Geheimnis." (S. 67). Die Dinge scheinen museal, illustrieren lediglich das über die Stadt Gesagte und heben sich letztlich gegenseitig auf: „Die Gegensätze [...] stehen sich auf zwei Seiten einer Gleichung gegenüber, kürzen sich weg, und unter dem Strich bleibt: Null." (S. 67)

Die Konfrontation erzeugt keinen literarischen Mehrwert, die Neugier auf die Bilder hinter den vermittelten Bildern reizt zur Reise, aber nicht zum Schreiben. Das echte Sarajewo, „das wahre Sarajewo" begegnet dem Ich erst im Traum. „Ein Vorhang wurde beiseite gezogen, mit den Projektionen der anderen, falschen Stadt darauf." (S. 95-96)

10.

Die Überprüfung dessen, was hinter dem massenmedial Vermittelten steht, bleibt wie die damit einhergehende Medienkritik bis zum Ende der Reise ein Thema, doch zeigt sich im Verlaufe des Berichts ein anderer Antrieb als wesentlich stärker und wirkungsmächtiger.

Bereits in Mostar, der zweiten Station in Bosnien, erweist sich die Inaugenscheinnahme der Orte aus der Kriegsberichterstattung als ein Unterfangen, das Menschen nachhaltig verstört und aus der Bahn wirft. In einem Taxi ‚durchpflügt' das Ich die Menschenmassen in der Altstadt (S. 43), ein ungeschlachter Eindringling, der Neugier erregt, dem aber auch die Blechkarosse wenig hilft gegen die Eindrücke dieser lebendigen, vom Krieg stark in Mitleidenschaft gezogenen Stadt: Unten Läden und Cafés, „darüber leere, ausgefranste Fensteröffnungen und verbrannte Dachstühle." (S. 43)

Das Ich wirkt wie erschlagen unter all den Eindrücken, es hält sich an dem Anblick eines Mädchens fest, das auf ungewöhnliche Art und Weise Kartoffelchips isst. Die Behauptung allerdings, dass es sich vor allem an sie erinnern wird – „An sie werde ich mich erinnern, deutlicher als an die Verwüstung, an fußlose Frauen und armlose Männer, Sternenhimmel aus Einschusslöchern, an die fußballtorgroßen Granateinschläge und weggesprengten Dächer." (S. 44) –, scheint eher den Wunsch einer Bewältigung des Gesehenen auszudrücken. Die Passage selbst zieht dies zumindest in Zweifel, denn noch in den niedergeschriebenen Erinnerungen erweist sich der Schrecken über die Zerstörungen als zu stark, um sich von ungewöhnlicher Alltäglichkeit überlagern zu lassen.

In Mostar zeigen sich angesichts der Altstadt alle Anzeichen einer Reizüberflutung: „Ich sehe alles zugleich, die ganze Stadt auf einen Blick, als hätte ich rund um den Kopf einen Kranz von Augen, jedes zweite mit Röntgenfunktion." (S. 43) Das führt dazu, dass der Anspruch in Gefahr gerät, die Dinge selbst in Augenschein zu nehmen.

> Ich bin auf Stand-by, ich sehe alles und nichts. Die Geräusche werden zu Dröhnen und Rauschen, und die Gerüche, welche mich anfallen von allen Seiten, vermischen sich zu Gestank. (S. 44)

Lange betrachtet das Ich die Ruinen an der „alten Frontlinie", die selbst noch in ihren Trümmern von der Schönheit der Stadt zeugen. Die zerstörten Häuserfassaden werden anthropomorphisiert, der Krieg zum Naturereignis: „Die Fassaden gucken wie Totenschädel, hohle Augen, grinsend aufgesperrte Mäuler, der Kugelhagel hat ihnen die Gesichter abgeschmirgelt bis auf die porösen Knochen." (S. 44) Mostars einstige Schön- und jetzige Zerstörtheit wird zu einem Witz der Menschheit erklärt, der zeigt und entlarvt, wozu sie fähig ist. Sollten die Städte in ihrer Schönheit und Ordnung die Seelen spiegeln, zerschlägt die Menschheit nach fünfhundert Jahren diesen Spiegel und gibt damit gleichermaßen ein Abbild ihrer selbst, ihrer selbstzerstörerischen Tendenzen.

Angesichts dieser Zeugnisse menschlicher Zerstörung „hat nichts mehr mit dem eigenen Namen zu tun", verliert die menschliche Benennung von Dingen ihre Sinnhaftigkeit. Das Ich interessiert sich nicht für die vermeintlich ethnischen Hintergründe – „Ich bin nicht sicher, ob es für mich eine Rolle spielt, das ‚Who is who' des Balkans" (S. 46) –, es geht nicht mehr um die konkrete Region mit ihren historischen und ethnographischen Hintergründen, sondern um grundsätzliche Fragen des menschlichen Zusammenlebens. Dieser Prozess des Bewußtwerdens zeigt seltsame Folgen. Diese Erkenntnis angesichts der Zerstörung schreit nach Mitteilung, allein dem Ich fällt niemand ein, dem es sie mitteilen könnte: „Eine Weile sehe ich das Telephon an, ich würde gern anrufen, jemanden, den ich gut kenne, aber mir fällt niemand ein." (S. 51) Die Postkarte, die es schreibt – das Ich sucht eine aus, die Mostar nach dem Krieg zeigt –, bekommt keine spezifische Adresse. Ihm scheint unklar, mit wem es die Erfahrung teilen kann. Die Botschaft ist so allgemein wie angesichts des zuvor Berichteten erschreckend: „‚Bin in Mostar. Hier ist es auch nicht anders als anderswo.'" (S. 51-52) Eine Botschaft, die reiflich überlegt ist: „Ich brauche lange für diesen Satz, ziehe beim Nachdenken die Zigaretten mit den Zähnen aus der Packung." (S. 52) Auch die Nachricht richtet sich an niemanden speziell, ins Adressfeld trägt das Ich allein Deutschland ein. Die Botschaft erscheint zunächst widersprüchlich, denn auf den ersten

Blick ist es in Mostar doch gerade ganz anders als in den meisten anderen
Städten Europas, in denen es in der Regel keine Ruinen mehr gibt. Wenn es
aber nicht anders ist, heißt das nicht weniger als dass das, was hier passiert
ist, überall passieren kann und passiert ist, dass die Schönheiten menschlicher Existenz nicht vor ihrer Zerstörung durch Menschen gefeit sind. Ob
diese Erkenntnis wirklich mitteilenswert ist, bleibt dem Ich zunächst unklar,
es überlegt einen Moment, ob es die Karte in den Briefkasten oder Mülleim-
mer werfen soll (S. 52). Doch der Antrieb, der vom Reisen zum Schreiben
führt, ist benannt. Die Konfrontation mit dem Schrecken des Krieges führt
zum Wunsch nach Mitteilung, die reisende Schriftstellerin beginnt zu
schreiben.

11.

Dass die Überprüfung einer Medienrealität nicht der Hauptgrund für die
Reise gewesen ist, wird in der Konfrontation mit den Folgen des Krieges
immer deutlicher, zeigte sich aber bereits zuvor. Die Frage nach dem Reisegrund hat sich auch nach der Antwort gegenüber dem Hund nicht erledigt,
sondern bleibt virulent. Auf die Frage Darios, des ersten Bosniers, den sie
näher kennenlernt, „‚Was wollt ihr hier, zum Teufel?'"(S. 22), stellt das Ich
nur für sich fest: „Die Frage wird mir auffällig oft gestellt, meistens von mir
selbst. Es ist höchste Zeit, mir eine kurze, prägnante Antwort zurechtzule-
gen." (S. 23)
    Im Zug von Mostar nach Sarajewo gibt das Ich auf die Frage eines Mitrei-
senden, was es denn hier mache, eine Erklärung, in der die medienkritische
Begründung eine Ergänzung oder sogar Korrektur erfährt.
    „‚Ich halte es in Deutschland nicht aus.'" (S. 55) Zuhause fühlte das Ich
sich verantwortlich, allen Menschen, die es sah, eine Existenz zu erfinden und
damit letztlich ihrem Leben einen Sinn zu geben, obwohl es nicht einmal das
eigene Leben bisher erfunden hat: „‚Deswegen muss ich das Land verlassen,
von Zeit zu Zeit. Kapierst du?'" Wider Erwarten versteht Thomas, der Mitrei-
sende. Er kennt das Gefühl aus seiner Existenz in Bosnien heraus. Dem Ich ist
die Erklärung allerdings neu (S. 55).
    Doch bleibt das Bedürfnis, anderen Menschen ein Leben zu erfinden, nicht
nur auf die Heimat beschränkt. Als es sich in Sarajewo an den Stadtrand begibt, der an den Hängen der umliegenden Berge liegt, begegnet ihm ein Mann,
der eine Kuh führt: „das ist seine Arbeit, die Kuh grast, und er wartet und sieht
zu." (S. 63) Das Ich spürt „dieses Unbehagen", als müsse es etwas dagegen
unternehmen, obwohl es weiß, dass es sich hier „nur um echtes Leben" handelt, „das man daran erkennt, dass Fragen nach ihm ohne Antwort bleiben"
(S. 63).

Dabei ist es weniger die harmlose Existenz als Kuhhirte, die das Unbehgen auslöst, als die grundsätzliche Frage nach dem Sinn menschlicher Existenz und menschlichen Handelns. Es ist der Wunsch nach Sinngebung wie -findung, der das Ich nach Bosnien-Herzegowina und nach Sarajewo gebracht hat. Hier muss es erkennen, mehr noch: Es kann der Erkenntnis nicht mehr ausweichen, dass Töten und Zerstören menschliche Handlungsoptionen sind. Die Fragilität und Zufälligkeit des Lebens und Überlebens in Zeiten des Krieges – und davon hört und liest das Ich in Sarajewo überall und beständig – setzt den Glauben an den Sinn menschlicher Existenz, und damit auch das Bedürfnis, diesen für sich und andere suchen zu können, schwersten Zweifeln aus.

Das Ich packt das Grauen, „Nicht darüber, dass Menschen zu töten imstande sind, sondern darüber, dass man es ihnen nicht ansieht." (S. 84) Der Drang, die Orte anzusehen, an denen der Krieg sich ereignet hat, wissen zu wollen, wie der Krieg die Menschen beeindruckt, nachhaltig geprägt und verändert hat – das Ich häuft im Laufe der Fahrt einen Bücherstapel mit Literatur über diese Kriegserfahrung an –, zeigt existentielle Folgen:

> Seit Tagen gelingt es mir nicht mehr, das Böse als Ausnahme von der Regel des Guten zu begreifen. [...] Unterschwellig wächst die Angst, irgendwann zu verstehen und nie wieder vergessen zu können, nicht mehr in der Lage zu sein, ins eigene Leben zurückzukehren. Aus Versehen könnte ich Mitglied werden bei jenem kleinen Verein von Menschen, die sich unablässig die Welt anschauen, zusehen, wie alles grundlos zwischen Gut und Böse pendelt. (S. 94)

Dieser Zweifel aber, dass das Gute die Regel menschlicher Existenz darstellt, findet sich schon im ersten Abschnitt, wenn dort Bosnien-Herzegowina mit Blick auf die Landkarte als „weißer Fleck" „im Herzen der Finsternis" (S. 9) bezeichnet wird und mit diesem Paradox auf Joseph Conrads Erzählung *Heart of Darkness* verweist, in der der Held zu einer Reise ins Innere des afrikanischen Kontinents aufbricht und dort den Grenzen menschlicher Zivilisation und Existenz begegnet.

Das Grauen ob des bestätigten Zweifels lässt das Ich nicht mehr schlafen (S. 94). Es wird konfrontiert mit dem eigenen Sinnentwurf, auch im Bezug auf die eigene Reise und Existenz, und dies verlangt eine Entscheidung.

> Wenn die Scheißmenschheit sich selbst den Krieg erklärt, gibt es nichts, was zu sagen oder zu denken übrig bliebe. Hör auf zu suchen. Fahr nach Hause. Sie haben im Kleinen vorgeführt, was auch woanders und im Großen jederzeit möglich ist. Das will niemand wissen, und auch ich darf es nicht wissen wollen. Wie sollte ich mich sonst zwischen Menschen bewegen, die hier wie überall ihre Grausamkeit nicht ahnen lassen, so dass ein Ausbruch von Gewalt nicht nur bis zur Sekunde, in der er geschieht, son-

dern auch eine Sekunde nach seinem Ende wieder völlig ausgeschlossen erscheint? (S. 94-95)

Das Ich verfällt nicht der Resignation, der Grund zur Weiterreise, und damit letztlich auch der, über diese Reise zu schreiben, bleibt stärker. Der Hund weist den Weg aus der Krise und erklärt damit seine Bedeutung für die Reise und den Text. Bisher schien er allein Ausdruck der närrischen Tierliebe des Ich und eine Belastung zu sein. In seinem Aufzug – kurzgeschoren und mit blauem Geschirr – erregt er zwar Aufsehen, bietet aber keinen Schutz gegen sexuelle Übergriffe (S. 66). Mit ihm im Bus zu reisen oder ein Zimmer zu mieten, gestaltet sich häufig als schwierig, das Hundefutter ist im Rucksack ein zusätzliches Gewicht. Nun aber erweist sich der geliebte Hund als notwendige seelische Stütze für eine Reise zu Orten des Schreckens, denn er ist frei von zweifelnden und resignierenden Gedanken, lebt im Hier und Jetzt:

> Der Hund macht es vor. Jede seiner Bewegungen ist ein Appell: Lebe. Der Hund denkt weniger über den Krieg nach als ich, aber das nimmt seiner Aussage nichts von ihrer Wahrheit. Zu dem, was er tut, gilt es zurückzukommen, immer wieder, solange man kann. (S. 95)

Damit steckt das Ich, wie es selbst konstatieren muss, bereits mitten im Kitsch, vor dem der Schriftstellerkollege und Betreiber eines Sarajewoer Buchladens als zwangsläufige Folge der Auseinandersetzung mit dem Krieg gewarnt hatte: „Aber es beruhigt." (S. 95)

12.

Auf der weiteren Reise bleibt die Auseinandersetzung mit den Abgründen menschlicher Zivilisation zentral, doch geht es dabei gleichfalls um die Suche nach Auswegen, nach positiveren Gegenentwürfen. Im Mittelpunkt steht hier die Begegnung mit dem französischen Presseoffizier Monsieur Pescaran, dieser wird dem Ich als offizieller Begleiter von der SFOR an die Seite gestellt. Er zeigt ihm Sarajewo und die Umgebung und erzählt von den Opfern und Grausamkeiten der Belagerungszeit. Seine Konsequenz aus den Erfahrungen in Bosnien-Herzegowina und anderen ehemaligen Kriegsgebieten der Welt, in denen er als Minenexperte tätig war, ist eine Absage an das menschliche Miteinander: „If you have two people, you have war!" (S. 122)

Das Ich fühlt sich ihm verbunden. Auf einer Fahrt über eine einsame, menschenverlassene Hochebene ist es „entspannt, beinahe glücklich" (S. 109), in dieser Landschaft imaginiert es sich ein gemeinsames Leben mit Monsieur Pescaran. Andererseits wird an ihm eine Existenz vorgeführt, wie sie dem Ich in seinen schlaflosen Nächten vorschwebte, „ein Beobachter und Bote[] des Unerhörten", der darüber zu einem der Einzelgänger wurde, „die sich mit Familie und besten Freunden nicht mehr verstehen" (S. 94).

Mit diesem Mann, für den die Existenz zweier Menschen bereits Krieg bedeutet – dies wird bereits vor dem enttäuschenden Wiedersehen überdeutlich gemacht – ist keine Zukunft möglich, mit ihm lässt sich keine Partnerschaft und damit die kleinste – potentiell reproduzierende – Einheit der menschlichen Gesellschaft gründen.

13.

Nach dem Abschied von Pescaran weiß das Ich endgültig, was zu tun ist. Die erlebte Reise wird zum explizit gekennzeichneten Ausgangspunkt fürs Schreiben. Der Besuch eines alten Bungalows am Rande einer mittelalterlichen Totenstadt gleitet unmerklich in die Handlung eines Romans über, dieser Einbruch des Romanesken wird allerdings erst am Ende der Szene als solcher gekennzeichnet: „Jetzt weiß ich, was nicht stimmt. Ich stehe an einem der Handlungsorte meines nächsten Romans." (S. 183) Gegen Ende nimmt das Ich einen Ort in Augenschein, den es in seinem ersten Roman verarbeitet hat (S. 252): Es ist der Garten hinter einem Hotel, in dem in Juli Zehs Roman *Adler und Engel* Frauen gefangen gehalten werden.

Neben Orten, die von Mord und Krieg zeugen, beschreibt das Ich immer wieder und immer mehr Orte und Szenen, die durch ihre Schönheit und Idyllik begeistern und verzaubern. Bereits die Fahrt durch die menschenleere Karstlandschaft führen das Ich und Pescaran zu einem kleinen Dorf, das in keiner Landkarte verzeichnet ist, in dem die Bewohner und Soldaten aus verschiedenen Ländern gemeinsam eine Zisterne bauen (S. 110-112).

Beim Essen und Trinken unter Bäumen spielt es keine Rolle mehr, was das Ich eigentlich hierher gebracht hat: „Wir reden über Sonne, Wasser und Pflaumenwein, niemand fragt mich, woher ich komme und was ich mache, es spielt keine Rolle." (S. 111) Hier hat man den Krieg verpasst.

Auch vom Krieg verschont wurden Orte – so hat es zumindest den Anschein –, die nicht auf der Landkarte verzeichnet sind. Sie erweisen sich unter anderem als ein Badeparadies (S. 178). Eine fehlende Repräsentation erweist sich als erster Schritt zu einer glücklicheren Existenz. Als Sympathiegestalt wird der Betreiber eines Touristen- und Wettbüros gezeichnet. Polyglott, zwischen den Fronten stehend, spricht er – ohne die Länder bereist zu haben – die wichtigsten west- und mitteleuropäischen Sprachen. Ein tieferes Verstehen des Ich deutet sich an, als er ihm einen Tischkalender schenkt. „„Wenn Sie schon keinen Ort haben, an dem Sie zu Hause sind, sollten Sie sich wenigstens an die Zeit halten.'"(S. 129)

Das hat Konsequenzen: Im Laufe des Reisens wird die Reise zur Selbstverständlichkeit: „Gerade fällt mir etwas Komisches auf: Seit vier Tagen bin
ich nicht gefragt worden, was ich hier will. Auch nicht von mir selbst."
(S. 205) Schließlich freut sich das Ich bei all dem Durcheinander anderswo
sogar von Zeit zu Zeit auf Zuhause. (S. 212) Zumindest nach zwei Gläsern
Wein versucht es nicht mehr, den Menschen ein Leben zu erfinden.

> Ich habe aufgehört zu fragen, womit wir unsere Zeit verbringen. Wie ein
> Kind sitze ich da und verstehe nichts, muss den Menschen vertrauen, wie
> sie sind. Dafür hat leise wie ein Wasserspiel hinter dem Haus eine neue
> Lebensfreude zu plätschern begonnen. (S. 220)

Der Erkenntnisgewinn durch Alkohol erweist sich allerdings als zwei-
schneidig, glaubt das Ich doch nach dem dritten Glas, nie wieder nach Hause zurückkehren zu können. Das daran anschließende Schreiben wird zum
Mittel der Bewältigung. In einem gleichsam doppelt gekennzeichneten
Schreibakt entwirft das Ich ein Spiel, in dem es darum geht, an fünf
verschiedenen Stellen in Sarajewo zu erraten, wo man sich gerade befindet.
Entsprechend der eigenen Erfahrungen und des Blickwinkels könne man bei
diesem Blinde-Kuh-Spiel die Stadt als Istanbul, Budapest, Warschau, ja gar
als die Sächsische Schweiz identifizieren, erst die Sniper Alley gibt der
Stadt etwas Unverwechselbares.
    Die Wahrnehmung der Stadt und damit auch der Erfahrungen und Erleb-
nisse der Menschen in ihr bleiben abhängig von dem, der sie betrachtet. Dass
ihr Bild immer nur ausschnitthaft und damit unvollkommen bleiben muss,
verdeutlicht die Geschichte von den blinden Weisen, die einen Elefanten beschreiben sollen. Sie tasten ihn ab, aber entsprechend ihrer Vorkenntnisse und
der Eindrücke des Teiles, das sie jeweils berühren, beschreiben sie ihn nur
partiell und damit unterschiedlich. Die Erzählinstanz kommentiert ihr Bemühen abschließend: „Dem Elefanten, übrigens, ihm ist das gleich." (S. 223)

14.

„Reisen ist, wenn man Dinge erlebt, an die man sich ein Lebtag zu erinnern
glaubt und die man, kaum zu Hause, sofort wieder vergisst." (S. 5) Der
mottoartige Satz vor Beginn des Berichtes zeugt von einer tiefen Skepsis
gegenüber der Langlebigkeit von Reiseerinnerungen und damit letztlich
gegenüber der Relevanz der so gemachten Erfahrungen. Das Ich weiß schon
während der Reise, dass man auf Reisen immer meint, sich völlig verändert
zu haben, „[d]ass nichts mehr ist, wie es war", zu Hause aber das alte Selbst
im Sessel warte und einen gierigen Empfang bereite. (S. 221) Die Nieder-

schrift des Erlebten und Erfahrenen im Reisebericht scheint so als folgerichtige Konsequenz.

Am Anfang steht die Neugierde über ein Land hinter und jenseits einer Medienberichterstattung und der Zweifel, ob denn da noch etwas anderes sei. Die eigene Reise zum Ort des Geschehenen wird zur Auseinandersetzung mit der eigenen Medienprägung und der Möglichkeit von Erfahrung überhaupt – die Reise hat ihren Grund, wie Andersch es bereits vermutete, in einer „Kritik an den Zuständen", es ist eine Form des Zwanges, sich der Welt zu stellen. Doch Zeh verhandelt mehr: Für das Ich ist die Reise existentiell, die Anspielung auf Conrads Erzählung deutet den Erfahrungsraum an. Es geht darum, wie man an die Grenzen der Menschlichkeit, an die Ränder menschlicher Zivilisation gelangt, deren dünne Oberfläche erkennt und angesichts dieser Erkenntnis und des Grauens darüber dennoch nicht verstummt oder dem Wahnsinn verfällt. Der Reisebericht zeugt von der Überwindung der Abgründe und Gefahren und der glücklichen Rückkehr, die authentische Reise verbürgt die Wahrhaftigkeit der Erfahrung. Das ‚Reisen und darüber Schreiben' präsentiert sich damit als notwendiges Mittel der Lebensbewältigung, und überdies als erfolgreiches.

Osten als Himmelsrichtung

Grenzübergänge in Julia Schochs Erzählung
Der Körper des Salamanders

Anne Fleig

> Es war nicht das erste Mal, daß ich gezwungen wurde, meine Augen zu schließen. Gleichzeitig war ich aber erleichtert, daß von meiner Geschichte nicht mehr übriggeblieben war als ich selbst.[1]

1.

Das Debüt der Erzählerin Julia Schoch handelt vom Ende, das ein Anfang ist. Die Erzählung *Boulevard Lipscani Nr. 3* in Schochs Erzählungsband *Der Körper des Salamanders* schließt mit der Frage „Was ist, fangen wir an?", die das literarische Programm des Bandes knapp umreißt. Er handelt von Transformations- und Wandlungsprozessen, auf die bereits der Salamander im Titel verweist. Nach der Erfahrung des DDR-Endes sind Überschreitungen von politischen, geographischen, sozialen, symbolischen und imaginären Grenzen das verbindende Thema der Erzählungen.

Unterschiedlichen Grenzräumen kommt in diesem Band besondere Bedeutung zu. Die Geschichten handeln von leeren, spröden, provisorischen Räumen, Räumen, die selbst im Übergang begriffen sind, wo Imbissbuden in die Landschaft ragen. Mehrere Texte sind entsprechend direkt am Wasser, dem symbolischen Bereich ständigen Wechsels, angesiedelt. Die DDR versinkt, während sie noch existiert. Der Himmel in Schochs Erzählungen ist nicht mehr geteilt, sondern geschlossen. Er überwölbt verlassene, versunkene und verwunschene Landschaften.

Die osteuropäischen Grenzregionen, die Schoch aufsucht, sind heute Peripherie und Zentrum Europas zugleich. Diese Räume eröffnen ungewohnte Handlungsmöglichkeiten, sie sind noch unverstellt, unbearbeitet. In der Erzählung *Im Delta*, an der Donaumündung, warten die Menschen: „Der Weg aus dem Dorf hinaus war auch der Weg zum Friedhof." (S. 60) Es ist das Ver-

---

1 Julia Schoch: Der Exot. In: Dies.: Der Körper des Salamanders. München 2002 [Erste Auflage: München 2001], S. 105-121, hier S. 111. Ich zitiere im Folgenden aus der Taschenbuchausgabe die Erzählungen mit Seitenzahlen im Text.

schwimmen der Grenzen und fragwürdigen Gewissheiten, das den Ton der
Texte bestimmt. In Schochs Texten ist das Vergangene immer schon Teil der
Literatur, der Osten wird darüber zum literarischen Material: „Osten für mich,
ist ein Prinzip und kein Staat. Eine Himmelsrichtung, in der Ideen schwerer
wiegen als Dinge. Aus der ich Fragen und Probleme ziehe, die ich für die
Gegenwart diskutieren will."[2] Der Osten erscheint in ihren Erzählungen auch
als Raum außerhalb der Zeit, als Raum der Möglichkeiten, als Zwischenwelt,
die stets im Zwielicht erscheint, meist grau, matt und dämmerig, wie der Nebel, der immer wieder aufzieht. Dabei verfällt die Autorin nicht in ‚Ostalgie':
„Diese spärlich besetzten Orte sind keine gemütliche Bleibe, aber sie eignen
sich, um einen Hochsitz auf ihnen zu errichten." So hat Schoch selbst charakterisiert, wovon sie schreibt. In ihre Erinnerungsräume tragen sich die politischen
Veränderungen ein wie Linien auf einer Landkarte, die die Grenzen zwischen
Kontinuität und Wandel, Geschichte und Gegenwart neu markieren. „Und
dann geht ein Riß durch die Landschaft. Von ganz allein. Dabei habe ich mich
in meiner Geschichte doch gar nicht bewegt." (S. 121)

Dieser „Riß" ist die Wende, die die Autorin auch persönlich als Bruch in
ihrem Leben erfahren hat. „Es ist nicht die DDR, die den Westdeutschen fehlt.
Es ist die Erfahrung eines absoluten Bruchs – und die Wende war so ein
Bruch. Es ist die grundlegende Erfahrung, dass das, was da ist, nicht selbstverständlich ist."[3] Sie selbst erlebte die Wende als Fünfzehnjährige in Potsdam.

> Da der politische Umbruch 89 zeitgleich stattfand mit einem ersten Le-
> bensumbruch meiner Generation, der Pubertät, ist es unmöglich zu sagen,
> welche Entscheidungen und Entwicklungen auf welche der beiden Wenden
> zu schieben sind. Wir gerieten in ein Vakuum.[4]

Julia Schoch wurde 1974 in Bad Saarow geboren und wuchs in Eggesin,
einer Kleinstadt und NVA-Hochburg, am Oderhaff auf. Nach dem Abitur
reiste sie mit einem Theaterstück zu einem Wettbewerb in die USA. Von
1992-1999 studierte sie Romanistik und Germanistik in Potsdam, Paris und
Bukarest. Sie lebt in Potsdam, wo sie als wissenschaftliche Mitarbeiterin am
Institut für Romanistik der Universität Potsdam tätig ist und an einer Dissertation über französische Gegenwartsliteratur arbeitet. Ihr erster Erzählungsband *Der Körper des Salamanders* erschien 2001 bei Piper in München. Für ihr Debüt erhielt Schoch 2002 den Förderpreis des Friedrich-
Hölderlin-Preises der Stadt Bad Homburg sowie ein gemeinsames Förder-
stipendium der Stiftung Niedersachsen und der Bundesakademie für kultu-

---

2   Julia Schoch: Orte von denen ich schreibe <http:// www.mynetcologne.de/~nc-
      contze-ha/lithaus/200202/schoch.htm> (6.6.2005).
3   Julia Schoch zitiert nach: Generation Trabant. Angekommen im neuen Deutsch-
      land? „Zonenkinder" im Gespräch. In: Die Welt, 9.11.2002.
4   Schoch: Orte (wie Anm. 2).

relle Bildung. 2003 wurde ihr der Literaturförderpreis der Stadt Meersburg zugesprochen. Auch im Feuilleton hat Schochs Erzählungsband ein durchweg positives Echo hervorgerufen. Verschiedene Rezensenten haben den „hohen Ton" und den „Kunstwillen" ihrer Texte zu Recht hervorgehoben.[5] Schochs Protagonistinnen durchbrechen traumsicher die Grenze zwischen der Alltagswelt der Erscheinungen und einem symbolischen Zeichenreich, in dem sich die Bedeutungen vervielfachen. Denn dass aus einer Wende-Biographie zwangsläufig packende Geschichten entstehen, ist eine Erwartung, die Schoch selbst in ihrer Erzählung *Der Exot* karikiert, in der eine Journalistin eine Reise an den Ort einer Kindheitserinnerung unternimmt: „‚Schreiben Sie!' hatte der Redakteur gesagt. ‚Aufrichtige Geschichten brauchen wir. Authentizität. Sie mit dem Bruch im Leben, Sie werden ja wohl kein Problem damit haben.'" (S. 107)

2.

Die Geschichte, die dem Band den Titel gab, erzählt aus der Perspektive der Steuerfrau eines Mädchenvierers vom harten Drill winterlichen Rudertrainings an einer Kinder- und Jugendsportschule der DDR und von ihren Versuchen, dieses Training zu sabotieren. So erfindet sie beispielsweise Termine in der Bootswerkstatt und nimmt hin und wieder kleinere Reparaturen vor. Einmal beschädigt sie das Boot so schwer, dass es vor Ort nicht mehr repariert werden kann. Bei einer anderen Fahrt steuert sie auf die Glienicker Brücke zu:

> Ich war stumm geworden, und obwohl ich kurz darauf deutlich die schwarzgekleideten Posten erkannte, die ihre Maschinengewehre in die Vorrichtungen an den Brückengeländern legten, schwieg ich noch immer. Als ich meine Augen endlich weit aufriß, konnte ich schon so nah in ihre Gesichter blicken, daß ich kleine Schweißtropfen auf ihren Stirnen sah, die nach drei weiteren Ruderschlägen direkt über mir sein und von dort in unser Boot fallen würden oder auf die gekrümmten Rücken der Mädchen. (S. 26)

Die Steuerfrau träumt davon zu schreiben, doch dafür ist im streng durchorganisierten Alltag des Sportinternats keinerlei Raum. Schließlich bringt sie das Ruderboot zum Kentern, indem sie es geschützt durch dichten Nebel gezielt in das Fahrwasser eines Ausflugdampfers hineinmanövriert. Während sie sich selber rettet, bleibt das Schicksal der Ruderinnen ungewiss. Gewiss ist aber, dass dieses Ende der Anfang der Erzählung ist, die mit den Worten beginnt:

---

5 So etwa Jens Jessen: Unheimliche Welt. In: Die Zeit, 24.1.2002.

> Jetzt ist es vorbei, das Geräusch, das Rauschen, wenn das Wasser sich durch meine Gehörgänge schleckt, um mit einem tiefen Gurgeln immer wieder von sich hören zu lassen. Nach der Entscheidung schlägt keine Brandung mehr von innen an meine Haut, keine Welle bricht sich Bahn, kein Tropfen dringt in keinen Spalt, nichts fließt, nichts bewegt sich, endlich kann ich beginnen: (S. 7)

In der Erzählung wird der Aufbruch in einen neuen Lebensabschnitt als Schreibakt selbst thematisch. Die Linien im Schreibbuch der Erzählerin markieren die Grenze zwischen Leben und Literatur. Doch auch das Leben, das der Text schildert, ist ein Leben, das durch Grenzerfahrungen bestimmt ist. Sie erwachsen aus der Auseinandersetzung mit der existentiellen Grenze des Körpers im Leistungssport sowie der territorialen Grenze der DDR. Einen dritten Grenzbereich bildet in dieser Erzählung das Wasser, wobei hier weniger die Erfahrung von Grenzen als vielmehr ihre Auflösung thematisiert wird. Die doppelte Symbolik des Wassers, Untergang und Neubeginn, Tod und Geburt zu sein, wird zum Garanten dafür, dass der Untergang des Bootes, der auch als Ende der DDR gelesen werden kann, gleichzeitig zum Beginn eines neuen Lebens wird und Wirklichkeit in Fiktion übergeht. Diesen Thesen werde ich im Folgenden nachgehen.

3.

Auf einer ersten Ebene thematisiert die Erzählung den Kampf mit den körperlichen Leistungsgrenzen der Ruderinnen, der zugleich ein Kampf mit der Natur der Umgebung und zwischen Steuerfrau und den Mädchen ist. Mit dem Sporttraining erschließt Schoch einen für literarische Frauenfiguren immer noch ungewöhnlichen Handlungsraum.[6] Auch die eigenwilligen Protagonistinnen ihrer übrigen Erzählungen erproben unkonventionelle Handlungsmuster an abenteuerlichen Orten. Damit eröffnet der „Osten" im doppelten Sinne unbekannte Räume.

> Immer noch war es kalt und doch zu warm. In den Nächten schlug eisiger Nieselregen an die Fenster, der morgens aus tiefhängenden Wolken nur noch vereinzeltes Tropfen war. Die Metallgestelle, in denen die Boote lagen, glitzerten feucht in der Morgendämmerung. Manchmal blieben die Finger daran haften. Die Mädchen befanden sich seit sieben Uhr auf den Liegebrettern im Kraftraum und schwitzten oder weinten in ihre Handtücher. Ich hatte nichts mehr entgegnen können, als sie mit jaulenden Lauten die Gewichte nicht mehr zu ihrer Brust ziehen wollten und sie schließlich

---

6   Bemerkenswerterweise handelt eines der frühsten literarischen Zeugnisse über eine Frau im modernen Sport auch vom Rudern. Vgl. die Reiseaufzeichnungen der Marie von Bunsen: Im Ruderboot durch Deutschland. Berlin 1914.

fallen ließen auf die abgeschabten Matten unter ihnen. Ich hatte noch einmal je ein Kilo auf jede Seite gesteckt und dann vorgegeben, mich um das Ersatzboot kümmern zu müssen. (S. 20)

Der Winter steht den Ruderinnen feindlich gegenüber und die Erzählerin vermeidet sorgsam romantisierende Vorstellungen von Bewegung in frischer Luft, die der Härte des praktizierten Trainings nicht gerecht werden können. Auch das schöne Bild von im Morgenlicht glitzerndem Metall wird durch das schmerzhafte Klebenbleiben der Haut sofort zerstört. Hier wird die Körperoberfläche selbst zur Grenze, die den Übergang von menschlichem Körper und Metall deutlich fühlbar macht. Die Mädchenhände sind offenbar noch nicht ausreichend mit Hornhaut überzogen. Auch bei den Unfallmanövern der Steuerfrau schlagen sie sich die Hände an den Griffen der Skulls blutig. Die Mädchen haben weder im wörtlichen noch im übertragenen Sinn eine dicke Haut, sie sind verletzbar, ihre Haut ist durchlässig. Auch Kälte und Feuchtigkeit strömen in die Mädchenkörper ein, „das Wasser war bis in ihre Knochen gedrungen" (S. 11). Fühlbar ist dieser Schmerz der Grenzüberschreitung selbst im Trockenen, wo die Mädchen schwitzen und weinen. Ähnlich wie die aufgeschlagenen Hände weisen diese Reaktionen auf die Durchlässigkeit der Körperoberfläche und damit auf den problematischen Subjekt-Status der Ruderinnen hin.[7] Namenlos und stets durch die Gruppenzugehörigkeit definiert, bewegen sie sich an der Schwelle zum Erwachsenwerden.

Gleichwohl sind die Mädchen anders als die Sportler, die für die Olympiade trainieren, noch keine Rudermaschinen geworden. Die „riesigen Männer" im Winterbecken sind dagegen direkt mit einem Computer verbunden, was die HighTech-Medikalisierung des Körpers unterstreicht:

Wie in einer Klinik waren sie angeschlossen an Bänder und Elektroden, die um ihre verschwitzten Handgelenke gewickelt wurden. Manchmal sah ich einen von ihnen zwischen den Bootshallen oder auf dem Weg ins Sportlerrestaurant. Wie zu groß gebaute Golems schlichen sie mit gebeugtem Kreuz und ballongroßen Oberarmen über das Gelände. Ihre Lider hielten sie halb geschlossen. (S. 13)

Die Mädchen haben hingegen bis Olympia noch fünf Jahre vor sich. Auch dadurch wird im Unterschied zu den Männern deutlich, dass es sich um Jugendliche handelt, junge Mädchen, die noch nicht erwachsen sind und sich mitten in der Pubertät befinden. Hier deutet sich an, dass für die Grenzen des Subjekts perspektivisch nicht mehr der Geschlechtergegensatz ent-

---

7   Zur Kulturgeschichte der Haut und der Körperoberfläche als Grenzfläche vgl. Claudia Benthien: Haut. Literaturgeschichte – Körperbilder – Grenzdiskurse. Reinbek 1999.

scheidend ist, den ein Sport wie Rudern auf der Erscheinungsebene des Körpers tendenziell nivelliert, sondern der zwischen Mensch und Maschine. Dabei zielt der moderne Hochleistungssport auf die Überschreitung von Grenzen, die jenseits menschlicher Möglichkeiten liegen, insofern sie bio-technologisch konstruierte Maschinenkörper voraussetzen.[8] Damit wird hier eine doppelte Grenze markiert: die zum Erwachsenwerden und die zur Maschine.

In der Konstellation des Rudertrainings kann die Steuerfrau und Ich-Er-zählerin selbst als Figur der Grenze bezeichnet werden, denn sie ist diejenige, die zwischen dem Trainer und den Mädchen steht und damit auch zwischen dem staatlichen Auftrag und den individuellen Wünschen ihres Teams. So ist sie einerseits selbst Sportlerin, aber eine, die einen „ewig ausgeruhten Körper" hat (S. 9) und als einzige dem Schulunterricht aufmerksam folgen kann; ande-rerseits muss sie ihrerseits Trainingsaufgaben übernehmen und hat bereits durch ihre Stellung im Boot das Kommando über die Mädchen, die sich kei-neswegs freuen, dass sie mehr leiden müssen als ihre Steuerfrau.

> „Los, tauschen", schnieften sie später, als der Trainer gegangen war. Im-mer, wenn der Trainer ging, fingen sie an zu stöhnen. Einmal war ich schließlich auf den hinteren Platz gestiegen und hatte schon nach wenigen Schlägen harte Unterarme bekommen, weil ich mit der Hand zupackte, an-statt mit den Oberarmen zu ziehen. Die Mädchen hatten gelacht. Sie moch-ten es nicht, wenn jemand weniger geschunden wurde als sie. (S. 14)

In dieser Passage wird die ambivalente Stellung der Steuerfrau auch inso-fern deutlich, als die Mädchen ihr als Mannschaft klar überlegen sind, ob-wohl sie ihr häufig als „bummeliger Haufen" (S. 10) erscheinen. Die Er-zählerin bleibt eine Einzelgängerin und in ihrem Blick auf die Mädchen zeigt sich, dass sie sich selbst auch als eine solche wahrnimmt. In der Figur der Außenseiterin zeigt sich sehr gut die doppelte Funktion des Begriffs ,Grenze', der Ein- und Ausschluss produzieren muss, da es zwischen zwei getrennten Bereichen nur eine Grenze gibt.[9] Die Steuerfrau und „die Mäd-

---

8   In den „ballongroßen Oberarmen" ist auch eine Anspielung auf die Doping-Problematik im Hochleistungssport, insbesondere im DDR-Sport, zu sehen. Vgl. dazu u.a.: *Doping*: Spitzensport als gesellschaftliches Problem. Hrsg. von Mi-chael Gamper. Zürich 2000; Giselher Spitzer: Doping in der DDR: ein histori-scher Überblick zu einer konspirativen Praxis. Genese, Verantwortung, Gefah-ren. 2. Aufl. Köln 2000.

9   Zur philosophischen Begründung dieses Sachverhalts vgl. Norbert Wokart: Differenzierungen im Begriff „Grenze". Zur Vielfalt eines scheinbar einfachen Begriffs. In: Literatur der Grenze – Theorie der Grenze. Hrsg. von Richard Fa-ber und Barbara Naumann. Würzburg 1995, S. 275-289, hier S. 278f.

chen" stehen insofern in einem prekären Abhängigkeits- und Spannungsverhältnis zueinander.

Dass die Steuerfrau alleine bleibt, liegt aber auch an ihrer verhinderten pu-
bertären Entwicklung. Denn die Schwelle zum Erwachsenwerden zeigt sich
bei den Mädchen auch an ihrer geschlechtlichen Entwicklung, sie bekommen
Brüste und nicht nur vom Rudern breitere Hintern. Die Erzählerin dagegen
erscheint merkwürdig geschlechtslos, ein Fliegengewicht, das zu den „kleinen
Menschen, die die Boote steuerten" (S. 8), gehört. Sie selbst beschreibt den
Unterschied zu den Mädchen, als ihre Zimmergenossin mit einem Mitschüler
im Bett liegt (zugleich die einzige Situation im Text, in der eines der Mädchen
etwas ohne die anderen tut, wenngleich auch hier die Steuerfrau anwesend ist):

> An mir gab es wenig anzufassen. Ich war fast durchsichtig und sah aus wie
> die kleine Schwester eines der Mädchen. Die waren im ersten Jahr auf der
> Schule oft zwanzig Zentimeter gewachsen, was am guten Essen lag. Sie
> aßen fünfmal am Tag warm. Mir dagegen erlaubten sie nur Pampelmusen
> und Äpfel, schließlich lag ich, der Ballast, bloß regungslos im Boot. (S. 18)

Am Ende der Erzählung, als das Ruderboot kentert, gelingt es der Erzählerin, diesen Ballast buchstäblich abzuschütteln. Aus ihrer Perspektive kann
der Untergang als gelungene Grenzüberschreitung zum Erwachsensein, als
Akt der Emanzipation und Selbstbestimmung gedeutet werden. In diesem
Moment wird die Steuerfrau zur Autorin, denn sie gelangt über die erste
Zeile ihres Gedichts hinaus, das sie während der zahllosen Trainings zu
formulieren versucht hatte. Dem Ende ist hier also auch insofern der Anfang
eingeschrieben, als mit der Überwindung der Grenze zwischen Leben und
Kunst die Erzählung selbst überhaupt erst möglich wurde, die mit den Wor-
ten begonnen hatte: „Jetzt ist es vorbei." (S. 7)

4.

Der Zusammenhang zwischen dem Leistungssport in der DDR und dem
staatlichen System, der hier mit den Ruderinnen möglicherweise dem Untergang preisgegeben ist, bildet eine weitere Ebene des Textes.

> Draußen regnete es matschige Wasserflocken. Der Trainer, der keine Müt-
> ze trug, sah genauso naß aus wie die Mädchen hier drinnen. Er unterhielt
> sich mit dem Verantwortlichen für politische Erziehung, der in einem di-
> cken weinroten Anorak steckte. DYNAMO stand in den Rücken hinein-
> gesteppt." (S. 15)[10]

---

10   „Dynamo" war ein für DDR-Sportvereine äußerst beliebter Name.

Der Leistungssport spielte für die Legitimation der DDR ebenso wie für die
positive Identifikation ihrer Bürgerinnen und Bürger eine zentrale Rolle.
Die Frage nach dem System des Leistungssports in der DDR beinhaltet
daher sowohl die Frage nach dem politischen System der DDR als auch die
nach dem Verhältnis zur Bundesrepublik, die auf dem völkerrechtlichen
Alleinvertretungsanspruch bestand. Daran scheiterte 1952 eine gesamtdeut-
sche Olympiamannschaft.[11] Zwei Jahre später entschloss sich die DDR-
Führung, die Herausforderung des Westens anzunehmen und einen starken
Leistungssport aufzubauen.[12] Dabei ging es stets um die Anerkennung der
DDR – und zwar sowohl in ihrer Außendarstellung als auch durch Identifikation im Inneren. Ihre Ziele steckte die DDR mit zunehmendem Erfolg
immer höher: Galt es zunächst gegenüber der BRD, die Mehrheit der teil-
nehmenden Sportler und Sportlerinnen zu stellen und einen Rang in der
Medaillenwertung vor der Mannschaft aus dem Westen Deutschlands zu
erringen, ging es später darum, unter den ersten drei Medaillengewinnern zu
landen, und schließlich um das Ziel, die Mannschaft der USA zu besiegen.[13]

Seit den sechziger Jahren arbeitete die DDR gezielt am Aufbau einer Leis-
tungspyramide, um den Nachwuchsleistungssport zu effektivieren. Vor allem
die Einrichtung der sog. Kinder- und Jugendsportschulen (KJS) sollte junge
Talente planmäßig an Spitzenleistungen heranführen.[14] Dies begann mit der
Rekrutierung des Nachwuchses durch ein umfassendes Sichtungssystem, das
über die Schulen alle Kinder erfasste. Wer als geeignet ausgewählt wurde,
wurde in einen Sportclub und eine angegliederte KJS aufgenommen, zu der
auch ein Internatsbetrieb gehörte.[15] Dieses äußerst erfolgreiche System geriet
in den achtziger Jahren in eine Krise. Volker Kluge beschreibt die Kinder- und
Jugend-Sportschulen als „zunehmend anonyme Erziehungsanstalten, die nicht
in ausreichendem Maße die Kader hervorbrachten, die nötig waren, um die
Entwicklung weltweit weiter mitbestimmen zu können."[16] Diese Einschätzung
ist für die Interpretation von Schochs Erzählung interessant, die in den achtziger Jahren an einer solchen Schule, der KJS Potsdam, angesiedelt sein dürfte.
Der dazugehörige Sportclub Dynamo führte die Mannschaft der DDR zu sen-

---

11 Vgl. Volker Kluge: „Wir waren die Besten" – der Auftrag des DDR-Sports. In:
    Körper, Kultur und Ideologie. Sport und Zeitgeist im 19. und 20. Jahrhundert.
    Hrsg. von Irene Diekmann und Joachim H. Teichler. Bodenheim bei Mainz
    1997, S.167-216, hier S.183.
12 Vgl. Kluge (wie Anm. 11), S. 183.
13 Vgl. Kluge (wie Anm. 11), S. 184f. Vgl. auch Anke Delow: Leistungssport und
    Biographie. DDR-Leistungssportler der letzten Generation und ihr schwieriger
    Weg in die Moderne. Münster 2000, S. 26f.
14 Vgl. Kluge (wie Anm. 11), S. 196-198.
15 Vgl. Delow (wie Anm. 13), S. 232f.
16 Kluge (wie Anm. 11), S. 200. Delow macht dafür den nicht mehr zu leugnen-
    den Mangel verantwortlich. Vgl. Delow (wie Anm. 13), S. 29.

sationellen Erfolgen und bildet heute als neustrukturierte Rudergemeinschaft Potsdam einen der Bundesstützpunkte im Rudern.[17]

Die Stimmung der Ruderinnen und ihres Trainers lässt sich in *Der Körper des Salamanders* durchaus als resigniert beschreiben. Der Trainer durchschaut die Sabotagemanöver der Steuerfrau nicht nur, er nimmt sie auch widerspruchsfrei, wenn nicht gar gelassen hin. Die Mädchen müssen beständig „bei Laune" gehalten werden. Von sportlichem Eifer oder Ehrgeiz ist im Text wenig zu spüren; vielmehr durchwirkt frostige Niedergeschlagenheit die Erzählung, die metaphorisch durch die Transformationen des Wassers in Nebel, Regen, Eis und Raureif verstärkt wird.

Schoch beschreibt genau die mangelnde Motivation der Steuerfrau, die bereits als politisch bedenklich eingestuft wurde, aber auch die widersprüchliche Motivation der Mädchen, die offenbar ebenfalls nur bedingt in das Training einwilligen.

> Ich betrachtete es nicht als Strafe, daß ich am Samstagnachmittag die Zehn-Kilometer-Runde laufen mußte. So blieben mir wenigstens die Mädchen erspart, die sich beschwerten, daß sie eine Woche lang im Einer fahren und eine Krafteinheit zusätzlich absolvieren mußten. [...] Ich dachte an meine Glieder und die Rede des Verantwortlichen für politische Erziehung. Ihm zufolge war ich für Wettkämpfe im Ausland ungeeignet, da man im Ausland nur auf Fehler aus unseren Reihen warten würde. Für Journalisten, die es nur darauf absahen, Schlechtes über unser Land aus unseren eigenen Mündern zu erfahren, wäre ich leichte Beute. (S. 19)

Auch der Wohntrakt des Internats, ein wenigstens 14-stöckiges Hochhaus, in dem abends der Fahrstuhl abgestellt wird, deutet nicht auf ein freudig erfülltes oder wenigstens als sinnvoll wahrgenommenes Leben hin, sondern auf einen Raum, der leer, begrenzt und erstarrt ist: Zeichen eines hochgesteckten Ziels, für das jeder Antrieb verloren gegangen ist.

Durch die enge Verzahnung von Leistungssport und Parteiauftrag kann die Kritik am System der Schule auch als Kritik am Staatssystem der DDR verstanden werden. Diese Verbindung zeigt sich gegen Ende des Textes während eines der Trainings, als der Vierer auf die Glienicker Brücke zusteuert, die eines der wichtigsten Symbole der Staats- und Systemgrenze geworden war. Während die Steuerfrau auf dieser Tour die Wirklichkeit buchstäblich aus den Augen verliert, um sich mitsamt ihres Boots als Expeditionsteam im Urwald zu imaginieren, das „in friedlicher Absicht" (S. 25) komme, sie noch auf Zeichen sinnt, die signalisieren könnten, dass sie auf „die Hilfe der Eingeborenen angewiesen" (S. 25) seien, erreichen sie die Brücke:

---

17 Vgl. <http://www.potsdamer-rg.de> (8.7.2003) und zur Sportschule, die im September 2002 ihr 50-jähriges Jubiläum beging: <http://www.sport.schule.uni-potsdam.de/seiten/projektwoche/festrede.html> (8.7.2003).

Noch bevor ich den Vierer durch ein Kommando zum Stehen bringen
konnte, übernahm einer der Grenzposten mit Hilfe eines Megaphons diese
Aufgabe. Die Mädchen erschraken, als seine metallene Stimme aus dem
Nichts über das Wasser bellte, und tauchten die Skulls tief in die Havel
hinein. Kopflos stoppten und wendeten sie, die Holzblätter schlugen ge-
geneinander. Mit ein paar Sprintschlägen, als gälte es bei einem Wett-
kampf günstig vom Start wegzukommen, entfernten wir uns ruckartig von
der unsichtbaren Wand, hinter der die Posten immer noch lauerten und bereits die Schule informierten. (S. 26)

5.

Das Wasser bildet schließlich jenen Grenzbereich der Erzählung, der zum
einen den Kampf mit den körperlichen Grenzen und den politischen Grenzen auf seiner Oberfläche noch einmal zu spiegeln vermag, der aber zum
anderen für den im Text reich entfalteten Zustand des Wandels selbst ein-
steht. So kann das Wasser als Ursprung aller Dinge auch als Element der
Übergänge schlechthin verstanden werden, das die Grenzen von Sportkör-
per und Staat in dieser Erzählung sinnfällig macht. Auch in den anderen
Erzählungen des Bandes ist es immer wieder das Wasser, das die einschnei-
denden politischen Transformationen symbolisiert.

Das Rudern kann in dieser Erzählung als Auseinandersetzung mit diesem
Grenzbereich, der gleichzeitig als Naturgewalt erscheint, verstanden werden.
Dieser Kampf hat erhöhte Bedeutung, denn das Wasser ist kulturgeschichtlich
durch die Ambivalenz gekennzeichnet, lebensspendende und zerstörende Kraft
zugleich zu sein. Es ist immer glitzernde Oberfläche und abgründige Tiefe.[18]
Für die Steuerfrau gilt es, zwischen taktischem Anschmiegen an das bewegte
Wasser und eigener Spur den Kurs des Bootes zu halten. Der Vierer wird nämlich häufig von den Wellen der Ausflugsdampfer überspült, die das ganze Jahr
über auf den Havelseen fahren:

Sie waren heimtückisch, denn sie näherten sich trotz ihrer Größe fast lautlos. Erst in einiger Entfernung wuchsen die Wellen, die vorn an ihrem brei-
ten Bug noch gar nicht zu erkennen waren. Wenn sie an uns vorbeizogen,
war es meistens schon zu spät, um das Boot noch in einen spitzen Winkel
zu ihnen zu stellen. Ich konnte nur noch die Augen schließen und mir die
Fäustlinge auf die Ohren pressen. Dann versuchte ich in meiner Wasser-
schale ein Fisch zu werden, dem dieses flüssige Material gefallen konnte.
[...] Dabei war es angenehmer, von einer Welle überrascht zu werden, als
sie von weitem heranrollen zu sehen. Das hatte ich schon nach den ersten

---

18 Vgl. dazu eingehend: Kulturgeschichte des Wassers. Hrsg. von Hartmut Böhme. Frankfurt am Main 1988.

Tagen als Steuerfrau gewußt, als ich das Boot noch stumm und in großen Schleifen durch das blühende Wasser geführt hatte. (S. 21f.)

Hier zeigt sich, dass das Boot die Grenze markiert, an der der Mensch auf das Wasser trifft. Dabei ist es im Kontext von Schochs Erzählung interessant, dass die ersten Schiffe Rudererschiffe waren. Am Ende des Textes ist auch von einer „stumm gewordene[n] Galeere" (S. 28) die Rede. Diese Formulierung erlaubt den Schluss, dass die Ruderinnen als Sklavinnen des DDR-Systems verstanden werden können.

Über das Verhältnis von Schiff und Wasser führen Gernot und Hartmut Böhme in ihrer *Kulturgeschichte der Elemente* folgendes aus:

> Das Schiff ist in fast allen allegorischen Darstellungen das Gerät, durch das der Mensch dem Wasser korrespondiert. Das Schiff schwimmt, nicht aber der Mensch, er ist kein Fisch. Der Mensch wird durch das Schiff über das Wasser hinübergetragen. Das Wasser bleibt dabei unvertraut, chaotisch, gefährlich. Das Schiff kann daher auch Symbolcharakter für andere Überfahrten haben, so für die Fahrt ins Totenreich. Man kann nicht eigentlich sagen, daß das Schiff eine Bewältigung der Naturgewalt Wasser darstelle. Das Wasser ist dem Schiff im Prinzip nicht feindlich.[19]

Auch in *Der Körper des Salamanders* imaginiert die Steuerfrau das Wasser als Übergang zum Totenreich: „Ich dachte, dass die Havel auch der Styx sein konnte, denn wir durchquerten feuchte Nebelfelder in eine andere Welt." (S. 23) Wie den winterlichen Potsdamer Gewässern wird auch dem Styx die Eigenschaft zugeschrieben, eiskalt und grausig zu sein. Nichts wünschen sich die Mädchen sehnlicher als das Zufrieren des Flusses, der damit seiner Macht über sie entledigt wäre. Das Wasser erscheint ihnen als bedrohliche Kraft, auf die sie keinen Einfluss haben.

> „Kein Eis", teilte ich mit, und die Mädchen schauten kraftlos von den zerkratzten Holzschemeln zu mir herüber. Ich sah sie nicht an, spürte aber, daß sie erwarteten, ich würde mit einem Zauberspruch eine Schicht Eis auf das Wasser werfen, die so hart wäre wie im letzten Jahr. (S. 7)

Mit der genauen Beobachtung des Wassers thematisiert die Erzählung auch den beständigen Übergang zwischen verschiedenen Aggregatzuständen, die Möglichkeit zur Veränderung. Das Wasser erscheint als Eisscholle und als Welle, als Fließen oder Reißen, es kommt von oben als Regen, Nebel oder Schnee und es ist nicht immer auszumachen, wo der Fluss aufhört und der Himmel anfängt. Zu dieser bewegenden Kraft steht der mehrfach vorge-

---

19 Gernot Böhme, Hartmut Böhme: Feuer, Wasser, Erde, Luft. Eine Kulturgeschichte der Elemente. München 1996, S. 278.

brachte Wunsch nach dem Frieren des Wassers in scharfem Kontrast. Dieser Wunsch lässt sich auch als Verweigerung gegenüber dem Sportsystem bzw. als Grenzüberschreitung ex negativo interpretieren. Dass eine Erzählung, in der es zumindest vordergründig ums Rudern geht, im Winter spielt, muss bereits als Teil dieser Verkehrung gelesen werden. So handelt Hans Marten van den Brinks Rudergeschichte *Über das Wasser* (1998), der ebenfalls auf das grenzüberschreitende Potential des Sports und den Wandel des Wassers setzt, vom Glück eines Sommers, das durch das harte Training nicht getrübt wird.[20] Hingegen wählt Annett Gröschner in ihrem Romandebüt *Moskauer Eis* (2000) ebenfalls die Kältemetaphorik, um die DDR zu charakterisieren: die Erzählerin schreibt die Geschichte ihres sportbegeisterten Vaters, der Ingenieur für Kältetechnik war, als eine Geschichte der DDR. Auch hier spielen die Aggregatzustände des Wassers als Eis eine wichtige Rolle, auch hier verbindet sich die Erinnerung an die eigene Jugend mit dem Sport, der in Gestalt eines Leistungsschwimmers die erste große Liebe der Erzählerin ist, bis schließlich beide jämmerlich zu Grunde gehen.[21] In diesen Texten stehen der Sport und mit ihm das Wasser in mehrfacher Hinsicht für Grenzüberschreitungen, doch anders als der niederländische Autor verbinden die beiden Autorinnen, die in der ehemaligen DDR groß geworden sind, das Wasser mit Eis und Kälte. Sie stehen damit – wenn auch auf unterschiedliche Weise – quer zu der politischen Rede vom Tauwetter oder vom Eis, das gebrochen sei; vielmehr beschreiben sie den ‚kalten' Krieg im eigenen Land.

Gegen Schluss der Erzählung von Schoch verbinden sich das Wasser des Flusses und die Feuchtigkeit der Luft zu einer undurchdringlichen und undurchsichtigen Nebelwand, die einen eigenen Raum, eine eigene Welt erschafft. „Doch ich bewegte mich in dieser milchigen Landschaft wie in einem auswendig gelernten Labyrinth." (S. 27) Als die Steuerfrau das Boot zum Kentern bringt, bleibt offen, inwiefern die Havel tatsächlich zum Styx wird. Zunächst scheinen die Mädchen jedenfalls durch die an den Stemmbrettern angebundenen Schuhe gefangen zu sein.

> Ich sah: Das Boot lag mit dem Rumpf nach oben, und unten im Wasser, unter der Nebelwand, saßen die Mädchen im Boot wie im Spiegelbild, als wollten sie – eine stumm gewordene Galeere – ihre Berufung in die Unterwelt retten. (S. 28)

Dieses leicht surreale Bild lässt an Unterwasserfilmaufnahmen denken und erinnert an das Ende von Jane Campions Film *The Piano* (1993). Auch dort

---

20 Vgl. Hans Marten van den Brink: Über das Wasser. München, Wien 2000 [Amsterdam 1998].
21 Vgl. Annett Gröschner: Moskauer Eis. Leipzig 2000, 2. Aufl. 2002.

wird der Untergang zum Neuanfang, eine Schlusseinstellung, die ebenfalls die ambivalente Bedeutung des Wassers nutzt: nämlich Untergang und Geburt zugleich zu sein.[22] Mit dem Rudervierer kentert auch die DDR, für die hier ihr Sportsystem steht. Sie geht lautlos unter. Es ist daher nur konsequent, dass das Ende ihrer Sportlerinnen bzw. ihrer Bürgerinnen unklar bleibt. Für die Erzählerin hingegen bedeutet dieser Untergang den Aufbruch in ein neues Leben, das der Geburt der Kunst aus der mythischen Tiefe entspricht, wie bereits der Anfang des Textes deutlich ausstellt.

6.

Die ersehnte Transformation von Realität in Fiktion vollzieht die Erzählerin aber auch durch das Textgeschehen selbst, als sie am Ende mit dem Anfang eines Gedichts im Kopf aus dem Nebel auftaucht:

> Laß den Salamander, in Stein
> gehaunes Untier,
> er sinkt zum Grund und anderes fällt mit.
> Das braune Haar der Frau hängt noch
> im Schilf, der Sumpf nimmt es nicht auf.
> Um jeden Halm ist es
> gewunden und blüht im nächsten Jahr. (S. 28)

Die ersten Zeilen dieses Gedichts – möglicherweise auch seine erste Strophe – vervielfachen den Zusammenhang von Absinken und Auftauchen. Untergang und Aufbruch bleiben also eng aneinander gebunden. Das in Stein gebannte Untier verweist auf versteinertes Leben ebenso wie auf den nunmehr reglosen Drachen DDR, der versinkt, während sich das Haar der Frau, wie die nächsten Zeilen verdeutlichen, im Schilf verfängt, wodurch sie schon fast wieder Land und damit perspektivisch festen Boden unter den Füßen erreicht hat. Dieser könnte auch als zu betretendes Neuland gedeutet werden, womit sie das Element des Wassers verlässt. Haare und Halme gehen dabei eine fast unauflösliche Verbindung ein, die „blüht im nächsten Jahr". Das Blühen der Haare als pars pro toto der Frau symbolisiert die

---

22 Das Bild einer Frau unter Wasser, die durch die Kamera gesehen zu sein scheint, findet sich bei Julia Schoch auch am Ende ihrer Erzählung *Letzte Ausfahrt*: „Geträumt hätte sie nicht an diesem Nachmittag, aber gelegen hätte sie wie unter See in der Mitte des Haffs, sagte sie. Wenn die Haare algengleich nach oben schweben, das Gesicht ganz verschoben und jeder Augenaufschlag nur in Zeitlupe möglich ist. Blasen wären aus ihrem Mund gestiegen in dieser geräuschlosen Unterwasserwelt, und sie hätte das unberührte Muster des Sandes unter ihren Händen tasten können." (wie Anm. 1, S. 141)

gelungene Rettung und steht für Produktivität im neuen Lebensabschnitt, emphatisch gesprochen für den Frühling dieses Lebens.

Diese Verse beinhalten daher im Kern die poetische Verdichtung – und darüber hinaus das literarische Programm – der Erzählung, sodass sich hier auch innerhalb des Textes der Übergang von Wirklichkeit in Literatur vollzieht, der sich an verschiedenen Stellen der Erzählung angekündigt hatte. Dafür spricht die Konfrontation mit den ‚Grenzhütern' an der Glienicker Brücke, die die Ausfahrt der Erzählerin in ein Phantasiereich abrupt beenden, bevor sie im Text selbst der Ruderei ein Ende macht. Schon hier werden Grenzüberschreitungen ihrer Einbildungskraft, für die sie in der Erzählung selbst nach Worten sucht, und die reale Grenzüberschreitung an der berühmten Brücke enggeführt. Die Rettung im Schilf hat im Text ein Pendant in einem der Unfallmanöver, das sie mit ihrem Boot im Schilf einer Vogelinsel landen lässt, weil sie „die Augen geschlossen gehalten" hatte (S. 23). In der Erzählung deutet das Motiv der Augen mehrfach auf den Versuch hin, ihr Bewusstsein als Steuerfrau zu verschließen, um es für Eindrücke aus dem unsichtbaren Reich der Phantasie, des Imaginären zu öffnen. Die geschlossenen Augen weisen auf die Anstrengung hin, die Grenzen der Wirklichkeit zu überschreiten, oder, wie es Julia Schoch in ihrer Rede anlässlich der Verleihung des Friedrich-Hölderlin-Preises der Stadt Bad Homburg ausgedrückt hat: „von der Kunst als Mittel träumen zu können, die Wirklichkeit unmöglich zu machen."[23]

Verdichtet wird dieser Transformationsprozess durch die verschiedenen literarischen Motive, die auf Veränderung hindeuten, wie die Versteinerung oder das Haar, das große Wandlungsfähigkeit besitzt und für Vitalität steht[24] (beide daher übrigens auch bekannte Märchenmotive), sowie schließlich der Salamander, der seine Farbe wechseln kann und als Tier gilt, das im Feuer zu leben vermag. Er ist damit nicht nur Symbol der Flamme, sondern von Widerstand und Lebenskraft schlechthin.[25] Wie der Eintrag „Salamander" im *Buch*

---

23 Julia Schoch: Naivität als Widerhaken. Rede anlässlich der Verleihung des Friedrich-Hölderlin-Preises der Stadt Bad Homburg 2002. In: Friedrich-Hölderlin-Preis: Reden zur Preis-Verleihung. Hrsg. vom Magistrat der Stadt Bad Homburg. Bad Homburg 2002, S. 18-22, hier S. 21.

24 Vgl. Inge Stephan: Das Haar der Frau. Motiv des Begehrens, Verschlingens und der Rettung. In: Körperteile. Eine kulturelle Anatomie. Hrsg. von Claudia Benthien und Christoph Wulf. Reinbek 2001, S. 27-48, hier S. 29.

25 Genauer zu verfolgen wären noch die Bezüge zu der auffälligen Verwendung des Salamander-Motivs in der Lyrik Ingeborg Bachmanns, die auch darüber hinaus eine motivbezogene Nähe zu Schochs Gedichtanfang aufweist. Vgl. insbesondere Die gestundete Zeit, Nebelland, Erklär mir, Liebe und Freies Geleit in: Ingeborg Bachmann: Werke. Bd. 1: Gedichte, Hörspiele, Libretti, Übersetzungen. Hrsg. von Christine Koschel, Inge von Weidenbaum, Clemens Münster. München 1978, 3. Aufl. 1984.

der imaginären Wesen von Jorge Luis Borges zeigt[26], kann der Salamander darüber hinaus als ein Fabeltier verstanden werden, das für die Kraft der Phantasie steht. Er gehört, um eine Formulierung von Dietmar Kamper aufzugreifen, in den Raum des Imaginären, den die Literatur selbst eröffnet.[27] Hierzu passt, dass die Steuerfrau als „kleiner Mensch" selbst Züge eines märchenhaften Elementargeistes trägt.

Auf der Ebene des Textes bekräftigen die aus der romantischen Dichtung bekannte Verknüpfung von Wasser, Weiblichkeit und Poesie[28] ebenso wie der Hinweis, dass die Erzählerin in einem „blauen Buch" zu schreiben versucht, den Kunstanspruch der Erzählung. Dass nach einem langen Trainingstag eine Melusine mit „gesenkten Lidern" (S. 16) über dem Buchdeckel der Steuerfrau schwebt, vervollständigt den literarischen Motivreigen der Grenzübergänge. Aus der Verbindung der verschiedenen Schwellensituationen des Textes – Pubertät, Sport, Ende der DDR – und der mythischen Kraft des Wassers erwächst schließlich die Geburt der Erzählerin als Autorin. In diesem Vorgang darf wohl auch die Genese der Autorin Julia Schoch vermutet werden.[29]

Mag soviel Kunstsinn auch hin und wieder überzogen wirken, so verweigert sich *Der Körper des Salamanders* dadurch genau jener Forderung nach Authentizität und idenfikatorischen Lektüren der Vergangenheit, die nicht nur der Zeitungsredakteur in Schochs Erzählung *Der Exot* gerne verkauft. Denn der Salamander steht auch für die in Stein gehauenen, gestürzten Monumente der ehemaligen DDR, die im Orkus der Geschichte zu verschwinden drohen und die Havel gleichsam zum Strom des Vergessens machen. Doch wie die abgebrochene letzte Zeile des Gedichts besagt: „Der Salamander irrt ..." (S. 28). Dieser Abbruch korrespondiert nicht nur dem ungeklärten Verbleib der Ruderinnen, sondern eröffnet auch die Möglichkeit, dass die DDR als Erinnerung wieder auftaucht und sich in Literatur verwandelt. Dabei geht es Schoch weder um die sentimentale Rekonstruktion einer versunkenen Welt noch um ein naives Blättern im Familienalbum der „Zonenkinder"[30], sondern um die

---

26 Vgl. Jorge Luis Borges (in Zusammenarbeit mit Margarita Guerrero): Einhorn, Sphinx und Salamander. Buch der imaginären Wesen. München, Wien 1982 (= Jorge Luis Borges Gesammelte Werke Bd. 8).

27 Vgl. Dietmar Kamper: Burak, Squonk und Zaratan. Zum Stellenwert des Imaginären in der phantastischen Zoologie von Jorge Luis Borges, Nachwort zu Borges (wie Anm. 26), S. 163-167, hier S. 167.

28 Vgl. u.a. Inge Stephan: Weiblichkeit, Wasser und Tod. Undinen, Melusinen und Wasserfrauen bei Eichendorff und Fouqué. In: Böhme (wie Anm. 18), S. 234-262; Anna Maria Stuby: Liebe, Tod und Wasserfrau. Mythen des Weiblichen in der Literatur. Opladen 1992.

29 Vgl. dazu auch Antje Rávic Strubel: Debüt einer Spielerin. In: die taz, 10.10.2001.

30 Vgl. den gleichnamigen Roman von Jana Hensel (Reinbek 2002) und ein entsprechendes Interview in: Die Welt (wie Anm. 3).

bewusste Konstruktion einer Welt, die als Teil des literarischen Gedächtnisses lebendige Gegenwart der Kunst wird. Vor dem Hintergrund dieser Deutung bildet der Körper des Salamanders, der der Erzählung und dem Band den Titel leiht, als feuerfester und widerständiger Körper den Hort der Erinnerung, der als Geschichte in die Körper eingeschrieben ist, aber als Erinnerung in ihnen lebendig und wandelbar bleibt.

Bildwandlerinnen

Die Lyrikerinnen Tanja Dückers, Sabine Scho und Silke Scheuermann

Nikola Roßbach

Der ungeahnte Aufschwung, den die deutsche Gegenwartsliteratur in den neunziger Jahren des zwanzigsten Jahrhunderts erlebt, erfasst vor allem die Prosa. Romane und Erzählungen hoffnungsvoller junger Autoren und Autorinnen erregen die Aufmerksamkeit der Literaturkritik und der literarisch interessierten Öffentlichkeit. Die Autor*innen* werden dabei gerne unter das vom *Spiegel* recycelte Label ‚Fräuleinwunder' subsumiert: Ein Wunder, das weniger phänomenologisch als medientheoretisch interessant ist, da es, ganz im poststrukturalistischen Sinn eines Jean Baudrillard, von Medien erst hervorgebracht wurde. Die differenzierte und komplexe Wirklichkeit wird ignoriert zugunsten einer leichter fassbaren, verfälschten, simulierten: Eine Anzahl von Schriftstellern wird durch Ausblendung ihrer Unterschiede und Fokussierung weniger gemeinsamer Merkmale als ‚Gruppe' wahrgenommen, Schriftsteller ohne diese Merkmale werden ignoriert, mögen sie auch zahlenmäßig überwiegen, genauso interessant oder gar interessanter schreiben.

Die gemeinsamen Merkmale der Schreibenden, die unter das Etikett ‚Fräuleinwunder' gruppiert werden, sind: weiblich, äußerlich attraktiv, zwischen zwanzig und dreißig Jahre alt und von erzählerischer Begabung. Letzteres ist wohlgemerkt das einzige literarische Kriterium, die jungen Autorinnen, so liest man, können wieder schreiben, wieder erzählen – welch eine Wohltat nach der kopflastigen, selbstreflexiven Literatur der achtziger Jahre. Programmatisch verkündet Burkhard Spinnen auf dem Buchumschlag von *Sommerhaus, später* (Frankfurt am Main 1998) über Judith Hermann: „Judith Hermanns Geschichten sind so wunderbar gelassen erzählt, als habe es den Sturmlauf der Moderne gegen das Erzählen nie gegeben. Und dennoch ist nichts darin bloß so, wie es immer schon war." Jamal Tuschik formuliert das anlässlich von Tanja Dückers' Romandebüt *Spielzone* wesentlich kritischer: „Die neue deutsche Literatur war die längste Zeit ein Mauergewächs mit dem Modermief von Ladenhütern [...]. Inzwischen erfüllen – vor allem – deutsche Schriftstellerinnen unter vierzig ein Verlangen der Branche nach marktgängiger Sprachkunst. Ihrem Publikum verschaffen sie das Vergnügen des Easy reading."[1]

Dass so etwas wie ein ‚Fräuleinwunder' inszeniert und propagiert wird, erklärt sich nicht zuletzt durch den vielfältigen Konkurrenzdruck, unter dem die ‚anspruchsvolle' deutsche Gegenwartsliteratur steht: Konkurrenzdruck durch die expandierende Unterhaltungsliteratur, durch die ausländische Gegenwartsliteratur aus Europa und Amerika und natürlich durch andere Medien wie Film, Fernsehen und Internet. Wenn sich die Gegenwartsliteratur auf dem Markt behaupten will – und natürlich geht es immer auch um ökonomische Interessen, natürlich ist Literatur auch und nicht zuletzt Broterwerb für ihre ProduzentInnen und VerkäuferInnen –, dann ist sie gezwungen, öffentlich, publik, im buchstäblichen Sinn ‚sichtbar' zu werden. Und Sichtbarkeit impliziert heute für die Literatur nicht mehr nur Lesbarkeit. Fast ebenso wichtig wie die Schrift scheinen in der audiovisuellen Medienkultur die das Lesen anregenden, es initiierenden und begleitenden *Bilder* zu sein (wir sind ja inzwischen, wenn man die an Geschwindigkeit rasant zunehmende, nahezu schwindelerregende Abfolge der gesellschaftlich-kulturellen ‚turns' noch ernst nehmen will, beim so genannten ‚iconic' oder ‚pictorial turn' angelangt). Das mediale ‚Fräuleinwunder'-Konstrukt, mit dem Medien, Verlage, Agenturen und Autorinnen dem Image der deutschen Literatur neue Frische und Pepp verleihen wollen, beruht ganz auf diesem bildzentrierten Konzept der Sichtbarkeit. Ich meine hier nicht die in der Lyrik, etwa bei Tanja Dückers und Sabine Scho, verstärkt zu beobachtende Arbeit mit fotografischem Material, sondern die Bilder, die von den Schriftstellerinnen selbst präsentiert werden: großformatige, vorteilhafte Fotoporträts, Büchern und Zeitschrifteninterviews beigefügt, auf eigenen Internet-Homepages abrufbar. Besonders bei dem audiovisuellen Medium Fernsehen wird deutlich, dass die hier intendierte ‚Sichtbarkeit' eine talkshow-taugliche, geschlechtsspezifische und körperzentrierte ist. Nicht selten werden die Autorinnen auf jene Körper-Bilder reduziert; ein *Zeit*-Artikel über Alexa Hennig von Lange ist überschrieben mit: *Diese Locken!*[2]

Alexa Hennig von Lange gehört wie Karen Duve, Judith Hermann, Felicitas Hoppe oder Zoë Jenny zu den Shooting Stars, die das gefeierte ‚Wunder' der deutschen Literatur der neunziger Jahre bewirkten – und alle schrieben und schreiben Erzählungen oder Romane. Wie sieht es mit der Lyrik aus? Gedichte verkaufen sich von jeher schlechter als Romane und sind für die lesende Öffentlichkeit generell weniger ‚sichtbar'. Und wenn man Hauke Hückstädt Glauben schenkt, werden Gedichte nicht nur im Bereich der Rezeption, son-

---

1   Jamal Tuschik: Tanja Dückers / „Spielzone". Hat Kohlensäure Kalorien? In: Rheinischer Merkur, Nr. 16, 16.4.1999, S. 22.

2   Joachim Lottmann: Diese Locken! Alexa Hennig von Lange – die Antwort der Literatur auf die Spice Girls. In: Die Zeit, Nr. 7, 5.2.1998, S. 61.

dern auch im Bereich der Distribution sträflich vernachlässigt. In der *Frankfurter Rundschau* polemisiert er gegen die aktuelle ‚Gedichtblindheit', gegen mangelnde Vermittlungsstrukturen und relevante Öffentlichkeiten für Lyrik. Zwar gebe es zahllose angesagte Lyrikevents und Lyrikfestivals – dennoch übersehe der deutsche Literaturbetrieb seine größten Dichtertalente. Hückstadt rühmt die jungen Lyriker als ‚enorm stark' und „alle so vollkommen anders", hitzig schreibt er, im „Vergleich zu den durch die aufgeregten Heißluftaggregate der Feuilletons und Kulturmedien zu Krönungsschreibern hochdeformierten Storytellern" gebe es in der Lyrik immerhin noch „echte Geschehnisse".[3]

Natürlich ist es stark vereinseitigend, Poeten als unentdeckte Rohdiamanten und Prosaisten als wertlosen Modeschmuck zu polarisieren. Aber daraus können sich Leitfragen ergeben für die folgende Betrachtung dreier Lyrikerinnen, die sich erst in jüngster Zeit in der offiziellen Literaturszene etabliert und alle im Jahr 2001 ihren ersten Gedichtband[4] veröffentlicht haben: Bieten Tanja Dückers, Sabine Scho und Silke Scheuermann ‚echte' Geschehnisse anstelle von medialer Inszenierung und Simulation? Wo positionieren sie sich zwischen Beschreibungen wie ‚vollkommen anders' und ‚unverwechselbar' einerseits und integrativen Sammelbegriffen wie ‚Fräuleinwunder' andererseits?

Tanja Dückers: Luftpost *(2001)*

Tanja Dückers, geboren 1968, ist studierte Germanistin und Amerikanistin und betätigt sich nicht nur lyrisch, sie schreibt sogar vor allem Erzählungen und Romane. Auf der sie betreffenden Website[5] stehen ironischerweise – immerhin handelt es sich um eine Netz-Plattform zur Lyrik – als Arbeitsgebiete ausschließlich „Erzählung, Roman". Mit ihrem Romanerstling *Spielzone* schaffte sie 1999 den Sprung in den arrivierten Literaturbetrieb und erhielt seitdem verschiedene Preise und Stipendien für ihre schriftstellerische Arbeit. Vielleicht ist Tanja Dückers auch wegen ihres Prosa-Schwerpunkts das Etikett ‚Fräuleinwunder' nicht erspart geblieben. Sie wehrt sich heftig dagegen und verweist vehement und zu Recht auf die sexistische Tendenz des Begriffs:

> Da wird der Geschlechterzuordnung ausnahmsweise mal etwas zu große
> Bedeutung zugemessen. Alles, was zufällig deutsch, weiblich und um die
> 30 ist, wird blind unter ein künstliches Label gepackt, nur damit der blut-

---

3 Hauke Hückstädt: Gedichtblindheit. Ein Gegen-Plädoyer. Der deutsche Literaturbetrieb übersieht seine größten lyrischen Talente. In: Frankfurter Rundschau, Nr. 148, 29.6.2002, S. 23.
4 Tanja Dückers veröffentlichte vorher schon zwei Bände mit gemischter Lyrik und Kurzprosa (vgl. den Abschnitt zu Dückers in diesem Beitrag).
5 www.lyrikwelt.de/autoren/dueckers.htm (Zugriff 17.12.2002)

armen, wenn auch kunstvollen Metaliteratur der achtziger Jahre endlich
etwas entgegengestellt wird.[6]

Bei einer Umfrage zum Zusammenhang von schriftstellerischem Erfolg und
gutem Aussehen wird sie noch deutlicher:

> Die ganze Debatte um den hochgradig albernen Begriff ,Fräuleinwunder'
> hat vor Augen geführt, wie Frauen, die eigentlich alle schon im Literatur-
> betrieb etabliert waren, plötzlich ihr (meist junges) Alter und ihr ,gutes'
> Aussehen zum Vorwurf gemacht wurde. Selbst über vierzigjährige arri-
> vierte Autorinnen wurden plötzlich als ,Modegirls' und somit als literari-
> sche Eintagsfliegen denunziert. Ein unglaublicher Vorfall. Frauen, die gut
> schreiben, erfolgreich sind und auch noch ,gut' aussehen, werden offenbar
> von den männlichen Kollegen als zu große Gefahr angesehen und entspre-
> chend gedemütigt.[7]

Tanja Dückers tritt seit mehreren Jahren bei Poetry Slams als Lyrikerin auf,
sie veröffentlichte 1996 zwei Bände mit vermischter Kurzprosa und Lyrik
(*Morsezeichen, Fireman*) und legte mit *Luftpost*[8] ihren ersten reinen Lyrik-
band vor. Der Band hat ein klares Konzept. Er ist topografisch strukturiert,
unterteilt in die drei Teile *Hier I (Berlin), Hier II (Barcelona/Katalonien)*
und *Hier III (orientierungslos)*, wobei die letzte Kategorie Texte zu verschiedenen Orten, Reisen, Begegnungen vereint. Schon der Titel des Bandes signalisiert das Reisen als wichtiges Thema, neben Sexualität und Liebe
das wohl wichtigste der Dückers'schen Lyrik.

Hier I (Berlin) entwirft ein facettenreiches Bild der deutschen Hauptstadt.
Wieviel hat es mit der Wirklichkeit zu tun – und ist diese Frage überhaupt
relevant? Dückers' Ziel ist es immerhin, „sehr realistisch bis dokumentarisch"[9]
zu schreiben, weshalb man sie durchaus am Anspruch des Realismus messen
darf. Wenn man den traditionsreichen und dennoch vagen Begriff auf eine
Minimalbestimmung reduzieren will, so kann man sagen, dass in realistischer
Kunst der Bezug zur Wirklichkeit eine entscheidende Rolle spielt, wenn nicht
im naiv-realistischen Sinn mimetischer Abbildung,[10] so doch im Sinn einer

---

6 Axel Schock: [Rezension zu *Spielzone*]. In: http://www.leonce.delifestyle/
   spielplatz.html, S. 1-4, hier S. 3 (Zugriff: 17.12.2002).

7 Schreiben macht sexy?! [Antworten von Tobias Hülswitt und Tanja Dückers,
   Juni 2001]. In: http://www.fortunecity.de/kunterbunt/ostfriesisch/681/literaten.
   htm (Zugriff: 17.12.2002).

8 Tanja Dückers: Luftpost. Gedichte. Köln 2001, im Folgenden oben im Text mit
   Seitenzahlen belegt.

9 Schock (wie Anm. 6), S. 1.

10 Dückers selbst besitzt offenbar dieses Realismusverständnis und wehrt sich
   gegen eine entsprechende Zuordnung: „Ich bin auch nicht die realistische
   Schriftstellerin, zu der mich manche Kritiker ernannt haben. [...] Ich bilde nicht

Orientierung an der Realität, die wie auch immer im Kunstwerk reflektiert wird. Literatur ist für Dückers „eine Art von [...] sinnlicher Geschichtsschreibung";[11] sie wolle, äußert sie in einem Interview, auf Gegenwart reagieren, sie in Kunst transformieren und kommentieren. Ihr Berlin-Roman *Spielzone* wird folgerichtig unter dem Schlagwort ‚Neuer Realismus' diskutiert[12] – und zugleich kritisiert. Bemängelt werden Beschreibungswut und Detailversessenheit, die man als Gestaltungsunfähigkeit ablehnen oder, so Ingo Arend ironisch, zu einer ‚additiven Ästhetik' adeln könne.[13]

Meine Fragen an das von der Autorin selbst aufgesetzte Programm ‚Realismus' setzen an anderer Stelle an. Warum wirkt das in *Spielzone* entworfene Berlin-Bild nicht wie das ‚realistische' Bild urbaner Wirklichkeit, sondern vielmehr wie das Bild eines Bildes? Und zwar eines allzu bekannten Bildes der neuen Hauptstadt zwischen Neukölln und Prenzlauer Berg, zwischen Trashkultur und Club-Szene. Warum huldigt die Berlin-Kennerin dem Berlin-Klischee, warum findet sie keinen ‚eigeneren' Zugang? Eine mögliche Erklärung – die ernüchterndste – wäre natürlich, dass die Stadt Berlin (und für Barcelona gälte dann, wie sich zeigen wird, das Gleiche) sich von ihrem Klischee tatsächlich nicht unterscheidet. In diesem Fall wäre Realismus in Reinform gelungen. Eine andere Erklärung wäre die, dass die vertrauten, literarisch verbrämten Stadt-Bilder auch bei Tanja Dückers von vornherein andere Möglichkeiten der Wahrnehmung und der Erfahrung machtvoll überblenden.

Den Kritikern von *Spielzone* – und ebenso denjenigen ihres Erzählbandes *Café Brazil*[14] – ist die gefährliche Nähe zu Klischee und Kitsch nicht entgangen. Ingo Arend schreibt zwar, der erzählerische Multiperspektivismus verhindere den Kitsch,[15] was aber nicht einleuchtet, da die altbewährte narrative Technik hier nicht dazu dient, Brüche und Störungen zu schaffen. Das Berlin-Bild der verschiedenen Sprecher gleicht und ergänzt sich harmonisch. Vielleicht nimmt die alte Frau Minzlin eine Sonderstellung ein, aber auch die ein-

---

Realität im Verhältnis eins zu eins ab." (Ein Gespräch mit der Schriftstellerin Tanja Dückers. Das Schreiben steht im Vordergrund. In: Am Erker [2001], Nr. 42, S. 44-50, hier S. 46.)

11 „In Berlin gibt es ein sehr lesungsbegeistertes Publikum". Das Berliner Zimmer im Gespräch mit der Berliner Autorin Tanja Dückers. In: http://www. berliner zimmer.de/eliteratur/dueckers_interview.htm, S. 1-11, hier S. 2 (Zugriff: 17.12.2002).

12 Vgl. Schock (wie Anm. 6), S. 3.

13 Ingo Arend: Gelée Centrale. Setzkasten der Trashkultur. In Tanja Dückers [sic] Szene-Roman „Spielzone" schwebt die Berliner Mitte auf Fruchtwölkchen. In: Freitag, Nr. 40, 1.10.1999, S. 16.

14 Vgl. Ulrich Rüdenauer: Wer wird Liebhaber Nummer 100? In: Saarbrücker Zeitung, Nr. 58, 9.3.2001, S. L7.

15 Arend (wie Anm. 13).

trächtige Verbrüderung von cooler Oma und desorientiertem, Identität suchen-
dem Teenager wirkt nicht besonders originell.[16]
    Für die Berlin-Gedichte in *Hier I* sind ähnliche Feststellungen zu machen.
Es handelt sich um detailverliebte Impressionen der Großstadt nach der Wende, Impressionen, die alles in allem erwartbar sind und vertraute Schemata
bedienen. Es sind wiedererkennbare und wiedererkannte ‚Déjà-lus'. Nur wenige Texte verwenden ein anderes Bildmaterial als die Großstadt, bewegen sich
in die Natur (S. 23) oder bleiben im Innenraum (S. 20). Die ‚Außenraum'-
Gedichte sind strukturiert durch die Perspektive eines Ich, das die „ruhelose
Stadt" (S. 23) als Passantin beobachtet und durchstreift: „Tanja Dückers ist
eine verbale Streunerin im urbanen Raum".[17] Urbaner Raum bedeutet im neu-
en Berlin: von Touristen bestaunte Baulöcher, Penner und Punker (S. 12), eine
neue, aufpolierte Mitte, die mit dem unechten Charme des Verfallenen prahlt:
„Die neuen Clubs in der Mitte / kosten zwanzig Mark Eintritt / dafür bekommt
man / unechte Risse in den Wänden / und künstliche Spinnweben zu sehen" (S.
14). Die Passantin nimmt (allzu) typische Großstadtsituationen und -szenen
wahr, auf der Straße, in der Straßenbahn (S. 10), auf der Rolltreppe:

Weihnachten am Alexanderplatz

Ein zwei drei Punks kommen
mir auf der Rolltreppe entgegen
der größte ein schlaksiger
Typ mit blonden Zotteln
und Nasenring sieht mich
für einen Moment aus hellen
rotgeäderten Augen an
Ich liebe dich johlt er plötzlich
Ich dich auch rufe ich so
leichthin über die Schulter
Echt? vernehme ich noch
dann bin ich in der S-Bahn
und er unten verschwunden
(S. 27)

Steffen Jacobs sieht in diesem Text „die große Verbindlichkeit der Liebes-
erklärung mit der Beiläufigkeit der transitorischen Situation kontrastiert"[18]
und bewertet ihn als gelungene Momentaufnahme, auch wenn er zugesteht,

---

16 Vgl. Tanja Dückers: Spielzone. Roman. Berlin 2000 [Erstausgabe 1999], S. 53-
    68.
17 Vgl. den Buchrücken von *Luftpost*.
18 Steffen Jacobs: Jacobs' Gedichte (9): Weihnachten am Alexanderplatz. Von
    Tanja Dückers. In: Die Welt, Nr. 245, 20.10.2001, S. 6.

dass sich Rolltreppen für solche lyrischen snap shots nur zu gut und zu oft eignen. Er verweist in diesem Zusammenhang auf Rolf-Dieter Brinkmann, der das Gedicht für die geeignetste Form hielt, „spontan erfasste Vorgänge und Bewegungen, eine nur in einem Augenblick sich deutlich zeigende Empfindlichkeit konkret als snap-shot festzuhalten".[19]

Herausarbeiten kann man das Spezifische des Gedichts vor der Folie eines berühmten anderen Stadt- und Passantengedichts: Charles Baudelaires *À une passante* aus den *Fleurs du Mal* (1857). Es evoziert die auf der Straße stattfindende kurze Begegnung des Ich mit einer „Fugitive beauté",[20] einer flüchtigen Schönheit, die die Vision einer möglicherweise perfekten Liebe erweckt, welche jedoch lediglich als vertane Chance im Irrealis erscheinen kann: „Car j'ignore où tu fuis, tu ne sais où je vais, / Ô toi que j'eusse aimée, ô toi qui le savais!"[21] Baudelaire gestaltet bekanntlich in seiner Großstadtlyrik das Flüchtige, das Transitorische als Signum des urbanen Lebens(raums) und begründet die spezifische Schönheit des Transitorischen in seinen ästhetischen Schriften. In *À une passante* findet eine flüchtige, stumme Begegnung statt, in der nichts real wird, die aber Möglichkeiten birgt und aus ihnen, obgleich sie nicht genutzt werden, ihre Spannung zieht.

In Dückers' Passantengedicht *Weihnachten am Alexanderplatz* steht das wechselseitige Liebesbekenntnis nicht mehr im Potentialis, sondern im Indikativ, und doch ist es weniger ernst gemeint – er ,johlt', sie redet ,leichthin über die Schulter' – als die schweigsame, nur über Blicke funktionierende Liebesszene bei Baudelaire. Indessen scheint auch bei Dückers der Hauch einer ,echten' Möglichkeit auf („Echt?"). Auch bei ihr ist die Großstadt der geeignete Raum für flüchtige Begegnungen, in denen Möglichkeiten aufblitzen – „Un éclair" – und vertan werden: „... puis la nuit!"[22]

Die Stadt hält nicht nur (un)mögliche Liebesbegegnungen für das Ich bereit. Ein weiteres symptomatisches Passantengedicht ist *Atmen und Gehen*:

Atmen und Gehen

Über die Straße gehen in alle
Schaufenster schauen totale
Unwilligkeit irgend etwas

---

19 Jacobs (wie Anm. 18).
20 Charles Baudelaire: Les Fleurs du Mal / Die Blumen des Bösen. Französisch/ Deutsch. Übersetzung von Monika Fahrenbach-Wachendorff, Anmerkungen von Hort Hina. Nachwort und Zeittafel von Kurt Kloocke. Stuttgart 1988, S. 192.
21 Baudelaire (wie Anm. 20), S. 192. Wörtlich übersetzt: „Denn ich weiß nicht, wohin du fliehst, du weißt nicht, wohin ich gehe / O du, die ich geliebt hätte, o du, die es wusste!"
22 Baudelaire (wie Anm. 20), S. 192.

zu kaufen nachhause gehen
schlafen nachts noch mal
über die Straße gehen

Ich würde gerne
vieles anders
Kopfstand Knautschzone zu viele
Airbags Speck
Unfälle
Hot dogs cool water
Long drinks die Müllabfuhr
im Kopf streikt

In den ausgebeulten
Taschen leere Tipp-Ex
Flaschen sandige Gummi
Bären inneres Hände
Ringen eigentlich immer

Atmen und Gehen
das bleibt
(S. 36)

Die Stadt bietet eine Fülle von Wahrnehmungen, Erlebnissen, Dingen, Bildern. Thematisiert wird dabei auch die Erschöpfung und Überforderung durch diese Materialfülle: „die Müllabfuhr / im Kopf streikt"; „inneres Hände / Ringen eigentlich immer". Das Ich behält die Sehnsucht nach etwas Anderem, das nicht formulierbar ist: „Ich würde gerne / vieles anders". Am Ende steht der Rückzug auf das einzige, das in der ruhelosen, sich ständig verändernden Stadt konstant bleibt, die eigene leibliche Präsenz.

Das Gedicht besitzt keine besonders komplexe oder schwierige Form, es besteht aus interpunktionslos aneinander gereihten Infinitivkonstruktionen, Substantiven, Verbal- oder Nominalkonstruktionen und wenigen vollständigen kurzen Sätzen. Auffälligste metrisch-syntaktische Eigenheit ist die ausgiebige Verwendung von Enjambements; ansonsten verzichtet die Autorin zugunsten einer alltagssprachlichen, verständlichen Präsentationsweise weitgehend auf den Einsatz rhetorisch-stilistischer Mittel oder sprachexperimenteller Techniken. Das Gewicht der Dückers'schen Lyrik liegt auf den Inhalten, was hier ausdrücklich Feststellung, nicht Werturteil sein soll.

Hier I (Berlin), der erste Teil von *Luftpost*, schließt mit sechs nüchternen Schwarz-Weiß-Fotos, auch dies Großstadtimpressionen, Gebäude und Gebäudeteile: Fensterfronten, Beleuchtungen und Treppen, ausschnitthaft präsentiert und in ihrer Reduktion auf Linien, Flächen und Punkte fast abstrakt. Einen Text-Bild-Bezug herzustellen funktioniert lediglich und nicht besonders überzeugend über den Kontrast: vielfältige, bunte, detailfreudige Darstellung des Großstadtlebens im Text kontra asketisch-abstrakte, schwarz-weiße Nüchternheit im Bild.

Der erste Vers des zweiten Teils *Hier II (Barcelona/Katalonien)* signalisiert abrupt den Ortswechsel: „Plötzlich am Mittelmeer" (S. 46). Wartet die spanische Metropole nun mit anderen Eindrücken, Stimmungen, Erfahrungen auf? Diese sind tatsächlich vollkommen anders – allerdings nicht weniger erwartbar. Die oben an den Berlin-Texten aufgezeigte, hier nicht wiederholt diskutierte Problematik des klischierten Stadt-Bildes im Gedicht stellt sich erneut mit aller Schärfe. Barcelona figuriert als südliche Mittelmeerstadt, in der das Leben pulsiert und erotisch-exotisch konnotierte Hitze herrscht: „... dichtest besiedeltste Stadt Europas ... / die Straßen immer dunkel / die Nachbarn nah wie der eigene Herzschlag / Maulwurfsleben am Mittelmeer / Stimmen vom Hafen" (S. 46). Das romantische Bild wird kaum gebrochen – und wenn dies geschieht, dann integrieren sich sogar die Brüche harmonisch in das Panorama (z. B. die ‚scheißenden Großstadtgänse', S. 47).

Wie *Barcelona/Katalonien* schon signalisiert, konstituiert auch die Umgebung der Großstadt die lyrische Topografie. Katalonien präsentiert sich als eine reisend und zeltend erkundete Landschaft, deren Hitze mit der Hitze einer Liebesleidenschaft korrespondiert. Der Partner des Ich, oft einfach als „der Mann" (S. 54, 55, 63) tituliert, ist ein Spanier par excellence: Seine Stimme klingt fremdartig, seine Haut ist exotisch dunkel, er lebt sorglos für den Moment, macht wenige Worte und hält ständig Siesta. Am gelungensten erscheinen die Texte, in denen die Fremdheit des Ortes, der Sprache und der Menschen verschränkt werden. *Mehrsprachige Tomaten* (S. 60) ist ein solches Gedicht über Sprache und Liebe, über Kommunikation und scheiternde Kommunikation, über Glück und dennoch unerfüllt bleibende Sehnsucht.

Ein dritter Teil folgt: *Hier III (orientierungslos)*. Wieder besitzt der erste Vers Signalwirkung: „Flughafenkind" (S. 82). Außer dem Flugzeug (S. 82, 84) sind Zug (S. 92f., 94) und Schiff (S. 113) zentrale ‚Topoi' des Reisens, vor allem aber die Straße bzw. die Fortbewegungsart zu Fuß (S. 96, 106, 107, 117 etc.). Insgesamt ist der dritte Teil von *Luftpost*, der unterschiedliche Städte, Länder und Landschaften evoziert, der disparateste und heterogenste. Man muss in ihm aber keine Restekategorie wittern, sondern kann eine konsequente Erweiterung der Themen und Topografien wahrnehmen: von Deutschland über Spanien bis hin zu „Reisen / in noch fernere Länder" (S. 60).

Sabine Scho: Album *(2001)*

Sabine Scho, 1970 geboren, studierte Germanistik und Philosophie und trat 1999 mit ersten lyrischen Veröffentlichungen in Zeitschriften hervor. Auch sie ist inzwischen preisgekrönt, unter anderem mit der wohl renommiertesten deutschen Lyrik-Auszeichnung, dem Darmstädter Leonce-und-Lena-Preis, den sie sich 2001 mit Silke Scheuermann teilte.

Sabine Scho ist eine Frau um die 30, die dem Label Fräuleinwunder gefahrlos entkommt. Weil sie eine reine Lyrikerin und keine Prosaistin ist – oder weil ihre Gedichte so wenig fräuleinhaft sind? Aber wie sieht eigentlich Fräuleinwunder-*Lyrik* aus? Sicherlich eine, die analog zur neuen Prosa keine komplex-komplizierte Selbstbespiegelung vorführt, keine, wie Dückers schreibt, ‚blutarme, wenn auch kunstvolle Metaliteratur'. Eine dritte Vermutung: Entgeht Scho dem ‚Fräuleinwunder'-Stigma, weil ihre äußere Erscheinung nicht dem geschlechtsspezifisch kodierten Bild entspricht? Sabine Scho ist weder die geheimnisvoll Mädchenhafte mit dem verschleierten Blick (Judith Hermann) noch das bauchnabelfreie Girlie (Alexa Hennig von Lange) noch die mit der Subszene liebäugelnde Frau im schrillen Outfit, als die sich Tanja Dückers zuweilen präsentiert. Damit sollen die genannten Autorinnen nicht auf Äußerlichkeiten reduziert werden, doch sind dies die Bilder, mit denen sie sich der Öffentlichkeit vorstellen. Das Bild, das Sabine Scho von sich zu allererst, auf Seite 3 ihres Gedichtbandes, präsentiert, zeigt die Schriftstellerin in Aktion während einer Lesung: ungeschminkt, heftig-leidenschaftlich, eine Strähne wirr im Gesicht, den Mund nicht gerade vorteilhaft halb zum Sprechen – man möchte meinen, zum Beißen – geöffnet. Hier wird auf ein anderes, eindeutig nicht fräuleinhaftes Bild gesetzt. Man erlebt eine bissige, kraftvoll-energische, provokative Frau.

Eine Anmerkung zum geschlechtsspezifischen Autorkonzept ist dennoch angebracht: Warum heißt der Debütband nicht, wie von Scho geplant, *Album* – sondern trägt den auf den ersten Blick unsäglichen Titel *Thomas Kling entdeckt Sabine Scho*? Der Eindruck wohlwollenden männlichen Mäzenatentums relativiert sich, wenn man berücksichtigt, dass die Titelgebung dem Programm der von Axel Marquardt herausgegebenen Reihe *Lyrik im Europa Verlag* geschuldet ist, in der das Wort ‚entdeckt' ein wiederkehrender Textbaustein ist. Allerdings sind die anderen Paare gleichgeschlechtlich und durch einen oft gehörigen historischen Abstand voneinander getrennt; die Entdeckten sind wieder oder neu Entdeckte.[23] Der Fall liegt anders, wenn eine bis dato unbekannte junge Lyrikerin von einem der renommiertesten Gegenwartslyriker ‚entdeckt' und protegiert wird. Selbst wenn man um Klings förderndes Engagement auch für *männliche* Lyriktalente weiß, berührt die Geschlechterverteilung zunächst seltsam. Die erste spontane Assoziation bei Lektüre des Titels könnte historisch weit zurückgehen in Zeiten, in denen Frauen nur unter männlichem Pseudonym oder dem Namen von Ehemann oder Bruder publizierten, in denen Christoph Martin Wieland Sophie von La Roches *Geschichte*

---

23 Vgl. *Robert Gernhardt entdeckt Heinrich Heine, Günter Kunert entdeckt Niko-
     laus Lenau, Paul Auster entdeckt Charles Reznikoff, Cees Nooteboom entdeckt
     Eugenio Montale, Oskar Pastior entdeckt Gellu Naum*, alle 2001.

des Fräuleins von Sternheim herausgab und in einem gönnerhaft zwischen Lob und Tadel lavierenden Vorwort die Veröffentlichung legitimierte und sich zugleich mit ihr schmückte. Eine solche Assoziation ist natürlich übertrieben – und mit Erleichterung nimmt man einen weiteren Reihentitel des Europa Verlags zur Kenntnis, der die Bedenken (fast) zerstreut: *Sarah Kirsch entdeckt Christoph Wilhelm Aigner* (2001) – eine Frau entdeckt einen lebendigen Mann!

Kling zählt Sabine Schos *Album* „zu den wichtigsten, nicht zuletzt durch die offene Geschlossenheit überzeugenden deutschen Gedichtbüchern der letzten Jahre".[24] Thema ist die jüngere deutsche Geschichte, betrachtet aus der Perspektive eines Familienalbums, offenbar eines wirklich existierenden, auf einem Flohmarkt erstandenen.[25] Der zeitliche Bogen spannt sich von den dreißiger bis in die achtziger Jahre des zwanzigsten Jahrhunderts mit Schwerpunkt auf der Zeit des deutschen Wirtschaftswunders. Der Bogen reicht nicht nur inhaltlich-thematisch, sondern auch sprachlich über den genannten Zeitraum. Wörter und Wortfetzen, Sätze und Redensarten aus der deutschen Kriegs- und Nachkriegsgeschichte werden zu vielschichtigen Texten montiert. Der Zitatenschatz ist bemerkenswert, von „Ernst Jünger über die TV-Serie ‚Rauchende Colts', Stanley Kubrick, Orson Welles bis zu Walter Benjamin, Allen Ginsberg, Jack Kerouac" uvm.[26] Schon wenn man sich auf die Literatur beschränkt, ergibt eine flüchtige Lektüre intertextuelle Bezüge zu Louis-Ferdinand Céline,[27] Paul Celan (S. 39f.), Matthias Claudius (S. 40), Bertolt Brecht (S. 47), eventuell Stéphane Mallarmé (S. 48), Goethe (S. 50) etc. Häufig werden Zitate ironisch, zuweilen gar parodistisch verwendet, die Erhabenheit des Prätextes wird durch einen banalen Kontext karikiert (*190er Mercedes 1959, ein Gleiches*, S. 50).

Was auf den ersten Blick wie ein spaßiges Sprachspiel wirkt, kann der zweite Blick oft als geschickte Zitatmontage entlarven. Die fünfte Strophe von H.-G.s *190er Mercedes 1959* lautet: „Hastse nicht alle, vier- / hundert Tassen, un coup / d'été – alea / hopp im Wechsel- / kurs von Lidice" (S. 48). Von einer knappen Assoziation springt der Text zur nächsten: von „Tassen" zu „coup", das in sprachlicher Nähe zu englisch ‚cup', Tasse, oder französisch ‚coupe', Kelch, angesiedelt ist. Das folgende Enjambement ermöglicht durch eine gewisse Doppelzugehörigkeit der Wörter eine produktive Neu- und Umdeutung:

24 Thomas Kling: „Bildwandlerinnen." Sabine Schos Album. In: Sabine Scho: Thomas Kling entdeckt Sabine Scho. Hamburg, Wien 2001, S. 5-8, hier S. 8.

25 Vgl. Ansgar Warner: Gottfried Benn beim Poetry-Slam. In: taz, Nr. 6833, 22.8.2002, S. 27.

26 Alexander Müller: Im Dienste des Debüts. Thomas Kling entdeckt Sabine Scho. In: http://www.literaturkritik.de/txt/2001-12/2001-12-0054.html, S. 1-2, hier S. 1 (Zugriff: 17.12.2002).

27 Sabine Scho: Thomas Kling entdeckt Sabine Scho. Hamburg, Wien 2001, S. 21; im Folgenden oben im Text mit Seitenzahlen belegt.

Durch den angehängten Genitiv ‚d'été' im nächsten Vers gewinnt ‚coup' einen neuen Bedeutungsaspekt: In dem Neologismus, vielleicht mit ‚ein Schlag Sommer' übersetzbar, klingt vor allem ‚coup de dés' mit: Würfelwurf – eine Anspielung auf das berühmte Gedicht Mallarmés *Un coup de Dés* (1897)? Das nächste Wort, das lateinische ‚alea', bestätigt die phonetische Assoziation ‚Würfel', der Cäsar-Spruch ‚alea iacta est' (Der Würfel ist gefallen) schwingt mit. Doch der Text geht in eine andere Richtung, vollzieht erneut einen seman-tischen Wechsel: In Kombination mit dem durch Enjambement getrennten nächsten Wort „hopp" assoziiert man nicht Fallen, sondern Springen (‚allez hopp'), wozu der restliche Vers sich gut fügt. Eine semantische Verschiebung schafft dann wieder der Zeilensprung: ‚Wechsel' wird zu ‚Wechselkurs von Lidice'. Lidice ist ein kleiner tschechischer Ort, der 1942 von der SS als Ver-geltung für das Attentat auf Reinhard Heydrich zerstört wurde. – Das hier eingesetzte methodische Vorgehen, das kommentierende ‚Neben-dem-Text-Herlaufen', ist natürlich auf die Dauer sehr schwerfällig. Es diente dazu, ein-mal exemplarisch die Komplexität und Vielschichtigkeit der voraussetzungs-reichen Gedichte Sabine Schos vorzuführen. Das Textbeispiel zeigt die Prozes-se von Bedeutungsverschiebungen und Umwertungen, von Desemantisierung und Resemantisierung.

Der Band *Album* dokumentiert Schos Interesse nicht nur am Material Sprache, sondern auch am Material Fotografie. Schon der Bandtitel vereint die Texte unter einer durchgehenden fotografischen Makrostruktur, die einzelnen Gedichttitel wirken wie Beschriftungen in einem Fotoalbum (z. B. *Sommerfe-rien auf Langeoog 1950*, S. 14). Die Fotos, die als Auslöser der lyrischen As-soziationen dienen, werden teilweise als Ausschnitte oder Ausschnittvergröße-rungen präsentiert. In bewusster Abgrenzung vom Anspruch, ein umfassendes Panorama deutscher Nachkriegsgeschichte zu bieten, wird damit die Frag-menthaftigkeit des historischen Einblicks akzentuiert. Bildausschnitte sind Lebensausschnitte. Die Ausschnitthaftigkeit der Bilder und der Texte verweist zudem auf Selektivität und Subjektivität der Wahrnehmung einerseits, auf Flüchtigkeit des Blicks und Momenthaftigkeit der fotografisch-literarischen Fixierung andererseits. Wie bei Tanja Dückers spielt also die flüchtige Mo-mentaufnahme eine zentrale Rolle, sie rückt ins Zentrum der Konzeption des *Albums* (wobei es verkürzt erscheint, Sabine Scho einseitig auf die Arno Schmidt'sche Snap shot-Methode festzulegen[28]). In der Momentaufnahme ist stets der historische Kontext mitzulesen, im Kleinen das Große, im Lebensaus-schnitt das Leben; Kling spricht hier treffend vom „Versuch einer Chronik des unheimlichen Lebens" (S. 6). Scho legt das Unheimliche, etwa die alltägliche hinter- und untergründige Gewalt, gerade in kleinen, banal wirkenden Vorgän-

---

28 Warner schreibt, Schos *Album* sei ein „solides Werkstück mit klarem literari-schem Vorbild: Arno Schmidt und seine ‚snap-shot'-Theorie" (Warner [wie Anm. 25]).

gen frei. Das doppelschichtige Gedicht *Kanadier im Anflug* arbeitet mit solchen Untergründen:

Kanadier im Anflug

vier in Formation
von unten, vom Boden
aus gesehn, man steht
in Pfützen, in Lachen
auf dem Rollfeld und
schaut, Schauflug am
Tag der offenen Tür auf
dem Oldenburger Flugplatz
voyage autour de ma chambre
„und weit darüber hinaus"
man teilt sich den Himmel
die Rollbahn teilt ein Staketen-
zaun, der trennt die Besucher
vom Bodenpersonal in Montur
„runter kommste immer"
„Knüppel nach vorn!" – die Maschine
kippt – „jetzt ziehen und abfangen"
den Steuerknüppel fest an den Leib
gedrückt *und du steigst und steigst*
unter dir bäumt sich Danzig auf
unter den Tragflächen der Danziger-
Fliegerstaffel: *Danzig bleibt deutsch*
ein Standpunkt, der Jäger liest
die *Schrift der Erde*, die Boden-
literatur von oben Landnahme-
romane, *was nie geschrieben*
wurde als Wiegendruck, der Wind
hat gedreht jetzt fängst du an zu
turnen, die Bodenrunen rutschen
in den Flattersatz, ferne Motoren
und wunderbar getroffen greift das
Newtonsche Gravitationsgesetz
„da hat der liebe Gott persönlich
das Steuer geführt, so in den
letzten fünf Sekunden"
es fängt wieder an
zu regnen man
räumt das Feld
(S. 21f.)

Die beiden Ebenen, die sich hier überlagern und durchkreuzen, sind einerseits eine Oldenburger Flugschau in der Nachkriegszeit, bei der sich eine kanadische Viererformation präsentiert, andererseits die kriegerische Auseinandersetzung um Danzig im Zweiten Weltkrieg.[29] Diese Ebenen vermischen sich, die personalen, lokalen und temporalen Konstituenten substituieren sich gegenseitig: Oldenburg wird unvermittelt zu Danzig („unter dir bäumt sich Danzig auf"), die Kanadier zu einer deutschen Fliegerstaffel und damit die Nachkriegs-Gegenwart des Gedichts zur Kriegsvergangenheit. Allerdings changiert der Text beständig zwischen beiden Ebenen: Ist die Formel „*Danzig bleibt deutsch*" aus dem deutschtümelnd-patriotischen Lied *Danzig* eine Reminiszenz an früher oder ein noch von den Flugschaubesuchern vertretener Standpunkt? Der Text ist der Ort, an dem die Überlagerung von Zeit und Raum möglich wird, an und in dem Raum und Zeit aufgehoben werden. Die zuvor raum-zeitlich situierbare Landschaft wird zum Text, zur Sprachlandschaft[30] im buchstäblichen Sinn. Die Verfasserin durchsetzt die Topografie mit Sprachmetaphern, formt eine Landschaft aus Sprachzeichen, eine semiotisierte Landschaft, deren Zeichen im Rahmen nationalsozialistischen Gedankenguts ausgedeutet werden müssen, wenn von „Schrift der Erde", von „Boden- / literatur", „Landnahme- / romane[n]" und in den „Flattersatz" rutschenden „Bodenrunen" die Rede ist: Die zeit- und raumenthobene Sprachlandschaft ist ideologisch überformt – und zwar ohne Beschränkung auf die Vergangenheit.

Ein textuelles Funktionselement, das ebenfalls den Vordergrund des Textes durch hintergründige Bezüge zur Vergangenheit überblendet, sind die Zuschaueräußerungen. Phrasenhafte Sprüche wie „runter kommste immer", „*und wunderbar getroffen*" oder gar „da hat der liebe Gott persönlich / das Steuer geführt", augenscheinlich harmlose Kommentare der Flugschaugäste, enthüllen ihre unheimliche Doppelbödigkeit, wenn man sie auf die Situation des Luftkriegs um Danzig bezieht.

„man / räumt das Feld": Der Text endet konsequent doppeldeutig, die militaristisch begeisterten Zuschauer verlassen die Flugschau – und die Deutschen Danzig? Mit der unheimlich-ununterscheidbaren Verschränkung von Jetzt und Einst erweist *Kanadier im Anflug* gekonnt, dass der Krieg in den Köpfen der Nachkriegsdeutschen nicht beendet ist – und die Stunde Null eine Fiktion.

Ein anderes großes Thema durchzieht Sabine Schos Lyrik: Weiblichkeitskonzeptionen. Kling nimmt die dargestellten Frauen zum einen als „Opfer des

---

29 Danzig, bis dahin deutsch, wird im März 1945 von russischen Soldaten eingenommen und dabei zerstört.

30 Thomas Kling wendet diesen Begriff in einem anderen Sinn auf Schos Texte an: Schos Menschenschau umfasse unter anderem „Kartierungen von habituellen Sprachlandschaften und echten Gegenden" (wie Anm. 24), S. 6.

patriarchalischen Dirigats" wahr, zum anderen als „selbstbestimmte ‚Bildwandlerinnen'", „durchweg mit angeschlagenen, gleichwohl trotzig sich behauptenden Sprach-Körpern".[31] Der Begriff ‚Bildwandlerinnen' entstammt dem folgenden Gedicht:

Gruppenbild

der Schwesternhelferinnen
Family of Man „man lernt hier
sehr wenig" viele gleich
unter der Haube und uniform
geschürzte Lippen (kaum riskiert)

was bezweckt die Schwesternschule?
„Ich möchte gern reich sein, Sportwagen
fahren und Geld verschwenden"
der Schulleiter und seine Frau in der Mitte

wie er gütig schaut, sie verkniffen.
„Grundgütiger, natürlich weiß ich im
späteren Leben zählt Helfen nur wenig

ich möchte gern Fotoreporterin werden"
Serienexistenzen, Bildwandlerinnen mit
Berufsinteressen „das kannste dir kneifen"

*Quick-, Bunte-, Stern*bilder, Augenzeugenberichterstattung, Kritik einer Gesellschaft
der praktisch Gerechten und Vernünftigen

gleichen in Form von bedruckten Seiten
kategorischen Invektiven: Fotografiere so
daß Moralin in den Bildern und *jederzeit*
zugleich ein *Verlust der Mitte* zu spüren ist

eine praktisch eingeschränkte Sicht aus Sentiment, moralischen Gesetzen, bebildertem
Firmament, sediert die Gemüter und einerlei

unter welchem Stern einer geboren, aus welchem
Staub einer gekrochen (verschärft) die bloße Anschauung (auf einem Auge blind) bildet es ab

---

31 Kling (wie Anm. 24), S. 7.

retuschiert die Unterschiede, die man schlicht
Ungerechtigkeiten nennt, wovon man erst den
Begriff (sonst stumm) durch Aufnahmen gewinnt

mit anderen Worten – mit anderen Augen:
O wunderbare Harmonie, was er will, will auch sie
soviel schwesterliche Philanthropie sofortentwickelter

Bilder, gruppiert *um eine Mitte*, in der narkotisiert
ein hehrer Wunsch abstirbt nach einer Familie
von Freien und Gleichen
(S. 25f.)

Vor-Bild dieses Gedichts ist eine Gruppenaufnahme von Schwesternschülerinnen, die als Ausschnittvergrößerung im *Album* abgebildet ist. Der Text
führt unter anderem vor, wie hehre Ideen und Ideologien pervertiert werden.
Die ‚Family of Man‘, die Menschheitsfamilie, anfangs noch als Vision von
Freiheit, Gleichheit und gegenseitiger Unterstützung zitiert, wird nicht le-
benspraktisch umgesetzt und am Ende als narkotisierter, absterbender
Wunsch erneut aufgerufen. Sie ist lediglich eine gestellte Pose im Bild und
eine Worthülse im Text – und zwar buchstäblich: Die Ideologie ist entkernt,
die fotografisch inszenierte Philanthropie gruppiert um eine leere Mitte. Die
hehre Idee der Gleichheit entpuppt sich als erzwungene und erduldete
Gleichschaltung – „viele gleich / unter der Haube und uniform / geschürzte
Lippen (kaum riskiert)“ –, die geschlechtsspezifisch kodiert ist: „was er
will, will auch sie“. Die scheinbare Harmonie beruht auf weiblicher Anpas-
sung, hinter der sich persönliche, von dem erlernten Beruf abweichende
Interessen der Schwesternschülerinnen verbergen. Drücken sich darin tatsächlich eigenwillige Persönlichkeiten aus oder doch nur gleichgeschaltete
‚Serienexistenzen‘? Die Frauen im Text changieren zwischen selbstbe-
stimmter Individualität und Uniformität.

In vielen anderen Gedichten Schos geht es um Geschlechterrollen und
-kämpfe. In *Richtfest für den Sortiermaschinen-Anbau* ist die zunächst harmlose, in die dreißiger Jahre zu datierende[32] Szenerie einer Bettfedern-Fabrik, die
ein Dreikammer-Sortiersystem anbaut, mit einem misogynen Geschlechterdis-
kurs unterlegt: „Federn, Halbdaunen, Daunen, Landrupf aus / Polen, Beschluß
vom Bettfedernkonsortium // ‚die dumme Gans, die leg i um‘ noch eine von /
der Sorte“ (S. 39). Die Gans-Metapher wird durch den Kontext Federn, Rupfen
usw. mit dem ursprünglichen tierischen Bildspenderbereich in Zusammenhang
gebracht, sozusagen entmetaphorisiert. Jener ursprüngliche Bildbereich bietet
weitere Möglichkeiten, die Frauenrolle in bestimmter Weise zu konturieren:
„da hast du ein Bett / in den Daunen, erinnert an Wolken, aus der Luft / gegrif-

---

32 Kling (wie Anm. 24), S. 5.

fener Alp einer Unschuld vom Lande/Gänse- // züchterin, die das Bettenfach erlernen will ‚mir ist / so komisch zumute' (Pommerngänse)" (S. 39). Das sexistische Frauenbild – ‚dumme Gans', ‚Unschuld vom Lande', ‚Gänsezüchterin' – wird unter gekonnter Verwendung des gleichen Bildbereichs um den Aspekt der Prostitution, das ‚Bettenfach', ergänzt.[33] Auf beklemmende Weise unterhöhlt der Gewaltdiskurs die vorgebliche, im Titel angekündigte Beschreibung eines industriellen Richtfests. Und es ist ein vielschichtiger, nicht nur sexistischer Gewaltdiskurs, der durch Anspielungen auf Paul Celans *Todesfuge* auf Krieg und Vernichtungslager referiert: In Schos „da hast du ein Bett // in den Daunen, erinnert an Wolken, aus der Luft gegriffener Alp" klingt Celans „dann habt ihr ein Grab in den Wolken" nach, in Schos „stech tiefer" Celans „stecht tiefer die Spaten".

Silke Scheuermann: Der Tag an dem die Möwen
zweistimmig sangen *(2001)*

Die jüngste der drei hier vorgestellten Lyrikerinnen ist die 1973 geborene Silke Scheuermann, die ein Studium der Theater- und Literaturwissenschaften absolvierte und in Zeitschriften und Anthologien Gedichte, Erzählungen und Kritiken veröffentlichte, bevor sie 2001 ihren Debütband *Der Tag an dem die Möwen zweistimmig sangen*[34] präsentierte. Er erschien gleich beim Suhrkamp Verlag, der, so Petra Tabeling, auch Programmplätze für Nachwuchsautorinnen wie Unda Hörner, Sabine Neumann oder eben Silke Scheuermann vorsehe: „Das sind alles keine Fräuleinwunder-Geschöpfe, sondern sie haben einen eigenen Erzählton."[35] Reproduziert wird hier, in symptomatischer Fokussierung der Prosa, der bekannte Topos des ‚Erzählen-Könnens'. Darüber hinaus werden ex negativo die Vertreterinnen der so genannten Fräuleinwunder-Literatur als unoriginell abqualifiziert, was ein Blick auf die so etikettierten Frauen als starke Vereinfachung und Verfälschung erweist.

Das Frauen-Bild im *fotografischen* Sinne, das Scheuermann von sich selbst gibt, würde sich übrigens gut in die ‚Fräuleinwunder'-Galerie einfügen. Wenn Sabine Scho eine eigenwillig bissige Haltung zur Schau stellt, Tanja Dückers hingegen auf dem Buchrückenfoto geheimnisvoll lächelnd und extravagant geschminkt posiert, weiß sich Silke Scheuermann auf andere Weise als

---

33 Vgl. auch weiter unten: „*Und wissen gar nicht viel //* die Gänschen vom Land am Meer, *rund und schön! /* Bettreif georgelte Automaten, die lernen schnell (*stech tiefer*)" (S. 40).

34 Silke Scheuermann: Der Tag an dem die Möwen zweistimmig sangen. Frankfurt am Main 2001; im Folgenden oben im Text mit Seitenzahlen belegt.

35 Petra Tabeling: Fräulein Wunder und Nobelpreisträger. In: http://dw-world.de/german/0,3367,1569_A_647604_1_A,00.html (Zugriff: 17.12.2002).

Dückers vorteilhaft in Szene zu setzen. Ihr Foto nimmt die ganze dritte Seite des Gedichtbandes ein, mädchenhaft verhalten und verträumt lächelnd schaut sie nach oben in die Ferne. Jedoch: die Befürchtung von Bisslosigkeit bewahrheitet sich nicht bei der Lektüre von *Der Tag an dem die Möwen zweistimmig sangen*.

Die Autorin, deren Debütband im Unterschied zu den bisher betrachteten keine vergleichbar enge thematisch-konzeptionelle Bindung hat, beweist enorme Vielseitigkeit und Wandlungsfähigkeit hinsichtlich von Themen, Bildern, Stoffen, Inhalten und Formen. Neben antiker Mythologie und Epik, Märchen und Sagen, deutscher Geschichte und heutiger Lebenswelt, Natur und Kunst ist die Liebe ein herausragendes Thema dieser Lyrik, auch wenn Kurt Drawert es in seiner Rezension als zu kurz gegriffen empfindet, Scheuermanns Lyrik lediglich als „Liebeslyrik zu lesen, deren hauptsächliche Mitteilungsabsicht das intime Verlangen nach Zweisamkeit ist".[36] Noch abwegiger erscheint es allerdings, wie Harald Hartung die ‚Andersheit' der Dichterin damit zu profilieren, dass in ihren Texten Privates, ‚Beziehungskistenpoesie' und Erotik kaum vorkämen.[37] Liebe ist fraglos ein zentrales Thema: bedrohte, gefährdete, scheiternde, aber auch gelungene und erfüllte Liebe.

Requiem für einen gerade erst eroberten Planeten mit intensiver Strahlung

Aber was kommt wenn wir uns alle Geschichten erzählt
haben zehntausend heiße Geschichten

das Lexikon unserer Luftschlösser durchbuchstabiert
ist und wir unseren Stern durchgesessen haben wie das Sofa

auf dem wir uns sehr genau kennenlernten
wenn wir dann stumm am Fenster sitzen und rauchen

Nächte von fast vollkommener Stille
in denen nur deine letzten Sätze nachhallen

Sie sprachen davon daß wir
beide eigentlich Himmelskörper sind

die eine so große Anziehungskraft haben
daß sie nicht einmal ihr eigenes Licht fortlassen

---

36 Kurt Drawert: Produktive Unruhe. Möwen, zweistimmig: Gedichte von Silke Scheuermann. In: Neue Zürcher Zeitung. Internationale Ausgabe, Nr. 234, 9.10.2001, S. 311.

37 Vgl. Harald Hartung: Undines neue Kleider. Auf Möwenschwingen: Silke Scheuermanns Gedichte. In: Frankfurter Allgemeine Zeitung, Nr. 59, 11.3.2002, S. 44.

also nicht leuchten sondern schwarz sind
an ihrer Zunge verbrannte Erzähler (S.9)

In diesem Eröffnungstext fungiert außer der Liebe als zweiter wichtiger Themen- und Bildbereich die Kosmologie. Er erscheint auch in anderen Gedichten (S. 18, 40f.); die Kritik betont Scheuermanns „Vorliebe für planetarisches Vokabular",[38] ihr Interesse am „‚kosmologischen Möglichkeitssinn'".[39] In *Requiem* dient die Himmelskörper- und Planetenmetaphorik der Evokation der Liebenden und ihres Beziehungsverhaltens. Damit ist ein drittes Thema verschränkt, das den Text zu einem poetologischen macht: Erzählen, Sprache, Kommunikation. Zur Liebe gehört das Erzählen von Geschichten, das Durchbuchstabieren des Lexikons der Luftschlösser, sie ist unabdingbar mit Sprache verbunden. Die ängstliche Erwartung der stillen, schweigsamen Nächte nach allen Erzählungen ist die Angst vor dem Ende der Liebe. Dieses schon im Titel *Requiem* angekündigte Ende tritt zum Schluss ein: Die Liebenden, die „ihr eigenes Licht nicht fortlassen // also nicht leuchten sondern schwarz sind", haben verbrannte Zungen. Drawert sieht hier die „bezweifelte Wirklichkeit"[40] thematisiert und das Scheitern schon in der Fiktionalität der Liebes-Erzählungen begründet: „Die imaginären Liebenden dieses Gedichtes verfehlen sich also nicht nur, da sie die Leere am Ende ihrer ‚Geschichte' nicht mit Sinn füllen können. Auch die Bilder, in denen sie sich ihre Geschichten erzählen, sind erfunden."[41] Die Liebe hat Erzähl-Charakter, sie baut wirklichkeitsuntaugliche Luftschlösser und scheitert an und in der Realität.

Meint das Scheitern des Erzählens auch ein Scheitern der Literatur? Das läge nahe, ist aber nicht einfach zu belegen. Schon Scheuermanns eigene literarische Produktion, die alles andere als eine Destruktion der literarischen Tradition darstellt, gar Ende oder Tod der Literatur verkündete, spricht dagegen. Auch entsprechende nicht-literarische Äußerungen der Autorin sind mir nicht bekannt. Bemerkenswert ist das letzte Verspaar des Bandes. Es steht in einem Gedicht, das ebenfalls von Liebe und Sprache handelt, aber auch von Gewalt und Tod. Der Titel *Belästigen Sie andere nicht / mit schlechten Träumen / hören Sie das* verweist auf die traumhaft-assoziative Struktur. Wirre, gewaltvolle Bilder folgen einander, pervertierte Märchenphantasien: Ein weißgrauhaariges Schneewittchen sprengt den Glassarg, Wiegenlieder von Feen beschwören den Tod. Die letzten Verse „Beerdigt werden die Erzähler / Denn alle Märchen wollen auferstehn" (S. 73) referieren unmissverständlich auf den

38 Jamal Tuschick: Vor den Papierbesäufnissen. Silke Scheuermanns Gedichte wispern miteinander wie Aliens, die nach Hause wollen. Ein Autorinnenporträt. In: taz, Nr. 6645, 9.1.2002, S. 17.
39 Hartung (wie Anm. 37).
40 Drawert (wie Anm. 36).
41 Drawert (wie Anm. 36).

Eröffnungstext des Bandes. Wieder ist die Rede von ‚Erzählern'. Im ersten Gedicht waren es die Liebenden, die sich beim Erzählen die Zungen verbrennen, und auch im letzten geht es um scheiternde Erzähler, während im Gegenzug die Märchen auferstehen wollen. Wird hier eine bestimmte ‚andere' Literatur gefordert, eine ‚märchenhaftere', eventuell phantasiebetontere, eine mit neuen, anderen Bildern? Das müssen offene Fragen bleiben, denn das Erzähler-Konzept in Eröffnungs- und Schlusstext ist nicht konsistent genug, um daraus derartige poetologische Schlussfolgerungen zu ziehen. Auch Drawert, der die Rahmenfunktion der Verse erkennt, liefert bewusst keine ‚Lösung': „Das letzte Gedicht nämlich endet in der gleichen Diktion wie das erste [...]. Wir betreten also schwankenden Boden, wenn wir uns dieser Lyrik annähern, und wer Antworten oder Gewissheiten sucht, bricht beabsichtigt ein."[42]

Ich habe oben die Liebe als zentrales Thema von Scheuermanns Lyrik hervorgehoben. Einerseits gefährdete oder scheiternde Liebe, andererseits aber auch gelungene, erfüllte: In *Die Schneelast drückt gewaltig / auf die Zweige des Essigbaums schau* wird eine Zeitprognose gewagt: „Ich sage Darling du sagst auch / Darling Die Schwerter lächeln uns zu niemand hebt / eines auf Ich behaupte wir werden zusammen alt" (S. 23). Die zuversichtliche Atmosphäre ist allerdings nicht unbedroht, die Waffen liegen griffbereit und die Formel ‚ich behaupte' schwächt die Zukunftsvision empfindlich ab.

Das Gedicht ist aber noch unter einem anderen Aspekt bemerkenswert. Es ist nicht nur ein Liebesgedicht, sondern auch ein Naturgedicht und bedient damit in hohem Maß den konventionellen lyrikspezifischen Erwartungshorizont. Jahreszeiten, Felder und Wälder, Sonne und Mond konstituieren den Rahmen des Liebesgesprächs. Noch typischer für Scheuermanns Naturbildlichkeit sind Vogel und Vogelflug (z. B. S. 15, 24f., 30f., 68f.). Auch hier könnte man eine ganze lyrische Toposgeschichte aufmachen, die Autorin selbst, die sich gelassen zu ihrer anachronistischen Themen- und Bilderwahl „im Zeitalter von Lufthansa" bekennt, gibt den Hinweis auf Villém Flussers Band *Vogelflüge*, der sie inspiriert habe.[43] Das selbstbewusste Bekenntnis zum Anachronismus hebt dessen Problematik nicht auf. Leben die alten Bilder ungebrochen und unversehrt? Haben poetische Vogelflüge noch eine ebenso große Aussagekraft wie bei Günter Eich in den fünfziger Jahren? Man erinnere sich, dass die von einer anderen Gegenwartslyrikerin, Sabine Scho, bedichteten Vögel *Gänse* waren und dass der Topos der ländlichen Idylle bei ihr überlagert

---

42 Drawert (wie Anm. 36).
43 Monika Köhler: Martha, die letzte Wandertaube der Welt [30.10.2002]. In: http://freizeit.stimme.de/d37628a5252296cc2c78021233ca0011/buehne/0,2056 68410 (Zugriff: 17.12.2002).

wurde durch den sexualisierten Gewaltdiskurs einerseits, den technizistischen Industriediskurs andererseits.[44]

Doch auch Scheuermanns Naturbilder sind nicht immer heil und ungebrochen, wenn ihre Brüchigkeit auch auf andere Weise funktioniert als bei Scho. Die Natur ist durch Umweltverschmutzung und humane Ausbeutung bedroht (vgl. S. 15, S. 30f.). Allerdings scheint jene Versehrtheit weniger die lyrische Naturmetaphorik als die reale Natur zu betreffen. Gerade sendungsbewusste ökologische Literatur beschwört meist auf ganz konventionelle Weise die Ganzheit, Heilkraft und Macht der Natur, die Einheit von Natur und Mensch – man denke an die Ökolyrik der 70er Jahre. Scheuermanns umweltkritische Gedichte sind ihre konventionellsten und in gefährlicher Nähe zu Sentimentalität und Kitsch. Dort finden sich Verse mit schiefen Bildern wie diese, die das Ich an eine Möwe richtet: „Hab keine Angst das war doch / nur der Tanker der auslief" (S. 30) und: „Meine Hand die / die Angst durch ihr Streicheln verstört hat / rettet dich / mit Liebe und einem Reinigungsmittel" (S. 31).

Derartige Passagen lassen an Klings höhnische Kritik an der aktuellen Lyrik, die „inzwischen wieder als ‚schön' verstandene Bilder (die oft genug nichts weniger als falsche, sentimentgeladene Zungenschläge von Biedermännern und -frauen sind) zuhauf hervorbringt",[45] denken. Aber damit würde man der Autorin nicht gerecht. Sie versteht sich auf eine wandelbare lyrische Diktion, ist experimentierfreudig und vielseitig. Sie verfasst Prosagedichte neben Gedichtzyklen, kurze neben umfangreichen Gedichten mit sehr variablen Vers- und Strophenlängen und originellen, oft binnengereimten Titeln. In das breite Spektrum gehören auch extrem form- und sprachbewusste Texte wie das kollagenartige, zitatgesättigte und assoziationsgestützte alp-traum-hafte Schlussgedicht.

Insgesamt jedoch ist Silke Scheuermanns Lyrik nicht so sprachexperimentell angelegt wie etwa die von Sabine Scho. Ihre Gedichte sind daher tendenziell leichter zugänglich, ‚verständlicher', sie selbst erklärt, sie wolle, dass das „Unverständlich-Verpickelte" in der Lyrik aufhöre.[46] Drawert diagnostiziert bei ihr den „Verzicht auf sprachliche Experimente" und lässt bezeichnenderweise die Versicherung folgen, sie seien dennoch „ganz und gar nicht konventionell":[47] Hier scheint die in deutscher Literaturkritik und -bewertung verbreitete pauschalisierende Tendenz zu Gleichungen wie „hermetisch und dunkel = gut", „verständlich und klar = schlecht" als Negativfolie durch, gegen die der Kritiker sein eigenes Werturteil legitimieren möchte.

---

44 Bei Tanja Dückers kommen übrigens sowohl Gänse (S. 47) als auch Zugvögel vor (S. 120f.).
45 Kling (wie Anm. 24), S. 8.
46 tus: Silke Scheuermann: „Der Tag, an dem die Möwen ...". In: Frankfurter Rundschau, 29.11.2001.
47 Drawert (wie Anm. 36).

Bildwandlerinnen

Ein lyrisches ‚Fräuleinwunder'? Es ist fraglos nicht dieses vereinheitlichende Konzept, das die so verschiedenen Gedichte von Tanja Dückers, Sabine Scho und Silke Scheuermann angemessen fassen könnte. Wenn überhaupt ein gemeinsamer Oberbegriff gefunden werden soll, dann scheint mir Schos Neologismus ‚Bildwandlerinnen' (S. 25) sehr produktiv zu sein. Es ist ein mehrdeutiger, vielschichtiger Begriff, in dem übrigens auch etwas ‚Mirakulöses', Magisches mitklingt, der aber vor allem viele verschiedene Perspektiven auf Lyrik erlaubt und zu verschiedensten Assoziationen anregt.

Tanja Dückers ist eine Bildwandlerin im Sinne von Bildwanderin: Wandeln/Wandern, Gehen, Reisen ist das konstituierende Prinzip ihrer topografisch strukturierten Lyrik. Ob sie allerdings auch altbekannte Bilder und Klischees von Städten in neue, unvertraute, originelle ‚ver-wandelt', muss bezweifelt werden. Dagegen charakterisiert ‚Wandeln' als ‚Verwandeln' Sabine Schos *Album* in hervorragender Weise. Zum einen werden Bilder gewissermaßen in Texte verwandelt, zum anderen abgegriffene, phrasenhafte Sprachbilder durch neue Kontextualisierungen produktiv umgewandelt. – Auch Silke Scheuermann kann, wenngleich auch mit ganz anderer Akzentuierung, als ‚Bildwandlerin' konturiert werden. Deutlich wurde in jedem Fall die Wandlungsfähigkeit und Vielseitigkeit ihrer lyrischen Diktion und Bildlichkeit. Ihr Gedicht *Matisse* ist da durchaus als poetologisches Bekenntnis zum ‚Bilderwandel', zu neuen, unbekannten Bildern („neue Waffen / zugeteilt vom Bildhaftigen selbst", S. 45) lesbar: „Eine Extraportion ihm zuvor / nicht bekannter Farbe bekam er um / Nachmittage ohne Schatten in die / Zweige eines anderen Baums zu malen" (S. 45).

Luciana Glaser: Das Fräuleinwunder ohne Fräulein

Weibliche Autorschaft um 1989

David Oels

> Daß Literatur für sich sprechen soll, unge-
> färbt durch das Wissen um Leben, Sterben
> und sonstige Umstände des Autors, ist ein
> wohlbekanntes und oft geäußertes theoreti-
> sches Postulat, dem in der Praxis des literari-
> schen Geschehens etwa soviel Gewicht zu-
> kommt wie die Befolgung des sechsten Ge-
> bots in der gelebten christlichen Moral.[1]

Die Geschichte ist amüsant genug, noch einmal erzählt zu werden[2]: Wer im
Jahre 1989 die Vorschau des Wiener Zsolnay-Verlags für das folgende Frühjahr zur Hand nahm, bekam mit dem Titel *Winterende* eine „literarische Entdeckung" angepriesen. Die kaum dreißigjährige Luciana Glaser, Tochter eines
österreichischen Vaters und einer italienischen Mutter, aufgewachsen in Bozen
und studiert in Wien, legte ihre „erste größere Prosaarbeit" vor.[3] Ein kakani-
scher Lebenslauf, der nur noch durch Aufenthalte in Brünn und Laibach, Heirat mit einem Sohn der Puszta und Krakauer Vorfahren hätte abgerundet werden können. Und überhaupt: „Winterende", da konnte im Herbst 1989 noch
ganz anderes assoziiert werden: Tauwetter, Glasnost und zartgrüne Grenzen –
war doch gerade erst die Vision vom alten mitteleuropäischen Vielvölkerstaat
als neueste Frühlings-Morgenröte im Osten aufgegangen... Doch nein, so weit
reichte die Autorinnenvita nicht, aber immerhin: ein westösterreichisches, ein
Tiroler Schicksal.

Wie die Autorin bleibt auch das Sujet des Bändchens geographisch der
Region diesseits und jenseits des Brenners verhaftet, ginge es nicht um ganz
andere Höhenregionen, nämlich um Literatur: „Die Schilderung enthüllt ver-
hüllend die Biographie des Südtiroler Lyrikers Norbert C. Kaser, der 1978
einunddreißigjährig in einem Brunecker Krankenhaus verstorben ist", so wie-

---

1   Walter Klier: Das Shakespeare-Komplott. Göttingen 1997, S. 118.
2   Eine vollständigere und zudem von den maßgeblich Beteiligten verfasste, somit
     „authentische" Version findet sich in: Stefanie Holzer, Walter Klier: Luciana
     Glaser. Eine Karriere. Dokumentation des Experiments „Winterende". Ein Aus-
     flug in die schöne Literatur unternommen von S.H. und W.K. Innsbruck: Editi-
     on Löwenzahn 1991.
3   Paul Zsolnay Verlag, Vorschau für das Frühjahr 1990, S. 4.

derum die Verlags-Ankündigung.[4] Norbert C. Kaser oder norbert c. kaser, wie
der Eingeweihte schreibt, 1947 als Kind kleiner Leute geboren, einer, der seit
seinem fünfzehnten Lebensjahr die Schulferien als Autowäscher, Aushilfe oder
Laufbursche zugebracht hatte, um Bücher kaufen zu können.

Ein entlaufener Mönch, der später die allein seligmachende römisch-
katholische Kirche verließ, um der KPI beizutreten. Aber auch ein Südtiroler,
der abgesehen von einigen Reisen und mehr oder weniger kurzen Aufenthalten
in Wien, Norwegen und der DDR der Heimat stets treu geblieben war. Ein
Dichter, dessen experimentelle „prosaische Lyrik und lyrische Prosa" – sehr
kurze Stücke allesamt – zu Lebzeiten nur in Zeitschriften oder Anthologien
veröffentlicht wurde.[5] Ein enfant terrible des Literaturbetriebs schließlich, das
in Brixen verkünden konnte: „99% unserer Südtiroler Literaten wären am
besten nie geboren, meinetwegen können sie noch heute ins heimatliche Gras
beißen, um nicht weiteres Unheil anzurichten".[6] Kurz: Ein großartiger Gegenstand, eine märchenhafte Konstellation für eine Künstler-Novelle.

Ein Märchen ist auch die vorausgegangene Geschichte von *Winterende*:
81 im Block gesetzte, mit 14-Punkt-Schrift notdürftig gefüllte Seiten werden
an die sechs ersten Adressen des Betriebes (Tiroler Perspektive) versandt, und
ein Verlag meldet sich erstens tatsächlich und zweitens „nicht nur interessiert",
sondern von „wachsender freude[!] und begeisterung[!]" ob der Lektüre be-
richtend[7] – der Zsolnay-Verlag eben. Obwohl die Versuche der verantwortli-
chen Lektorin scheitern, direkten Kontakt mit der avisierten „literarischen
Entdeckung" herzustellen, erscheint *Winterende* Ende Januar 1990 – gegen
30.000 öS Vorschuss und zu ansonsten marktüblichen Konditionen[8] – Luciana
im Glück, zweifellos.

1. Die Legende vom Dichter

Winterende erzählt die Karwoche des sterbenden Genies, des Dichters, der an
der Welt und den Menschen verzweifelt, seinem hungernden Dasein in V.,
einem Südtiroler Bergdorf, mit Zigaretten und Alkohol ein Ende macht.

---

4   Wie Anm. 3.
5   Vgl. Sigurd Paul Scheichl: Der Lyriker norbert c. kaser. In: Norbert C. Kaser:
    Gesammelte Werke. Band 1: Gedichte. Hrsg. von Sigurd Paul Scheichl. Inns-
    bruck 1988, S. 9-13; Erika Wimmer-Webhofer: Die Prosa norbert c. kasers. In:
    Norbert C. Kaser: Gesammelte Werke. Band 2: Prosa. Hrsg. von Benedikt Sau-
    er, Erika Wimmer-Webhofer. Innsbruck 1989, S. 9-14.
6   Norbert C. Kaser: Südtirols Literatur der Zukunft und der letzten zwanzig Jahre
    („Brixener Rede"). In: N.C.K.: Werke. Band 2 (wie Anm. 5), S. 109-118, hier
    S. 111.
7   Holzer, Klier: Karriere (wie Anm. 2), S. 31ff.
8   Holzer, Klier: Karriere (wie Anm. 2), S. 79.

Den Körper zermürbt und endlich zerstört und den Geist mit zerstört, er
hatte es nicht wissen können, sie hatten es ihm nicht gesagt, vielmehr indem sie ihm die angestammte Religion beibrachten, ihn vom Gegenteil
überzeugt, dass nämlich für die Reinigung und Erhöhung des Geistes (sie
sagten SEELE und nannten diese UNSTERBLICH und er hatte das in seine selbstgemachte oder sich heimlich angeeignete Kunst-Religion übersetzt als GEIST, GENIE und dieses war eben wiederum UNSTERBLICH)
der Körper nicht nur keine Rolle spiele, sondern es vielmehr notwendig,
unabdingbar sei, den Körper zu zerstören, das sündige Gebäud.[9]

In der „Kunst-Religion" findet letzte Heimstatt, was „ihn" über vielerlei Versuche der „GUTE[N] SACHE"[10] zu dienen, als Lehrer minderbemittelter Bau-
ernkinder in das Bergdorf verschlagen hat: die Suche nach dem wahren Leben
im Falschen, nach der Heimat im Zeitalter transzendentaler Obdachlosigkeit,
nach dem „Wir", dem zuzugehören und für das zu sprechen nicht faule Kom-
promisse und Selbstverleugnung wider besseres Wissen verlangt. Letzteres,
„das Wir", vermeint „er" in der mit den Bergbauern geteilten Isolation, im
gemeinsamen Ausgeschlossensein von der Welt „da unten" zu finden.

Der Dichter, der Heimat und Nation verhaftet und gleichwohl von ihr ausgeschlossen und verkannt, hat als Lehrer die einzig mögliche, gleichwohl unvoll-
kommene Bestimmung seines nur mehr kurzen Erdendaseins erlebt: Dabei
handelt es sich freilich um eine ebenso stürmisch-drängende oder gut-
romantische wie nicht zuletzt deutsch-österreichische Tradition, der z. B. Hugo
von Hofmannsthal in seiner Rede *Das Schrifttum als geistiger Raum der Nation* 1927 dauerhafte Gestalt zu verleihen suchte. Dem nomadisierenden Groß-
stadt-Literaten-Gestus, dem das Suchen ebenso sehr selbstverständliche Haltung wie das Finden – wenn überhaupt – zufälliges Ereignis ist, gleichsam
einen höheren Sinn und damit Halt zu geben, wird dieser bei Hofmannsthal als
Ausdruck einer kommenden „konservativen Revolution", einer „schöpferischen Restauration" auf die Bildung der wahrhaften, alles umschließenden und
bindenden geistigen Nation verpflichtet[11] – doch ist das Zufall, gemischt mit
Zeitkolorit: Jede „GUTE SACHE", jedes Gemeinschaftlich-Kollektive hätte
denselben Zweck erfüllen können. Das Leiden des Dichters (an der Welt) wird
damit zur Bestätigung ex negativo der „GUTEN SACHE": Erst mit deren

---

9 Luciana Glaser: Winterende. Erzählung. Wien, Darmstadt 1990, S. 73.
10 Glaser (wie Anm. 9), S. 74.
11 Hugo von Hofmannsthal: Das Schrifttum als geistiger Raum der Nation. Rede,
   gehalten im Auditorium Maximum der Universität München am 10. Januar
   1927. In: HvH: Gesammelte Werke in zehn Einzelbänden. Reden und Aufsätze
   III: 1925-1929. Buch der Freunde. Aufzeichnungen. Hrsg. von Bernd Schoeller
   und Ingeborg Beyer-Ahlert in Beratung mit Rudolf Hirsch. Frankfurt am Main.
   1980, S. 24-41, hier bes. S. 40f.

Verwirklichung wären sein Leben und Werk in einer höheren oder tieferen Einheit gerechtfertigt.

Dichtung jedenfalls wird mit der Verpflichtung auf die ewig-suchende Haltung und den letztlich außerliterarischen Zweck vom Schriftwerk zur Lebensform, zum Lebens-Kunst-Werk, das allein beglaubigen kann, dass das schriftlich Vorliegende enthält bzw. erahnbar werden lässt, was vom Dichter füglich zu erwarten ist: Erziehung, Führung, Hinleitung zur "GUTE[N] SACHE".

Für solch einen Entwurf weniger von Autorschaft denn Dichterschaft, ist aber strenggenommen nebensächlich, dass geschrieben wird, kann es sich dabei doch stets nur um den unvollkommenen Ausdruck jenes „Höheren" handeln, dessen zumindest potentielles Vorhandensein nur durch das unermüdliche Suchen glaubhaft bescheinigt werden kann. Ist bei Hofmannsthal beispielsweise von den ungeschriebenen Hauptwerken der „Suchenden" die Rede, zu denen sich alles Vorliegende nur wie Prolegomena verhielte,[12] heißt es über den dahinsiechenden Genius in *Winterende*: „[E]r schrieb nicht viel [...], hatte immer gesagt und nicht nur gesagt, geglaubt, [...] daß er ein Dichter war und ein Dichter mußte nicht viel schreiben", und darf es auch nicht, kann man ergänzen, um den unendlichen Wechsel auf die Zukunft nicht mit der notwendig kleineren Münze der Gegenwart zu begleichen. Wenn der Dichter allerdings schreibt, gleichgültig ob Werke oder Briefe, Prosa oder Gedichtetes, muss es „wesentlich, nichts als das Wesentliche" sein.[13]

Dass solch eine dichterische Lebens-Haltung nur durch den Tod beglaubigt werden kann, liegt auf der Hand: Kein Zufallsfund kann das sehnsüchtige Suchen des Künstlers befriedigen, ohne jenes selbst als Durchgangsstation, wenn nicht gar leere Inszenierung zu dekuvrieren. Daher ist das Sterben des Genies notwendige Ingredienz der Legende, die dieses erst erstehen lässt: das tragische Paradox kunstreligiös bewegter Literaten in der Moderne. Zusammengefasst liest man in *Winterende*: „Er" hatte den „Lebenslauf oder vielmehr Todeslauf des wahren Künstlers auf das mustergültigste absolviert."[14] Und daran ändert nichts, dass „ihm" der „Glaube an die unsterblichen Dichter und die unsterbliche Dichtung" fragwürdig wurde und zerfallen war[15]: Der Zweifel an der eigenen Bestimmung ist der notwendige Begleiter jedes Heiligen und kann, ja *darf* erst durch Kanonisierung der Nachwelt gestillt werden, sonst bleibt der Verdacht, es handele sich recht eigentlich um einen Scheinheiligen, wie z. B. bis heute ein gewisses Unbehagen in der Rezeption Stefan Georges zeigt.

---

12 Hofmannsthal (wie Anm. 11), S. 32f.
13 Glaser (wie Anm. 9), S. 10.
14 Glaser (wie Anm. 9), S. 61.
15 Glaser (wie Anm. 9), S. 56.

Wie alles, was dem Erhabenen zuneigt – was wäre in der entzauberten Welt erhabener als das sterbende Genie – und was zudem gewisse Annahmen über das Leben im allgemeinen und das der Dichter im besonderen aufs treffendste bestätigt, muss eine Erzählung wie *Winterende* Maßnahmen gegen das Abrutschen in den Kitsch treffen. Das funktioniert am einfachsten und besten durch Authentifizierung: durch Fakten einerseits, andererseits durch den privilegierten, noch besser: den persönlich betroffenen Zugang dazu. Letzteres, gekoppelt mit der Annahme, dass unmittelbare Betroffenheit auf ebensolchen Ausdruck drängt, ergibt im besten Falle zusätzlich den Anschein des Nicht-anders-sein-Könnens, der das Kunstprodukt zu einer Art natürlicher Absonderung des schreibenden Subjekts werden lässt, der höchsten Form solch einer Authentizität.[16]

Im vorliegenden Falle konnte sich die Legendenbildung um den dadurch zum Dichter werdenden Kaser auf eine im Erscheinen begriffene Werkausgabe und den tatsächlichen Lebenslauf stützen, der vom in *Winterende* erzählten zwar abweicht, aber dennoch in vielen wörtlichen Zitaten und Paraphrasen aus Kasers Werken und Briefen unverwechselbar wiedererkannt werden konnte.

Der privilegierte Zugang zu den Fakten wird innerhalb von *Winterende* immerhin durch die Rahmung des personal Erzählten mit einer Icherzählung nahegelegt: „Ich bin nach V. gefahren und habe mir die Geschichte erzählen lassen. Alles, was ihnen zu erzählen möglich war, mir einer Dahergelaufenen"[17], setzt die Erzählung ein, um – nachdem dazwischen ausschließlich von „ihm" die Rede war – auf den letzten beiden Seiten das „Ich" wieder auftauchen zu lassen.[18] Zum Schluss erhält die Icherzählerin gar Einsicht in ein Dokument von „seiner" Hand, die vermutlich letzten, undeutbar-überdeutlichen Worte des Dichters: „Alles, was wir gelernt haben, war falsch."[19]

Um die persönliche Betroffenheit der Autorin zu ergründen, war man indessen auf Mutmaßungen angewiesen. Denn das wundersame Fräulein, das sich mit *Winterende* dem Dichter und dem Dichterischen annäherte, das man natürlich sehen, hören, anfassen wollte, war nicht ohne weiteres dingfest zu machen. An der Stelle, wo auf dem Buchumschlag füglich die Abbildung der rauchend-bebrillten, esoterisch-sinnenden oder gar stimulierend-erotischen Autorin zu erwarten gewesen wäre, findet sich nur ein leerer weißer Fleck.

Etwas mehr findet sich in der Vorschau des Verlags. Wohl bedenkend, dass der Normal-Leser mit Nicht-Vorhandenem vielleicht abgespeist werden

---

16 Noch „höher" anzusiedeln wären freilich jene Verwendungsweisen des Begriffs, die Authentizität letztlich mit „Kunst" im emphatischen Sinne deckungsgleich werden lassen.

17 Glaser (wie Anm. 9), S. 9.

18 Glaser (wie Anm. 9), S. 88ff.

19 Glaser (wie Anm. 9), S. 90.

kann, dem professionellen Literaturbetriebsangehörigem jedoch etwas mehr geboten werden müsse, um solche Bildlosigkeit tolerabel zu machen, setzte man in der Ankündigung des Buches an die entsprechende Stelle den Satz: „Die Autorin lebt in solcher Zurückgezogenheit, dass keine Photographie zur Verfügung steht."[20] Touché! Den Voyeur brüskiert, der Fantasie freien Lauf gelassen, das konnte ohne weiteres ausgleichen, dass von der jungen Debütantin auch keine kleineren Arbeiten vorlagen, Prosa oder nicht, und noch nie jemand etwas von ihr gehört hatte.

Jetzt konnte man nämlich einerseits munter spekulieren, um was für eine Autorin (oder einen Autoren?) es sich wohl handeln könnte und andererseits in *Winterende* selbst auf die Suche gehen. Da taucht beispielsweise „M." auf, eine veritable Dichter-Geliebte, deren „dunkelbräunliche[] Lippen im olivfarbenen Teint ihres Gesichts [...] an den viel zu vielen Zigaretten sogen" und die dem Genie immerhin einen „einzigen Sommer"[21] bescheren konnte. Doch leider sprechen einige Fakten dagegen, „M." mit Luciana Glaser deckungsgleich werden zu lassen. Glaser hätte den 1978 Verstorbenen bereits 1976, also achtzehnjährig, kennen und lieben lernen müssen, denn der beiden Beziehung liegt zum Zeitpunkt der Erzählung bereits einige Zeit zurück.[22] Dazu will aber das permanente Drängen „M."s nicht recht passen, „er" müsse etwas aus sich machen, was ja bekanntermaßen erst Beziehungen von um die Dreißigjährigen auszeichnet und überdies schlecht mit der der Autorin eigenen Literaturbetriebsferne harmoniert, die ja damit gerade darauf verzichtet, „etwas aus sich zu machen".

Gleichwohl ist „M." nicht unwichtig für die Suche nach Luciana Glaser in *Winterende*: Denn eine Luciana hätte die bessere Geliebte abgeben können und in gewissem Sinne macht sie sich durch ihr Buch postum dazu. „Seine" letzten erzählten Gedanken sind Erinnerungen an „M": „Und dann gehst du heim und machst wieder ein Gedicht daraus, hörte er sie sagen [...]. Rede, rede, rede, hörte er sie sagen. [...] So rede doch, rede von dir selber endlich einmal, hörte er sie sagen. [...] Rede, erzähl, hör auf zu theoretisieren, erzähl von dir, von dir selbst als Mensch und nicht als Bedingung."[23]

Luciana Glaser ist im Gegensatz zu „M." in der Lage, „seine" Geschichte zu erzählen, als Mensch *und* Dichter. Sie hätte ihn nicht reden, erzählen machen wollen. Sie hat das Erzählen, und das handwerklich einwandfrei, selbst übernommen und „ihm" das Dichten gelassen: seit Bettine von Arnims Goe-

---

20 Paul Zsolnay Verlag (wie Anm. 3), S. 4.
21 Glaser (wie Anm. 9), S. 23.
22 Der Gerechtigkeit halber, denn später wurde nahegelegt, dass es sich bei Luciana sehr wohl um „M" habe handeln können (vgl. Holzer, Klier: Karriere [wie Anm. 2], S. 33f.), sei erwähnt, dass der Tod des Dichters in *Winterende* in sein 34. Jahr, also, lässt man das Geburtsdatum unangetastet, in das Jahr 1981 fällt.
23 Glaser (wie Anm. 9), S. 86.

the-Elogen eine ebenso anerkannte wie erfolgversprechende Strategie weiblichen Schreibens.[24]

Die Kritik spendete denn auch einiges Lob, gelegentlich wird die Autorin mit Ingeborg Bachmann[25], Norbert Gstrein[26] oder Thomas Bernhard[27] verglichen und „er" mit Hölderlin[28] oder Lenau[29], wenn nicht der auf dem Buchumschlag wie innerhalb des Textes explizite Vergleich mit Büchners *Lenz*[30] wiederholt wird. Fast übereinstimmend rühmt man die „souveräne" Sprachbeherrschung dieser „Wortbegnadeten"[31], erkennt eine Prosa, „die stets über dem Schwerpunkt ihrer formalen und stilistischen Möglichkeiten" sei[32], deren „Handwerkertum."[33] Manchmal ist den Kritikern diese handwerkliche Meisterschaft allerdings nicht ganz geheuer, denn Perfektion geht auf Kosten der Authentizität. Rüdiger Görner etwa stellte in der *Neuen Zürcher Zeitung* fest: „Mithin wäre der Haupteinwand gegen diese Novelle, daß ihre Sprache zu schön sei, um in diesem Falle wahr klingen zu können." Diesen Zweifel kann zwar eine ästhetisch-reflexive Volte noch beruhigen: „Aber die sprachliche Schönheit dieser Prosa, ihr geradezu klassisches Ebenmass, ist eben der Anfang der schrecklichen Wahrheit über das Trostlose dieser Existenz" (Kaser bzw. „er" werden bei Görner als „Archetyp" verstanden)[34] – doch andere, weniger nostalgisch-ästhetizistisch argumentierende Kritiker gründen darauf Zweifel an der Autorschaft und dem Buch überhaupt. „Ist diese Leistung einer Debütantin zuzutrauen?" fragt bspw. Gerald Schmickl in der *Weltwoche*.[35] Hans Haider, Herausgeber der Kaser-Werkausgabe und in *Winterende* als „H."

---

24 Vgl. dazu in expliziter Abgrenzung zur entworfenen Autorschaft in Büchners Lenz: Bernhard Greiner: Echo-Rede und ‚Lesen' Ruths. Die Begründung von Autorschaft in Bettina von Arnims Roman Goethes Briefwechsel mit einem Kinde. In: Deutsche Vierteljahrsschrift für Literaturwissenschaft und Geistesgeschichte 70 (1996) 1, S. 48-66.

25 Brigitte Haberer: Todeslauf eines Dichters. „Winterende" – eine Erzählung rätselhafter Herkunft. In: Süddeutsche Zeitung, 19.5.1990.

26 K.K. [= Kurt Kahl]: Der Todeslauf eines Dichters. In: Kurier vom 12.2.1990, zit. nach Holzer, Klier: Karriere (wie Anm. 2), S. 44.

27 Haberer (wie Anm. 25).

28 Haberer (wie Anm. 25).

29 Rüdiger Görner: Dichterlegende. Luciana Glasers Erzählung Winterende. In: Neue Zürcher Zeitung, 22.2.1990.

30 Görner (wie Anm. 29).

31 Görner (wie Anm. 29).

32 Gerald Schmickl: Grausame Tiroler Hackordnung. Ein literarischer Ratekrimi aus Österreich: Wer ist Luciana Glaser?. In: Weltwoche Nr. 7, 15.2.1990.

33 Hans Haider: Licht und klar und doch nicht. Mit Luciana Glaser zu Norbert Kaser. In: Die Presse, 3./4.2.1990. Vgl. zu weiteren Kritiken und einer Bibliographie: Holzer, Klier: Karriere (wie Anm. 2), S. 40-52, 101-107.

34 Görner (wie Anm. 29).

35 Schmickl (wie Anm. 32).

auftauchend, meint: „An diesem guten Buch stimmt alles. Verglichen mit dem
Betriebsmodell, ist es beinahe überbestimmt, wie ein Erfolgsroman", um anzu-
fügen: „Vielleicht heißt die Autorin gar nicht Glaser, vielleicht hat eine
schüchterne Einzelgängerin ihr Lebensthema in vielen Jahren Arbeit und Mu-
sterlesen zu Papier gebracht; oder hat ein im literarischen Fach versierter Herr
sich hinter dem Pseudonym verborgen?"[36] Schließlich gab es auch einige
Stimmen, die das Buch sogleich ablehnten. Wendelin Schmidt-Dengler etwa,
immerhin die schöne Oberfläche konstatierend[37], oder Karl-Markus Gauß, der
sich als einziger auf eine ablehnende Stilkritik einlässt und der „preziösen
Idylle mit Trauerrand", eine „verblasen" ergriffene bis „unbeholfen[e]" Sprache zuschreibt – wissend oder ahnend, dass mit der Autorschaft einiges nicht
stimmte.[38]

Dessen ungeachtet verzeichneten einige österreichische Besten- und Best-
sellerlisten das Werk[39] und im April 1990 kürt die Darmstädter Jury *Winterende* zum „Buch des Monats": „Der Erstling der völlig unbekannten Schriftstellerin, die persönlich nicht in Erscheinung treten will, hat auf Grund der außer-
gewöhnlichen Meisterschaft bereits im gesamten deutschen Sprachraum Aufsehen erregt und zu mancherlei Spekulationen um die wahre Autorschaft geführt. Der Prosatext, der um das frühe Ende des Südtiroler Lyrikers Norbert C.
Kaser kreist, ist in diesem Zusammenhang mit Georg Büchners *Lenz* verglichen worden. Schon längere Zeit wurde kein österreichischer Autor mit dem
angesehenen Kritikerpreis ausgezeichnet."[40]

Soweit so gut: Ein Fräuleinwunder, das zudem noch einen Wundermann
vorführte: „Man hatte eine zarte, junge Dichterin entdeckt, die ein zartes, junges Buch geschrieben hatte, die für ein halbes Jahr hochgejubelt und dann
vergessen würde, wenn sie nicht gerade jene seltene Ausnahme wäre, der es
gelänge, sich auf Dauer in diesem menschenfressenden Betrieb zu etablie-
ren."[41]

2. Autorschaft, falsch und echt

Aber: So weit so gut? Im Juli 1990 erfolgte die Enthüllung der Identität der
„jungen Dichterin", parallel in der (kleinen) Tiroler Zeitschrift *Gegenwart* und

36 Haider (wie Anm. 33).
37 Wendelin Schmidt-Dengler: Neue Ergriffenheit. In: Ex libris, *Ö 1* vom 28.1.
    1990, zit. nach Holzer, Klier: Karriere (wie Anm. 2), S. 44.
38 Karl-Markus Gauß: Schönschreibversuch. In: Die Zeit Nr. 15, 6.4.1990.
39 Holzer, Klier: Karriere (wie Anm. 2), S. 103-105.
40 Meisterleistung einer „unbekannten" österreichischen Autorin. In: APA-
    Meldung, 28.3.1990, zit. nach Holzer, Klier: Karriere (wie Anm. 2), S. 49f.
41 Walter Klier: Dornröschen aus Südtirol. In: Die Presse, 25.3.2000.

dem *Spiegel*.[42] Was einige bereits geahnt hatten, traf zu, hinter Luciana Glaser verbargen sich Walter Klier und Stefanie Holzer (im Verhältnis 80 zu 20).[43]

Da das Geständnis der Autorschaft, von den Verfassern selbst vorgebracht und inszeniert wurde, muss man von einer Entlarvungsfälschung[44] sprechen. Das unterscheidet den Fall „Glaser" von ungleich komplizierteren wie z. B. Binjamin Wilkomirskis falschen Holocaust-Erinnerungen, George Forstiers pseudo-existentialistischer Lyrik oder James Macphersons Ossian-Dichtung und findet eine Parallele in Arno Holz' und Johannes Schlafs *Papa Hamlet*, für dessen Marktgängigkeit in den Zeiten der Ibsen-Verehrung ein Norwegischer Newcomer, Bjarne P. Holmsen, als Autor erfunden wurde.

Gleichwohl kann jede literarische Fälschung, sofern nicht ideologische oder andere literaturferne Ziele damit verfolgt werden, als modellhafte Inszenierung jeweiliger Annahmen (markt-)valider Autorschaft begriffen werden. Bei dem erfundenen Autor handelt es sich nie nur um einen Einzelfall, sondern höchstens um einen Sonderfall, der im jeweils aktuellen Literaturbetrieb gängigen, und das heißt immer auch: erfolgreichen Autorschaft. War diese zum Ende des 18. Jahrhunderts ein alt-englischer Barde, zum Ende des 19. ein junger Norweger, der seine ersten Gedichte im Seziersaal abfasste, später ein Elsässer SS-Freiwilliger, der um 1950 als Fremdenlegionär in Indochina vermisst wurde, scheint es sich um oder seit 1989 um junge Fräuleins zu handeln.

Wollten Holz und Schlaf jedoch mit einem durchaus ernst gemeinten Produkt nur unter Beweis stellen, dass es eine naturalistische deutsche Literatur gäbe, die jedoch der skandinavisch-französischen Usurpation des deutschen Literaturmarktes zum Opfer falle, geht es Klier und Holzer um mehr: Bei *Winterende* handele es sich um ein „literatursoziologisches Experiment"[45], ein „Beispiel in angewandter Germanistik"[46], das auf „eine Beschreibung des Ist-Zustandes des Literaturbetriebs mit all seinen Teilnehmern"[47] abgezielt habe – und dieser Zustand sei allgemein schlecht, so Hypothese und Ergebnis.

---

42 Willi Winkler: Markt der Körper. In: Der Spiegel Nr. 27, 2.7.1990, S. 162-166; Stefanie Holzer, Walter Klier: Luciana Glaser: Einreichung des Projekts beim geneigten Leser/der geneigten Leserin. In: Gegenwart. Zeitschrift für ein entspanntes Geistesleben (1990) Nr. 6, S. 1f.

43 Vgl. Holzer, Klier: Karriere (wie Anm. 2), S. 39.

44 Das gilt, obwohl Holzer und Klier wiederholt behaupteten, dass das Ziel keineswegs „Entlarvung" gewesen sei. Es ging wahrscheinlich tatsächlich nicht darum, Einzelne, also „einen Verlag, eine Lektorin oder sonstwen zu *entlarven*" (Holzer, Klier: Karriere [wie Anm. 2], S. 11), gleichwohl aber „den" Betrieb im Ganzen.

45 Holzer, Klier: Karriere (wie Anm. 2), S. 6.

46 Holzer, Klier: Karriere (wie Anm. 2), S. 28.

47 Holzer, Klier: Karriere (wie Anm. 2), S. 11f.

Um das zu belegen, reichte es nicht, die falsche Autorschaft offen zu legen, sondern auch das Produkt musste in Bausch und Bogen verdammt werden. Die Erzählung *musste* deshalb eine „hochgestochene Trivialität"[48] genannt werden, die von Thema über Rahmen bis zur Sprache und der legendenartigen Anordnung bewusst berechnet worden sei[49], um borniert Literaturkritiker und naive Leser, die sich die Vorlage ihres allzu selbstgerechten Mitleidens als hohe Literatur verkaufen lassen, als solche zeigen zu können. *Winterende* also konstruierter Kitsch!

Wichtig war zudem, dass das kurz- und kleingeredete Werk mit der sonstigen Produktion Holzers und Kliers nichts zu schaffen hatte, also zu behaupten, dass „es einem zwar nicht erfolgreichen, aber ausreichend erfahrenen Schriftsteller gelingen könne, eine Geschichte zu verfassen, die mit seinem sonstigen Schreiben so wenig zu tun hat; d. h. worin er (oder in diesem Falle zwei Verfasser) in eine neue stilistische Identität schlüpft, die den angenommenen Erfordernissen des Literaturbetriebs möglichst genau nachgebildet ist. Also einen Text zu verfertigen, unter dem einzigen Gesichtspunkt, daß zuerst die Lektoren, dann die Kritiker, dann die Leser (beiderlei Geschlechts) darauf anspringen würden."[50] – „Authentisches vs. Synthetisches".[51] In diesem Sinne heißt es wohl auch im *Spiegel*, dass in *Winterende* „kein Wort echt" sei, denn „echt" kann hier ja nur authentisch meinen, da sich am verarbeiteten Lebenslauf kein Wort geändert hatte.[52]

Um das synthetische Produkt *Winterende* als solches aber tatsächlich zu beglaubigen, musste und konnte das eigentlich Eigene nobilitiert werden. Zu diesem Zwecke wurde im *Spiegel* und in der *Gegenwart* Kliers letztes Buch, *Katarina Mueller Biografie* (Innsbruck 1988), herangezogen, in dem allerdings keineswegs so eingängig und eindeutig wie im Nachhinein behauptet Florian Kuen, ein „glückloser, weil um die ‚Europäische Moderne' bemühter Autor" unter eben dem Namen Katarina Mueller „ein Buch in simpler frauenbewegter Prosa zum Riesenerfolg [sülzt]."[53] So wie dieses seien auch Kliers andere Bücher „mit großem sprachlichem Aufwand geschrieben, eins erfolgloser als das andere"[54]. *Winterende* sei ein „zwar höchst professionell gefertigte[s], aber doch anspruchsloses Stück Prosa" im Gegensatz zu „den wesentlich anspruchsvolleren Texten der beiden Ghostwriter".[55] In der *Gegenwart* findet sich zusätzlich der Hinweis, dass man als Abonnent der vorliegenden Zeit-

---

48 Holzer, Klier: Karriere (wie Anm. 2), S. 15.
49 Vgl. dazu ausführlich und genüsslich: Holzer, Klier: Karriere (wie Anm. 2), S. 16-22.
50 Holzer, Klier: Karriere (wie Anm. 2), S. 12.
51 Holzer, Klier: Karriere (wie Anm. 2), S. 14.
52 Winkler (wie Anm. 42), S. 165.
53 Winkler (wie Anm. 42), S. 166.
54 Winkler (wie Anm. 42).
55 Holzer, Klier: Einreichung (wie Anm. 42), S. 1.

schrift für gerade einmal 10 öS mehr immerhin eine Textmenge bekomme, die „vierzigmal dem Umfang von L. Glaser: *Winterende* [...] entspricht."[56] Letztlich werden also der halbseiden-kunstgewerblichen Luciana Glaser die ehrlich handwerkenden Schriftsteller Klier und Holzer gegenübergestellt, die niemals höchst selbst den Anspruch auf Dichterschaft erheben würden.

Solchermaßen zugerichtet war selbstredend die Kritik auf den Plan gerufen, die mit *Winterende* eigentlich „entlarvte". Denn die schlechte Meinung von *dem* Leser gehört zum wohlfeilsten aller Gemeingüter des Literaturbetriebs im weitesten Sinne, und dass Verlage vornehmlich Geld verdienen wollen und müssen, hat sich auch schon relativ weit herumgesprochen. Übrig bleibt daher die Literaturkritik, von der man zwar allenthalben wenig Gutes erwartet, selten aber so vor Augen geführt bekommt, dass (stets) das literarisch Wert- und Anspruchsvolle verdammt oder missachtet (hier: die eigentlichen Werke von Holzer und Klier), der Rest indessen mit verkaufsfördernder Werbung im Sinne der ach so mächtigen Verlage versehen wird.[57] Doch die Reaktionen in den Feuilletons lesen sich seltsam defensiv, was die Sache, und aggressiv, was die Schuldzuweisungen angeht, meist eher in der Art von Dreijährigen, die nach einer Rauferei im Sandkasten behaupten, der jeweils andere habe angefangen. Karl-Markus Gauß erhielt ausführlich Gelegenheit, sich selbst zu zitieren und trotz zweier Artikel in der *Zeit* den Fall als österreichische Provinzposse abzutun[58], Sigrid Löffler ging zum Gegenangriff über und beschuldigte Klier (Holzer generös übersehend), die Leiche Kasers schändend, seine eigene Erfolglosigkeit rächen zu wollen.[59] Wobei, das ist unbestrittener common sense, an der Kaser-Apothese nicht prinzipiell gerüttelt, sondern nur festgestellt wurde, dass man in *Winterende* einen falschen, gleichsam in Pastelltönen gezeichneten Kaser vor sich habe – was die Heiligkeit des Dichters eher vermehrte resp. über *Winterende* hinaus rettete. Oftmals verwies man darüber hinaus, wie bspw. Sigurd Paul Scheichl, auf die Tatsache, dass die Autoren „nicht einmal gut genug schlecht" schreiben können, geschweige denn im eigentlichen Sinne gut.[60] Wenige hielten den Text auch im Nachhinein für annehmbar, wenn auch für „einfach"[61] oder vielleicht „trivial"[62]. *Winteren-*

---

56 Stefanie Holzer, Walter Klier: [Editorial]. In: Gegenwart. Zeitschrift für ein entspanntes Geistesleben Nr. 7 (1990), S. 3f., hier S. 4.

57 Vgl. dazu auch Helmut Luger: „Literaturkritiker, die Zentral-Sonnen der Intelligenz". Polemische Anmerkungen zur Literaturkritik anläßlich der „Äffäre Luciana Glaser". In: Holzer, Klier: Karriere (wie Anm. 2), S. 84-100.

58 Karl-Markus Gauß: Wirklich gut. In: Die Zeit, 13.7.1990.

59 Sigrid Löffler: Kitsch as Kitsch can. In: profil Nr. 28, 9.7.1990, S. 83.

60 Sigurd Paul Scheichl: Ach wie gut, daß niemand weiß, daß ich Rumpelstilzchen heiß! In: Inn 7 (1990) 23, S. 11.

61 Sche (= Robert Schediwy): Ende des Winterrätsels. In: Akzente (Wien) (1990) H. 9, hier zitiert nach Holzer, Klier: Karriere (wie Anm. 2), S. 62-63.

de, kann man zusammenfassen, ist also tatsächlich so schlecht, wie Klier und Holzer behaupten, man habe das zwar auch schon vorher merken sollen, es hätten jedoch auch nur einige „leichtgläubige Kritiker"[63] Lob gespendet. Im schlimmsten Falle habe es sich um einen Kunstfehler gehandelt, wie er allenthalben vorkommen könne.

Zweifellos geändert hatte sich aber nur die Besetzung der Autorfunktion und damit die Autorintention. Aus der zerbrechlichen Lichtbringerin, deren ernsthafte Absichten außer Frage standen, war ein mehr oder weniger literaturnotorisches Pärchen geworden, das aufmerksamkeitsheischend betriebsinterne Marktmechanismen ausnutzte. Anscheinend war es damit ebenfalls um die Qualität und vor allem um den Anspruch des Textes auf Klassifikation als Literatur (Kunst) geschehen. Erstaunlich ist daran vor allem, dass die Reduktion des Textes auf die Autorintention, die Holzer/Klier in ihren Äußerungen zum Fall nahe legten, durch die Reaktionen der Kritik weitgehend bestätigt wurden. Literatur wie *Winterende* scheint als Kunst nur genießbar zu sein, wenn sie authentisch mit einer bestimmten (hier: weiblichen) Autorschaft versehen ist.

Authentisch könnte man freilich auch das „Experiment Winterende" in seiner Gesamtheit nennen. Denn was ist die Aufdeckung der tatsächlichen Autorschaft und die Dokumentation derselben anderes als eine Erweiterung des ursprünglichen Textes? Eine Erweiterung, die aufs trefflichste mit Kliers sonstigem Werk, zumindest mit *Katarina Mueller Biografie* harmoniert? Waren Holzer/Klier mit Luciana Glaser in eine „andere stilistische Identität" geschlüpft, wird diese Differenz mit der „Entlarvung" kassiert – das synthetische Produkt *Winterende* wird reauthentisiert, die fröhlichen Fälscher zu den eigentlich ernsten Autoren. Luciana Glaser und nicht zu vergessen Norbert C. Kaser dienen als Kontrastfolie der je eigenen Autorschaftsinszenierung.

3. Autorschaft, weiblich

Für Stefanie Holzer und Walter Klier war das Experiment *Winterende* mit der Publikation der Dokumentation denn auch noch nicht beendet. In den Werken beider Autoren hat Luciana Glaser Spuren hinterlassen, offensichtlich bei

---

62 Karriere einer Fiktion. In: Wirtschaftswoche Nr. 8, 20.2.1992, S. 68. Dort aber auch der Hinweis: "Daß Luciana Glasers Prosa [...] um nichts schlechter ist, wenn auch weniger real, als die Originalwerke so mancher hochgerühmter AutorInnen, bleibt Tatsache." – was real in diesem Zusammenhang auch immer bedeuten mag.

63 Löffler (wie Anm. 59).

Klier, der Essays, Monographien und Romane zu den Themen Autorschaft und Fälschung verfasst hat,[64] versteckt, aber subtiler bei Holzer.

Kliers Autorschaftsentwürfe, die sich vor allem in, teilweise nostalgischer, Abgrenzung zum Dichter-Heiligen Kaser bestimmen ließen – die dezidiert weibliche Autorschaft Luciana Glasers war für ihn aus physiologischen Gründen sowieso nicht erreichbar –, sollen hier weitgehend außen vor bleiben. Man könnte Klier, den brillanten Essayisten, überzeugenden Romancier, klugen Literaturkritiker, Übersetzer, Bergbuchschreiber und Werbetexter, als professionellen Schriftsteller bezeichnen, dem diese Professionalität die höheren Weihen der Kritik wohl auf ewig verbaut: denn vom Dichter wird „Wesentliches erwartet, nichts als das Wesentliche." Und selbst wenn ein Kaser Leselerntexte für Schulkinder verfasste, einen Jahresplan für die Unterrichtsarbeit und nicht zuletzt einige Werbegedichte für Tiroler Hoteliers, handelt es sich – postum freilich – um Literatur (Kunst)[65], bei Klier bleiben es Wanderführer und Fremdenverkehrsbroschüren.[66] Klier wäre dann im Gegensatz zum Künstler eine Art wandernder Geselle in Sachen Literatur, der an jedem Ort aufs neue seine Fähigkeiten und Fertigkeiten durch gute Arbeit unter Beweis stellen muss, während die Hand des toten Kaser noch die Schneehöhen zu Flaas am 5. und 6. März 1974 in Kunst zu verwandeln vermag.[67]

Erschwerend hinzu kommt eine tiefe Skepsis Kliers gegen die „GUTE SACHE". Hatte er schon 1984 den – staatssubventionierten – „Öko- und Friedenskitsch" in der österreichischen Literatur gegeißelt,[68] erneuerte er diese Anwürfe 1999 umfassender, wenn auch von der gleißenden Sonne der Tatsachenbehauptung in die mildere Abenddämmerung der Ironie gerückt. „Dichter", erklärt Klier, lieferten in ihren Äußerungen zu aktuellen politischen, gesellschaftlichen oder ästhetischen Fragen im besten Falle „die künstlerisch wertvolle Version des derzeit gültigen linksliberalen Stammtischtextes."[69]

---

64 Vgl. z.B. Walter Klier: Über Phantomzeiten. In: tageszeitung, 30.01.1999; Walter Klier: Es ist noch alles offen. In: Die Presse, 23.12.2000; Walter Klier: Der Fortschritt ist Emeritus. Die Wissenschaft hütet ihr Welterklärungsmonopol: Ein Text zum Frühstück. In: Frankfurter Allgemeine Zeitung, 18.12.2001; Walter Klier: Das Shakespeare-Komplott. Göttingen 1994. Walter Klier: Hotel Bayer. Eine Geschichte aus dem 20. Jahrhundert. Innsbruck 2003.

65 Vgl. Kaser: Werke. Band 1 (wie Anm. 5), S. 425f; Kaser: Werke. Band 2 (wie Anm. 4), S. 24f., 151-160.

66 Vgl. div. Bergführer Kliers bei Rother (München) und: Starkes Land. Tirol, Herz der Alpen. Hrsg. von Tirol-Werbung. Fotos: Kurt Markus. Texte: Walter Klier, Stefanie Holzer. Innsbruck 1993.

67 Kaser: Werke. Band 2 (wie Anm. 5), S. 30.

68 Walter Klier: Wer wagt die vierfach indirekte Rede? Die Qualität der österreichischen Literatur entsteht durch den Vergleich mit sich selbst. Ein Streifzug. In: Literatur Konkret (1984/85) 9, S. 37ff.

69 Walter Klier: Die Literatur, als Religion betrachtet. In: Merkur 53 (1999) 9/10, S. 1021-1026, hier S. 1026.

Selbst zum Dichter wird Klier so freilich nicht. Der größte, Bestseller- oder Bestenlisten notierte Erfolg eines seiner Romane scheinen denn auch zwei von vier möglichen Hasen in den „Buchnews" des *Playboy* zu sein.[70] Klier ordnet sich bestenfalls in die von Karl Kraus begründete Tradition nörgelnder und krittelnder „österreichischer Intellektueller"[71] ein, was ja auch nicht die schlechteste ist.

Wie aber wird man zum Dichter? Folgt man Klier, durch heilige Texte und inszenierte Autorschaft, die sich einerseits gegenseitig bedingen, andererseits aber auch ersetzen können. Denn in jedem „für Heiligkeit (d.i. Kunst-Literatur) vorgeschlagene[n] Buch" müsse die „metaphysische Bedeutungslosigkeit des Menschen (Geworfenheit) [...] einigermaßen deutlich [...] auffindbar sein."[72] Und vom Leiden an der Welt resp. an der Geworfenheit in sie, dem großen Thema säkular-religiöser (Un-)Heilsdichtung, kann am besten schreiben, wer jenes Leiden als eigenes und unverschuldetes qua Biografie authentisch beglaubigen kann. Und dafür eignen sich am besten Biografien, die den Dichter, der der Heiligkeit seines Textes nicht ganz so sicher ist, als Angehörigen einer qualitativ zu verstehenden und deshalb immer schon unterdrückten Minderheit ausweisen: Also statt „weiß/männlich/bürgerlich/heterosexuell" etwa „türkisch/ weiblich/proletarisch".[73] Hinzu kommt seit 1989, dass solch ein privilegierender Minderheiten-Status kaum noch erworben werden kann – etwa durch politische oder religiöse Dissidenz –, sondern nur noch als angeborener glaubwürdig ist. (Selbst die Südtiroler Herkunft Kasers oder Glasers hätte unter dem Schengener Abkommen indes beträchtlich an Dignität eingebüßt.) Am plausibelsten scheint die körperlicher Letztbegründung zu sein, als die Weiblichkeit trotz der zunehmenden Durchsetzung des Genderbegriffs weitgehend gilt, weil sie kaum abzulegen und in aller Regel offensichtlich ist.

Problematisch wird das aber, wenn man nicht zum Dichter oder in diesem Falle zur Dichterin heiliger Bücher nach Kliers Zuschnitt werden will, obwohl die Identität mit vererbtem Leidenspotential bestens ausgestattet (also zumindest weiblich) ist. Wenn man also nicht beabsichtigt, Texte zu schreiben, die als Verlängerung der oder Hinweis auf die Biografie des Autors gelesen werden sollen. In ähnlichem Sinne hat Juli Zeh kürzlich vom „Verschwinden des Erzählers im Autor" berichtet und – wenn auch geschlechtsneutral – festgestellt, dass die „jungen Autoren" nur noch „Ich" sagen könnten und auch Ich meinten, wenn sie „Er" oder „Sie" sagen, Kunst und Leben also in der Schwundstufe des Autobiographischen zur Deckung gekommen sind. Wenn

---

70 Vgl. *Playboy* (1998)5, S. 51.
71 Vgl. Franz Schuh: Ein österreichischer Intellektueller. Laudatio für Walter Klier. In: Wiener Zeitung vom 6.6.1997.
72 Klier: Literatur (wie Anm. 69), S. 1023f.
73 Klier: Literatur (wie Anm. 69), S. 1024, 1026.

man etwa im Unklaren über das Alter der Protagonisten sei, könne man einfach in den biografischen Notizen nachschlagen. Zeh hat das einem gewissen Unvermögen der Autoren einerseits, andererseits dem Verlust an verbindlicher Orientierung und damit einhergehender Entscheidungsunfähigkeit zugeschrieben.[74] Das Ergebnis ist aber: Nur insofern die eigene Biografie repräsentativ ist, sind literarische Texte dann noch lesbar als Aussagen allgemeinerer Art.

Stefanie Holzers Roman, *Vorstellung*, erstmals 1992 und zur Hochzeit des Fräuleinwunders 1999 als Taschenbuch wieder aufgelegt, lässt sich in diesem Sinne als Versuch lesen, aus dem dichterisch-authentisch-leidenden Fräuleinwunder-Dilemma auszubrechen, man könnte auch sagen: das Dilemma zu dekonstruieren.

„Manche Dinge habe ich am liebsten, wenn ich sie selber mache, sagte sie [...]. Falsch: *Ich* habe das gesagt, nicht *sie*. [...] So kann man keinen Roman beginnen. Ich votiere für eine klassische Eröffnung: WIR, nicht ich, wollen ihnen eine Geschichte erzählen. Sandra und ich sind WIR"[75], so beginnt der Roman. Sandra wird vorgestellt und „nun ist es an mir zu sagen, wer ich bin. Stefanie Holzer, geboren in Ostermiething am 17.10.1961 [...]. Seit April 1989 beschreibe ich mich an allen Ecken und Enden als Mitherausgeberin der Zeitschrift Gegenwart" (S. 8). Zum Vergleich die biografische Notiz auf dem Waschzettel: „Stefanie Holzer, am 17. Oktober 1961 in Ostermiething, Oberösterreich geboren, lebt seit 1980 in Innsbruck. Sie ist Mitherausgeberin der Zeitschrift ‚Gegenwart'." Da macht also eine Ernst, denkt man und liest weiter, hauptsächlich von „ich", „der Autorin" (S. 18), ihren Ansichten über Männer und Frauen und über sich selbst, den verunglückten ersten Begegnungen mit dem anderen Geschlecht und insbesondere über die Beziehung von „ich" und Martin, der zur Literatur, ach was zur Kunst, ein ähnliches Verhältnis hat, wie weiland Jenny Treibel und überdies noch ein Kind von „ich" will.

Zwischendurch schreibt und veröffentlicht „ich" Texte, die bereits von Stefanie Holzer veröffentlicht wurden und hier – welch Schreibökonomie, könnte man sagen, ginge es nicht eigentlich um anderes, nämlich um Literatur – erneut abgedruckt werden. (S. 41-45, 77-91, 94-119, 121-138, 141-156) Martin (oder vielleicht einfach M.?) möchte, dass „ich" etwas aus sich und ihren Texten macht, und gibt Müller, „dem vom Archiv", ungefragt einige Arbeiten, woraufhin es zum Literaturgespräch kommt, „Müller meint [...], das Berührende ist jetzt gefragt", sagt Martin, woraufhin „ich" repliziert: „Der soll [...] dieser Glaser nachrennen, die ist doch eine seiner Entdeckungen, diese

---

74 Juli Zeh: Sag nicht Er zu mir. Oder: vom Verschwinden des Erzählers im Autor. In: Akzente 49 (2002) 4, S. 378-386.

75 Stefanie Holzer: Eine kleine Unkeuschheit. München 1999, S. 7. Im Folgenden im Text zitiert. Gebunden erschienen unter dem Titel: Vorstellung. Eine kleine Unkeuschheit. Innsbruck 1992.

Südtirolerin, meine Güte, ich schreibe überhaupt keine – keine poetisch-innerliche, nichts, was dem wie Literatur vorkäme. [...] Ich bin keine dieser empfindsamen Damen" (S. 68f.). Nein „ich" ist nicht Luciana Glaser und deshalb schreibt sie auch nicht empfindsam, sondern eine präzis deskriptive Prosa meist männlicher, nicht ganz den Normen entsprechender Sexualität, die „ich" vor Martin versteckt. Als der (ehemals) Geliebte die Texte dann doch findet, kommt es zum zweiten Literaturgespräch, in dem „ich" ob der „Perverse[n], Sexshops und lauter so Zeug" (S. 158) zur Rede gestellt wird, schließlich sei das eigene Sexualleben derzeit nicht eben befriedigend. „Würdest du mich also interessanter finden, wenn ich pervers wär, wenn ich mich von dir fesseln lassen tät? / Was redest denn? Ich find den als Figur interessant, nicht als, als pff, als Mann oder was." (S. 159) Doch dieser Unterschied zwischen der Frau als Autorin und der Frau als „Freundin", dem der Unterschied zwischen Erzählerin und Autorin entspricht, ist Martin nicht mehr verständlich zu machen. Es kommt zum Bruch.

Dass Sandra sich inzwischen von ihrem Herbert getrennt hat und „ich" dann bei Sandra einzieht, ergibt noch eine gewisse Schlusspointe – denn schließlich hätten ja eigentlich Sandra und Martin und Herbert und „ich", aber egal.

Worauf es vielmehr ankommt, zumindest für alle, die es immer noch nicht gemerkt haben, ist der „Nachtrag. *Ich und ICH*". Neben dem ablehnenden Brief einer Lektorin, teilt „ich" dort mit, „daß ICH in der Form, wie ICH in dieser Geschichte gebraucht wurde, natürlich ein aufgelegter Blödsinn, ein Schwindel ist. [...] Wie käme ich dazu, Ihnen zu erzählen, wie es mir so geht?" (S. 187f.) „Ich" sei eingeführt worden, um den Lesern die Identifikation zu erleichtern. „Entweder man wählt den Tonfall der Innerlichkeit [...] oder man erfindet ein ICH, das es ermöglicht, Unmögliches [...] zu wissen. [...] Authentizität und Glaubwürdigkeit wird vermeintlich erreicht, indem man ICH sagt." (S. 189)

Könnte man hier, mit den noch präsenten Martins und Müllers, die Texte von Autorinnen nur als unmittelbaren Ausdruck von deren Innenleben lesen, das Authentizitäts-Dilemma noch auf eine letztlich männliche Lektürehaltung zurückführen, wird auch diese Möglichkeit im nächsten Absatz kassiert: „Ich" liest in Linz „eine Geschichte vor, die das samstägliche Bad der [...] Familie Gruber zum Thema hat. Im Zuge der Reinigungshandlungen kommt es beim Ernährer zu einer Erektion, deren Zweckfreiheit [...] Herr Gruber nicht anzuerkennen gewillt ist. Folglich überredet er seine Gattin zur Ausübung ihrer ehelichen Pflichten." (S. 189) Bei Ausübung derselben wird ein Wäschekorb beschädigt. Nach der Lesung bekommt „ich" darob von einer anderen, erfolgreicheren Autorin „von Frau zu Frau einen Rat [...]: Ich solle mich doch nächstens am Waschbecken abstützen. So wäre der Wäschekorb vor der Libido Felix Grubers (hahaha) geschützt. Diese Geschichte hatte ich in der dritten Person erzählt. Ich zog folgenden Schluß: wenn ich ohnehin zu hundert Prozent mit meinen weiblichen Figuren identifiziert werde, kann ich mir den durch die dritte Person implizierten Aufruf zu differenzieren gleich sparen und ICH sagen." (S. 190) – Aber da weiß man als Leser schon längst nicht mehr, wer hier eigentlich spricht.

So könnte nicht nur weibliche Autorschaft als Werkherrschaft jenseits der Luciana Glasers, jenseits der heiligen Bücher und jenseits des nur Autobiographischen funktionieren: Als Störung von liebgewonnen Lesegewohnheiten und Durchkreuzen von Lektürekonventionen, die Fiktionalisierung als ästhetischen und reflexiven Gewinn verbuchen können. Mit einer Autorschaft, die selbstredend ebenso Inszenierung ist, dafür aber nicht als Wunderfräulein daher kommt und ihre Leser nicht zu gläubigen Adepten machen will, sondern „jener bodenständigen Art zugehör[t], die auf die Frage Wie gehts? mit Gut antwortet; egal wie es tatsächlich [...] bestellt sein mag." (S. 8) – Denn wer sollte sich tatsächlich für das Leid einer Schreibenden interessieren.

Es bleiben dann freilich immer noch die Fragen nach angemessen oder unangemessen, gelungen oder misslungen, vielleicht gar schön oder hässlich – aber dass diese Fragen überhaupt, jenseits moralischer oder transzendentaler Aufladungen diskutiert werden können, ist zweifellos ein hoffnungsvolles Zeichen.

Reload, remix, repeat – remember

Chronikalische Anmerkungen zum Wunder des Fräuleinwunders

Walter Delabar

> Everything was better back
> when everything was worse.
> *The New Yorker*

1. Bücher ändern sich

Michael Rutschky ist wohl Recht zu geben: „Die Bücher von 2003 sehen gegenüber denen von 1963 nicht mehr aus wie Bücher – manche bestehen, statt bloß äußerlich Werbeträger zu sein, durch und durch aus Reklame. Ausschließlich Schale, weder Fruchtfleisch noch Kern."[1] Wer manch viel versprechendes Winterobst zu sich genommen, weiß, wie solche Ware schmeckt, mindestens fade, dabei von außen so hübsch anzusehen. Freilich, um aufs Buch zurückzukommen, war das je anders? Zumindest nicht seit der Volksausgabe der *Buddenbrooks* und dem Erscheinen von Remarques *Im Westen nichts Neues*, und das war immerhin schon im denkwürdigen Buchkrisenjahr 1929. Jaja, keine Frage, wer will schon die *Buddenbrooks* mit dem vergleichen, was junge Autorinnen und Autoren heute schreiben? „Aber", so könnte man mit Hermann Kurzke fragen, „woran soll man sonst messen als an dem Vortrefflichen, das schon da ist?"[2] Nun bringt der Vergleich mit den „Vortrefflichen" des frühen 20. Jahrhunderts einige Probleme mit sich: Ist das eine Buch als bildungsbürgerlicher Basistext jeglicher Kritik enthoben (etwa an der Sprache), steht vor dem anderen nicht nur seine honorige Position im Anti-Kriegs-Diskurs, sondern auch seine Publikationsgeschichte, an der der nationalsozialistische Pöbel seinen Anteil hat. Und trotzdem: Beide Bücher wurden in bis dahin beispiellosen Kampagnen erfolgreich in den Markt gedrückt. Auflagen von über 1 Mio. Exemplaren waren bis dahin im Qualitäts-

---

1 Michael Rutschky: Glück und Heimweh. Teddy, der Inkommensurable: Wo Adorno, der Theoretiker der Negation, doch positiv wurde. Und welche Einsicht ihm verschlossen blieb, weil er zu früh verstarb. Vier Bausteine zu einer zeitgemäßen Lesart der Kritischen Theorie. In: taz, 11.12.2003, S. 17f, hier S. 17.

2 Hermann Kurzke: Spätgereift und traurig. Junge Autoren in Deutschland. In: FAZ, 26.8.1995.

buchsegment ungewöhnlich. Und deshalb gab es Ärger, und deshalb machten diese beiden Beispiele Schule.

Das Jahr 1929 war aber nur ein außergewöhnliches Jahr in einem bereits länger andauernden Prozess. Eine rasche und nur oberflächliche Musterung der Geschichte der Literatur, ihres Betriebs und ihrer ökonomischen Basis zeigt, dass das Kulturgut Buch immer schon seine eigene Synchronisierung mit dem kapitalistischen Verwertungsgefüge vorantreibt und sich in dieser Zeit selbst in der uns heute vertrauten Form entworfen hat.[3] Dass es dabei stets einen doppelten Charakter hatte, nämlich – aha! – Ware ist *und* Träger von Kultur, kann eigentlich nur den überraschen, der zwischen beiden immer schon einen Widerspruch gesehen hat. Freilich, bei aller sich marxistisch gebenden Kritik: Wo sollte ein Produkt und sei es ein geistiges seinen Ort haben, das nicht auch Ware wäre? Und ist es nicht selbstverständlich, dass es sich damit schließlich auch in seinem gesamten Auftritt mit den Märkten entwickelt? Es müsste doch mit dem Teufel zugehen, wenn ausgerechnet Bücher sich den Veränderungen im Marktgeschehen würden entziehen können, also heute noch aussähen wie vor 40 Jahren. Bücher sind natürlich (auch) Waren und damit eben auch Werbeträger, die sich selbst zu Markte tragen, und mit ihrer „Haut" auch noch das Unternehmen, das in sie investiert hat, bis hin zu ihrem Ursprung, dem Autor, der Autorin, die sich – in welcher Weise auch immer – darin entäußert haben. Alle Beteiligten müssen deshalb wohl notwendig mit Haut und Haaren – und das inklusive Geschlecht – daran glauben, wenn es darum geht, Literatur nicht nur zu schreiben, sondern auch noch zu verkaufen. Zumal wenn, folgt man jüngeren Stimmen, jedem Buch lediglich sechs Wochen nach Erscheinen bleiben, um sich am Markt durchzusetzen.[4]

Nicht anders geht es den Kombattanten, auch denen der schreibenden Zunft, die nicht übermäßig viel Zeit haben, ihre Favoriten zu fördern, ihre Nieten zu verteilen und nebenher auch noch an der Markenbildung mitzuwirken. Aktualität ist Trumpf und nicht nur das. Die Medien, in denen das Geschäft der Öffentlichkeitsarbeit betrieben wird, haben sich verändert. Sie sind visueller, bunter und kleinteiliger geworden, und vor allem schneller.[5] Und das literarische Buch ist ihnen in seiner Aufmachung gefolgt: Neben das gedruckte Wort ist nicht zuletzt das gedruckte Bild getreten – insbesondere das Autorenbild, das immer noch dafür sorgen soll, die Authentizität des beworbenen Textes zu besiegeln. Umberto Ecos Rosen-Roman soll hier den entscheidenden Anstoß gegeben haben: „Seit dieser Zeit stehen Photogenität und Physiogno-

---

3   Vgl. dazu Reinhard Wittmann: Geschichte des deutschen Buchhandels. Ein Überblick. München 1991; Marion Janzin, Joachim Güntner: Das Buch vom Buche. 5000 Jahre Buchgeschichte. 2. verbesserte Aufl. Hannover 1997.

4   Christof Siemes: Blättern im Naherholungsgebiet. In: Die Zeit, 11.12.2003, S. 41.

5   Vgl. zum Status Siemes (wie Anm. 4).

mie des jungen Künstlers gemeinsam zur Diskussion. Der Sonderling soll kenntlich, als Mensch enttarnt werden, sich rechtfertigen, sagen, wozu er gut ist."[6] Es darf zwar bezweifelt werden, dass Mirjam Schaub, von der diese Einschätzung stammt, Recht hat. Auch hier hat alles schon Geschichte. Der Zusammenhang zwischen Aussehen und Aussagen gehört zu den Basisannahmen der Literaturrezeption, angefangen – für die deutsche Literatur – mit der *Manessischen Liederhandschrift*, die bereits im frühen 14. Jahrhundert jeden der mittelhochdeutschen Minnesänger anschaulich zu machen versuchte.[7] Und das 20. Jahrhundert hat sich von dieser Vorstellung nicht verabschiedet: Der Rowohlt-Verlag widmete anlässlich des 200. von „Rowohlts Rotations-Romanen" 1956 einen ganzen Band dem Verhältnis von Physiognomie und Autorschaft unter dem Titel *Was sie schreiben, wie sie aussehen.*[8] Und der Bertelsmann Lesering überreichte 1972 seinen Mitgliedern als „Treuegabe für fünfjährige Mitgliedschaft" einen Band über *Autoren in Wort und Bild.*[9] Aber wie bescheiden, bieder, zurückhaltend – und unprofessionell ist dieser Band, der sich als „Nachschlagewerk [...] über Schriftsteller" verstand, „deren Bücher heutzutage gelesen werden"?[10] Wie anders im Vergleich die heutige Präsenz der Autorinnen und Autoren in Wort, Bild und anderen Medienvarianten. Die Qualität der fotografischen Präsentation, die Präzision, mit der Autorinnen und Autoren auch visuell inszeniert werden, hat sich seitdem deutlich perfektioniert. Das Verlags- und Autorenmarketing hat sich zu einem wenn auch nicht immer wirkenden, so doch immerhin elaborierten Instrument entwickelt. Mit anderen Worten, Text und Kritik können sich innerhalb des von den Marktmechanismen bestimmten Rahmens bewegen, aber sie können ihn nicht ignorieren, es sei denn, sie riskieren ihre Wirkungslosigkeit – und die immer wieder zu nennenden Beispiele, in denen ein Buch sich auch ohne diese den Verkauf fördernden Maßnahmen durchsetzt, zeigen nur, ein wie grobes Instrument das Marketing heute noch ist.

Diese Veränderung betrifft in bestimmtem Maße ebenso die wissenschaftliche Kritik, die sich in den letzten Jahren ja verstärkt auch der jüngsten Ge-

---

6   Mirjam Schaub: Phantombilder der Kritik. Ein Blick in die Kartei für junge deutschsprachige Literatur. In: Deutschsprachige Gegenwartsliteratur. Gegen ihre Verächter. Hrsg. von Christian Döring. Frankfurt am Main 1995 (= edition suhrkamp 1938), S. 170-214, hier S. 173.

7   Codex Manesse. Die Miniaturen der Großen Heidelberger Liederhandschrift. Hrsg. und erläutert von Ingo F. Walther unter Mitarbeit von Gisela Siebert. Frankfurt am Main 1988.

8   Was sie schreiben, wie sie aussehen. 1.-50. Tsd. Hamburg 1954 (= rororo).

9   Autoren in Wort und Bild. Überreicht als Treuegabe für fünfjährige Mitgliedschaft. Hrsg. vom Bertelsmann Lesering Lektorat. Bebilderung Elke Schwarck. Gütersloh [1972]. Von den „etwa fünfhundert Autoren" (S. 5) sind im Übrigen 44 Frauen.

10 Ebd. S. 5.

genwartsliteratur zugewandt hat.[11] Nicht nur das Buch ist anders geworden,
auch die wissenschaftliche Beschäftigung mit Literatur hat sich verändert.
Freilich nicht ohne die eigenen Instrumentarien dabei anzupassen. Literatur-
wissenschaftler verstehen sich mehr und mehr als Kombattanten und Korrekto-
ren in den Diskursen der Gegenwartsliteratur. Ursache dafür mag sein, dass
sich gerade die jüngeren Wissenschaftler bewusst für die Auseinandersetzung
mit der Literatur ihrer Generation entscheiden. Mag aber auch sein, dass dies
die süße Rache für die seit mehr als zehn Jahren auf die Literaturwissenschaft
niederprasselnde Schelte ist, nicht zuletzt sie sei Schuld an der Misere der
deutschsprachigen Gegenwartsliteratur mit ihrer viel beschimpften „promovo-
rierten, habilitierten Germanistenprosa".[12]

Bücher haben sich mithin entwickelt, synchron zum Betrieb, der stärker an
die harten marktwirtschaftlichen Verwertungszyklen angeschlossen wurde,
nicht zuletzt aufgrund der chronisch schlechten Umsatzrendite und Kapitalaus-
stattung der Verlage.[13] „Die Literatur ist über weite Strecken mit ihrer Kritik zu
einem kleinen Segment der Unterhaltungsindustrie geworden, das, wirklich
oder scheinbar von der Unterhaltungselektronik bedroht, immer wieder aufrei-
zende Gesten braucht, um wahrgenommen zu werden. Es geht um Einschalt-
quoten und Verkaufszahlen, um bildmächtige Jung- und Megastars, um rituali-
sierte Klagen und Gegenklagen, um Inszenierungen eines Kampfes, in dem
jeder seinen Part herunterfiedelt, so gut er kann."[14]

Und trotzdem ist die Literatur auch weiterhin zugleich Bergwerk und
Spielwiese der Kreativen, Engagierten und der Begabten (und vieler, die kei-
nes von dem sind). Literatur ist und bleibt nicht nur ein Produkt, eine Ware,
eine Dienstleistung, sondern eben auch ein Spiel, eine Erfüllung und Gegenstand von Wohlgefallen bis Begeisterung und der gnadenlosen Selbstausbeu-
tung. In welcher Branche tummeln sich ähnlich viele Akteure, die nicht wegen
der Revenuen mitwirken, sondern aus Engagement und Identifikation mit den

---

11 Vgl. dazu Clemens Kammler, Jost Keller, Reinhard Wilczek unter Mitarbeit
    von Tanja van Hoorn: Deutschsprachige Gegenwartsliteratur seit 1989. Gattun-
    gen – Themen – Autoren. Eine Auswahlbibliographie. Heidelberg 2003.
12 So noch im Jahr 2000 Martin Hielscher: Und es hat Rawums gemacht. Goldene
    Zeiten für die Literatur (XII): Über einen Mentalitätswandel und diverse
    Kampfzonen. In: Die Tageszeitung (taz), Sonnabend/Sonntag, 29./30.7.2000,
    S. 11.
13 Vgl. dazu Erhard Schütz: Das gute Buch der Bücher. Perspektiven des Buchs –
    vom Markt her beobachtet. In: literatur.com. Tendenzen im Literaturmarketing.
    Hrsg. von Erhard Schütz und Thomas Wegmann. Berlin 2002, S. 58-80, hier
    S. 69.
14 Konrad Paul Liessmann: Verteidigung der Lämmer gegen die Schafe. Ein
    Spaziergang über die österreichische Literaturweide. In: Deutschsprachige Ge-
    genwartsliteratur. Gegen ihre Verächter. Hrsg. von Christian Döring. Frankfurt
    am Main 1995 (= edition suhrkamp 1938), S. 82-107, hier S. 86.

verschiedenen Tätigkeiten als Autor, Verleger, Kritiker? Der Grund für die große Zahl nicht-professioneller Teilnehmer an den literaturkritischen Diskursen ist der Doppelcharakter der Literatur, Ware und Kulturgegenstand zu sein. Und damit beginnen wir eine weitere Schleife. Die Frage, ob diese Entwicklung der Literatur schadet, die in Rutschkys Essay ein wenig durchscheint, hat – wie meist – zwei Antworten: Die Literatur hat gar keine andere Chance und: Sie wird sowieso nie mehr das sein, was sie einmal gewesen ist. Für die Texte selbst kann das viel heißen, zum Beispiel, dass sie ihren Charakter teils schubweise, teils kontinuierlich weiter entwickeln und verändern, womit irgendwann auch für das diese Entwicklung begleitende Feuilleton das Problem auftaucht, dass hier etwas Neues zu benennen ist, ohne dass es dafür Kategorien gäbe. Zugleich werden die Elemente des marktwirtschaftlichen Umgangs mit dem Kulturgut Literatur kritisch diskutiert, nicht unbedingt immer reflektiert und sachgemäß, aber das spielt für Diskurse dieser Art keine Rolle.

2. Vom freundlichen Volker Hage

Volker Hage ist an allem Schuld. Mit seinem im März 1999 im *Spiegel* veröffentlichten Beitrag über „neue Autoren und vor allem Autorinnen" hat er schon im Anreißer die Richtung vorgegeben, in die die Diskussion (und das Marketing) später laufen würde: Diese neuen Autorinnen und Autoren „fabulier[t]en ohne Skrupel", sie hätten „Spaß an guten Geschichten" und „keine Angst vor Klischees und großen Gefühlen". Damit hätten sie die „deutsche Literatur" wieder ins Gespräch und ins Geschäft gebracht.[15] Vor allem die Frauen unter ihnen. Dank sei also diesem „Fräuleinwunder", das der lange so heftig gescholtenen jungen deutschen Literatur wieder die Gunst des Publikums zurückgebracht hat, und Dank auch Volker Hage, dass er dafür zum richtigen Zeitpunkt das richtige Schlagwort gefunden hat. Denn der Betrieb hat nicht gezögert, Hages Namensgebung zu folgen und jede Neuerscheinung einer „jungen" Autorin als des Fräuleinwunders neueste Fortsetzung zu apostrophieren. Solange es eben ging.

---

15 Vgl. Ganz schön abgedreht. In: Der Spiegel (22.3.1999), der Anreißer wird zitiert nach: http://www.spiegel.de/spiegel/0,1518,15098,00.html (8.2.2004). In der Druckfassung des Aufsatzes hat Hage den Titel geändert und auf den Anreißer verzichtet: Volker Hage: Fräuleinwunder? Die deutsche Literatur ist wieder im Gespräch. In: Volker Hage: Propheten im eigenen Land. Auf der Suche nach der deutschen Literatur. München 1999, S. 335-341. Zitiert wird im Folgenden nach der Druckfassung.

Schaut man sich den Artikel des „freundlichen" Volker Hage, wie ihn ein Kritikerkollege Ende der neunziger Jahre genannt hat,[16] genauer an, erstaunt freilich, wie zufällig und nebenher seine Hauptsache eigentlich geschieht: Die Erfindung des neuen Brandzeichens. Die Gründe dafür liegen darin, dass Texte wie Hages *Spiegel*-Bericht im Betrieb zwar eine wichtige Funktion übernehmen (die beileibe nichts mit kritischer Öffentlichkeit zu tun hat), zugleich jedoch in zahlreiche, miteinander konkurrierende Diskurse eingebettet sind. Es fällt auf, dass Hage mehrsträngig argumentiert, so als ob er versuchen würde, nicht nur auf einen, sondern auf mehrere Diskurse des vorhergehenden Dezenniums Rücksicht zu nehmen. Dass er selber einer der Teilnehmer und schließlich auch Chronist dieser Diskurse war, lässt ihn die Arbeit nicht unbedingt unbeschwerter angehen.[17]

Er beginnt mit einer Paraphrase des *Regenromans* von Karen Duve, weist knapp auf das Verhältnis der Rezeption literarischer Tradition zu eigenem Stilvermögen hin, um dann sehr schnell schon das Basislager jeder neuen deutschen Literatur noch Mitte der Neunziger zu erreichen: Die Diskussion um mangelnde Qualität der Texte junger deutscher Autoren, eine Diskussion, die sich zu einem der vitalsten Wiedergänger des deutschen Feuilletons zu entwikkeln scheint.

Und in der Tat, auch Hage nimmt das schlagendste Argument in diesem Diskurs überhaupt auf: Das „Ausland" habe sich abgewandt von der deutschen Literatur, aber – Gottseidank! – es gebe ermutigende Anzeichen einer Erholung (allerdings schreibt Hage diese Topoi dem *Tagesspiegel*-Interview des Verlegers Arnulf Conradi zu).[18] Die Zeichen einer neuen Blüte, das heißt einer „neuen Naivität" seien unübersehbar. Ein Rezensent der *Berliner Zeitung* habe der Schadensbilanz freilich widersprochen: Nein, habe es dort geheißen, den positiven Ausblick ignorierend, ganz im Gegenteil, es gebe diese guten Bücher, sie würden nur nicht wahrgenommen. Der als Beleg herangezogene Autor Christoph Peters und dessen Roman *StadtLandFluß* vermag Hage aber

---

16 Thomas Rathnow: Das Ende des Abgesangs. Jahrelang wurde die Krise der neuen deutschen Literatur proklamiert. Inzwischen hat sich der Wind gedreht. In: Der Tagesspiegel, 5.12.1998, S. B1.

17 Immerhin war Hage seit 1982 Herausgeber der bei Reclam erscheinenden Jahresüberblicke, die er – leider – 1999 einstellte. Deutsche Literatur 1981-1998. Jahresüberblick. Hrsg. von Volker Hage und wechselnden Mitherausgebern. Stuttgart 1982-1999. Als Überblick hinzuzuziehen sind die Sammlungen seiner Rezensionen und Aufsätze wie etwa: Volker Hage: Schriftproben. Zur deutschen Literatur der achtziger Jahre. Reinbek 1990 (= rororo 8776); Hage: Propheten (wie Anm. 15). Hage war darüber hinaus Redakteur bei der *Frankfurter Allgemeinen Zeitung* und ist seit 1986 beim *Spiegel*.

18 Hage: Propheten (wie Anm. 15), S. 336 Vgl. Wir brauchen große Gefühle. Warum die Deutschen das Erzählen verlernt haben und jetzt alles besser wird. Gespräch mit dem Verleger Arnulf Conradi. In: Der Tagesspiegel, 15.2.1999.

nicht zu überzeugen. Das bedeutet freilich nicht, dass Hage nicht dem Attest von der nahenden Erholung zustimmen würde. Nur, es seien andere Autoren, Autorinnen nämlich, die diesen Aufschwung repräsentierten: „Ist es Zufall, dass die weiblichen Debütanten zumeist weniger verzagt und umstandskrämerisch als ihre männlichen Kollegen daherkommen – ohne die erzähltechnischen Absicherungsstrategien, die doch längst geläufig und in diesem Jahrhundert beliebig verfügbar sind?"[19] Und nach dieser rhetorischen Frage schließlich endlich das Stichwort, das für die folgenden beiden Jahre wirksam werden würde: „Das literarische Fräuleinwunder ist jedenfalls augenfällig."

Die Rettung der deutschen Literatur sind die jungen Autorinnen, Hauptzeugin dieses Fräuleinwunders wird für Hage Judith Hermann, aber auch andere spielen mit in diesem Konzert. Deren „Naivität" freilich, die schon der zitierte Arnulf Conradi zur Voraussetzung des großen Erzählens gemacht hatte,[20] sei nicht mit der „Unbedarftheit" der Gabi Hauptmanns oder Hera Linds zu verwechseln. Und er rettet Hermann und Co. aus der Naivitätsfalle durch das Raffinement, das sie dabei einsetzten. Der Verweis auf Hauptmann und Lind zwingt ihn freilich dazu, auf die Verkaufserfolge seiner jungen Autorinnen hinzuweisen (hier ausdrücklich Judith Hermann und Zoë Jenny, deren Debüts Auflagen von 100 000 Exemplaren erreicht hätten). Der Preis, den sie dafür haben zahlen müssen, ist freilich ihre mediale Vermarktung: Die „fotogenen Jungautorinnen" erschienen „oft wichtiger […] als ihre Literatur", räumt Hage bedauernd ein.[21] Dieser Makel ist jedoch hinnehmbar, Hauptsache sei: „Anspruchsvolle Literatur deutscher Sprache ist wieder im Gespräch und im Geschäft."[22] Auch unbekanntere Autoren erreichten wieder Auflagen von 30 000 Exemplaren, kleine und mittlere Verlage könnten sich verstärkt auf Lizenzverkäufe stützen, was fürs Überleben mehr als wichtig ist. Diesen Erfolg teilten sich – und hier fügt Hage weitere Namen ein – die Damen mit einigen Herren, die für einen kleinen Boom seit Mitte der neunziger Jahre gesorgt hätten. Einige von ihnen, vor allem die, die sich mit dem „deutschen Thema" beschäftigen, zögen zwar verstärkt die Aufmerksamkeit ausländischer Verlage auf sich. Thematisch seien jedoch die Debüts des Frühjahrs 1999 anders gelagert: „Die Enkelgeneration tritt an."[23] Im Unterschied zur Autorengeneration Christa Wolf, Martin Walser, Monika Maron „scheinen viele der nach 1960 geborenen

---

19 Hage: Propheten (wie Anm. 15), S. 338.
20 Hage: Propheten (wie Anm. 15), S. 337.
21 Hage: Propheten (wie Anm. 15), S. 339. Christine Rigler weist in ihrem online publizierten kurzen Essay nicht zuletzt auf diesen Widerspruch hin. Christine Rigler: Jungsein als literarische Qualität. Ich-Erzähler, Authentizität und Literaturboom. Zitiert nach www.house-salon.net/verlag/reportagen/jung/set/ essay.1.htm (Zugriff: 12.1.2004).
22 Hage: Propheten (wie Anm. 15), S. 339.
23 Hage: Propheten (wie Anm. 15), S. 340.

Autoren dieses Beschwernis abschütteln zu können",[24] was sichtlich positiv gemeint ist. Statt mit den Untaten der Großeltern haderten die Jungen mit den linken Eltern. Liebe und Sexualität würden nüchtern und illusionslos geschildert, freilich nicht ohne teils boshaftes Vergnügen. Womit Hage wieder zum Ausgangspunkt seiner Story zurückkommt, dem *Regenroman* Karen Duves. Und Schluss.

Dass Hage es gelingt, mit diesem Text eine Vermarktungslinie anzustoßen, ist nicht erstaunlich. Der Text ist – gerade weil er nicht stringent ist – ein kleines Kunststück in Sachen Trend setzen und Trend nutzen, in der Vermittlung subjektiver Leseeindrücke als generelle Einschätzung, in der Akzeptanz der neuen Markt-Usancen, ihrer eher skeptischen Betrachtung und in der Abgrenzung von literarischer Naivität und Qualität. Hage entnimmt zugleich alle Argumente den dominanten Diskursen der neunziger Jahre, dem über Deutschland, über die mangelnde Qualität des jungen deutschen Erzählens, über die zunehmende Vermarktung, über die Modernisierung der Literatur usw. Sogar das auf den ersten Blick weiblich konnotierte „naive" Erzählen rekurriert nicht auf angebliche oder tatsächliche Besonderheiten weiblicher Autoren, sondern auf eine immer wieder betonte Grundvoraussetzung großen Erzählens generell.

Anzunehmen ist, dass Hage weiß, auf welch schwachen Füßen seine Einschätzung steht und wie problematisch es daher wäre zu belegen, dass vor allem die weiblichen Debütanten sich durch unverfrorenes Erzählen auszeichneten, während die männlichen sich verschiedener Absicherungsstrategien versicherten: Bei allem Lektürefleiß ist eine flächendeckende Übersicht über die gesamte Palette der Neuerscheinungen kaum möglich, nicht einmal, wenn man sich auf die relevanten Verlage auch nur einer Saison beschränkte. Die zahlreich eingestreuten Namen und Titel dienen deshalb nicht zuletzt dem Nachweis, dass der Autor dieses Textes sich auf ausreichend umfangreiche Lektüren stützt und damit genügend legitimierte Aussagen treffen kann. Jeder Kritik daran, dass Hage ja überhaupt keine umfassende Sichtung vorgenommen habe und auch nur – bei aller Namensfülle – sehr selektiv Namen nenne, wird damit die Basis entzogen. Zudem leitet er seine zentrale These von der besonderen Brillanz weiblicher Autoren mit einer Frage ein, die er selbst mit dem Argument, das „Fräuleinwunder" sei jedenfalls „augenfällig", positiv, aber nicht eben entschieden beantwortet. Der Querverweis auf die erfolgreichen Autoren der vorhergehenden Saisons dient als zusätzliche Absicherung. Wer ihm einmal bis hierher gefolgt ist, kann kaum noch zurück. Seine These steht, das Schlagwort ist gefunden.

Dennoch gibt es noch Diskurslinien, die Hage bedienen muss: Die Qualität der Texte, die Sache mit der aggressiven Vermarktung der Autorinnen und ihre Verweigerung des „deutschen Themas".

---

24 Hage: Propheten (wie Anm. 15), S. 340.

Zum einen: Unentschieden kann Hage bei der zentralen Frage neuen Erzählens bleiben: Der Topos von der notwendigen Naivität, die zum Erzählen gehöre, beißt sich auf den ersten Blick definitiv mit den Errungenschaften der literarischen Moderne im 20. Jahrhundert und lässt sich zudem schlecht mit der sich stetig steigernden Reflexivität literarischer Produktion vereinbaren. Aber eben nur auf den ersten Blick. Auffallend ist, dass Hage hier nur zu Beginn seines Essays den Verweis auf so große Erzähler wie Thomas Mann oder Robert Musil einstreut. Kein Wort von James Joyce, Alfred Döblin, John R. Dos Passos, Vladimir V. Nabokov, Virginia Woolf, Anna Seghers, dafür war hier wohl nicht der rechte Platz. Stattdessen wischt er die „selbstreflexive Bedachtheit, die große Teile der deutschen Kritikerschar traditionell bewundern", am Beispiel Christoph Peters rabiat beiseite – Talent, das er Peters immerhin zugesteht, hin, Talent her.[25] Auf diese Weise auf dem argumentativen Nullpunkt angekommen, nimmt er sich das Beispiel Judith Hermann, um die erzählerische Naivität gegenüber den neuen, erfolgreichen Unterhaltungsschriftstellerinnen Gabi Hauptmann oder Hera Lind zu nobilitieren, die der Literatur von Frauen zum Durchbruch verholfen hätten.[26] Das wirkt zwar ein wenig halbherzig, ist möglicherweise aber der Unsicherheit geschuldet, inwieweit sich die Hauptzeugin als Autorin behaupten würde.

Zum zweiten: Die Vermarktung der jungen Autorinnen, die vom Medium, in dem Hage selbst schreibt, dem *Spiegel*, ja mitgetragen wird, ist ihm seinerseits wohl nicht recht behaglich. Die vorrangige Platzierung von Autorenfotos scheint ihm vom Objekt der literarischen Begierde, dem Text, viel zu sehr abzulenken. Aber dies ist, angesichts dessen, dass über die Vermarktung der Autorinnen die Texte an die Leser kommen, eine hinnehmbare Erscheinung, gegen die zu Wehr zu setzen der *Spiegel* sicherlich der falsche Ort wäre. Die Illustrierung des März-Essays – so reichhaltig sie auch sein mag – erweist sich im Vergleich zum Herbstessay, der ein halbes Jahr später zur Frankfurter Buchmesse 1999 erschien, auch noch als vergleichsweise zahm.

Zum letzten: Ernsthafter hingegen das thematische Argument: Wenn denn gerade die ausländischen Verlage – die allein zwei Mal in diesem kurzen Text als Referenz benannt werden[27] – insbesondere am „deutschen Thema" interes-

---

25 Hage: Propheten (wie Anm. 15), S. 337.

26 Vgl. dazu Frauen und ihre Literatur – Hera Lind & Co. In: taz, 18./19.10.1997 (taz mag Nr. 3), S. I-V.

27 Und das hat schon Tradition: Die Diskussion hat bereits in den neunziger Jahren ästhetische und ökonomische Interessen miteinander verbunden, und vor allem die Abneigung ausländischer Verlage gegenüber der bundesdeutschen Gegenwartsliteratur ist dabei immer wieder sauer aufgestoßen: „Wer einmal durch eine Buchhandlung in Frankreich. England, Italien oder den Vereinigten Staaten geschlendert ist, wird bestätigen können, wie deprimierend wenige zeitgenössische deutsche Autoren den Wege in eine fremde Sprache finden", konstatierte schon Uwe Wittstock 1994. Uwe Wittstock: Autoren in der Sackgasse.

siert sind, wie ist zu legitimieren, dass die jungen Autoren (beiderlei Geschlechts) sich eher selten damit befassen? Seine Antwort: Über den Aufbruch! Während die gestandenen Repräsentanten der deutschen Literatur –
Maron, Walser, Wolf – Rückschauen halten, verließen die Jungen bevorzugt
das Land. Und selbst wo sie sich so nah wie möglich bei sich selbst wähnen
könnten – in der Sexualität –, seien sie von beispielhafter Aufgeklärtheit. Die
deutsche Literatur, ließe sich also etwa folgern, befreit sich von sich selbst, von
Deutschland, von der deutschen Vergangenheit, jetzt über ein halbes Jahrhundert nach dem Ende des Nazi-Regimes.

Damit ist es Hage in diesem eher zögerlichen Text immerhin gelungen,
kaum Angriffspunkte aus angrenzenden Diskursen zu bieten und zugleich eine
Duftmarke zu setzen, die von den Medien aufgenommen und eine ganze Weile
weiter verfolgt werden konnte.

Das letzte Thema – die deutsche Vergangenheit – hat freilich Hage keine
rechte Ruhe gelassen, scheint es. Im folgenden Herbstessay, erschienen zur
„letzte[n] Frankfurter Buchmesse in diesem Jahrhundert", nahm Hage sein
Thema vom Frühjahr wieder auf und ließ es symbolträchtig illustrieren: Das
Titelbild des *Spiegel* ziert eine Auswahl junger Autorinnen und Autoren, die
sich – jeder für sich – mit einer Grass'schen Blechtrommel abmühen und zugleich – für wen auch immer – die Trommel rühren.[28]

Der Essay selbst setzt an dem neuralgischen Punkt des deutschen Themas
wieder ein: Nachdem Hage den Erfolg gebührend gewürdigt, auch die Fortsetzung des Fräuleinwunders betont (die Qualitätsdifferenzen, die im ersten Essay
noch eine Rolle gespielt hatten, lässt er ohne weiteres fallen) und sogar hervorgehoben hat, dass das – ein weiteres Mal – „Ausland", hier repräsentiert durch
das *Times Literary Supplement,* sich an dieser jungen deutschen Literatur äußerst interessiert gezeigt habe, steuert er schnurstracks aufs spezifisch deutsche
Thema los, die „Schatten der Nazi-Verbrechen", die „Folgen des verlorenen
Krieges" und die „Frage der deutschen Schuld" – und wie das alles auf die
deutsche Literatur nach 1945 gewirkt hat.[29] Paradox nämlich: Auf der einen

---

Warum die deutsche Literatur weitgehend langweilig geworden ist. In: Süddeutsche Zeitung, 26./27.2.1994, S. I (SZ am Wochenende), wieder in: Deutsche Literatur 1993. Jahresüberblick. Hrsg. von Franz Josef Görtz, Volker Hage
und Uwe Wittstock unter Mitarbeit von Katharina Frühe. Stuttgart 1994, S.
335-346. Susanne Messmer: In den Westen nichts Neues. Deutsche Lieratur hat
im Ausland einen schweren Stand – besonders im englischen Sprachraum. In:
Der Tagesspiegel, 18.4.1997.

28 Volker Hage: Die Enkel kommen. In: Der Spiegel 41/1999 (11.10.1999), S.
244-254. Die Story wird auf dem Titel freilich ausführlicher betextet: Die Enkel
von Grass & Co.: Die neuen deutschen Dichter. Abgebildet sind, nach Geschlechtern parithetisch: Thomas Brussig, Karen Duve, Thomas Lehr, Elke Naters, Jenny Erpenbeck und Benjamin Lebert.

29 Hage: Enkel (wie Anm. 28), S. 248.

Seite der erzählmächtige Solitär Günter Grass und dessen *Blechtrommel*, in deren Nachfolge Hage die jungen Deutschen um 2000 zu stellen gewillt ist. Das „ungezwungene Fabulieren", das Hage auch schon dem Grass von 1959 attestiert, ist ein deutliches Zeichen. Freilich, auch nachdem Autoren wie Heinrich Böll, Martin Walser und Uwe Johnson gleichfalls als Erzähler nachgestoßen seien – das Erzählen habe in der kritischen Diskussion seine Reputation verloren. Ältere Kritiker wie Theodor W. Adorno und jüngere wie Hans Markus Enzensberger hätten der erzählenden Literatur den Totenschein ausgestellt, die Autoren seien ihnen gefolgt. Die erzählerischen Skrupel sind dabei eng mit der Bewältigung der deutschen Vergangenheit verbunden, so als ob die deutsche Literatur den Rückfall der Deutschen in den nationalsozialistischen Atavismus mit einer Verpflichtung auf die literarische Moderne abzubüßen hätte. Mehr oder weniger bis heute. Ausnahmen wie die Erzähler Michael Ende, Patrick Süskind, Sten Nadolny, Christoph Ransmayr oder Bernhard Schlink – um uns damit der Gegenwart in Jahrzehnte umfassenden Schritten zu nähern – hätten das Pendel kaum in die andere Richtung ausschlagen lassen können. Den „Lesenden war die Lust auf deutsche Literatur vorerst vergangen".[30] Gelesen wurden statt dessen die großen Nord- und Südamerikaner, Engländer, Franzosen, Italiener.

Die „Skrupel", die die deutschen Autoren lange bestimmt hätten, seien aber den nun jungen Autoren fremd: „Die Mehrzahl schert sich nicht um Erzähl-Traditionen", trete offensiv in der Öffentlichkeit auf, ohne freilich den Anspruch zu erheben, mehr als sich selbst zu repräsentieren. Das kann auch einen wohlwollenden Kritiker wie Volker Hage nicht zufrieden stellen. Aber immerhin kann er, am Ende seines Essays und um Kollegen wie Karl Heinz Bohrer versöhnlich zu stimmen, auf einen Autor wie Thomas Lehr verweisen, der angeblich beide Seiten miteinander verbindet, nämlich erzählerischen Fluss mit einer reflexiven Haltung.[31]

Auffallend an diesem zweiten Essay ist – was unser Thema angeht –, dass Hage im Wesentlichen nur das Etikett des „Fräuleinwunders" bestehen lässt. Als ästhetische Kategorie, die Geschlecht und Schreibweise miteinander verbindet, fällt der Begriff beinahe völlig weg. Er bezeichnet jetzt nur noch den Erfolg von weiblichen Autoren, mehr nicht. Das hat ohne Zweifel damit zu tun, dass Hage vor allem daran interessiert ist, die neuen Autoren generell konzeptionell von den älteren abzugrenzen (und an sie anzuschließen), nicht zuletzt um sie besser verstehen zu können. Die offensichtliche Differenz, die zwischen den Autorengenerationen festzustellen ist, harrt seiner Erklärung. Das, was Hage allerdings an dieser Stelle dazu beisteuern kann, ist kaum erschöpfend. Aber das wäre auch zuviel verlangt.

---

30 Hage: Enkel (wie Anm. 28), S. 252.
31 Hage: Enkel (wie Anm. 28), S. 254.

3. Nachbrenner

Einmal losgetreten, war jedoch kein Halten mehr. Das Markenzeichen „Fräuleinwunder" machte sich schnell selbstständig und wurde zugleich durch eine immer wieder kehrende Kritikmühle gedreht. Niemand wird von einem Essay wie dem Hages mehr als einige vorläufige Einschätzungen und das Bemühen erwarten, diese in griffige Formulierungen zu fassen. Aber auch weniger ist für den Publikationsort *Spiegel* nicht zu erwarten: Der *Spiegel* ist prominenter Teil der Literaturbetriebs und spielt eine bedeutende Rolle für die Vermarktung von literarischen Produkten. Wenn Hage also eine taugliche Kategorie in die Runde wirft, wird sie schnellstmöglich in die Verwertungs- und Diskursmaschinerie eingespeist.

Die Vermarktung junger Autorinnen hat darauf rasch reagiert, die mediale Distribution hat das Thema und deren Repräsentantinnen dankbar aufgenommen, der Erfolg, der sich zumindest eine Zeit lang einstellte, forcierte die mediale Verwertung nur noch weiter. Die Inszenierung der Autorinnen wurde weiter vorangetrieben, teilweise mit Konsequenzen, die ihren eigenen Reiz haben und nur noch ironisch verfremdet goutiert werden können. Die fotografische Präsentation der Autorinnen, die Hinweise auf ihre Attraktivität, die sich vor allem in Rezensionen der Einzelwerke häufen und die sie auch in anderen Medien einsetzbar macht, hat für deutsche Verhältnisse befremdliche Ausmaße angenommen. Aber auch die quasi traditionellen Präsentationen von Autorinnen haben seltsame Blüten getrieben: So musste etwa im März 2003 eine Lesung von Judith Hermann, die der Literarische Salon der Universität Hannover veranstaltete, aufgrund des großen Andrangs in einen größeren Raum verlegt werden und erfuhr dabei eine eigentümliche Wendung: 600 Besucher – eine stattliche Zahl, nicht nur für eine junge Autorin – hatten sich ein persönliches Bild von Judith Hermann machen wollen – und das konnten sie jetzt auch stilgerecht tun, in der Marktkirche Hannovers nämlich, die der „schnörkellose[n], radio-geschulten Seidenstimme" der Autorin einen selbst eingestandenen „pastoralen" Tonfall gab.[32] Die Lesung erhielt durch den Veranstaltungsort für alle Beteiligten eine schon fast sakrale Aura – die Autorin Judith Hermann als Hohepriesterin ihrer Literatur? Im Kontext der Diskussion um den Statusverlust von Autoren seit der Wende zum 20. Jahrhundert und ihrer Gegenstrategien ist dies eine denkwürdig ironische Anekdote.[33] Und für das „naive" Fräuleinwunder eine symbol- und geschichtsträchtige Veranstaltung.

Schon Hage freilich hat unter dem „Fräuleinwunder" sehr heterogene Autorinnen und Texte subsumiert – und diese Heterogenität wurde durch den

---

32 Evelyn Beyer: „Nichts als Gespenster" live. Drängelei um Judith Hermann. In: Neue Presse (Hannover), 5.3.2003.
33 Vgl. dazu Ulrike Haß: Militante Pastorale. Zur Literatur der antimodernen Bewegungen im frühen 20. Jahrhundert. München 1993.

Betrieb sicherlich nicht verringert. Um Hages Namen Revue passieren zu
lassen: Judith Hermann, Karen Duve, Zoë Jenny, Christa Hein, Sibylle Mulot,
Kathrin Schmidt, Birgit Vanderbeke, Tanja Langer, Susanna Gran und Nadine
Barth. Im Herbstessay stießen Elke Naters und Jenny Erpenbeck (als Titelfigu-
ren) sowie Silvia Szymanski, Julia Franck, Terézia Mora und (als Teil eines
Autorehepaares) Anke Stelling dazu. Aus anderen Quellen lassen sich Alexa
Hennig von Lange, Tanja Dückers, Maike Wetzel, Carmen von Samson[34] oder
etwa Juli Zeh, Malin Schwerdtfeger, Nadja Einzmann, Nariana Leky, Ricarda
Junge, Doja Hacker, Marion Poschmann, Jana Hensel, Zsuzsa Bánk oder Antje
Rávic Strubel[35] hinzufügen. Das sind, nur aus wenigen Quellen zusammenge-
klaubt, dreißig Autorinnen, von denen anzunehmen, sie ließen sich auch nur
irgendwie, was ihre Schreibweisen oder ihre Themen angeht, adäquat unter
einem Schlagwort zusammenfassen, jede Kategorie überfordern würde. Auch
Hage ist davon weit entfernt, selbst wenn er einige Charakteristika des neuen
Erzählens von Frauen nennt. Dem Schlagwort vom „Fräuleinwunder" deshalb
vorzuhalten es sei „fragwürdig",[36] ein „lächerliches Wort" oder das „falsche
Motto",[37] scheint mir an der Funktion der Kategorie vorbeizuzielen. So sehr
nachvollziehbar ist, dass sich mit den Petticoat-Nierentisch-Assoziationen, die
Nadine Lange vermerkt, [38] die jungen Frauen des Jahres 1999 nicht identifizieren können – ein Anachronismus eben. Seine Wirksamkeit hat der Begriff aber
in jedem Fall demonstriert – freilich auch, dass diese Wirkung limitiert ist.

  Denn der Boom der neuen deutschen Erzählerinnen (und Erzähler) scheint
schon wieder vorüber zu sein. Jochen Förster spielt darauf schon im Titel seiner Sammelrezension an, die er im Februar 2003 erscheinen ließ: „Geht dem
Fräuleinwunder die Puste aus?"[39] Die *Zeitschrift für KulturAustausch* konstatierte im Vorspann eines Interviews mit dem Geschäftsführer der Frankfurter
Buchmesse, Volker Neumann, dass das Fräuleinwunder auf dem internationalen Buchmarkt verpufft sei.[40] Und in den Reaktionen auf die Klagenfurter
Literaturtage 2003 dominiert die altgewohnte Klage über die Selbstbezüglich-

---

34 Hier entnommen aus: Nadine Lange: Invasion der Freundinnen. Goldene Zeiten
   für die Literatur (XII): Fräuleinwunder ist ein lächerliches Wort. Doch unter
   dem falschen Motto findet zurzeit die richtige Party statt. In: Die Tageszeitung
   (taz), Sonnabend/Sonntag, 15./16. Juli 2000, S. 13.
35 Jochen Förster: Geht dem Fräuleinwunder die Puste aus? Der schnelle Ruhm
   kann schnell zur Last werden. Ein kritischer zweiter Blick auf die wichtigen
   Jungautorinnen – und ihre neuen Werke. In: Die Welt, Mittwoch, 12.2.2003.
36 Rigler: Jungsein (wie Anm. 21).
37 Nadine Lange: Invasion (wie Anm. 34).
38 Nadine Lange: Invasion (wie Anm. 34).
39 Förster: Fräuleinwunder (wie Anm. 35).
40 Von Vorlesern und Abgesängen. Interview mit dem Geschäftsführer der Frankfurter Buchmesse, Volker Neumann. In: Zeitschrift für KulturAustausch
   3/2002.

keit und Langeweile der deutschen Literatur: „Es passiert nichts mehr in der Literatur, und es ist nicht mal mehr lustig. Kein Wille, keine Leidenschaft, keine Kühnheit, keine erkennbare Schreibmotivation außer der, dass der Beruf des Schriftstellers ein Berufswunsch zu sein scheint wie viele andere auch. Und: kein Humor."[41] Oder: „Waren bis vor ein, zwei Jahren noch Unterhaltung, neues, flüssiges Erzählen und viel Gegenwart angesagt, dominieren jetzt, nimmt man mal diese Klagenfurter Klasse von 2003 als Maßstab, solides Kunsthandwerk und weinerliche Selbstbespiegelungen."[42]

Das Fräuleinwunder scheint also am Ende – wie die Popliteratur, jenes andere große literarische Schlagwort, das seit Mitte der neunziger Jahre durch die Feuilletons geistert. Und was bleibt? Zum Beispiel von den oben aufgeführten dreißig Autorinnen? Einige Stars, einige Autorinnen, die sich professionalisieren, und viele, die schnell vergessen sein werden, Autorinnen in diesem Fall der Saison, die günstige Startbedingungen hatten und am Ende doch andere Optionen wahrgenommen haben.

4. Vorlauf, Rücklauf: Tristesse forever?

Vielleicht kein Schade, aber es ist so, als ob wir nach etwa zehn Jahren genau dort wieder angekommen wären, wo wir zu Beginn der Neunziger bereits waren, nämlich bei der Krise des neuen deutschen Erzählens.

Wir erinnern: Im Juli 1991 eröffnete Maxim Biller, bis heute Kampf erprobter Kombattant im deutschsprachigen Feuilleton, den damaligen Streit ums junge deutsche Erzählen mit einem fulminant gemeinten Essay: Unter dem Titel *Soviel Sinnlichkeit wie der Stadtplan von Kiel* zog Biller damals eine

---

41 Volker Weidermann: Schafft Klagenfurt ab! Langeweile, Seelensuche und kein Funken Humor. Den Bachmann-Wettbewerb braucht kein Mensch mehr. In: Frankfurter Allgemeine Sonntagszeitung, Sonntag, 29.6.2003, S. 25.

42 Gerrit Bartels: Hundert Stunden Nachdenklichkeit. Kein Text war Muss: Bei den Tagen der deutschsprachigen Literatur in Klagenfurt ging der Ingeborg-Bachmann-Preis dies Jahr an Inka Parei, für Feridun Zaimolu gab es den Preis der Jury. Nach der Popliteratur kehren Ernst und Innerlichkeit zurück. In: taz, 30.6.2003, S. 17. Vgl. dazu zusammenfassend der Ticker von www. perlentaucher.de: „Alle sind mehr oder weniger entsetzt über die schlechte Qualität der Texte bei den Klagenfurter Literaturtagen. Die SZ fand nur eine ‚Regelpoetik der Pathologie, ein Dogma der Negativität'. Die FR vermisst das ‚große Ding'. . Die taz fand's ‚langweilig, öde, spannungslos'. Aber lag's an den Autoren, die nur um die eigene Befindlichkeit kreisen, wie die FAZ meint, oder an den Juroren, die kein Händchen hatten, wie die NZZ fragt?" In: http://www. perlentaucher.de/archive/fl/1/180.html (Zugriff 8.2.2004, die links führen leider nicht mehr zu den angegebenen Beiträgen).

vernichtende Bilanz der deutschen Literatur: „Es gibt keine Literatur mehr",[43] was da in Klein- und Kleinstauflagen erscheine, interessiere keinen Menschen (und daher die Auflagenmisere). Unter anderem Uwe Wittstock stimmte dem (in seinem *Neue Rundschau*-Essay 1993) zu: „Die jüngere deutsche Literatur hat das Publikum verloren."[44]

Das konnte nun aber kaum jemanden wundern, folgte man Billers Argumentation, denn die „sperrige[n], abweisende[n] Ideen- und Wortkonstrukte ohne Sinn für Dramaturgie" seien jedenfalls keinem Leser zuzumuten.[45] Der Schuldige war auch schnell ausgemacht, die Kritik vor allem und schließlich ihre, der Moderne und dem literarischen Experiment geschuldete Ästhetik, an der sich alles messen lassen musste, was da als Literatur ernst genommen werden wollte: In einer „jahrzehntelangen Knochenarbeit" sei „in einem Exorzismus nach echter Akademikerart, der deutschen Literatur jedes Leben, jedes Stück Wirklichkeit und der Wille zur Außenkommunikation ausgetrieben" worden.[46]

Die Konsequenzen seien für die deutsche Literatur verhängnisvoll. Sie verliere nicht nur Leser, sie vertreibe sie auch aus dem Paradies des gedruckten Wortes. „Die Masse der Lesenden" sei ins Kino oder ins Fernsehen abgewandert (na dann, gute Wanderung kann man nach 20 Jahren Privatfernsehen nur wünschen): „Sie holt sich die Realität nun dort, wo sie noch zu kriegen ist: im Kino, im Fernsehen – und vor allem in den Zeitungen und den Magazinen."[47] Mehr Realismus, so lautete 1991 Billers Plädoyer für eine neue, lesbare deutsche Literatur. Matthias Altenburg assistierte ihm im Folgejahr mit einem *Spiegel*-Essay, in dem er schon im Titel der Lichtgestalt der literarischen Moderne, dem Flaneur, die Gunst entzog: *Kampf den Flaneuren* rief Altenburg hier und empfahl der jungen deutschen Literatur, bei den Meistern der ameri-

---

43 Maxim Biller: Soviel Sinnlichkeit wie der Stadtplan von Kiel. Warum die neue deutsche Literatur nichts so nötig hat wie den Realismus. Ein Grundsatzprogramm. In: Deutsche Literatur 1992. Jahresüberblick. Hrsg. von Franz Josef Görtz, Volker Hage und Uwe Wittstock unter Mitarbeit von Katharina Frühe. Stuttgart 1993, S. 281-289, hier S. 281. Vgl. dazu die Einleitung zum Rahmenthema Neue Generation, Neues Erzählen. Die deutsche Prosa in den siebziger und achtziger Jahren von: Walter Delabar, Erhard Schütz: Unsere Fußballer sind zu satt. Einige Vorbemerkungen zum Rahmenthema „Neue Generation, Neues Erzählen". In: Jahrbuch für Internationale Germanistik 27 (1995) H. 1, S. 58-64.

44 Uwe Wittstock: Ab in die Nische? Über neueste deutsche Literatur und was sie vom Publikum trennt. In: Deutsche Literatur 1992. Jahresüberblick. Hrsg. von Franz Josef Görtz, Volker Hage und Uwe Wittstock unter Mitarbeit von Katharina Frühe. Stuttgart 1992, S. 313-331, hier S. 313, zuerst in: Neue Rundschau 3/1993.

45 Biller: Sinnlichkeit (wie Anm. 43), S. 282.

46 Biller: Sinnlichkeit (wie Anm. 43), S. 282.

47 Biller: Sinnlichkeit (wie Anm. 43), S. 283.

kanischen Erzählkunst in die Lehre zu gehen, bei T. C. Boyle, Truman Capote
oder Tom Wolfe zum Beispiel, oder auch bei „jener dicken Mama, die wir uns
angewöhnt haben ‚das Leben' zu nennen".[48] Bodo Kirchhoff, der sich jüngst
noch in die Niederungen des _Schundromans_[49] begeben hat, zitierte gar den
Altmeister Brecht verdeckt, als er in der _Zeit_ erklärte, dass „eine simple Talk-
Show [...] heute mehr erhellen" könne „als die Lektüre eines ganzen" – ausdrücklich „eines ganzen" – „Buches".[50] Die Zeiten der avantgardistischen
Heroen Uwe Johnson und Peter Weiss seien eben vorbei – just zwei Autoren,
die – nebenbei gesagt – in anderen Zusammenhängen eher zu den großen
deutschen Erzählern der Nachkriegsjahrzehnte gerechnet werden.

Altenburg hatte nun seine Attacke durchaus auch auf formale Argumente
gestützt, die ernst zu nehmen sind, forderte er doch von den jungen Autorinnen
und Autoren, dass sie sich Gedanken machen sollten „über die Dramaturgie
einer Story [...], über die Erzählperspektive, über den Rhythmus der Sätze,
über die Wahrheit der Figuren." Story und Handwerk wurden also gefordert
und Realitätsnähe. Nicht durch die Wirklichkeit „schlendern", sondern „Wirklichkeit raffen", mahnte Altenburg[51] – und schon folgte jener zweite, so häufig
zitierte Satz, der seinem Urheber gerne schon mal unter die Nase gehalten
wird, wenn er denn selber wieder einmal mit einem Erzählwerk ans Licht der
Öffentlichkeit getreten ist: „Weil sie sich wieder an jene _dirty places_ begeben
müssten, wo Bisse und Küsse so schwer zu unterscheiden sind, und wo nicht
schon alles durch einen ästhetischen Kodex gezähmt ist."[52] Wir befinden uns
offensichtlich noch in der Zeit vor „white trash" und vor Pulp Fiction, denn in
allen Medien haben seitdem diese Anforderungen ihre wundersame Erfüllung
gefunden, ohne dass das irgend etwas mit Realismus zu tun hätte (und ohne
dass sich diese Medien selbst damit als realistisch decouvriert hätten, denn
anscheinend ist, wie wir haben lernen müssen, nichts stärker inszeniert als
diese schmutzigen Orte des Realen, sobald sie im Medium erscheinen).

Was hat sich seitdem geändert? Zwar lernen Autorinnen und Autoren heute auch an deutschen Universitäten das Schreiben – etwa bei Hans-Ulrich

---

48 Matthias Altenburg: Kampf den Flaneuren. Über Deutschlands junge, lahme
    Dichter. In: Deutsche Literatur 1992. Jahresüberblick. Hrsg. von Franz Josef
    Görtz, Volker Hage und Uwe Wittstock unter Mitarbeit von Katharina Frühe.
    Stuttgart 1993, S. 290-295, hier S. 292 (zuerst in: Der Spiegel, 12.10.1992)
49 Bodo Kirchhoff: Schundroman. Frankfurt am Main 2002. Taschenbuchausgabe:
    Frankfurt am Main.: S. Fischer 2003.
50 Bodo Kirchhoff: Das Schreiben: ein Sturz. In der Wüste des Banalen – zur Lage
    des Schriftstellers in glücklicher Zeit. In: Deutsche Literatur 1992. Jahresüber-
    blick. Hrsg. von Franz Josef Görtz, Volker Hage und Uwe Wittstock unter Mit-
    arbeit von Katharina Frühe. Stuttgart 1993, S. 299-306, hier S. 301 (zuerst in
    Die Zeit, 6.11.1992).
51 Altenburg: Flaneure (wie Anm. 48), S. 292f.
52 Altenburg: Flaneure (wie Anm. 48), S. 293.

Treichel, Josef Haslinger oder Hans-Josef Ortheil –, aber ihr Erfahrungshorizont scheint sich in den vergangenen zehn Jahren kaum erweitert zu haben, wie die oben zitierten Klagenfurt-Reaktionen verraten.[53] Denn immer noch sind es die eigenen kleinen Befindlichkeiten, die diversen Bauchnabel und kleinen Räume, die das Hauptaugenmerk auf sich ziehen und literarisch bearbeitet werden wollen. Das zwischenzeitliche Hoch, das neuerdings auch in der Literaturwissenschaft und der literaturwissenschaftlichen Publizistik angekommen ist,[54] scheint sich derweil wieder verzogen zu haben. Die „deutschsprachige Gegenwartsliteratur zieht sich ins Private zurück und feiert das Glück der Liebe", konstatierte etwa Volker Weidermann in der *Frankfurter Allgemeinen Sonntagszeitung.*[55]

Wie aber kann das sein? Die Wirklichkeit zeigt nach dem Zusammenbruch der Börsen, nach dem 11. September, nach dem Irak- und Balkan-Krieg und an der Sollbruchstelle der sozialen Sicherungssysteme doch ihre bitterbösen, ja hässlichen Seiten? Aber obwohl es auch in jüngerer Zeit Literatur geben soll, die aus „dem Leben ,in seiner nacktesten und fiesesten Form'" schöpft und es „mit ordentlichen bis guten Ergebnissen literarisch" verarbeitet: die Majorität der jungen deutschen Literatur blickt in eine andere Richtung.[56] Maxim Biller selbst – ja, derselbe Maxim Biller, der 1991 noch literarischen Realismus einforderte – dreht nun sein damaliges Plädoyer in einer Schwindel erregenden Volte mitten ins Herz zurück, plädiert er doch dafür, die Literatur „so wahr und scharf" zu machen, „dass sie realistischer wirkt als die Tagesschau", indem sie sich das richtige und zeitgemäße Thema suche. Und das sei heute nun mal – „die Liebe".[57] Er lässt sogar die alte These von der Utopie der Idylle wiederauferstehen, sei die „romantische Liebe" doch „Widerstand": „Wer sich ihr so fanatisch hingibt, der wehrt sich gegen eine Welt, in der alle nur noch von Sex reden und ihn auch kriegen und Familien ein ähnliche kurzes Verfallsdatum haben wie Magerquark. [...] Es ist eine bis in den letzten Winkel des Privaten durchkapitalisierte Welt, in der auch schon die kleinste öko-

---

53 Ein idealer Punkt, um über die „Krise der Primärerfahrungen" zu reden, wobei Friedhelm Rathjen hier nun, platt gesagt, den Mangel eigener Lektüren meint. Friedhelm Rathjen: Crisis? What Crisis? In: Deutschsprachige Gegenwartsliteratur. Gegen ihre Verächter. Hrsg. von Christian Döring. Frankfurt am Main 1995 (= edition suhrkamp 1938), S. 9-17.

54 Vgl. zum Beispiel Moritz Baßler: Der deutsche Pop-Roman. Die neuen Archivisten. München 2002; Eckhard Schumacher: Gerade Eben Jetzt. Schreibweisen der Gegenwart. Frankfurt am Main 2003; Pop-Literatur. Hrsg. von Heinz Ludwig Arnold und Jörgen Schäfer. München 2003 (= Text+Kritik Sonderband).

55 Volker Weidermann: Die neue deutsche Romantik. In: Frankfurter Allgemeine Sonntagszeitung, 14.9.2003, S. 25.

56 Gerrit Bartels: Trommeln mit dem Teufel. In: taz, 10.2.2004.

57 Maxim Biller: Roman kommt von Romantik. In: Frankfurter Allgemeine Sonntagszeitung, 14.9.2003, S. 27.

nomische Krise zu einer allgemeinen Depression führt [...]; eine Welt ohne
Sinn, ohne Ideale, ohne Helden."[58] Das klingt wie ein verdecktes Zitat aus
Botho Strauß' *Anschwellendem Bocksgesang*[59] und nach dem Versuch, es sich
zugleich mit Adornos Ästhetik nicht zu verderben.

Den neuen Richtungen – eben nicht nur dem Fräuleinwunder, sondern etwa auch der seit Mitte der Neunziger sich ankündigenden Pop-Literatur oder
der Web-Literatur – werden schon wieder Abgesänge gewidmet. Das literarische Quintett der „Tristesse Royale" der Berliner Republik – das sich aus
Christian Kracht, Eckart Nickel, Benjamin von Stuckrad-Barre, Alexander von
Schönburg und Joachim Bessing zusammensetzte, noch bevor die Börsen zu
ihrem eigentlichen Hype ansetzten – wirkt schon heute, „Schnöseltum" hin
oder her,[60] wie aus einer vergangenen Vorzeit, ein Anachronismus, kaum dass
die Wirkung die Grenzen des Feuilletons durchbrochen hätte. Ihm vorzurech-
nen, wie reaktionär es ist, wie dies Feridun Zaimoglu in der *Zeit*[61] und die
gesamte Crew von *literatur konkret*[62] noch im Herbst 1999 in seltener Einig-
keit taten, ist schon beinahe müßig. Die Zeit selbst ist darüber hinweggegangen, der Rollback ist bereits im Gange, nur werden anscheinend dieses Mal
gegen die jungen deutschen Autorinnen und Autoren nicht die Amerikaner,
sondern die alten deutschsprachigen, die haltbaren Autoren ins Feld geführt.[63]

Die Reaktion liegt also nahe, nicht die Literatur, sondern die Kritik und
das Feuilleton unter Feuer zu nehmen, wie das ja immer wieder geschehen
ist.[64] Allerdings verschiebt sich damit nur der Krisenherd. Das Phänomen, dass

---

58 Ebda.
59 Botho Strauß: Anschwellender Bocksgesang. In: Deutsche Literatur 1993.
    Jahresüberblick. Hrsg. von Franz Josef Görtz, Volker Hage und Uwe Wittstock
    unter Mitarbeit von Katharina Frühe. Stuttgart 1994, S. 255-269, zuerst in:
    Spiegel, 8.2.1993.
60 Harald Martenstein: Ein Aufstand junger Herren. In: Der Tagesspiegel,
    13.11.1999, S. 31.
61 Feridun Zaimoglu: Knabenwindelprosa. In: Die Zeit, 18.11.1999, S. 56.
62 Unter anderem Joachim Rohloff: Jüngstes Deutschland, Georg Seeßlen: Bedeu-
    tis und Wixis und Hermann L. Gremliza: Springers Stiefel oder: Schöne neue
    Literatur, alles in: literatur konkret (2001/2002) Nr. 26.
63 Vgl. Bartels: Trommeln (wie Anm. 56). Einer der Skandale: Maxim Billers
    allzunah an der Realität seiner Ex-Freundin gehaltener Roman *Esra*.
64 Zum Beispiel: Rathjen (wie Anm. 53) oder Jochen Hörisch: Verdienst und
    Vergehen der Gegenwartsliteratur. In: Deutschsprachige Gegenwartsliteratur.
    Gegen ihre Verächter. Hrsg. von Christian Döring. Frankfurt am Main 1995 (=
    edition suhrkamp 1938), S. 30-48, v.a. S. 38ff.; Thomas E. Schmidt: Der Friede
    der Dichter und der Krieg der Lektoren. Über die neueste deutsche Literatur auf
    dem Markt und in der öffentlichen Kritik. In: Maulhelden und Königskinder.
    Zur Debatte über die deutschsprachige Gegenwartsliteratur. Hrsg. von Andrea
    Köhler und Rainer Moritz. Leipzig 1998 (= Reclam-Bibliothek 1620), S. 126-
    136, zuerst in Frankfurter Rundschau, 2.12.1995.

sich – kenntlich an der Rolle der Skandale – die Branche insgesamt ändert und, wie einfallslose, an der Geschichte der Moderne geschulte Marketingstrategen raten, die Aufmerksamkeit im kurzlebigen Geschäft nur mit Überbietung auf sich zu lenken ist, bis denn die nächste Erregung wieder davon ablenkt, ist für alle Branchen gleich. Die Literatur im 21. Jahrhundert hat dagegen eigentlich immer nur ein Korrektiv und es darf an diese Stelle an ein Diktum Uwe Wittstocks aus der Erzähler-Debatte zu Beginn der neunziger Jahre erinnert werden: „Jede Art von Literatur ist erlaubt, außer der langweiligen."[65] Oder um mit dem Titel eines Essays von Max Küng zu schließen: „Ein Buch! Ein gutes Buch! Bitte!"[66] Dazu ist natürlich immer noch mehr zu sagen. Zum Beispiel, dass das Fräuleinwunder, so synthetisch, vorläufig oder unangebracht der Begriff vielleicht gewesen ist, uns eine Reihe lesenswerter, amüsanter und vielleicht auch wertvoller Bücher gebracht hat. Offensichtlich trifft beides zu, dass Bücher heute anders sind, anders aussehen und anders vermarktet werden als Bücher vor 40 oder noch vor 10 Jahren und dass trotzdem die Klage über den Verfall der jungen deutschen Literatur nicht verstummen will. Früher, als alles schlechter war, war alles viel besser. Sie erinnern sich?

65 Wittstock: Nische (wie Anm. 44), S. 328. Vgl. Christian Döring im Vorwort zu Deutschsprachige Gegenwartsliteratur. Gegen ihre Verächter. Hrsg. von Christian Döring. Frankfurt am Main 1995 (= edition suhrkamp 1938), S. IX.
66 Max Küng: Ein Buch! Ein gutes Buch! Bitte! In: Die Zeit, 9.10.2003, S. 57.

INTER-LIT
Im Auftrag der Stiftung Frauen-Literatur-Forschung e. V.

Herausgegeben von Christiane Caemmerer, Walter Delabar,
Elke Ramm und Marion Schulz

Die Bände 1-3 sind im Zeller-Verlag, Osnabrück, erschienen. Bestellungen für diese Bände sind zu richten an: Stiftung Frauen-Literatur-Forschung e. V., Prangenstr. 88, D-28203 Bremen, Fax 0421-78612.

Band 1   Dorothea Behnke: "daß dem weiblichen Geschlechte an Tapfferkeit / Klugheit / Gelehrsamkeit und anderen Haupt-Tugenden gar nichts fehle". Lexika zu Schriftstellerinnen aus dem deutschsprachigen Raum. Bestandsaufname und Analyse. 1999. / Vergriffen

Band 2   Sylvia Illner: Gruppenbild mit Damen. Ein PR-Konzept für Non-Profit-Organisationen am Beispiel der Datenbank Schriftstellerinnen in Deutschland 1945 ff. 1999.

Band 3   Autorinnen in der Literaturgeschichte: Konsequenzen der Frauenforschung für die Literaturgeschichtsschreibung und Literaturdokumentation. Kongressbericht der 2. Bremen Tagung zu Fragen der literaturwissenschaftlichen Lexikographie, 30.9. bis 2.10.1998 in Bremen. Herausgegeben von Christiane Caemmerer, Walter Delabar, Elke Ramm und Marion Schulz. 1999.

Seither erschienen bei Peter Lang, Europäischer Verlag der Wissenschaften:

Band 4   Christiane Caemmerer / Walter Delabar / Elke Ramm / Marion Schulz (Hrsg.): Erfahrung nach dem Krieg. Autorinnen im Literaturbetrieb 1940–1950; BRD, DDR, Österreich, Schweiz. Kongressbericht der 3. Bremer Tagung zu Fragen der literaturwissenschaftlichen Lexikographie, 5. bis 7.10.2000 in Bremen. 2002.

Band 5   Heidelinde Müller: Das „literarische Fräuleinwunder". Inspektion eines Phänomens der deutschen Gegenwartsliteratur in Einzelfallstudien. 2004.

Band 6   Fräuleinwunder literarisch. Literatur von Frauen zu Beginn des 21. Jahrhunderts. Herausgegeben von Christiane Caemmerer, Walter Delabar und Helga Meise. 2005.

www.peterlang.de

Peter Lang · Europäischer Verlag der Wissenschaften

Włodzimierz Bialik

Die gewöhnliche Trivialität

Zu Sekundär-Botschaften und zur Ideologie der En-passant-Aussagen in Heinz Günther Konsaliks später Romanproduktion

Frankfurt am Main, Berlin, Bern, Bruxelles, New York, Oxford, Wien, 2005. 290 S.
Posener Beiträge zur Germanistik. Herausgegeben von Czeslaw Karolak. Bd. 5
ISBN 3-631-53649-6 · br. € 51.50*

Heinz Günther Konsalik, dem fruchtbarsten und erfolgreichsten deutschsprachigen Schriftsteller der Gegenwart (156 Romane in einer Auflage von ca. 80 Millionen Exemplaren), wurde immer wieder vorgeworfen, er setze sein ideologisch-politisches, nationalkonservatives, ja sogar faschistoides, Wertesystem in Literatur um. In den letzten 15 Jahren seines Lebens versuchte Konsalik, dem Verdacht, er übermittle an den Leser eine suspekte Botschaft, zu entkommen, indem er sich als ein „liberaldemokratischer Gebrauchsschriftsteller" ausgab. Die Analyse der späten Romane des Schriftstellers hat ergeben, dass es sich hier nur um eine zeitbedingte, veränderten Lesererwartungen und der Literaturkritik angepasste „Talmischicht" handelte. Konsaliks altvertrautes Alter Ego blieb in allen seinen späten Romanen – zwar sorgfältig versteckt – doch immer noch vorhanden: in Nebensätzen, En-passant-Aussagen, Randbemerkungen. Das Herausschälen dieser Elemente, die eine unterschwellige Indoktrination dieser Art „bewerkstelligen", ist die Aufgabe dieser Arbeit, eine Indoktrination, die desto gefährlicher ist, als sie ohne große Absichtsdeklarationen und Botschaftsverkündungen auskommt.

Aus dem Inhalt: Heinz Günther Konsaliks späte Romane als ein missglückter Versuch, dem Image eines nationalkonservativen (bis faschistoiden) Schriftstellers zu entkommen · Die „versteckte Ideologie" · Konsaliks Image und Eigenimage · Marketing · Konsaliks Leser · Konsalik und die Literaturkritik · Ideologiekritische Analyse der späten Romane von Konsalik · Konsaliks „Posthum-Roman" – Susanne Scheibler: *Das wilde Land*

Frankfurt am Main · Berlin · Bern · Bruxelles · New York · Oxford · Wien
Auslieferung: Verlag Peter Lang AG
Moosstr. 1, CH-2542 Pieterlen
Telefax 00 41 (0) 32 / 376 17 27

*inklusive der in Deutschland gültigen Mehrwertsteuer
Preisänderungen vorbehalten
Homepage http://www.peterlang.de